RESEARCH REPORT
ON SCIENTIFIC SOCIALISM IN CHINA

中国科学社会主义研究报告

中共中央党校（国家行政学院）科学社会主义教研部　编写

曹　普　主编

2021

人 民 出 版 社

编写说明

科学社会主义是马克思主义的三个重要组成部分之一。习近平总书记在党的十九大报告中指出："科学社会主义在二十一世纪的中国焕发出强大生机活力。"根据中国科学社会主义学会2019年年会的要求，为了及时跟踪、全面把握我国科学社会主义的研究状况，中国科学社会主义学会和中共中央党校（国家行政学院）科学社会主义教研部决定从2021年起，编写出版《中国科学社会主义研究报告》系列蓝皮书。

《中国科学社会主义研究报告》（2021）为该系列蓝皮书的第一本，主要反映的是党的十八大以来中国科学社会主义理论研究的总体状况，涵盖的时间跨度为2012—2020年。本书包括两部分内容：一是关于科学社会主义理论研究现状的系列分析报告，包括1个主报告和12个分报告。这些报告聚焦党的十八大以来我国科学社会主义理论研究中的一些重大问题，力求全面、系统、深入地分析中国科学社会主义研究的现状和发展趋势。二是关于我国科学社会主义学科历史和现状的调研报告，该报告较为全面地展示了科学社会主义学科在我国的发展历程、发展现状、已经取得的成就，并对科学社会主义学科目前存在的问题和未来发展做了初步分析。

本书是我国第一本关于科学社会主义理论研究状况的综述式分析报告。根据中国科学社会主义学会和中共中央党校（国家行政学院）科学社会主义教研部的总体安排，今后我们将每年围绕一个重大主题编写出版一部研究报告，通过年度系列蓝皮书的形式，集中梳理展示我国科学社会主义研究的最新进展，以推动和引导我国科学社会主义研究的不断深入。

中国科学社会主义学会

中共中央党校（国家行政学院）科学社会主义教研部

2021 年 4 月

目　录

第一部分　主报告

第二部分　分报告

第三部分
调研报告

第一部分

主报告

科学社会主义理论的研究现状和未来展望

2021

科学社会主义理论的研究现状和未来展望

科学社会主义是马克思主义的三个组成部分之一，其作为一种学说，已经有170多年的历史，作为一门学科，在我国已经走过了40多年的发展历程。把科学社会主义学说作为一个独立的学科体系进行研究，是中国哲学社会科学研究的一个重要特色。总体上，科学社会主义理论研究在学科从无到有、从弱到强的发展过程中不断得到深化，取得了许多突破性的成果。党的十八大以来，中国特色社会主义进入了新时代，自东欧剧变、苏联解体以来的世界格局正在发生深刻转变，科学社会主义理论研究因此进入了新的发展阶段，在科学社会主义基本理论问题研究和科学社会主义的当代新形态研究两大方面都取得了许多进展，具体涉及科学社会主义基本原理、中国特色社会主义理论体系、习近平新时代中国特色社会主义思想对科学社会主义的新贡献、中华民族伟大复兴、社会主义飞跃、当代世界社会主义运动等重大问题。当然，科学社会主义理论的进一步深化研究也面临一些问题，既有机遇，也有新的挑战。

一、近十年来科学社会主义理论研究的基本情况

由于科学社会主义的内涵比较丰富，外延所涉领域较多，因此其研究对象涉及面也比较广。许多学者认为，科学社会主义包括至少三个方面的含义：一是指社会制度，即社会主义和共产主义制度；二是指运动，即为实现社会主义和共产主义社会制度而进行的实践；三是指思想，即指导这个伟大实践，为建立新的社会制度做论证的思想体系。一般情况下，我们使用的科学社会主义是就思想体系而言，也就是科学社会主义理论。

从总体上看，近十年来，学界对科学社会主义理论的研究的基本情况有以下基本特点：

第一，从数量上看，科学社会主义基本理论研究取得一些成果。近十年来，共出版以科学社会主义为题的著作 50 余部，其中有代表性的著作包括：一是从总体上探讨科学社会主义基本问题，这类著作比较多，如《科学社会主义基本理论（修订本）》（中共中央党校出版社 2017 年）、《科学社会主义的理论与实践（第 6 版）》（高放等，中国人民大学出版社 2014 年）、《科学社会主义通论》（共 4 卷）（宋士昌，中国社会科学出版社 2016 年）、《科学社会主义学科基本问题研究》（高放，中国人民大学出版社 2018 年）、《科学社会主义理论研究》（秦宣，北京师范大学出版社 2017 年）、《科学社会主义若干问题探讨》（李心华，山东大学出版社 2019 年）、《科学社会主义新论》（刘友田，中国社会科学出版社 2018 年）、《科学社会主义理论的发展道路》（石镇平，苏州大学出版社 2016 年）、《当代西方的科学社会主义运动》（倪新兵等，中山大学出版社 2012 年）、《科学社会主义不是空想：关于理论体系若干重要问题的探索》（上海人民出版社 2014 年）、《科学社会主义理论中国化的新飞跃》（汤志华等，人民出版社 2018 年）；二是深入讨论科学社会主义的某个具体问题，如《论科学社会主义和中国特色社会主义》（李崇富，中国社会科学出版社 2015 年）、《科学社会主义视野下的生态社会主义》（曾文婷，社会科学文献出版社 2019 年）、《科学实践观与科学社会主义》（郭大俊等，学习出版社 2014 年）、《中国特色社会主义与经典科学社会主义同异比较研究》（李后东，山东大学出版社 2017 年）等。根据中国知网检索情况，2012 年至 2020 年在北大核心和 CSSCI 期刊发表的文章中，以"科学社会主义"直接为题（即题名中包含"科学社会主义"一词），共计 320 余篇，除去会议或论坛综述、科学社会主义名师介绍等 50 余篇文章，还有 270 余篇学术性文章。而相同检索限制性条件下，上一个十年（2010 年至 2011 年）共发表文章 300 余篇，两个十年的文章数量大体相当。不同的是，在学术性文章之外，近十年的文章中有 30 余篇是以科学社会主义为主题的论坛或会议的介绍和综述，而上一个十年有近 30 余篇是新出版著作的评介。综合以上统计情况来看，近十年来研究科学社会主义基本理论问题的专著相对较少，因此书评也较少，同其他二级学科相比，发表文章在数量上也显得较少。

第二，学界对一些具体问题进行了较为深入的集中研究。这些具体问题包括：一是关于《共产党宣言》（以下简称《宣言》）的研究。根据中国知网检索统计（范围为北大核心和 CSSCI 期刊），从 2000 年到 2011 年，学界共发表研究《宣言》的文章 255 篇，而从 2012 年至 2020 年，文章数量增至 386 篇，其中在 2018 年纪念《宣言》发表 170 周年之际，就发表了 168 篇文章。据初步统计，学界还出版了 80 余部关于《宣言》的著作，既包括普及性的导读读本，也包括一些关于文本释义的研究性读本。总体上看，近十年对《宣言》的研究主要涉及版本考证、文本传播、基本思想、当代价值、核心概念等领域，既有"重读"性质的再思考和再挖掘，也有"深化"性质的反思和辨析，还有一些涉及语言学、政治哲学、历史学的跨学科研究成果。二是关于科学社会主义基本原则的研究。按照前述中国知网的检索原则，学界从 2012 年到 2020 年，针对科学社会主义基本原则或科学社会主义基本原理共发表 20 篇文章，如果以 2007 年党的十七大提出的"科学社会主义的基本原则"为始检索，则为 34 篇文章，从中可以看出，党的十八大以来，关于科学社会主义基本原则问题仍然是学界讨论的热点。三是对资本主义和社会主义两种制度关系的研究。两种制度关系研究一直以来都是科学社会主义的研究重点，近十年来由于国际格局发生了新的变化，苏东剧变以来资本主义与社会主义的"两制格局"同样出现了质的变化，因此两制关系问题再次成为学界关心的焦点。仍按照上述中国知网检索范围和原则，从 2012 年到 2020 年，题名里同时包括资本主义和社会主义两个词汇的文章共 100 余篇，涉及两制地位变化、相互影响范围和程度、斗争与共存等问题。和过去相比，近十年来的这些文章中，简单地以意识形态立场研究两种制度问题的成果数量在减少，比较客观公正的学理性研究成果成为主流。

第三，重点关注和研究的对象是马克思主义中国化的最新成果。科学社会主义不是一成不变的，马克思主义中国化的最新成果是科学社会主义在中国的最新形态。当前，习近平新时代中国特色社会主义思想是学界跟踪和关注的重点问题。根据中国知网检索统计（范围为北大核心和 CSSCI 期刊，2012 年至 2020 年），学界共发表以习近平新时代中国特色社会主义思想为题的文章 700 余篇，有学者从理论渊源、产生的时代背景、主要框架内容、逻辑建构、影响和地位、理论特色、科学方法论、语言和文风特色、具体涉及领域等九个方面对近年来的研究成果进行了综述。[①] 还有学者也评析了国外学者对习近平新时代中国特色社会主义思想的研究。[②] 从科学社会主义基本理论为切入点展开研究，习近平新时代中国特色社会主义思想对科学社会主义的贡献，是科学社会主义学界关注的重点。

第四，对科学社会主义的学科建设问题进行了广泛讨论。狭义上来说，科学社会主义是马克思主义三个基本组成部分（马克思主义哲学、政治经济学和科学社会主义）之一。因此，在我国现有的社会科学体系的学科分类以及国民教育高校系统的学科设置中，"科学社会主义"是属于"政治学"一级学科下的二级学科。随着其他学科的不断发展和跨学科研究的兴起，科学社会主义的研究空间受到挤压，面临较大压力，因此学科建设问题也是近年来科学社会主义学界讨论的重点。中国科学社会主义学会的会刊《科学社会主义》从 2014 年第 4 期开始，专设"学科建设"栏目或在"科学社会主义基本理论"栏目下，就科学社会主义的学科体系、研究对象、学科性质、逻辑起点、理论体系、话语体系、研究方法、理论工作者的历史责任等学科建设的基本问题刊发了系列文章。还有学者对学科建设面临的问题与挑战进行了讨论[③]，这些讨论一方面反映出学界对科学社会主义学科的重视，另一方面也反映出科

---

① 姚东：《近期国内习近平新时代中国特色社会主义思想研究综述》，《河南大学学报（社会科学版）》2019 年第 1 期。

② 邹洋：《国外关于习近平新时代中国特色社会主义思想研究综述》，《社会主义研究》2018 年第 6 期。

③ 袁秉达：《当前科学社会主义学科建设的困境与出路》，《科学社会主义》2013 年第 1 期。

学社会主义学科遇到了较为严重的困难和挑战。

第五，汇编和出版了国外学者研究科学社会主义问题的代表性成果。原中央编译局于 2015 年出版了《马克思主义研究资料》，该套丛书共 37 卷，汇编了自 20 世纪 50 年代以来中央编译局编译的国外学者研究马克思主义的部分代表性资料，其中第 19 卷至第 22 卷是科学社会主义部分，共选编 100 篇文章，内容和主题涉及：研究马克思、恩格斯、列宁等经典作家的科学社会主义思想；东欧剧变、苏联解体之后对未来共产主义社会的反思；关于当代社会主义流派和对社会主义与宗教、社会主义与技术、全球化等理论问题的反思；对当代世界社会主义运动的看法；关于共产国际的研究；关于现代社会主义的特点和模式；关于中国社会主义道路的理论和实践；等等。①

从具体方面来看，近十年来科学社会主义理论研究主要从三个方面展开：第一，通过纪念社会主义发展史上的重大事件来深化科学社会主义理论研究，涉及马克思主义经典作家科学社会主义思想的当代意义、作为整体的科学社会主义的具体方面、科学社会主义理论的热点问题、科学社会主义的历史演进过程和特点等；第二，阐释中国社会主义实践开辟科学社会主义理论发展新境界，涉及新中国 70 年对科学社会主义作出的贡献、科学社会主义和中国特色社会主义的关系、中国特色社会主义理论体系的生成等；第三，分析科学社会主义在 21 世纪的中国的状况和前景，涉及习近平新时代中国特色社会主义思想对科学社会主义的贡献、两种意识形态和两种社会制度的历史演进及其趋势、21 世纪科学社会主义的发展态势等。

二、纪念社会主义发展史上的重大事件深化了科学社会主义理论研究

2013 年 1 月 5 日，习近平总书记在新进中央委员会委员、候补委员学

---

① 《马克思主义研究资料：科学社会主义研究》第 19—22 卷，中央编译出版社 2015 年版。

习贯彻党的十八大精神研讨班上的讲话中概述了社会主义五百年历史的"六个时间段"，2016 年是社会主义的开篇之作《乌托邦》发表 500 周年，2017年是十月革命胜利 100 周年，2018 年是马克思诞辰 200 周年、《共产党宣言》发表 170 周年，2019 年是新中国成立 70 周年，2020 年是列宁诞辰 150 周年、恩格斯诞辰 200 周年，2021 年是中国共产党成立 100 周年，围绕纪念这些社会主义发展史上的重大事件以及"四史"教育活动，科学社会主义理论研究得到了进一步深化，从某种程度上掀起了研究社会主义的小高潮。

（一）继续挖掘经典作家科学社会主义思想的当代意义

如何看待马克思主义经典作家的科学社会主义思想，最基本的原则还是要立足于当代的具体实践，同时"回到文本"，即对文本的理解不能脱离其当代意义，这已经成为马克思主义研究的普遍共识。探讨经典作家科学社会主义思想的当代意义，从方法论上来说，主要体现在两个方面：一是"继承"方面，二是"发展"方面。

从继承方面来看，近年来的研究重点是习近平总书记提出的一个重大论断：我们依然处在马克思主义所指明的历史时代。2017 年 9 月 29 日，习近平总书记在中共中央政治局集体学习时强调指出："时代在变化，社会在发展，但马克思主义基本原理依然是科学真理。尽管我们所处的时代同马克思所处的时代相比发生了巨大而深刻的变化，但从世界社会主义 500 年的大视野来看，我们依然处在马克思主义所指明的历史时代。这是我们对马克思主义保持坚定信心、对社会主义保持必胜信念的科学根据。"[1]习近平总书记运用马克思主义关于人类历史发展规律基本原理与当今时代特征和世界发展趋势相结合，作出我们依然处在马克思主义所指明的历史时代的重大结论。那么，我们依然所处的这个"时代"，其内涵是什么，当然要从马克思主义经典作家的思想中寻找答案，学者们对此进行了充分阐释，主要有两种

---

[1] 《习近平谈治国理政》第二卷，外文出版社 2017 年版，第 66 页。

代表性的观点。一种观点认为，马克思、恩格斯用占社会主导地位的阶级来确定和划分"过去的各个历史时代"、社会发展形态，并明确提出了"资产阶级时代"这一概念。习近平总书记所讲的"我们依然处在马克思主义所指明的历史时代"，既包括马克思、恩格斯所说的大的历史时代，又包括列宁所说的帝国主义这一特定的小的历史时代。① 另一种观点则认为，马克思主义说的时代，是"大时代"概念，我们今天仍然处在从资本主义向社会主义过渡的"大时代"。同时，在一个历史时代中，又可以根据不同发展阶段的时代特征和主要问题，划分为若干"小时代"，即在这个大时代中的不同发展阶段有不同的时代主题和主要矛盾。21 世纪初以来的时代本质没有变，时代的主题仍然是和平与发展，但这两个问题一个都没有得到根本解决，而且呈现出许多新的表现和新的特点。例如，世界面临的不稳定性不确定性突出，世界经济增长动能不足，贫富分化日益严重，地区热点问题此起彼伏，等等。②

　　从发展方面来看，挖掘经典作家的思想，目的是要在其启示下根据时代条件变化与时俱进地发展科学社会主义理论，这本身也是马克思主义经典作家思想的组成部分。2018 年是《共产党宣言》发表 170 周年、马克思诞辰 200 周年，学界普遍认为对标志着科学社会主义诞生的《宣言》的理解也要实现与时俱进，要着眼于当代世界、当今中国来研究马克思主义经典作家的思想，实现在继承的基础上进一步发展马克思主义。有学者提出，马克思主义者首先要肯定《宣言》所阐述的全新无产阶级的世界观和科学社会主义的基本理论。但是，无论是作为马克思主义基本理论阐述，还是作为共产主义者同盟，面对 1848 年革命而做出的政策阐述，《宣言》都必须要与时俱进。作为政策阐述，要随着共产党组织的发展变化和其所处的社会历史条件的变化而产生新的宣言。作为马克思主义基本理论和基本方法阐述的宣言，也要不断地向前发展。③ 还有学者

---

① 李慎明：《科学判定当今世界所处的时代方位》，《红旗文稿》2019 年第 1 期。

② 姜辉：《我们依然处在马克思主义所指明的历史时代》，《马克思主义研究》2019 年第 1 期。

③ 丁堡骏：《马克思恩格斯对〈共产党宣言〉与时俱进的发展及其当代启示》，《马克思主义研究》2018 年第 12 期。

提出，伴随着资本主义的每一次重大转型，都会有思想家从新时代背景出发重新阅读《宣言》，并在《宣言》的支撑或参照之下去把握和回应其时代主题。在资本主义完成了第一次结构性转型之后，马克斯·韦伯在关于社会主义的讲座中对《宣言》进行了直接回应；在资本主义完成了第二次结构性转型之后，在《宣言》正式发表 150 周年之际，著名的马克思主义政治学家艾伦·伍德对《宣言》重解，马克思主义历史学家埃里克·霍布斯鲍姆也对《宣言》进行阐释。在当前全球资本主义危机的背景之下，根据《宣言》关于资本主义与民主之间的矛盾的洞见，可以从总体上断定，随着新自由主义资本主义的发展，民主政治必然再度陷入危机。导致当前民主危机的原因主要有三个层次：民主政治转化为精英政治，经济危机背景之下民粹主义的兴起，民粹主义被进一步利用和转化为反动的民粹主义。①

（二）进一步深入研究作为整体的科学社会主义的具体方面

深化科学社会主义研究一般有两条路径：一是把科学社会主义所涉领域单独分开进行研究，比如按照经济、政治、文化、社会、生态、党的建设等进行分类；二是把科学社会主义作为一个整体来开展研究，即科学社会主义本身作为研究对象。第二种路径成为当前科学社会主义研究中的重要内容，学者对此已有一些研究成果，主要包括：

第一，科学社会主义的特点。有学者把科学社会主义的特点概括为"三个统一＋与时俱进"。科学社会主义是革命性和科学性都很强、理论性与实践性有机结合、批判性与继承性相统一、不断发展的与时俱进的理论和学说。科学社会主义确立的革命任务、革命目标及革命性质决定了它具有鲜明的革命性，它把对资本主义的批判和对未来社会主义社会的展望"置于现实的基础之上"，从而使这一具有革命彻底性的学说又具有严密的科学性；科学社会主义具有很强的理论性，又是工人阶级锐利的"批判的武器"，是理

---

① 张双利：《再论〈共产党宣言〉的当代意义》，《探索与争鸣》2020 年第 8 期。

论性与实践性高度统一的学说；科学社会主义是在批判资本主义的现实矛盾中形成和发展起来的，同时又是在批判种种非科学社会主义思想流派，尤其是在批判和继承空想社会主义过程中形成和发展起来的，绝不是离开世界文明发展大道而产生的一种故步自封、僵化不变的学说；科学社会主义要求把基本原则与各国实际相结合的这个鲜明特点，使科学社会主义成为不断发展的与时俱进的理论。① 还有学者提出，马克思、恩格斯创立科学社会主义，不是为单纯创造出一套系统完备的社会主义学说，而是要回答时代提出的重大问题：如何解决资本主义基本矛盾及其社会弊端以及如何认识人类社会发展的未来走向和必然趋势。坚持以问题为导向，由此也成为科学社会主义的鲜明特点。科学社会主义所阐释的基本原理，提出的基本原则都体现着强烈的问题意识。②

第二，科学社会主义何以"科学"。马克思曾明确提出，"科学社会主义"只是"为了与空想社会主义相对立才使用"，马克思、恩格斯既自称共产主义，又自称科学社会主义。第二国际的伯恩斯坦用抽象的"社会主义"来抹杀科学社会主义与空想社会主义的对立，否认共产主义是最终目的，尝试取消科学社会主义这个概念。20 世纪 90 年代前后，在中国同样出现一个超时空的普适的"社会主义"的提法，试图以此来模糊科学社会主义同空想社会主义等流派的对立及其至今的战斗历程，在理论界引起了争议。科学社会主义何以是"科学"的，"科学"的内涵是什么，一直是学者关注和阐释的重大理论问题。有学者提出，建立在两大发现基础上的科学社会主义，其产生是科学的革命，革命的科学；其创始人是科学家，首先是革命家；其体系是科学性与革命性的有机结合，是关于无产阶级解放的条件的学说。严格的科学性、高度的革命性、先进的阶级性的辩证统一，这是科学社会主义之所以正确并同空

---

① 严书翰：《坚持科学社会主义基本原则　建设和发展中国特色社会主义》，《求是》2010 年第 18 期。

② 秦刚：《科学社会主义的创立实现社会主义学说历史性变革》，《中国党政干部论坛》2020 年第 9 期。

想社会主义相对立的关键所在。如果否定阶级和革命，将"有用即真理"当成科学，那就会把科学社会主义篡改为价值社会主义、民主社会主义或别的什么主义了。① 还有学者从反驳西方"马恩对立论"中的"恩格斯问题"出发，来阐释科学社会主义的"科学性"问题。有西方学者认为恩格斯在对科学社会主义本质精神的理解上与马克思的理解背道而驰，把本来就不为马克思所认同的科学社会主义学说强加于马克思。实质上，"恩格斯问题"聚焦于对科学社会主义"科学性"理论特质的追问。科学社会主义的"科学性"不是伯恩斯坦言说意义上的经验实证性，而是深刻体现为作为无产阶级革命运动的现实历史科学和真实的批判的唯物主义。从马克思恩格斯思想关切来看，科学社会主义的"科学性"是直接针对空想社会主义的"空想性"而言的，具体表现为科学社会主义的"革命性"和"现实性"。此外，"科学性"也只有通过唯物史观和剩余价值学说的科学性论证才能予以说明。从思想实质上来说，科学社会主义是作为真实的、批判的唯物主义价值规范的理论延伸，"真实性"使科学社会主义区别于空想社会主义，即探求科学社会主义实践路径不是依据纯粹的头脑中的概念和理论设想，而是基于现实生活的感性活动和真切体认。恩格斯对科学社会主义"科学性"的理解表征了"哲学家们只是用不同的方式解释世界，问题在于改变世界"的深刻哲学观念。在对科学社会主义"科学性"理论实质问题的理解上，马克思和恩格斯有着共同的理论旨趣和价值关切，恩格斯没有背离马克思。② 还有学者提出，"科学"具有三层含义：一是作为形容词来讲，意思是合乎科学的、符合实际的、遵循规律的、尊重实践的、切实可行的，是与"空想社会主义"相对而言的；二是作为名词的科学，是"××学""学科"的意思；三是指"马克思主义"。③

---

① 钟哲明：《科学社会主义理论研究的五个热点问题辨析》，《思想理论教育导刊》2013 年第10 期。

② 薛俊强：《求解"恩格斯问题"：论科学社会主义"科学性"的理论特质》，《学术研究》2014 年第 6 期。

③ 刘友田：《科学社会主义新论》，中国社会出版社 2018 年版，第 7—9 页。

第三，科学社会主义理论的演进逻辑。随着社会主义从思想运动到制度实践、从西方到东方的历史发展，人们对什么是社会主义、怎样建设社会主义的认识亦发生演变。从经典科学社会主义到俄国社会主义，再到中国特色社会主义，科学社会主义理论的发展重心从发达资本主义国家转向发展中社会主义国家；思想指向从追求人类解放转向实现社会主义现代化；建构方法从批判演绎转向实践生成；理论形态从一般形式转向各国特色形式。从科学社会主义理论历史演进的经验和教训来看，构建符合实践的科学社会主义理论必须坚持辩证唯物主义和历史唯物主义科学方法、科学社会主义基本原则之"不变"，把握社会物质基础、时代主题与社会主义历史方位之"变"，与时俱进地推进科学社会主义本土化与时代化。①

（三）科学社会主义基本原则成为研究热点

党的十七大报告指出：中国特色社会主义道路既坚持了科学社会主义的基本原则，又根据我国实际和时代特征赋予其鲜明的中国特色。自十七大报告中正式使用了"科学社会主义的基本原则"提法以来（以前党的文献中也有用"科学社会主义基本原理"），学术界对什么是"科学社会主义基本原则"仍未形成一致的观点和看法。党的十八大以来，习近平总书记在不同场合多次提及或强调如何正确把握科学社会主义基本原则的问题。2013 年，他在新进中央委员会委员、候补委员学习贯彻党的十八大精神的研讨班上指出："中国特色社会主义是社会主义而不是其他什么主义，科学社会主义基本原则不能丢，丢了就不是社会主义。"②2018 年，他在纪念马克思诞辰 200 周年大会上的讲话中进一步强调："科学社会主义基本原则不能丢，丢了就不是社会主义。同时，科学社会主义也绝不是一成不变的教条。"③ 由此，学界对科学社会主义在社会历史发展进程中"变"与"不变"的辩证关系展开了热烈的讨论，

---

① 刘洪刚：《科学社会主义理论的演进逻辑》，《科学社会主义》2020 年第 1 期。

② 《习近平谈治国理政》第一卷，外文出版社 2018 年版，第 22 页。

③ 习近平：《在纪念马克思诞辰 200 周年大会上的讲话》，人民出版社 2018 年版，第 26 页。

其中属于"不变"层面的科学社会主义基本原则成为学者广泛阐释的对象。

第一，对科学社会主义基本原则的内涵进行概括。有学者提出，较早对科学社会主义基本原则进行概括的是习近平，他于 2008 年在《求是》上发表的题为《关于中国特色社会主义理论体系的几点学习体会和认识》的文章，提出了"八个必须"，即"科学社会主义必须以历史唯物主义为理论基石，必须以实现共产主义为最高理想，必须以无产阶级政党为领导核心，必须以解放和发展生产力为根本任务，必须坚持代表最广大人民的利益，必须与社会化大生产相联系、以公有制和按劳分配为社会主义经济制度的基础，必须以人民当家作主为社会主义民主政治的本质特征，必须坚持改革和完善社会主义制度和体制机制，等等"①。这"八个必须"意味着将科学社会主义的基本原则概括为八个方面的内容：唯物史观是科学社会主义的理论基础和方法论依据；实现共产主义是人类历史发展的必然趋势，是马克思主义最崇高的社会理想；以无产阶级政党为领导核心，是社会主义、共产主义事业兴衰成败的关键；社会主义的根本任务是解放和发展生产力；实现最广大人民的利益是社会主义的价值追求；社会主义经济制度的基础是与社会化大生产相联系的公有制和按劳分配；人民当家作主是社会主义民主政治的本质特征；社会主义制度必须在改革中发展和完善。②科学社会主义基本原则就是科学社会主义理论中可以作为认识和实践社会主义所依据的法则或标准的最基本的原理，按照这个标准，不同的学者对科学社会主义基本原则提出了不同的认识。有学者认为科学社会主义的基本原则并不是不分层次、形如平面的诸多原则的简单相加，而是由方法论、价值取向和社会主义制度等原则构成的具有内在逻辑联系、层次不一的原则体系，这三个层次的原则在社会主义建设实践中具有不同的刚性与柔性要求。③有的学者则从中国特色社会主义的视

---

① 习近平：《关于中国特色社会主义理论体系的几点学习体会和认识》，《求是》2008 年第 7 期。

② 孙代尧等：《源远流长：科学社会主义与中国特色社会主义理论体系源流关系研究》，中国人民大学出版社 2019 年版，第 35—40 页。

③ 郭开虎：《科学社会主义基本原则的三个层次及其相互关系》，《学术论坛》2016 年第 2 期。

角来理解科学社会主义原则的内涵，认为和中国特色社会主义相联系和对应的科学社会主义的基本原则，基本上是马克思、恩格斯对未来社会的科学预想部分，主要是：社会发展需要划分阶段、生产力的高度发展、实行生产资料公有制、按劳分配、对社会生产有计划的调节、实现共同富裕、消灭一切阶级、以工人阶级的意识形态作为社会的统治思想、社会主义社会是经常变化和改革的社会、党是社会主义事业的领导核心、人的全面发展是最高价值目标。[①]

第二，辨析科学社会主义基本原则形成的根据。理解科学社会主义理论认识的飞跃，探讨其基本原则的根据，应当遵循唯物史观，坚持理论和实际、逻辑和历史的有机统一。有学者提出，一些观点忽视实践历史基础，过于强调学理的根据，甚至把它看成是唯一的、绝对的。这种片面的看法是有问题的。因此，探讨科学社会主义基本原则理应充分体现科学社会主义的根本特质和发展规律，但是，它的范畴的形成，更是基于对科学社会主义实践创新的提炼和历史进程的反省，是概括历史经验的重要成果。在20世纪很长的一段时期内，国际共产主义运动为苏共的教条主义思想所制约。在误读世界历史进程的迷思中，教条主义把马克思主义解释为一成不变的、刻板机械的、已经完成的、必须全面照搬的社会发展路线图和具体蓝图；认为社会主义道路只有十月革命一条，模式只有苏联一个，体制只有苏共一种，并且把一切违反这种观点和模式的政党和派别打成修正主义、机会主义、民族共产主义和国际资本代理人等。事实表明，这是20世纪世界社会主义运动走入困境、遭受挫折、发生崩溃的重要思想原因。中国正是冲破这个思想牢笼和僵化模式，才开拓了改革开放的社会主义新路。可以说，20世纪八九十年代世界社会主义运动遭遇的挫折表明，关于社会主义本身的概念已经发生了重大的变化。科学社会主义理论决不是也不可能是一次完成的。[②]还有学

---

① 赵曜：《中国特色社会主义是科学社会主义基本原则的创造性运用和发展》，《科学社会主义》2013年第2期。

② 奚广庆：《坚持科学社会主义基本原则》，《中国特色社会主义研究》2015年第3期。

者强调，科学社会主义本身并不是某种"原则"，也不是社会主义运动的出发点。但是，在运用这个理论去指导社会主义实践时，共产党人必须拥有自己的立场、态度和行为准则，这就是所谓"科学社会主义基本原则"。在无产阶级反对资产阶级的斗争中，革命就是科学社会主义基本原则本身。但是，科学社会主义基本原则在不同的时代有不同的内涵。一旦社会主义革命完成，生活资料分配的问题就上升到了"基本原则"的高度，社会主义的基本原则就是"各尽所能，按劳分配"。坚持"各尽所能，按劳分配"原则，防止"平均主义"和"两极分化"两种倾向的发生，要求找到实现按劳分配的具体途径，在当代中国体现为，以解放和发展社会生产力为前提，与按要素分配相结合，通过市场交换劳动，发挥国家的宏观调控作用，以"公平正义"为价值取向。①

第三，阐释习近平新时代中国特色社会主义思想如何体现了科学社会主义基本原则。有学者从"理论、制度、运动"三个层面切入，提出习近平新时代中国特色社会主义思想遵循科学社会主义基本原则的内在逻辑，在社会主义理论、社会主义制度、社会主义运动方面全面坚持和发展了科学社会主义基本原则。具体来说，在社会主义理论方面，坚持了唯物史观和剩余价值学说的基本原则；在社会主义制度方面，既突出强调共产主义的远大理想，又从现阶段我国国情出发，创造性地坚持了社会主义制度的基本原则；在党的领导、人民民主专政、马克思主义指导地位、阶级立场和以人民为中心、精准扶贫和共同富裕、加强生态文明建设、构建人类命运共同体等方面坚持了社会主义运动的基本原则。② 有学者从"历史、时代、实践、理论"四个维度，阐释习近平新时代中国特色社会主义思想是立足于新时代中国特色社会主义的伟大实践：从历史维度总结社会主义运动的历史经验，强调科学社会主义在中国实践历程的重要历史意义；从时代维度结合中国社会主要矛盾

---

① 刘海涛：《论科学社会主义基本原则》，《科学社会主义》2015 年第 2 期。

② 石镇平：《习近平新时代中国特色社会主义思想对科学社会主义基本原则的坚持和发展》，《思想理论教育导刊》2020 年第 9 期。

发生转化的国情，对新时代中国特色社会主义的发展目标提出新的规划；从实践维度凝练中国经验，贡献中国智慧；从理论维度推动马克思主义在当代中国的新发展。① 还有学者从习近平新时代中国特色社会主义思想的重要内涵着手，阐释其中的科学社会主义意蕴。例如，实现中华民族伟大复兴的中国梦，开启了社会主义复兴的民族化新进程；新时代对社会发展的统筹，推动了在现代化中充分发挥顶层设计的功能来复兴社会主义的新进程；新时代中国共产党通过全面从严治党的革命性锻造，开启了先进政党引领社会主义复兴的新进程；新时代人类命运共同体战略的提出，提供了人类融合发展中实现社会主义复兴的国际平台；习近平新时代中国特色社会主义思想体现了科学社会主义在 21 世纪的新发展，为社会主义的复兴提供了特殊性与普遍性相统一的逻辑理路。②

（四）在马克思之后，恩格斯、列宁和中国呈现科学社会主义的历史演进过程和特点

2013 年 1 月 5 日，习近平总书记在新进中央委员会委员、候补委员学习贯彻党的十八大精神研讨班上的讲话中，将社会主义 500 年的宏大历史分为空想社会主义产生和发展、马克思恩格斯创立科学社会主义理论体系、列宁领导十月革命胜利并实践社会主义、苏联模式逐步形成、新中国成立后中国共产党对社会主义的探索和实践、中国共产党作出进行改革开放的历史性决策并开创和发展中国特色社会主义 6 个时间段。有学者高度肯定习近平总书记从历史的视角理清科学社会主义发展脉络的理论价值，认为这种划分方法，系统地回顾了社会主义从空想到科学、从理论到实践、从一国到多国、从外国到中国的发展历程，为理清世界社会主义思想的源头

① 肖贵清、麻省理：《习近平新时代中国特色社会主义思想对科学社会主义创新和发展的四重维度》，《思想理论教育》2018 年第 9 期。
② 孙力、翟桂萍：《习近平新时代中国特色社会主义思想对科学社会主义理论的重大贡献》，《思想理论教育》2019 年第 3 期。

及其演进提供了总体线索。① 恰逢纪念恩格斯诞辰 200 周年、列宁诞辰 150 周年，以及中国共产党提出中国特色社会主义进入新时代的重大论断，学界近年来集中发表了一大批关于恩格斯、列宁和新时代中国的研究成果，其中以科学社会主义为主题的成果呈现出科学社会主义自马克思去世后的历史演进过程和特点。

第一，恩格斯晚年进一步丰富和发展了科学社会主义理论。马克思 1883 年去世后，晚年的恩格斯除了要整理《资本论》第 2、3 卷，以及继续开展理论研究工作，而且还肩负起领导国际工人运动的重担，不断根据形势条件变化，提出了许多具体的指导工人运动的策略，进一步丰富和发展了科学社会主义。这一评价，得到了学界的普遍认同。恩格斯晚年在哪些方面或层面对科学社会主义理论作出了创造性的丰富和发展，学界也提出了许多看法。有的学者认为，恩格斯晚年的理论贡献表现为：一是研究俄国革命运动与西方革命的关系，提出世界革命进程"四步骤"的理论，即第一步，俄国爆发革命，发出世界社会主义革命的"信号"；第二步，西方各国爆发社会主义革命并建成社会主义社会，为俄国树立怎样建设社会主义的榜样；第三步，俄国人民将革命转变为社会主义革命，进行社会主义建设并建成社会主义社会；第四步，世界上其他地区的国家走向社会主义胜利。二是研究意大利、法国、德国的阶级关系和革命形势，提出把无产阶级政党在发动工人运动、准备革命条件的过程中所进行的"当前斗争"和无产阶级夺取政权、建设社会主义社会和共产主义社会的"远大目标"统一起来的理论。三是研究 1848 年以来无产阶级斗争的方式，形成以合法斗争积蓄力量并进行革命"决战"的理论。② 不过，有学者也强调，恩格斯晚年的这些"变化"、这些重要思想遭到了一些人的非议和歪曲，恩格斯甚至被曲解为放弃科学社会主义基本原则和奋斗目标的"民主社会主义者"和"最大的修正主义者"，需

---

① 陈崎：《习近平对科学社会主义的坚持和发展》，《中国特色社会主义研究》2017 年第 3 期。

② 俞良早：《恩格斯晚年对科学社会主义理论的重要贡献》，《理论与改革》2020 年第 3 期。

要实事求是地对这些重要思想给予研究和评价。① 其中，恩格斯为《1848 年至 1850 年的法兰西阶级斗争》一书所写的导言，是他对那一时代社会民主主义策略的系统总结，有一些观点正是利用《导言》中的论述来证明恩格斯放弃革命和倡导改良主义，并作为"恩格斯晚年思想转变"的重要证据。关于普选权、合法斗争道路和"未来的决战"是《导言》中最重要的部分，也是如今遇到曲解最多的部分，有学者为此专门做了详细考证和研究，驳斥了"恩格斯晚年转变"论。通过文本考证，我们可以得出结论，恩格斯提议大力运用合法斗争，但并不认为这一斗争能够顺利地使社会民主党取得政权。反动的政府在合法斗争日益扩大的威胁下，不可能听天由命地交出统治权。合法斗争是为未来作准备的一种策略；暂时的避战，是为了让未来的决战更有胜算。②

第二，列宁积极探索科学社会主义俄国化的路径。虽然僵化的苏联模式作为科学社会主义的一种实践形式已经被历史和事实予以批判，但在苏联模式形成之前由列宁倡导的新经济政策，却是列宁积极探索符合俄国国情的科学社会主义道路的新尝试。后来中国改革开放的发展历史证明，列宁晚年时期的探索反映了他对怎样建设社会主义的深邃思考。有学者认为，1922 年3 月，列宁领导的布尔什维克党根据国内各阶级力量的对比，并综合国际形势的考量，果断提出了"停止退却"的思想。这一巨大转变要求在经济政治领域对国家工人力量作出相应的部署。列宁准确把握客观经济规律，要求广大党员"学会经商"，按商业化原则干预市场，确保商品经济得以有序发展。列宁的商品经济思想在党的经济工作中得到广泛的贯彻，使社会主义商品经济概念形成并得到发展，这是迈向激活社会主义经济的关键一步。③ 还有学

① 张新：《恩格斯晚年对科学社会主义的创新和发展》，《当代世界与社会主义》2020 年第 4 期。

② 张光明：《关于恩格斯的 1895 年〈导言〉："马恩晚年转变"辨正之二》，《科学社会主义》2014 年第 3 期。

③ 靳书君、汪松林：《停止退却时列宁对科学社会主义俄国化的探索："列宁晚期对科学社会主义俄国化的探索"之三》，《广西师范大学学报》（哲学社会科学版）2014 年第 6 期。

者从哲学基础的角度，阐述了列宁晚年探索的方法论。他认为，列宁晚年提出，十月革命的爆发，是以世界历史的偶然性为前提的，但从资本主义向社会主义的过渡，又必须服从必然性即生产力的根本进步。将这种必然性和偶然性有机地结合，是对历史唯物主义进行概念重构的前提。① 列宁晚年在经济建设、政治建设、文化建设、党的建设等方面都提出了一些具体的措施和设想，但学界对列宁晚年思想的关注，更深层次的还是他的方法论和哲学基础。为此，有学者深入阐释了列宁"最后一篇哲学著作"的内容及其当代启示。列宁1923年初写成的《论我国革命（评尼·苏汉诺夫的札记）》可以说是列宁最后的哲学著作，是从1914年集中写作《哲学笔记》以来最后十年的列宁辩证法思想总结。这篇精炼的小短文，蕴涵着列宁一生关于唯物辩证法的哲学总结和思想精髓，包括三个层次的内容：一是社会主义道路统一性与多样性的对立统一；二是带有小农国家特点的俄国社会主义特殊道路；三是东方社会主义的新道路与特殊性。从列宁的论述中，我们可以看到中国特色社会主义的理论来源与哲学基础，为学习贯彻习近平新时代中国特色社会主义思想提供理论的源头活水。②

第三，科学社会主义在中国实现的逻辑和特点。百年来，中国共产党带领中国人民不仅将一个半殖民地半封建的旧中国，改造成了一个社会主义新中国，而且正朝向社会主义现代化强国挺进。有学者从动态和过程分析的角度，阐释了科学社会主义在中国实现的认识逻辑。从认识论看，社会主义中国的现实创建，内含了提出中国社会主义理想客体、构建中国革命实践观念、将中国革命实践观念行为化等重要认识环节，并由此构成了科学社会主义从理性抽象转化为理性具体、再走向感性实践活动的认识发展过程。这是一个从主体到客体、从精神到物质、从观念到实在的能动的转化过程。③ 科

---

① 孟捷：《在必然性和偶然性之间：从列宁晚年之问到当代中国社会主义政治经济学》，《学习与探索》2018年第5期。

② 王东：《列宁晚年创新的哲学精髓》，《哲学研究》2020年第3期。

③ 曾祥云：《科学社会主义在中国实现的认识逻辑》，《湖湘论坛》2020年第6期。

学社会主义在中国实现的特点，简单来说，就是"走自己的路"，即"中国特色"问题。邓小平曾说，把马克思主义的普遍真理同我国的具体实际结合起来，走自己的道路，建设有中国特色的社会主义，这就是我们总结长期历史经验得出的基本结论。"走自己的路"，赋予了科学社会主义鲜明的中国特色。一般来讲，"中国特色"指的是具有中国的历史文化背景和鲜明的地域、民族特色。但中国经济、社会相对比较落后，仍处于社会主义初级阶段的基本国情决定了中国特色社会主义具有更深层次的特色。中国特色社会主义在经济条件、历史任务、发展道路、发展阶段和社会形态等方面具有的更深层次的特色，带有较强的"初级阶段"痕迹，是中国特色社会主义与马克思列宁主义之科学社会主义、传统社会主义的根本区别所在，是一种创新，一种发展。①

三、中国社会主义实践开辟科学社会主义理论发展新境界

与时俱进是马克思主义的理论品质，推进马克思主义中国化是我们党一以贯之的重大使命和任务。新中国成立 70 多年以来，我们党不断推进实践基础上的理论创新，在坚持毛泽东思想的基础上，以中国特色社会主义理论体系的最新成果不断丰富和发展科学社会主义理论。

（一）新中国 70 多年对科学社会主义作出重大贡献

新中国成立 70 多年以来，历经艰难曲折，不断开拓创新，取得了举世罕见的伟大成就，推动国家迎来了从站起来、富起来到强起来的稳步飞跃，实现了人民幸福安康和社会文明进步。同时，中国成功的经验、行之有效的制度、所坚持的道路和做法，也为世界社会主义发展提供了中国智慧和中国

---

① 李后东、赵明义：《对中国特色社会主义与经典科学社会主义比较研究的思考》，《社会主义研究》2012 年第 5 期。

方案，作出了重大贡献。这些贡献涉及经济、政治、社会、文化、生态、外交等领域和国家、政党、治理等关键概念。从总体上概括，中国社会主义 70 多年有两大贡献：一是开辟了科学社会主义在中国的实践道路，二是拓展了发展中国家走向现代化的途径。

第一，中国道路使具有 170 多年历史的科学社会主义在 14 亿人口的东方大国找到了切实可行的实现路径。有观点认为，首先是毛泽东思想使科学社会主义在中国变为现实。毛泽东思想从中国国情出发，着眼于对生产资料私有制的社会主义改造，揭示了中国走科学社会主义道路的必然性，这不仅是对唯物史观的创造性应用和发展，而且在实践中坚定地贯彻了科学社会主义原则。毛泽东应用唯物辩证法科学地处理各种社会矛盾，使"一化三改造"的进程明显缩短，充分展示出推进科学社会主义运动的主观能动性，他在巩固和完善社会主义制度的过程中形成的科学思想，对我们今天维护和完善中国特色社会主义制度具有不可低估的指导价值。[①] 在毛泽东思想之后形成的中国特色社会主义，则是对科学社会主义的始终遵循和继续发展。有学者概括了这些"遵循"和"发展"。一是遵循科学社会主义关于共产主义发展分阶段的基本观点，发展形成我国社会主义初级阶段理论以及社会主义初级阶段的基本路线，为中国特色社会主义提供了总依据和根本指导；二是遵循历史唯物主义的基本观点，发展了科学社会主义需要在改革开放中不断坚持、发展和完善的观点，形成改革开放的基本国策，为中国特色社会主义提供了强大动力；三是遵循资本主义条件下提出的剩余价值学说，发展了科学社会主义要实现从以往剥削制度占统治地位的社会向彻底消灭剥削的社会这一历史跨越的观点，发展形成社会主义本质理论；四是遵循科学社会主义关于建立公有制、实行按劳分配、坚持无产阶级领导、以工农联盟为基础结成最广泛的同盟军等基本观点，发展形成中国特色社会主义制度体系；五是遵循科学社会主义和历史唯物主义关于建设高度发达的物质文明和精神文明、合乎

---

① 何干强：《毛泽东思想使科学社会主义在中国变成现实》，《学习与探索》2013 年第 12 期。

自然规律地改造和利用自然、促使人实现自由而全面发展等基本观点，发展形成中国特色社会主义建设"五位一体"总体布局和发展为了人民、发展依靠人民、发展成果由人民共享的科学发展理念；六是遵循马克思主义社会再生产理论和列宁新经济政策理论，发展形成社会主义市场经济理论，极大丰富和发展了中国特色社会主义。① 学界除了以改革开放前、后"两个时间段"分别阐述中国对科学社会主义的理论贡献，还有学者把中国社会主义70多年视为一个整体，探索其对科学社会主义的重大贡献。这些贡献包括：成功回答了"什么是社会主义、怎样建设社会主义"的历史性课题，使具有170多年历史的科学社会主义焕发出强大生机活力；不断深化对社会主义建设规律的认识，形成党和国家与时俱进的指导思想；彰显社会主义制度的巨大优越性，不断建设对资本主义具有优越性的社会主义；为人类进步事业作出了巨大贡献，推动世界社会主义进入新阶段。中国特色社会主义进入新时代，必将为科学社会主义发展、为世界社会主义发展、为人类社会发展进步作出新的更大的贡献。②

第二，坚持科学社会主义基本原则与中国现代化发展实际相统一，推进了科学社会主义的繁荣和发展。有的观点是从理论层面来探讨中国现代化对科学社会主义的意义。现代化作为一个革命性的社会发展过程，往往具有一定的趋同性发展态势，呈现出某种规律性的发展特征，并且使得不同国家发展的依存度日益提高。中国现代化发展要坚持马克思主义历史观，在分析社会发展和现代化进程中，既重视社会历史规律的特殊性，也重视历史主体的自觉创造作用，强调在社会生产力推动下历史发展的"多线性"。中国现代化发展是在特殊的历史背景下，体现马克思主义的本质精神，通过历史特殊展现了一般原则，依据科学社会主义基本原理展现中国社会发展的独特规律，同时，坚持用中国鲜活的伟大实践塑造马克思主义的中国风貌。中国

---

① 李捷：《中国特色社会主义是对科学社会主义的遵循和发展》，《教学与研究》2013 年第 12 期。

② 姜辉：《中国社会主义 70 年对科学社会主义的重大贡献》，《当代中国史研究》2019 年第 5 期。

共产党人以丰硕的独创性成果成功开拓了崭新的现代化路径，以日益完善的社会主义制度体系和不断增强的国家治理能力向人们展现了社会主义制度的优越性。理论形态和实践形态的创新成果在本质上是一脉相承的，共同推进了科学社会主义在中国的繁荣和发展。中国特色社会主义坚持了科学社会主义以社会生产力为发展基础的基本观点和以人为主体的核心理念，在对马克思主义唯物史观基本原理的全面继承和运用中赋予了科学社会主义无限的生机与活力。[①] 还有的观点从社会主义发展史的脉络和中国现代化的具体实践，强调中国的现代化对科学社会主义的意义。面对"共时性"的社会主义与现代化的历史使命，苏联探索形成了一套重工业优先的资源调配和社会发展体系，开辟了传统社会主义现代化道路，但是这一道路没有真正解决社会主义与现代化的关系问题，在二战后逐渐陷入困境。新中国成立后学习苏联模式，一方面取得了一定的成就，另一方面也陷入了相应的困境。改革开放后，中国对现代化和社会主义都进行了再认识，实现了二者关系的变革和协调，进而开辟了中国特色社会主义道路。进入新时代，对现代化的认识实现了历史性突破，突出了生产力现代化和制度现代化的有机统一，对社会主义的认识也有新的发展，形成了社会主义现代化的理论自觉，意识到建设社会主义和推动现代化发展是当前中国社会要去尝试完成的"一体两面"的完整目标。[②]

（二）在比较视野中探讨科学社会主义和中国特色社会主义的关系

科学社会主义和中国特色社会主义之间的关系，是学界进行深入探讨的重要主题。这里的科学社会主义，一般指马克思恩格斯的科学社会主义思想，特别是包括他们对未来社会所做的一些设想。中国特色社会主义是科学社会主义在中国的实践模式，它本身也是科学社会主义。因此，学界比较的是经典科学社会主义和中国特色社会主义之间的关系。

---

① 梁波：《焕发科学社会主义的强大生机活力》，《中国党政干部论坛》2020 年第 7 期。
② 王长江、郭强：《论社会主义与现代化的关系：基于新中国成立以来中国现代化实践历程的研究》，《社会主义研究》2020 年第 1 期。

学界首先分析了把科学社会主义和中国特色社会主义进行比较分析的意义所在。有学者认为，比较方法是辩证唯物主义认识论的重要方法，有利于认识事物的本质，不断提高对事物的认识水平。对中国特色社会主义与经典科学社会主义进行比较研究，可以更清楚地了解到两者的异同点是合乎逻辑地分为基本层次和具体层次的，有利于区分两者同点的"教条"与守成、附加与创新、单纯还原与勇于超越，异点的守成与创新、应然与实然、萌芽与成熟等不同表现形式，还可以更清楚地了解两者的异同之处及其辩证关系。① 还有学者提出了产生科学社会主义与中国特色社会主义之间的"差别"的历史背景，这是进行比较的前提条件。经济文化比较落后的国家建立的社会主义，具有明显的传统社会特征，可以称之为传统社会主义。传统社会主义与马克思恩格斯所构想的经典社会主义在发展程度上是有重大区别的。因此，1917 年以来，如何在经济文化比较落后的国家建设社会主义，成为百年来科学社会主义需要研究解决的一个重大问题。经济文化比较落后的国家所建立的社会主义主要有两种典型形态，即苏联式的社会主义和中国式的社会主义。百年以来，世界社会主义历史上出现了由以苏联模式社会主义为代表的传统社会主义向以中国特色社会主义为代表的当代社会主义的转变，世界社会主义由此进入了一个新的发展阶段。从世界社会主义发展的历史趋势来考察，中国特色社会主义是科学社会主义的当代社会制度形态的代表，是科学社会主义在中国的最新发展。② 关于中国特色社会主义是科学社会主义在中国的新发展这一结论，学界具有普遍的共识。然而，二者的具体关系如何概括，可谓"仁者见仁，智者见智"，学界主要提出了三种说法：

第一种说法，二者是"异同关系"。有学者对经典科学社会主义与中国特色社会主义的"异同"关系作了较为深入的阐释，提出二者的"异中之同"

① 李后东、赵明义：《中国特色社会主义与经典科学社会主义比较研究的重要性分析》，《学术论坛》2012 年第 11 期。

② 闫志民：《关于中国特色社会主义与科学社会主义关系问题的再认识》，《教学与研究》2013 年第 6 期。

和"同中之异"。例如，从形成、发展的时代背景和历史条件方面看，无论是马克思恩格斯的科学社会主义，还是列宁主义阶段的科学社会主义，还是中国特色社会主义，它们的形成、发展都离不开科学技术革命、经济全球化浪潮以及资本主义不断发展这样的时代背景和历史条件，两大理论体系都是生产力和社会化大生产发展到一定程度的产物，而不是主观臆造的。从这个意义上讲，两者异中有同。同时，不同时期、发展阶段的科学技术革命、经济全球化浪潮和资本主义在发展程度、基本特征和影响范围等方面都具有较大差异，这就使得它们对于科学社会主义形成、发展的意义也存有差异。从这个意义上讲，两者又同中有异。[1]

第二种说法，二者是"源流关系"。从科学社会主义到中国特色社会主义理论体系的发展可以用"源流关系"来概括。科学社会主义从经典形式发展到中国特色形式，经历了170多年的历史，实现了三次飞跃。第一次飞跃是马克思、恩格斯通过理论创新和对革命经验的总结，把空想社会主义变成科学社会主义，并科学地研究了社会主义的基本原则，提出了科学社会主义的经典形式，对未来社会主义革命和建设进行了科学研究和构想。第二次飞跃是科学社会主义从以理论推理为特征的经典形式发展为以付诸实现为特征的实践形式，社会主义在落后国家首先建立。在实现了从理论到实践的飞跃之后，社会主义扩展到了十几个国家。苏联和中国对落后国家社会主义建设道路的曲折探索，为第三次飞跃作好了准备，积累了经验。第三次飞跃是中国在认识到苏联模式社会主义的弊端之后，通过改革、开放、创新探索本国的社会主义实现形式，提出中国特色社会主义。[2]科学社会主义在中国实践形式的历史性变化和发展，鲜明地体现出了科学社会主义和中国特色社会主义的"源流关系"。

---

① 李后东：《中国特色社会主义与经典科学社会主义同异比较研究》，山东大学出版社2017年版。

② 孙代尧等著：《源远流长：科学社会主义与中国特色社会主义理论体系源流关系研究》，中国人民大学出版社2019年版，第41页。

第三种说法，二者是"不同层次"上的概念。中国特色社会主义是两个层次的统一：本质上是科学社会主义，实现形式上具有中国特色。有学者提出，必须把科学社会主义基本原则同其实现形式区分开来，这是准确理解中国特色社会主义的一个方法论问题。中国特色社会主义是科学社会主义基本原则同当前中国的具体实际相结合的结晶，它是科学社会主义基本原则在当前中国具体条件下的实现和运用。从本质层次上讲，中国特色社会主义坚持了马克思、恩格斯根据社会发展规律提出的社会主义的基本原则，在这个层次上，它同改革开放前中国的社会主义实践是一致的，并不是"全新"的东西，也不是什么"独立形态的社会主义"；在科学社会主义基本原则的具体实现形式层次上，中国特色社会主义具有鲜明的中国特色。我国具有自己特殊的国情，例如，我国是在经济文化十分落后的情况下进行社会主义革命、建设和改革开放的，仍处于并将长期处于社会主义初级阶段，因而具有许多阶段性特点；我国具有自己的历史文化传统，同别的民族有很大差别；我国的改革开放是在以和平与发展为时代主题的背景下进行的，国际环境显然同以战争与革命为主要问题的时代有很大差别。因此，必须根据这样的具体条件来探索如何建设社会主义，走自己的、符合本国国情的道路。"中国特色"，是就这个层次而言的。因此，准确理解科学社会主义和中国特色社会主义，就是要区分本质和实现形式这两个层次。①

（三）关注中国特色社会主义理论体系的生成

党的十七大提出了中国特色社会主义理论体系的科学命题，明确指出："中国特色社会主义理论体系，就是包括邓小平理论、'三个代表'重要思想以及科学发展观等重大战略思想在内的科学理论体系。"党的十八大删除了"等重大战略思想"这几个字，将这一命题表述为："中国特色社

---

① 辛程：《必须把科学社会主义基本原则同其实现形式区分开来：准确理解中国特色社会主义的一个方法论问题》，《思想理论教育导刊》2013 年第 6 期。

会主义理论体系，就是包括邓小平理论、'三个代表'重要思想以及科学发展观在内的科学理论体系，是对马克思列宁主义、毛泽东思想的坚持和发展"。党的十九大进一步明确，习近平新时代中国特色社会主义思想是中国特色社会主义理论体系的重要组成部分。就科学社会主义理论研究而言，学界比较关注这个理论体系是如何生成的，特别是把这个理论体系视为一个整体，从方法论上分析如何研究这个理论体系。具体而言，学者较为关注以下方面：

第一，中国特色社会主义体系具有其生成逻辑。任何思想要形成体系都有其特定的生成逻辑。有学者提出，作为指导党和人民实现中华民族伟大复兴的理论，中国特色社会主义理论体系的生成逻辑大体涵盖四个方面：对马克思主义理论的承继与创新是其思想基础，对人类优秀文明成果的鉴借与汲取是其历史积淀，对社会主义建设经验的提炼与概括是其现实地基，党的顶层设计与人民的基层实践的对接与耦合是其主体要件。①

第二，中国特色社会主义体系的建构，需要从文本性的思想体系转化成有学理支撑的理论体系。中国特色社会主义理论体系已经形成了一个体系，但这个体系中的一系列理论观点的提出，都是着眼于实践问题的解答，而不是来自逻辑上的推理，而且这一系列观点都集中反映在党的重要文献上和领导人的重要讲话中。因此，这样一个体系更多地带有自成性，是一种文本式的思想体系，有必要将其从思想体系转换成学理体系。所谓建构，就是要把以自然形态或文本形态存在的概念、范畴和原理体系转化为以自觉形态或叙述形态存在的概念、范畴和原理体系。转化的过程就是对现有概念、范畴、原理的发现、提炼、综合乃至提升的过程。建构的任务往往不是思想的提出者，而是由后人或他人完成的。总之，从自然形态的文本体系到自觉形态的叙述体系或理论体系的转换和建构，是一个理论的再创造过程，需要理论工

---

① 刘勇、王怀信：《论中国特色社会主义理论体系的生成逻辑》，《江西社会科学》2017 年第 12 期。

作者在学理上下功夫。①

　　第三，中国特色社会主义理论体系具有开放性，随着中国特色社会主义道路越走越宽广，理论体系也将不断增加新的内容。之所以能具有开放性特征，有学者阐释了其中的原因：它批判地吸收和借鉴人类社会优秀的文明成果，具有鲜明的向历史和世界开放的特性；它坚持继承与创新相统一，具有强烈的自我开放的特性；它形成和发展于改革开放的伟大实践，在不断总结实践发展经验的基础上丰富和完善，具有显著的向实践开放的特性；它坚持与时俱进的理论品质，在实践中开拓创新，具有独特的向未来开放的特性。

　　第四，中国特色社会主义理论体系具有宽广的世界视野。有学者提出，中国特色社会主义理论体系是关于当代中国问题的话语体系，但它在阐释和解答当代中国问题过程中，不是封闭、孤立地去看待当代中国问题，而是把当代中国问题置于当今世界大局中去思考，与世界问题相联系，充分考虑当今世界发展的基本态势，并对世界的变局及其合理走向作出清醒的判断，因而具有宽广的世界视野。总体上，中国特色社会主义理论体系体现着对世界共性问题的回应，包括提出尊重和维护世界的多样性，倡导不同的社会制度和发展道路应求同存异、在比较中相互借鉴、共同发展，坚持和平与发展是当今时代主题，强调多极化是当今世界形势的突出特点，经济全球化、科技革命迅猛发展以及各种文化的交流与碰撞是当今世界的基本特征；阐明中国与世界的双向互动关系，并据此形成的重新调整与外部世界关系的重要举措；提出科学发展的基本理念及要求，具有宽广的世界视野，不仅更新了我们自己的观念意识，提升了我们自己的思想认识，也具有超越地域性的创新意义和超越意识形态的认识价值。②

---

① 张琳：《深化中国特色社会主义理论体系研究的几点思考》，《马克思主义研究》2012 年第 2 期。

② 秦刚：《中国特色社会主义理论体系的世界视野》，《马克思主义与现实》2012 年第 6 期。

四、科学社会主义在 21 世纪的中国焕发出强大生机活力

党的十九大报告从重大意义的角度，提出了中国特色社会主义进入新时代的"三个意味着"，其中"第二个意味着"是：科学社会主义在 21 世纪的中国焕发出强大生机活力，在世界上高高举起了中国特色社会主义伟大旗帜。对于"第二个意味着"的提出，学界从不同的角度进行了深刻分析。

（一）习近平新时代中国特色社会主义思想进一步丰富和发展了科学社会主义

习近平新时代中国特色社会主义思想在理论形态上是当代中国马克思主义，也是 21 世纪马克思主义，由于中国特色社会主义理论体系实现了马克思主义中国化的第二次飞跃，因此习近平新时代中国特色社会主义思想将这次飞跃提升到新时代的高度，提升到 21 世纪马克思主义的新境界，学界围绕"进一步丰富和发展了科学社会主义"这个命题进行了一些研究。

第一，提出了一系列原创性的新观点。习近平新时代中国特色社会主义思想，为科学社会主义理论注入新的原创性内容，形成了科学社会主义的最新理论成果。有学者认为，"丰富和发展"之处在于：它全面分析当今时代特点和中国特色社会主义新时代的科学内涵，创造性地阐明了科学社会主义当代发展的现实基础；明确提出共产主义是中国特色社会主义的理论根源和逻辑依据，中国特色社会主义是共产主义的当代现实体现和实践形态，科学揭示了二者之间的内在联系；深刻揭示了中国特色社会主义的本质是科学社会主义，从实践和理论的结合上回答新时代坚持和发展中国特色社会主义的基本问题，提出了新时代中国特色社会主义的基本方略和战略安排，推进了科学社会主义的当代发展。① 还有学者提出，习近平新时代中国特色社会主

---

① 金民卿：《习近平新时代中国特色社会主义思想对科学社会主义理论的原创性发展》，《前线》2018 年第 2 期。

义思想坚持和发展中国特色社会主义，形成了系统的新理念新思想新战略，领军 21 世纪现代社会主义变革的历史潮流，用中华民族五千多年漫长奋斗积淀的文化养分和历史底蕴开拓中国特色社会主义道路，以全面从严治党伟大工程的实践和理论展现了现代社会主义变革的光明前景，让科学社会主义在 21 世纪的中国焕发出强大生机活力。①

第二，把科学社会主义推进到世界历史发展的新高度。有学者提出，理解和把握习近平新时代中国特色社会主义思想对于科学社会主义的时代性继承和创新性发展，应当选取两个分析维度：一个是科学社会主义的理论与实践逻辑，另一个是世界历史的全球化时代与社会主义发展，并围绕科学社会主义如何回答世界历史发展到全球化时代所必须回答的一些根本性问题来展开。从第一个维度看，科学社会主义有其自身的理论和实践逻辑，并把民族国家看作是其在世界历史进程中得以实现的基本单位。从第二个维度来看，随着世界历史全球化时代的到来，习近平新时代中国特色社会主义思想作为科学社会主义全球化形态的社会主义现代化和作为全球化时代的未来世界构型的人类命运共同体，把科学社会主义推进到世界历史发展的新高度。②

第三，新时代中国共产党人对科学社会主义的认识提高到了新的境界。有学者提出，党的十八大以来，习近平总书记关于科学社会主义的相关论述紧紧围绕"坚持和发展科学社会主义"这一主题和"科学社会主义与中国特色社会主义的关系"这个重点，遵循"理论自觉—理论自信—理论创新"这条主线，形成了系统完整、逻辑严密、线索清晰的科学社会主义观。习近平科学社会主义观在内容和方法上呈现出深刻的理论思维、厚重的历史思维、宏阔的国际视野、鲜明的问题导向、先进的价值立场和坚定的理想信念六个

① 奚广庆：《科学社会主义在 21 世纪中国焕发出强大生机活力：习近平新时代中国特色社会主义思想世界历史意义》，《党政研究》2018 年第 2 期。
② 吴畏、石敬琳：《全球化时代的科学社会主义最新成果：习近平新时代中国特色社会主义思想的历史性贡献》，《思想教育研究》2018 年第 5 期。

方面的基本特征，标志着新时代中国共产党人对科学社会主义的认识提高到一个新境界。①

（二）两种意识形态、两种社会制度的历史演进发生了有利于社会主义的深刻转变

中国特色社会主义理论和实践的成功发展，使世界上正视和相信马克思主义和社会主义的人多了起来，在世界上重振了人们对社会主义的信心，正成为 21 世纪科学社会主义发展的旗帜，成为振兴世界社会主义的中流砥柱。科学社会主义也因在有着 14 亿人口的东方大国成功实践而受到广泛关注和探讨。据统计，目前世界上约有 100 多个国家中 130 多个政党仍保持共产党名称或坚持马克思主义性质，成为推动世界社会主义发展的重要力量之一。

第一，世界百年未有之大变局正成为影响社会主义和资本主义两种制度及其相互关系的未来发展走向的关键因素。有学者提出，2020 年百年未遇的新冠肺炎疫情与世界百年未有之大变局相互叠加互相激荡，更加凸显这一世界大变局的不确定性。不可否认，西方发达国家与新兴大国之间的竞争博弈、关系调整及其互动都日趋明显，不同政治思潮碰撞争锋，多样文化交流异常活跃，这一世界大变局正在加速重构社会主义与资本主义并存关系及其共处空间。当前社会主义中国正处于近代以来最好的发展时期，世界影响之大、综合国力发展之快同样百年未有，处于新的历史方位的中国特色社会主义，在 21 世纪的中国正焕发出强大生机与活力，成为振兴世界社会主义的中流砥柱，并势必对未来世界社会主义发展形成重要引领作用。处于新的时代场域下，如何正确看待全球化时代人类命运共同体与两大社会制度间相处之道的现实与未来发展，对人类命运共同体建构具有重大理论和现实

---

① 王衡：《论习近平科学社会主义观的内在逻辑与基本特征》，《思想理论教育导刊》2019 年第 2 期。

意义。①

    第二，21 世纪世界社会主义发展态势呈现出一些新特点。有学者提出，如果将 21 世纪世界社会主义置于世界政治经济形势变化的大框架下进行审视，就会发现当今世界社会主义力量的壮大和上升，资本主义和社会主义两种制度力量对比发生了有利于社会主义的变化。两大历史事件悄然改变了既有的世界经济政治力量对比，使其发生了有利于社会主义和发展中国家的变化：一是由资本主义核心地带引发的全球金融危机；二是中国特色社会主义的快速崛起，不仅顶住了苏联解体、东欧剧变所带来的国际压力，而且在改革开放的实践中取得了跨越式发展，社会主义中国日益走近世界舞台中央，中国道路、中国经验、中国方案逐渐成为世界关注和研究的焦点。此外，21 世纪世界社会主义发展的新态势还表现在以下几个方面：社会主义政党的变革调整已成常态，各左翼政党由被动应对转向主动出击；社会主义主体力量复兴重组，阶级政治重返欧美政治空间；社会主义横向联合呈现新形式，多平台、扁平化合作网络逐渐成形。总之，21 世纪世界社会主义发展新态势，无论是社会主义世界氛围的形成，还是社会主义领导力量主动变革、主体力量回归重组及其联合方式重构，都说明当今世界社会主义不再是 19 世纪科学社会主义诞生时那样像"幽灵"一样仅在欧洲游荡，不再是 20 世纪上半叶战争与革命时期那般高歌猛进，也不再是 20 世纪末苏联解体、东欧剧变后的一度低潮和一味防守，而是开始进入谋求振兴、恢复荣光并孕育新高潮到来的重要历史时期。②

    第三，科学社会主义仍然面临发达资本主义的挑战，这也是 21 世纪中国的社会主义必须面对和解决的问题。虽然两种意识形态、两种社会制度的历史演进发生了有利于社会主义的深刻转变，但在当今新科技革命迅猛发展的时代，科学社会主义正面临发达资本主义提出的全球性、时代性的严重挑

---

① 王寅申、朱忆天：《历史演进与现实启示：新中国成立以来两大社会制度关系论析》，《西南民族大学学报（人文社科版）》2020 年第 10 期。

② 轩传树、冷树青：《试析 21 世纪世界社会主义发展的新态势》，《当代世界》2018 年第 11 期。

战。挑战要求科学社会主义至少回答三个主要的理论和现实问题：第一个问题：为什么被科学社会主义断定为腐朽、垂死的资本主义，还能带头掀起以信息化为先导的全方位、加速度大发展的第三次科技革命浪潮，从而使资本主义更加发达？第二个问题：当代发达资本主义是否仍然处于列宁所说的腐朽的、垂死的垄断资本主义即帝国主义阶段，或者已经发展到什么样的新阶段？第三个问题：为什么奉行科学社会主义的苏联和东欧多国竞争不过发达资本主义国家而发生剧变，并且倒退去发展资本主义？资本主义社会比以往社会更能为科技大发展提供充足的社会条件，因而能一次又一次地掀起新科技革命浪潮。当代发达资本主义可称为社会资本主义，它从垄断资本主义那里继承了垄断性、腐朽性和垂死性，但又具有区别于垄断资本主义的新特征，显示出相当强的生命力、竞争力和调节力。苏联等在与西方发达资本主义国家竞争中被打败不是科学社会主义的失败，恰恰是教条式地照搬科学社会主义或从根本上背离科学社会主义而招致的灭顶之灾。由于迄今还掌握新科技革命的优势领域和尖端技术，美国还拥有相当强大的生命力、领导力和调节力，不会很快衰弱下去、一蹶不振。包括中国在内的当今社会主义国家不能再采取苏联那样与发达资本主义国家对峙、对立、对抗的冷战共处的对外方针，应继续争取和保持对等、对话、对流（双向交流）的和平共处对外方针。①

虽然两种意识形态、两种社会制度的较量在态势上发生了深刻转变，但这并不意味着当下资本主义与社会主义的世界格局已经发生质变，也不意味着时代特征发生了质变。有学者提出，当今时代的最主要特征可以表述为：社会主义与资本主义共存、竞争，经过反复较量，社会主义将逐渐取代资本主义。当今世界主要矛盾是社会主义与资本主义的矛盾，这一矛盾贯穿于社会主义取代资本主义的全过程。尽管世界上还存在封建主义、种族主义以及

---

① 高放：《科学社会主义面临当代发达资本主义的挑战》，《中共天津市委党校学报》2014 年第 3 期。

恐怖主义等矛盾，但都不能构成当今世界的主要矛盾，也不能决定当今世界的性质。在现阶段，总的态势还是资强社弱，资本主义在现时代居主导地位，用列宁的话来说，资产阶级还居于中心地位。这种状态将会持续很长的时间。但资本主义由于固有的矛盾而逐渐削弱，社会主义因素和力量则不断地增长、壮大，最终必然代替资本主义，使人类社会发展到一个更高级的社会。这就是我们通常所说的人类历史发展的总趋势。社会主义作为新生事物必然要取代资本主义，这只是时间问题。然而，社会主义何时能够代替资本主义，不能靠主观臆断，只能根据历史发展的客观条件和阶级力量的对比，以及难以预测的突发事件作出判断，否则就会犯主观主义的错误。历史是波浪式前进的，不仅有渐进的平稳的发展，也会有突发式的飞跃，因此我们决不能作时代发展的算命先生。①

（三）21世纪是科学社会主义崛起世纪

习近平总书记指出："科学社会主义在中国的成功，对马克思主义、科学社会主义的意义，对世界社会主义的意义，是十分重大的。"② 当前，中国特色社会主义已经成为世界社会主义的中流砥柱，中国特色社会主义的历史命运意味着科学社会主义在21世纪的历史命运。对党的十九大提出的"科学社会主义在21世纪的中国焕发出强大生机活力"这一重大论断，学界主要从两个层面进行了较为深入的研究和阐释。

第一个层面是阐释科学社会主义在21世纪的中国焕发生机活力的立论依据。来自不同国家的学者们从不同角度来阐释科学社会主义在21世纪中国的未来前景，大体可以分为三类：

第一类是来自社会主义国家的学者，他们一般从社会主义代替资本主义的必然趋势和中国的发展成就来进行论证。比如，越南胡志明国家政治学院

---

① 靳辉明：《关于毛泽东思想和中国特色社会主义理论体系的思考》，《党的文献》2012年第1期。

② 《习近平谈治国理政》第三卷，外文出版社2020年版，第70页。

新闻与宣传学院原院长杨春玉提出，苏东社会主义剧变后，各社会主义反动势力竭力鼓吹"社会主义和马列主义已经死了"。但是，理论和实践都已经证明，苏联和东欧社会主义国家的垮台只是某一种社会主义模式的垮台，而不是作为目标和理想的社会主义的终结，不是人类正在经历的社会经济形态的终结。人类的未来仍然是社会主义，这是历史发展的客观规律。此外，虽然苏联和东欧社会主义国家的垮台对现有社会主义国家产生了巨大影响，但凭借着对社会主义道路的坚持，各国不仅已经稳住阵脚，而且成功进行了革新，取得日益巨大的成就。在根据具体条件创造性运用和发展马列主义的基础上，中国逐步确立了适合本国国情的社会主义模式和社会主义发展道路。①

第二类是来自中国的学者，他们一般从中国特色社会主义的发展成就来进行论证。比如有的学者的分析认为，中国特色社会主义进入新时代，成功开辟了科学社会主义的新境界。中国特色社会主义进入新时代的深远影响，同时体现在理论和实践上。从理论层面看，中国特色社会主义把科学社会主义推向崭新的发展阶段，形成了道路、理论、制度、文化"四位一体"的科学体系，统筹推进了经济、政治、文化、社会、生态文明"五大建设"，社会主义的影响力感召力极大增强，使世界范围内两种意识形态、两种社会制度的历史演进及其较量，发生了有利于马克思主义、社会主义的深刻转变，在此背景下形成了习近平新时代中国特色社会主义思想，科学社会主义在中国焕发新生机。从实践层面看，依照历史唯物主义关于社会存在决定社会意识的基本原理，中国特色社会主义进入新时代最主要的现实基础是党的十八大以来所取得的历史性成就和实现的历史性变革。中国特色社会主义创造出的"中国奇迹"为历经磨难的社会主义注入强大生命力，中国在社会主义制度下取得的各方面成就重振了人们对社会主义的信心，中国特色社会主义实践为人类文明进步作出了中国贡献。②

---

① 杨春玉：《科学社会主义的发展历程、现状与展望》，《人民论坛·学术前沿》2019 年第 17 期。

② 何海根、孙代尧：《21 世纪科学社会主义在中国的新发展：论习近平的科学社会主义观》，《当代世界与社会主义》2019 年第 6 期。

　　第三类是来自发达资本主义国家的评价。国外的学者高度关注习近平总书记治国理政各方面的思想，他们有些人认为，习近平新时代中国特色社会主义思想促进了世界社会主义走向振兴。"共产主义的幽灵"仍在欧洲和世界徘徊，在很大程度上得益于以中国为代表的社会主义实践成就。习近平执政下的环境治理、攻坚脱贫、政党自我革命等更是凸显了社会主义制度的比较优势，提升了世界社会主义的吸引力。而更深远的影响是，在充满不确定性的全球化时代，中国坚定支持经济全球化和对外开放，这增加了社会主义中国的威望，提升了社会主义在全球权力格局中的话语权。①

　　第二个层面是探讨用精炼短句概括科学社会主义的总体发展态势。在社会主义的发展历史中，"从空想到科学""从理论到实践""从一国到多国"这三段概括已经得到学界的普遍认同，但从东欧剧变、苏联解体至今的这一段历史该如何概括，特别是今后社会主义的发展态势该如何用确定的词语进行描述，学者们有不同的看法。有的学者提出，回顾世界社会主义五百年的历史，可以清晰看出，社会主义呈现出从空想到科学、从理论到实践、从一国到多国、从革命到建设、从挫折到改革的发展脉络。② 还有学者认为"从一国到多国"之后，社会主义进入"从传统到现代"的发展阶段。中国特色社会主义以"第二次革命"的方式，实现了对传统社会主义模式的全面更新和超越，成为现代社会主义的先行者和主要代表。社会主义"从传统到现代"的飞跃性发展，起始于中国特色社会主义的创立，实现于中国特色社会主义进入新时代。所谓从传统到现代之"现代"，不是一般的时间概念上的"现代"，也不仅仅是走出"苏联模式"困境的"现代"，而是现代化意义上的"现代"。③

---

① 苏珊珊：《国外习近平新时代中国特色社会主义思想研究述评》，《社会主义研究》2020 年第 1 期。

② 苏加毅：《科学社会主义发展到新时代的理论结晶》，《人民论坛》2017 年第 33 期。

③ 秦刚、郭强：《社会主义"从传统到现代"的新发展：从社会主义发展进程看中国特色社会主义进入新时代》，《科学社会主义》2018 年第 1 期。

党的十八大以来，中国特色社会主义事业取得历史性成就、发生历史性变革，改变了中国，也改变了世界，更改变了世界社会主义的历史进程，可以说，这是社会主义发展史上的又一次新飞跃。但是，需要强调的是，这一新飞跃并不排斥 21 世纪社会主义实践的多样性，反而是以此为前提的。有学者认为，新的飞跃代表着社会主义从一条道路到多条道路的历史发展，而不是相反，也绝不包含任何输出模式的意思。习近平总书记指出，我们不"输入"外国模式，也不"输出"中国模式，不会要求别国"复制"中国的做法。中国特色社会主义作为一个整体，其他国家不可能完全复制中国模式，复制了也不会成功，但所包含的中国方案、中国经验是可以选择性借鉴的，这是我们讲中国特色社会主义的世界意义。我们尊重各个国家、民族的个性，普遍性寓于特殊性之中，包括中国特色社会主义在内的社会主义实践必然会包含社会主义的共性，而这一共性正是面向 21 世纪科学社会主义，从而开辟世界社会主义发展的广阔前景。①

五、问题与展望

党的十八大以来，科学社会主义理论研究取得了丰硕的成果，但也面临着一些挑战和问题，其中有的问题是大多数哲学社会科学都面临的，比如如何做到与时代要求、中国发展相同步等；有的问题则是科学社会主义作为思想体系和作为一门学科所面临的挑战，总体上包括三个方面：

第一，科学社会主义的学术体系构建有待加强，对中国话语体系建设贡献不足。在哲学社会科学工作座谈会上，习近平总书记明确指出："着力构建中国特色哲学社会科学，在指导思想、学科体系、学术体系、话语体系等方面充分体现中国特色、中国风格、中国气派。"② 有学者提出，科学社会主

---

① 王超、郭强：《面向 21 世纪的科学社会主义：论习近平新时代中国特色社会主义思想的理论地位与时空方位》，《党政研究》2020 年第 5 期。

② 《习近平谈治国理政》第二卷，外文出版社 2017 年版，第 338 页。

义的学科体系、学术体系和话语体系建设是新时代提出的迫切课题。① 科学社会主义的"三大体系"能否构建，首先在于学术体系能否构建。科学社会主义既是有传统思想渊源的学说，又是根植于现实生活的学说。当前科学社会主义理论研究的一个重大不足是学理性不足，有的研究成果秉承"六经注我"之法，有的研究成果属于"人云亦云"，对科学社会主义缺乏前瞻性研究的思维，有的研究成果脱离社会主义的现实生活，这些研究方式都会使科学社会主义的"科学性"难以体现，从而导致缺乏说服力，更难以为中国话语体系的构建作出贡献，有的所谓科学社会主义研究成果既"数典忘祖"，又"不谙世事"。因此，科学社会主义理论的构建应当从时代前进的视野观察科学社会主义学术体系、在全面改革实践中拓展科学社会主义学术体系、在科学社会主义时代化的同时善于发现科学社会主义的基本原则。归根结底，只有将科学社会主义理论作为一门学问、作为一项科学来看待，秉持端正的学风，才能产生符合时代要求、反映中国发展需要的理论成果。

第二，跨学科研究成果较少，限制了科学社会主义理论的研究空间。科学社会主义的研究对象决定这是一门涉及"古今中外"的理论，仅凭过去的概念、范式、方法，已无法满足新时代理论研究的需要。现在一些观点认为，科学社会主义由于国家学科设置导致研究空间受到挤压，并有力争科学社会主义应"回到过去"以恢复往日辉煌的倾向。科学社会主义的研究空间由于学科设置和其他学科的发展而变得越来越狭窄，这确实是现实情况，然而，这并不应成为科学社会主义自我封闭研究空间的理由。人类的哲学社会科学研究，在过去的历史中，大体是逐渐从"大学科"向"细分学科"发展，比如从古代的哲学、历史学等大学科之中，分化出了许多细分学科，构建了各种各样的学科体系。然而，随着工业社会的到来，以及复杂性社会的形成，从"细分学科"向"大学科"发展又成为一种新的发展趋势，当前主

---

① 李华锋、俞思念：《科学社会主义学科的"三大体系"建设刍议》，《科学社会主义》2020年第4期。

要表现为跨学科研究。跨学科的目的主要在于通过超越以往分门别类的研究方式，实现对问题的整合性研究，这在自然科学和社会科学研究中都是通用方法。在当前中国，科学社会主义理论如果试图脱离马克思主义哲学、政治经济学，脱离党史、国史，脱离国际共产主义运动史、当代世界社会主义发展史，脱离解决中国面临的复杂问题的发展方向，都将无法扩展自己的研究空间，也无法形成有分量的理论成果。从现有科学社会主义理论研究的成果来看，跨学科研究没有成为一种趋势。

第三，学科建设面临较大困境，现有体量难以形成研究的"规模效应"。在前述学术体系未能与时俱进地建立，又没有形成跨学科研究的新方法，再加上学科体系建设的落后甚至倒退的情况下，科学社会主义理论研究面临的困境自然更严峻。有学者提出，科学社会主义学科建设的基本情况是成就显著、问题突出。当前科学社会主义学科建设存在的突出问题包括：学科基本概念不确定；学科定位不清晰；有关学科的基本理论问题缺乏共识；研究方法单一；研究成果数量不少，质量不高，精品力作更少；研究队伍后继乏人，尤其是缺乏中青年学科带头人。[①] 在这些问题中，首要问题是"后继无人"，而不仅仅是整合和重塑一个学科体系就能走出困境。科学社会主义理论研究的发展，必须把培养人才和学科建设统一起来，否则以现有研究人员的体量，难以形成相互促进学术繁荣的"规模效应"。

虽然科学社会主义理论研究面临一些困难和挑战，但时代和中国的变化发展，为科学社会主义理论研究提供了广阔的空间和强大的现实基础。当今世界正面临百年未有之大变局，人类社会发展日新月异，信息技术深刻改变着我们的生产方式、交往方式和生活方式，产生了"知识经济时代""信息时代""后工业时代"等涉及时代的术语。历史发展到 21 世纪，时代的变化以及中国发展的广度和深度早已远远超出了马克思主义经典作

---

① 王怀超：《当前我国科学社会主义学科的研究现状及理论前沿问题》，《科学社会主义》2015年第 3 期。

家当时的想象，这为科学社会主义在 21 世纪的进一步深化研究提出了要求，也提供了动力。关于未来科学社会主义理论的研究，以下四个方面是重要的方向：

（一）更加重视研究科学社会主义经典文献的思想及其当代意义

21 世纪的今天，新一轮的科技革命和产业革命正孕育成长，物质财富不断积累，人类文明发展到历史最高水平。同时，人类社会也面临着诸多的不确定性和不稳定性，比如经济危机、贫困、失业、收入差距、地区冲突等依然存在，还有诸如气候变化、恐怖主义、网络安全、重大传染性疾病等非传统安全问题有待解决。可以说，马克思所处的时代和我们当今所处的时代，都是一个充满矛盾的世界。英国文学家狄更斯曾以"这是最好的时代，也是最坏的时代"描述工业革命发生后的世界。习近平主席在世界经济论坛 2017 年年会开幕式上的主旨演讲中引用狄更斯的这句名言，并指出："今天，我们也生活在一个矛盾的世界之中。"[1] 继续解决工业化时期业已产生的问题并回应 21 世纪出现的新问题新挑战，仍然需要马克思主义经典作家的思想为我们提供科学方法和总体思路。

学习和研究科学社会主义经典著作，既要用科学社会主义的基本原理来认识当代世界、当代实践，又要结合当代世界的新变化、当代实践的新经验来深化、拓展对科学社会主义经典著作的理解。以《共产党宣言》为例，有学者提出，《宣言》是一部科学社会主义的经典著作，是一部描述转型社会的经典社会学著作，是一部反思"现代性"的后现代主义著作，也是一部阐述马克思的"全球化"理论的著作。从世界和中国走过的道路、面临的时代问题中重读《宣言》，可以从政治学（科社）、社会学、哲学和经济学等不同学科视角，读出其中蕴藏的深刻思想、发现前人未曾发现的意义和价值。[2]

---

[1]　习近平：《论坚持推动构建人类命运共同体》，中央文献出版社 2018 年版，第 400 页。

[2]　孙代尧：《经典的读法：以〈共产党宣言〉为例》，《思想理论教育导刊》2018 年第 5 期。

同《宣言》的当代价值一样，科学社会主义的其他经典著作的意义和价值也需要进一步挖掘。比如马克思的《法兰西内战》《哥达纲领批判》以及恩格斯的《社会主义从空想到科学的发展》《家庭、私有制和国家的起源》；此外，列宁和毛泽东的一些经典文献，也可以从科学社会主义视角来理解和挖掘其当代价值，比如列宁的《帝国主义是资本主义的最高阶段》《国家与革命》《共产主义运动中的"左派"幼稚病》以及他的"最后的八篇书信和文章"，毛泽东的《新民主主义论》《论人民民主专政》《论十大关系》《关于正确处理人民内部矛盾的问题》，都能对我们理解和解决当代中国，甚至当代世界面临的问题提供宝贵的思想启迪。

（二）进一步深入研究习近平新时代中国特色社会主义思想

习近平总书记指出，"社会总是在发展的，新情况新问题总是层出不穷的，其中有一些可以凭老经验、用老办法来应对和解决，同时也有不少是老经验、老办法不能应对和解决的。如果不能及时研究、提出、运用新思想、新理念、新办法，理论就会苍白无力"[1]。科学的理论总是对时代问题的回应和解答，是时代精神的精华。作为马克思主义中国化最新成果和中国共产党人新的行动指南，习近平新时代中国特色社会主义思想更是一个集时代性、原创性与系统性于一体的科学体系，未来必须进一步深化研究。

有学者提出习近平新时代中国特色社会主义思想是要在新时代条件下回答当今的"中国之问"和"世界之问"：从新时代维度看，习近平新时代中国特色社会主义思想是产生于新时代又开创新时代的行动指南；从中华民族伟大复兴维度看，习近平新时代中国特色社会主义思想是指引中华民族强起来的科学指导。习近平新时代中国特色社会主义思想在解答中国问题的同时，也深刻解答了当今世界问题。这一思想提出的推动构建人类命运共同体、促进各种文明交流互鉴、加强和完善全球治理体系、维护和坚守人类共

---

[1] 《习近平谈治国理政》第二卷，外文出版社 2017 年版，第 342 页。

同价值、引领经济全球化普惠发展、携手消除全球贫困等，顺应了当今世界发展趋势，明确了人类社会发展的合理走向，同时也体现了对马克思主义的运用和发展。[①]

（三）聚焦关系建设社会主义现代化强国的重点和前沿问题

与时代同步伐，与人民共命运，关注和回答时代和实践提出的重大课题，是马克思主义永葆生机活力的奥妙所在。2018 年习近平总书记在中央政治局第五次集体学习《共产党宣言》时强调："要坚持问题导向，聚焦我国改革开放和社会主义现代化建设面临的重大现实问题、全局性战略问题、人民群众关心关注的热点难点问题，为解决问题提供新理念、新思路、新办法。"[②] 有学者提出，党的十九大在全面建成小康社会的基础上，对于2020年至本世纪中叶中国特色社会主义发展所作出的两个阶段战略安排，细化了实现第二个百年奋斗目标的步骤和路径，更加清晰地描绘了实现中华民族伟大复兴的壮丽前景，是关于我国现代化长远发展的又一个顶层设计。[③] 在全面建设社会主义现代化国家新征程即将开启之际，有一系列重要的科学社会主义理论和实践问题需要展开研究。

比如，研究社会主义和现代化的关系，构建更加体系化的社会主义现代化理论。有学者提出，新时代坚持和发展中国特色社会主义，既是继续探索和拓展一条有别于西方发达资本主义国家的新型现代化道路，尝试从实践和理论上回应社会主义现代化是世界现代化进程的一种新途径，而不仅仅把现代化视为社会主义建设的简单附属；也是要探索和拓展社会主义国家发展和治理的新路径。当前中国推动国家治理体系和治理能力现代化就是要在现代

---

① 秦刚：《习近平新时代中国特色社会主义思想对当今世界问题的深刻解答》，《马克思主义与现实》2020 年第 6 期。

② 《习近平在中共中央政治局第五次集体学习时强调　深刻感悟和把握马克思主义真理力量　谱写新时代中国特色社会主义新篇章》，《人民日报》2018 年 4 月 25 日。

③ 曹普：《建成社会主义现代化强国的顶层设计》，《前线》2018 年第 2 期。

化的实践中实现社会主义国家的有效治理。这意味着在新时代坚持和拓展中国特色社会主义道路的进程中，不仅是要在政策层面协调处理好社会主义和现代化的关系，更要在制度层面进一步实现社会主义与现代化的深度融合。这既是实践中的必然趋势，也是一种理论自觉。① 还有的学者从推动新型全球化发展、推进社会财富共享机制、坚持社会主义现代化方向三个方面，讨论了现代化的"社会主义"性质。②

又如，研究大数据时代对科学社会主义理论发展的影响。有学者认为，大数据和大数据技术也正在变革人类社会的生产、生活和工作，改变人们的思维方式，大数据时代的到来对社会科学的研究内容与研究范式产生了重大影响。但是，国内学界尚未开始探讨大数据对科学社会主义理论的影响，例如，以"大数据"＋"科学社会主义"为篇名，在中国知网数据库进行精确检索，检索的结果显示为0。此外，到目前为止，也仅有10篇左右的文章探讨新一轮科技革命与科学社会主义的关系。因此，有学者提出，作为后工业时代的一种新型生产要素，大数据精准嵌入社会经济文化公共治理各个方面，不仅引发了社会生产关系的时代性变革，拓展了科学社会主义经济理论的具体内容，还为解决经典作家思考的国家治理理论开辟了新的研究范式，同时也为科学社会主义生态理论的发展提供了新的素材和依据。总而言之，大数据时代一方面为丰富和完善科学社会主义理论提供了更为坚实的现实基础；另一方面，它所产生的挑战也推动着科学社会主义理论的创新与发展。③这是我们在新一轮科技革命时代建设社会主义现代化强国要重点考虑和研究的重大理论命题之一。

除此之外，还有诸如基本实现现代化与社会主义初级阶段的关系、全体人民共同富裕取得更为明显的实质性进展的标准与途径、新时代人的全面发

① 王长江、郭强：《论社会主义与现代化的关系：基于新中国成立以来中国现代化实践历程的研究》，《社会主义研究》2020 年第 1 期。

② 颜景高：《现代化的"中国特色"探析》，中国社会科学出版社 2020 年版，第 27—44 页。

③ 贺东航：《挑战与发展：大数据时代的科学社会主义理论》，《东南学术》2020 年第 5 期。

展的内涵、两大奇迹的历史逻辑、百年未有之大变局和新一轮科技革命与产业变革的关系、重要战略机遇期及其内涵变化、和平与发展时代主题及其内涵变化、可能影响我国现代化进程的系统性风险等问题，都是关系建设社会主义现代化强国的重点和前沿问题，需要进一步深入研究。

（四）完善科学社会主义学科体系建设

作为一门学科，科学社会主义在中国经历了 40 余年的发展，形成了独特的学科体系，在学科建设、理论研究、教材编写、人才培养等方面都取得了一定成绩。党的十八大以来，中国科学社会主义学会的会刊《科学社会主义》发表了一系列关于科学社会主义学科建设和发展的研究成果，相关的专家学者就科学社会主义内涵的界定、研究对象的反思、逻辑起点的设定、理论体系的建构、学科性质的定位、研究方法的选择等提出了不少深刻的见解。然而，有学者也提出，科学社会主义学科体系建设也面临一些挑战，例如学科建设与部门配置逐渐萎缩；学科建设基础不实、难度很高；研究对象、逻辑起点等基本问题歧义颇多，争议不少，年轻人也很难适应；等等。[1]因此，科学社会主义的学科体系建设有待进一步完善。有专家学者提出了新时期加强科学社会主义学科建设重点做好的七个方面的工作：一要继续深化对科学社会主义重要文献的研究；二要重视对社会主义基本定义的研究和界定；三要密切关注和回答实践提出的问题；四要搭建科学合理的学位教育课程体系；五要密切跟踪国外社会主义动态，做好基础文献的编译工作；六要进一步加强教材建设；七要加强不同机构间的学术协作。[2]

（作者：曹普　何海根）

---

[1]　袁秉达：《当前科学社会主义学科建设的困境与出路》，《科学社会主义》2013 年第 1 期。

[2]　张传鹤：《关于加强科学社会主义学科建设的几点思考》，《科学社会主义》2017 年第 2 期。

第二部分

分报告

2021

分报告 1：科学社会主义基本理论研究

党的十八大以来，习近平总书记深刻阐明了新时代我们举什么旗、走什么路的问题，用新的理论认识和实践经验进一步阐述了坚持和发展中国特色社会主义这个重大课题，鲜明提出发展 21 世纪的科学社会主义这一重大理论和现实问题，为新时代推动中国特色社会主义和人类命运共同体的发展指明了前进方向，标志着中国共产党在这一问题上达到了高度的理论自觉，推动科学社会主义研究进一步强化主体意识，开启了新时代的科学社会主义研究。2013 年，习近平总书记概述了社会主义 500 年历史的"六个时间段"，2016 年是社会主义诞生 500 年，2017 年是十月革命胜利 100 周年，2018 年是马克思诞辰 200 周年、《共产党宣言》（后文简称《宣言》）发表 170 周年，2019 年是新中国成立 70 周年，2020 年是恩格斯诞辰 200 周年、列宁诞辰 150 周年，2021 年是中国共产党成立 100 周年，在纪念这些重大历史事件中，科学社会主义基本理论的研究得到进一步深化。

一、深入阐释科学社会主义经典著作的当代价值

研究阐释经典著作是掌握科学社会主义基本理论的基本途径。中国共产党自成立之日起，就始终重视科学社会主义经典著作的翻译出版和学习研究。科学社会主义经典著作蕴含和集中体现着科学社会主义基本原理，是科学社会主义理论的本源和基础，只有认真学习科学社会主义经典著作，系统掌握科学社会主义基本原理，才能完整准确地理解科学社会主义理论的当代价值，才能创造性地运用科学社会主义立场观点方法去分析和解决我们面临的实际问题，不断推动中国特色社会主义事业发展。

（一）《共产党宣言》深刻影响中国和世界

党的十八大以来，恰逢《宣言》公开发表 170 周年、第一个中文版全本公开发表 100 周年，学界从《宣言》的翻译、传播、影响和当代价值等方面，对这一经典著作进行了深入细致研究。

有学者从《宣言》的传播和影响力方面进行研究并指出，170 年多来，《宣言》传播到世界各国，被翻译成 200 多种文字，出版上千种版本，成为世界上发行量最大的社会政治和人文社会科学著作。《宣言》在世界的传播不仅深刻改变了人类命运和世界格局，而且深刻影响了人类的现代文化。[①] 有学者研究了《宣言》众多汉译本，提出，当前学界对《宣言》汉译本甄别存在较大差异，有十二译本说、二十三译本说、十译本说等。要正确地厘定《宣言》汉译本的种类，不仅要明确判定独立译本的标准，而且需要厘清译本源流以及译本间的内在关系。译者、蓝本以及内容变更幅度都应该成为判定译本的重要参考因素。当前可考证的《宣言》汉译本，新中国成立前存在 7 个，分别是陈望道译本，华岗译本，成仿吾、徐冰译本，陈瘦石译本，博古译本，乔冠华译本，莫斯科译本；新中国成立后存在一个包含 4 个版本的中央编译局译本"系统"和 1978 年成仿吾译本。[②] 有学者特别考察了《宣言》在台湾地区的传播和研究，并提出，从传播和研究进程来看，《宣言》在我国台湾地区经历了日据时期的"解放学说"、戒严时期的"妖魔理论"和解严之后的"一种理论学说"形象的改变。思想是时代的精神镜像，台湾地区对《宣言》认知形象的改变背后实际上折射的是时代变迁。[③] 有研究特别分析了《宣言》的文学表现形式对其传播的影响。学者指出，它的使命决定了它的文体类型不能是"教义问答"体，也不应是"理论阐述"体，而是"政

---

① 杨金海：《〈共产党宣言〉在世界的翻译传播及其影响——纪念〈共产党宣言〉发表 170 周年》，《中共福建省委党校学报》2018 年第 2 期。
② 陈红娟：《概念厘定与译本甄别：〈共产党宣言〉汉译考》，《党史研究与教学》2015 年第 2 期。
③ 张守奎：《〈共产党宣言〉在台湾地区的传播和研究》，《现代哲学》2019 年第 2 期。

治宣告"体。马克思以其独有的才情，用"政治散文诗"的形式完美呈现了这一"政治宣告"体。与此相适应，《宣言》形成了"雄浑有力、浓墨重彩、透彻鲜明、言简意赅"的语言风格。①

除了基于《宣言》翻译传播研究，也有学者考察了其相关论争。比如国外学者关于《宣言》的论争主要有七个主题：文本比较中的马克思和恩格斯的学术思想关系，《宣言》传递的革命主题色彩，《宣言》折射的社会形态理论，科学社会主义与空想社会主义的关系，《宣言》蕴含的国家学说实质，《宣言》中的过渡措施的性质及其创始人的身份界定，无产阶级是否应当组织成为政党。国外学者关于《宣言》的各种解读与论争，既包含着一些合理的见解，也存在许多偏误。我们必须遵循《宣言》的内在逻辑和本真精神，完整、准确地理解其丰富的思想内涵。②

有研究立足中国革命、建设和改革的历程来审视《宣言》的中国意义。比如，研究者指出，《宣言》对于中国发展的意义，其认为《宣言》的中国意义贯穿着历史、理论与实践的三条逻辑主线。从历史逻辑看，《宣言》在世界历史的深层呼唤中出场，其传入中国时正处于中国人民走向觉醒与中华民族渴望崛起的历史时刻。从理论逻辑看，《宣言》与中国道路、中国制度、中国理论、中国文化的历史生成与发展演化都有着不可分割的内在联系。从实践逻辑看，中国实践的定位、立场与《宣言》是一致的、连贯的，新时代中国的伟大斗争、伟大工程、伟大事业与伟大梦想的实现都需要《宣言》的在场。在《宣言》的指引下，中国实践方能不忘初心，继续创造中国奇迹。③

研究者也试图探寻《宣言》蕴含真理的当代价值。有研究指出，《宣言》宣告了工人阶级科学世界观的诞生，同时宣布人类社会进入了一个探索和走向彻底解放的新时代。"两个必然"与"两个决不会"是一致的、马克思主

---

① 刘建军：《〈共产党宣言〉的文体类型与语言风格》，《科学社会主义》2018 年第 2 期。
② 张留财：《国外学者关于〈共产党宣言〉的论争》，《马克思主义研究》2019 年第 4 期。
③ 项久雨：《〈共产党宣言〉的中国意义》，《马克思主义研究》2018 年第 5 期。

义从来没有封闭不发达国家首先走向社会主义革命的道路、社会主义初级阶段必须强调共产主义思想体系的指导等一般原理始终引领着人类实现共产主义社会的历史进程。《宣言》昭示我们，共产党人的事业必须体现"两个决裂"，表明了共产主义革命的彻底性，也是衡量共产党人理论纯洁性的根本标志；无产阶级的运动永远是大多数人的运动并且以为大多数人谋利益为宗旨，这是党的群众路线和以人民为中心的思想来源；共产党重视组织建党的同时特别重视思想上建党。① 也有研究指出，在全球资本主义危机的背景之下，西方民主政治的危机和西方世界对中国特色社会主义实践的误读是必须面对的两大现实问题。从《宣言》的立场出发，一方面能够具体理解西方民主政治危机的复杂根源；另一方面也能够深入批判来自西方世界各种不同立场的对当代中国社会主义实践的误读，进一步在概念的高度上明确把握中国特色社会主义实践所具有的超越资本主义的实质意义。②

（二）《社会主义从空想到科学的发展》体现恩格斯的重要贡献

2020 年是恩格斯诞辰 200 周年。马克思与恩格斯共同创立了科学社会主义，为世界无产阶级和人类解放事业作出巨大贡献。学界同人深切缅怀伟人，深入研究其经典著作，深入阐释其重要思想和贡献。

有学者指出，恩格斯对马克思主义的发展是全面系统的。他提出了工人阶级理论，使社会主义从空想变成科学有阶级基础；起草了第一个世界性无产阶级政党的纲领和宣言，为科学社会主义奠定政治基础；阐明了两大基石论，使社会主义从空想到科学有客观的判断标准。他不仅撰写了被马克思称为"科学社会主义入门"的《社会主义从空想到科学的发展》，而且阐发了科学社会主义的内涵、原则以及未来社会的特征等。恩格斯在使社会主义从

---

① 刘书林：《〈共产党宣言〉：指导工人阶级开创新世界的纲领——纪念马克思、恩格斯〈共产党宣言〉发表 170 周年》，《思想理论教育导刊》2018 年第 3 期。

② 张双利：《再论〈共产党宣言〉的当代意义——纪念中文版发表 100 周年》，《探索与争鸣》2020 年第 8 期。

空想变成科学的历史过程中发挥了重要作用。①

《社会主义从空想到科学的发展》是科学社会主义入门，是恩格斯的经典著作。学者提出，它详细阐述了科学社会主义创立的思想材料、理论基石，揭示了科学社会主义的基本原理，有力回击了杜林对科学社会主义的歪曲，为科学社会主义理论在工人中的传播起到了重要的作用。在恩格斯诞辰 200 周年之际，重读这篇光辉著作是坚持科学社会主义基本原则的需要，是坚持和发展新时代中国特色社会主义的需要，也是树立实事求是学风，不断推进马克思主义大众化的需要。② 有学者研究了《社会主义从空想到科学的发展》在中国的最早译本《理想社会主义与实行社会主义》，并提出，这部译本在马克思主义中国早期传播史上具有特殊的地位。译者基于自身小资产阶级的立场对原文进行了阶级立场的改造，使得这部作品最终呈现出的是一个扭曲的镜像化了的马克思主义，即译者理想的"中人社会主义"。这表明，马克思主义在中国的传播从一开始就并非公式化的套用，而是传播主体有意识地把马克思主义原理同中国实际相结合的尝试。虽然这种尝试被历史证明是失败的，但前人的经验教训为日后马克思主义中国化提供了方法论启示。③

《社会主义从空想到科学的发展》一书是在《反杜林论》的基础上改编创作的。研究者向上追溯，研究了《反杜林论》的重大意义与启示。有学者认为，《反杜林论》是恩格斯将马克思主义大众化的主动尝试。它经过"体系化""通俗化"的创作，完整地阐释了马克思主义理论体系，批驳了杜林的庸俗理论，提高了德国社会民主党人的马克思主义理论水平和社会主义运动水平，使其从险些分裂走向了团结统一。为了让更多的人认识马克思主义，恩格斯将《反杜林论》编写成《社会主义从空想到科学的发展》，作为

---

① 辛向阳：《恩格斯对科学社会主义的贡献》，《马克思主义研究》2020 年第 10 期。

② 牛先锋、张逊：《把社会主义置于现实基础之上——读恩格斯〈社会主义从空想到科学的发展〉》，《中共中央党校（国家行政学院）学报》2020 年第 2 期。

③ 汪越、孙熙国：《马克思主义在中国早期传播的思想取向和镜像表达——基于对〈理想社会主义与实行社会主义〉的文本考察》，《中共中央党校（国家行政学院）学报》2020 年第 5 期。

通俗读本加以传播。《反杜林论》和《社会主义从空想到科学的发展》在多国的翻译和传播为马克思主义大众化作出重要贡献，使马克思主义逐步成为世界社会主义运动的指导思想。[1]

（三）《国家与革命》科学论述了马克思主义国家理论

列宁的名著《国家与革命》写作于十月革命前夕，是一部系统阐发马克思主义国家学说、论述无产阶级革命和无产阶级专政理论的重要著作，其现实意义和当代价值一直受到学界关注。

关于其现实意义，研究者特别强调这是马克思主义国家理论的代表作。有研究指出，写作于 100 多年前的《国家与革命》是列宁基于三个方面的原因而写的：一是清除第二国际机会主义和资产阶级学者在国家问题上制造的种种错误观念，二是回答俄国无产阶级革命面临的迫切问题，三是纠正无产阶级革命运动中一些理论家的片面国家观。《国家与革命》是科学社会主义的"百科全书"，它恢复和系统阐述了马克思主义创始人的国家理论，科学论述了无产阶级革命的思想，升华了无产阶级专政的理论。《国家与革命》有力地遏制了机会主义思潮的泛滥，指导了布尔什维克夺取十月革命的伟大胜利，深刻地影响了各国无产阶级的解放运动，在当代中国仍然有重要现实意义。[2] 有学者提出，列宁在 100 多年前写下的不朽名著《国家与革命》是马克思主义国家学说的代表作。列宁坚持和发展马克思的国家理论，深刻揭示了国家的本质，论证了无产阶级专政的历史必然性及其与剥削阶级专政本质的区别，无产阶级专政已不是原来意义的国家。列宁国家学说对于中国社会主义政权建设具有重要指导意义。[3]

---

[1] 杨柠聪、白平浩：《马克思主义大众化典范：〈反杜林论〉》，《当代世界社会主义问题》2019年第 1 期。

[2] 辛向阳：《列宁〈国家与革命〉的基本思想与新时代的国家与革命》，《马克思主义研究》2019 年第 12 期。

[3] 陈明凡：《列宁的国家学说及其当代价值：读〈国家与革命〉》，《思想理论教育导刊》2018年第 6 期。

关于其当代价值，有学者特别针对近十年来受关注的民主问题，进行了考证分析。学者认为，列宁在《国家与革命》中揭示了资本主义民主虚伪的特征。他们认为，马克思、恩格斯多次批判了早期资产阶级民主的局限性，但在现实社会中却呈现出资本主义生产关系的不平等与政治上民主并存的现象。究其原因，在于资本主义生产方式中的剥削关系形成了一种权力关系，这种特定的经济形式下所决定的统治者与被统治者的阶级关系与资本主义所宣称的政治平等并行不悖。而且，这种不平等的资本主义生产关系，正通过民主制的意识形态机器不断强化，使社会主体扮演着意识形态的物质载体。面对资本主义社会所形成的结构性权力压迫，列宁的阶级理论对于整合社会不同抗争群体，戳穿资本主义民主幻象，实现社会主义民主的任务，具有重要意义。①

二、进一步认识社会主义发展的基本规律

如何实现社会主义？社会主义为什么必然代替资本主义？这是科学社会主义要回答的基本问题。我们必须用马克思主义的世界观和方法论，科学认识阐释社会主义发展的基本规律，进而把握当代社会主义的发展方位和历史命运，坚定中国特色社会主义共同理想和共产主义远大理想。

（一）将社会主义置于现实基础之上

科学社会主义的创立意味着社会主义实现了从空想到科学的飞跃。如何实现从空想到科学的飞跃？恩格斯指出，必须将社会主义置于现实基础之上。不少研究者从这一问题深入进去开展研究。

有研究指出，空想社会主义已经在理论上搭建起社会主义学术框架，即

---

① 任远、宋朝龙：《资本主义与民主共存的幻象：读列宁的〈国家与革命〉》，《天府新论》2018年第2期。

"问题、目标、道路"。马克思、恩格斯把"物"——生产方式和交换方式、生产力和物质利益引入这一研究范式中，实现了社会主义从空想到科学的发展。今天这个"发展"仍在继续。在当代中国，认识社会主要矛盾，明确共产党人的历史使命，探索现实途径，则是在"问题、目标、道路"上完善和发展中国特色社会主义基本要求。①

历史思维是马克思主义唯物史观的基本要求，因此，必须在社会主义500年的视野中思考如何将社会主义置于现实基础之上。正如习近平总书记指出的，要从世界社会主义思想的源头讲起。有学者从全球大视野考察了世界社会主义500年历史。自16世纪欧洲资本主义的新发展造成劳资两大阶级对立以来，社会上就开始出现两大运动：即工人反对资本主义剥削与压迫的自发工人运动和先进知识分子揭露资本主义罪恶、向往社会主义、共产主义的思想启蒙运动。170多年来世界社会主义运动有过五次大发展，五次大发展之后又有过五次大挫折。这表明世界上只要存在资本主义的基本矛盾就必然有世界社会主义运动的兴起。世界社会主义运动是波澜起伏、新潮迭涌、迂回曲折而又逐步前进的。只要我们善于重新总结历史经验教训，真正向前发展科学社会主义，切实清除乌托邦社会主义、共产主义的历史影响，彻底纠"左"、坚决防右，就必能促进世界社会主义运动顺利发展。只要中国特色社会主义全面建设成功就必能大力推进世界社会主义。21世纪一定还会出现世界社会主义运动的第六次大发展。②

现实是理论的起点和实践的起点。有学者提出，世界社会主义500年的历程表明，社会主义取代资本主义不可能一蹴而就。空想社会主义对资本主义的反叛，问题出在早期资本主义的罪恶上；社会主义从空想变为科学，不仅表现为在理论形态、运动形态上与资本主义对立，还表现为社会制度形态的此消彼长。世界各国的国情决定了社会主义道路不应该也不可能千篇一

---

① 刘海涛：《论社会主义从空想到科学的发展》，《科学社会主义》2018年第3期。

② 高放：《世界社会主义500年历史大视野小总结》，《中国浦东干部学院学报》2016年第4期。

律。必须正确看待社会主义的理论起点与实践起点；社会主义绝不是也不可能只有一种模式，社会主义建设一定要与本国国情相符合，同时要积极大胆地吸收和借鉴一切有价值的人类文明成果。坚持和发展中国特色社会主义是实现中华民族伟大复兴的必由之路。建设中国特色社会主义必须实事求是、脚踏实地、立足国情；中国特色社会主义是世界社会主义的重要组成部分，它不仅是对马克思主义的丰富和发展，而且更是实现中华民族伟大复兴的必由之路，是实现"中国梦"的必由之路。①

有学者提出马克思恩格斯的群众思想是社会主义从空想向科学转变的重要基础。空想社会主义站在唯心史观的基本立场上，以资产阶级利益代表的身份出现，以人的理性为判断标准，来阐释其群众思想，试图通过和平途径实现所有人的解放，具有不可避免的历史和阶级局限性。在批判空想社会主义群众思想的基础上，马克思运用历史的、实践的方法和阶级分析方法，界定群众是"从事实际活动的人"，揭示了群众的历史特征和时代特征，赋予了群众在历史发展和解放世界中的"主体性"地位和"目的性"价值，从而立足于"人的历史"，发现并创立了唯物史观，立足于"人的劳动"，发现并揭露了"剩余价值"及其秘密，立足于"群众的世界"，建构了"人的解放"理论，遵循着"群众的世界"，揭示了社会发展的一般路径，为社会主义从空想到科学的发展找到了真正的历史主体。②

（二）社会主义代替资本主义仍具有必然性和科学性

科学社会主义创始人马克思、恩格斯在《共产党宣言》中明确提出"资本主义必然灭亡，共产主义必然胜利"的历史规律，即"两个必然"的重要结论。170 多年过去了，在当前所处的历史条件和现实情况下，如何理解这

---

① 宋新海：《"世界社会主义 500 年"对于实现"中国梦"的认识意义》，《当代世界与社会主义》2014 年第 6 期。

② 牟成文、冯连军：《马克思群众思想的创立与社会主义从空想到科学的发展》，《社会主义研究》2017 年第 5 期。

一历史必然性呢？对于这一重要论断，我们需要根据当代资本主义和 21 世纪社会主义的发展变化作出新的诠释，深入理解它对新时代科学社会主义发展的时代价值。

"两个必然"思想的形成和系统展开是一个历史过程。有学者认为，马克思恩格斯"两个必然"思想经历了形成、发展和成熟三个阶段。在形成阶段，马克思、恩格斯基本完成了唯物史观的创立并初步形成剩余价值论，这为"两个必然"提供了理论支撑。在发展阶段，"两个必然"在理论论证和实践探索方面都取得重大进展，成为完整、系统的理论体系。到成熟阶段，恩格斯对"两个必然"进行了系统阐述，马克思、恩格斯针对个别国家的具体情况和新现象——东方落后国家实现"两个必然"的新途径、西方发达资本主义国家实现"两个必然"的新策略、垄断组织对"两个必然"的影响——进行了研究说明，使其成为各种特殊发展道路无法超越的总发展趋势。"两个必然"包括其背后的理论支撑和实践路径探索，包括在探索中运用的马克思主义世界观与方法论，是贯穿马克思主义的核心原理。①

"两个必然"论断仍具有很强的时代性和科学性。有研究认为，在《共产党宣言》中，马克思、恩格斯以资本主义创造了毁灭自身的物质力量和阶级力量为基础，提出了"两个必然"的科学论断，揭示了社会发展的客观趋势；随后在《政治经济学批判》序言里，提出了"两个决不会"，揭示了"两个必然"的实现条件。"两个必然"的实现在现实的实践中，是长期性、多样性和条件性的统一。社会主义国家和资本主义国家进入共产主义，是个长期的历史过程；传统模式的社会主义、中国特色社会主义和资本主义国家向共产主义的过渡是不同的方式和道路，具有多样性；资本主义的灭亡和共产主义的胜利，要以生产力的发展这一客观尺度和无产阶级发挥主观能动性这一主观力量为条件。待各方面条件成熟，"两个必然"必将成

① 张洁：《"两个必然"思想发展历程的文本考察》，《世界社会主义研究》2018 年第 8 期。

为现实的实践。①

有学者结合中国革命经验阐述了对"两个必然"的认识。我国的革命是分两步走的，第一步是新民主主义革命，第二步是社会主义革命。社会主义革命是以社会主义改造的和平方式进行的，要正确认识和总结我国社会主义改造的历史过程和历史经验。马克思讲的"两个必然"和"两个决不会"原理是紧密相连、不可分割的。"两个必然"原理揭示了资本主义必然被社会主义所代替的规律，"两个决不会"原理说明了在什么样的条件下社会主义才能代替资本主义。马克思、恩格斯虽然设想俄国农村公社有可能不经过资本主义发展阶段而直接实现社会主义，但那是以西欧无产阶级革命首先取得胜利为先决条件的。列宁虽然提出了社会主义革命可能在一国或几国首先发生并取得胜利的思想，但他认为十月革命的胜利是在特定历史条件下取得的。②

当代资本主义正朝着"两个必然"预言的方向发展。有学者指出，当代资本主义的物质发展，表面上是稳定了资本主义社会，实质上为实现社会主义创造了物质前提。资本主义为了挽救其必然灭亡的命运，不得不采取一些改良手段以维护其生产关系，这些做法并没有改变其国家垄断资本主义的本质。尤其是它们打着经济全球化幌子拼命掠夺海外利益，把剥削对象扩大到世界劳动人民，越来越引起全世界工人阶级的不满，为资本主义掘墓的力量也就越来越壮大。③

"两个必然"的科学性和真理性更加坚定我们坚持和发展中国特色社会主义的信心。研究者提出，当前资本主义的生产力已经发展到知识经济和全球化的新高度、新阶段。这必然极大地推动着生产关系和上层建筑的发展和

---

① 张洁、杨晨晨：《正确认识"两个必然"的科学论断——纪念〈共产党宣言〉170 周年》，《学理论》2018 年第 12 期。

② 赵家祥：《再论"两个必然"和"两个决不会"的关系》，《中国浦东干部学院学报》2020年第 1 期。

③ 侯立虹：《资本主义正以自己的发展验证"两个不可避免"》，《世界社会主义研究》2018 年第 4 期。

变革，加速资本主义的灭亡和社会主义的实现。党的十九大报告指出，中国特色社会主义建设事业进入了新时代，而"两个必然"的科学性和真理性，不仅可以帮助我们正确认识当代资本主义的发展进程和趋势，还可以更加坚定我们在新时代走社会主义道路的信心，使我们有理由相信，在党的领导下，能够加快实现中华民族伟大复兴中国梦这个宏伟目标。[①]

（三）向社会主义的过渡是个长期的斗争过程

社会主义代替资本主义具有必然性，但过程却具有长期性。学界对这一问题进行了深入阐释。

有学者提出，长期性是关于无产阶级革命、从资本主义到社会主义过渡、共产主义第一阶段历史进程的基本判断。但是，"两个必然"和"两个决不会"思想本身在当时不仅没有"克服"反而强化了"某种片面性和乐观情绪"。这是当时不成熟的资本主义发展状况使然。前人的思想带有历史局限性不可避免，后人必须拓展认识视野。今天所谓"长期性"与经典作家所说的"长期性"不能同日而语，它包括社会主义代替资本主义历史过程的长期性，社会主义物质存在条件建设历史过程的长期性。一旦经济文化相对落后国家走上社会主义道路，其历史进程不可避免要受到这个定理的制约和支配。[②]

列宁对马克思"过渡时期"理论的发展具有重要现实意义和理论价值。有研究提出，俄国二月革命后，列宁放弃其在 1905 年革命期间提出并系统阐明的工农民主专政思想，实质是从主张经由民主共和国走向社会主义转为主张通过工人代表苏维埃走向社会主义。列宁认为，此时俄国正处于从革命的第一阶段向第二阶段过渡的时期，不需要民主共和国，需要工人代表苏维埃，它是另一个巴黎公社型国家；俄国革命没有结束，需要进行第二次革命，推动所有政权归苏维埃，实施向社会主义过渡的措施。列宁这一重大思

---

① 杨文圣、王勤瑶：《论〈共产党宣言〉中"两个必然"理论的新时代意义》，《毛泽东邓小平理论研究》2018 年第 1 期。

② 刘海涛：《论社会主义的长期性》，《中共浙江省委党校学报》2015 年第 5 期。

想转折直接影响并决定了俄国十月革命的爆发、国家建构及之后的发展。①有学者提出，马克思认为"过渡时期"是一个不太长的时期。在这个时期，无产阶级要做的事不太复杂，无产阶级国家和政党具有消亡的趋势。十月革命后，列宁从实践和理论上丰富发展了马克思关于"过渡时期"的理论。他提出，"过渡时期"应该是一个长期的过程；其间面临着经济、政治和文化建设等各方面复杂而艰巨的任务；为此，无产阶级必须加强国家政权建设和执政党建设。②

有学者专门研究了十月革命胜利初期列宁"向社会主义过渡"的思想。十月革命胜利初期，列宁对社会主义必定胜利充满信心，同时他客观地指出，苏俄还没有建立起社会主义社会。他主张采取渐进的、温和的措施使苏俄向社会主义过渡，如他领导苏维埃政权实施了对全体农民平均分配土地的政策和措施，主张在工业企业实施"计算和监督"的措施，主张在苏俄实施国家资本主义的措施等。为了保障这些措施的顺利实施，他主张强化国家政权的力量和强化劳动纪律。列宁的这些思想在当前仍然具有启示意义。③

有学者指出，列宁社会主义过渡时期经济和政治建设理论集中反映在《无产阶级专政时代的经济和政治》一文及相关文献中。列宁总结了无产阶级与资产阶级斗争的实践经验，提出了社会主义过渡时期经济和政治建设的任务和特征——由小农经济向社会化大生产过渡；同时，赋予劳动群众自由、民主和平等的权利。列宁关于社会主义过渡时期经济和政治建设的理论依然富有现实指导意义。④

---

① 王鹏、罗嗣炬：《从〈远方来信〉看列宁对工农民主专政思想的放弃——兼论"两个政权"并存对列宁国家与革命观的影响》，《社会科学》2020 年第 11 期。

② 俞敏：《列宁对马克思"过渡时期"理论的重要发展及当代启示》，《社会主义研究》2019 年第 1 期。

③ 俞良早：《十月革命胜利初期列宁"向社会主义过渡"的思想》，《马克思主义与现实》2020 年第 2 期。

④ 许蓉：《列宁社会主义过渡时期经济和政治建设理论》，《南京政治学院学报》2015 年第 3 期。

三、深化"什么是社会主义，怎样建设社会主义"这一基本问题的研究

"什么是社会主义、怎样建设社会主义"，是科学社会主义理论研究的一个基本问题，对这个问题的认识，关系到社会主义实践的兴衰成败。近年来，学界围绕社会主义本质、社会主义基本价值、社会主义基本原则、社会主义改革和社会主义的发展阶段等重大理论问题继续展开深入研究。

（一）围绕社会主义的本质、价值和原则的研究取得新进展

社会主义本质论、社会主义基本价值、社会主义基本原则，是科学社会主义研究中三大基础理论问题，一直以来受到学界的关注。党的十八大以来，这三大基础理论问题研究取得了新的进展。

首先，关于社会主义本质论的研究。自邓小平南方谈话提出社会主义的本质理论后，学界一直持续追踪中国共产党关于本质论的新表述、新思想，并进行了深入阐释，主要分为三类：第一类是继续深化邓小平社会主义本质思想的研究。邓小平关于社会主义本质的精辟论述，既是中国特色社会主义理论体系的重要组成部分，又是对马克思主义基本原理的创造性运用。近年来学界的研究主要集中在邓小平社会主义本质理论的历史地位、内涵及其传承发展上。比如有学者从价值维度出发，认为邓小平的社会主义本质论，将价值目标置于首位来界定社会主义，矫正了对社会主义实证化、制度化的理解，彰显了社会主义的价值维度，富强、公平、和谐是包含在其中的社会主义核心价值观。邓小平关于社会主义价值的思想不仅是对马克思主义基本理论的继承，还是与中国实践、中国语境相结合的产物，具有鲜明的中国特色和中国社会主义所处历史方位的特点，为我们深入理解和推进社会主义核心价值观及其研究提供了重要的思想资源和方法论。① 第二类是探讨中国特色

---

① 吴向东：《邓小平社会主义本质论的价值维度》，《山东社会科学》2014 年第 11 期。

社会主义本质理论。邓小平社会主义本质论提出后，中国的改革开放进入了一个新的发展阶段。到 21 世纪，中国全面建成小康社会进入关键阶段，这既是经济发展起飞的时期，也是问题和矛盾多发的时期。这就要求继续深化对中国特色社会主义本质的认识，更好地建设中国特色社会主义。有学者对中国特色社会主义本质理论的内涵进行了阐释和概括，提出其内涵是：在中国共产党领导下，坚持以人为本，解放和发展生产力，实现共享共富、公平正义与社会和谐，促进人的全面发展。其中坚持以人为本、解放和发展生产力、实现共享共富与公平正义、促进人的全面发展是本质要求；社会和谐是本质属性；中国共产党领导是本质特征。[①] 第三类是探讨习近平新时代中国特色社会主义思想对邓小平本质论的继承和创新。有学者提出，邓小平社会主义本质论坚持"生产力—生产关系—发展目的"有机统一，其实践性特征、结构性特征以及剥削现象存续与消灭剥削制度的张力、契合共同富裕的物质保障和制度保障的张力，内生了理论创新的本质要求。以新发展理念为主要内容的习近平新时代中国特色社会主义经济思想，是对邓小平社会主义本质论的继承和创新，主要表现为其中蕴含的四个方面：一是以人民为中心，二是共同富裕，三是政府—市场二元协同，四是合作共赢。这四大公理在多个方面超越了西方经济学原理，指引社会主义本质现实彰显机制运行，依据这四大公理提出的新发展理念丰富和发展了邓小平的生产力理论、生产关系理论和共同富裕理论。[②]

其次，关于社会主义基本价值的研究。党的十八大提出了以"三个倡导"为主要内容的"社会主义核心价值观"，这是关于社会主义基本价值的最新理论。有学者提出，中国特色社会主义进入新时代，是改革开放以来我国经济社会发展、进步的必然结果，也是社会主要矛盾运动、变化的必然结果，同时在社会意识和价值观层面呼唤一种符合新时代发展的新价值秩序。党的

① 刘洪刚：《中国特色社会主义本质理论研究》，《科学社会主义》2017 年第 3 期。

② 杜黎明：《习近平新时代中国特色社会主义经济思想对邓小平社会主义本质论的继承和创新》，《江西社会科学》2018 年第 4 期。

十八大以来，社会主义核心价值观逐渐成为中国社会最普遍的价值共识，并且写入国家宪法，这意味着以社会主义核心价值观为根本内容的当代中国新价值秩序已经形成，用新价值秩序引领时代发展，为决胜全面建成小康社会和夺取新时代中国特色社会主义伟大胜利提供精神支撑。[①] 还有学者探讨了社会主义核心价值观和"中国特色社会主义基本价值观念"的区别，并认为：当代中国的主流价值观念是既体现社会主义本质又符合中国实际的价值观念，它与社会主义核心价值观念是特殊与一般的关系。同时，作为一个社会主流意识形态的实质与核心，它须立足于社会基本关系，是处理社会基本价值关系的核心原则。因此，当代中国的主流价值观念可称为"中国特色社会主义基本价值观念"。[②]

最后，关于社会主义基本原则的研究。有学者从社会主义发展史的角度来理解社会主义基本原则，认为马克思主义经典作家对"什么是社会主义"这一问题进行了深入研究，提出了关于"未来社会"的一系列设想。以"苏联模式"为代表的传统社会主义遭受挫折，事实促使我们加深对社会主义基本原则的理解。关于由落后国家进入社会主义的标准和实现形式，马克思、恩格斯没有系统论述，这就需要我们在把握马克思主义基本原理的基础上，结合本国国情进行探索。党的十八大报告对中国特色社会主义必须牢牢把握的基本要求作出了"八个坚持"的概括和归纳，这"八个坚持"是社会主义原则在中国现阶段社会主义建设过程中的基本要求。[③] 还有学者探讨了中国特色社会主义与社会主义基本原则之间的关系，并指出：中国特色社会主义作为科学社会主义中国化的新形态，是马克思主义普遍真理同中国新时期改革开放、现代化建设实践相结合的伟大成就和社会样态。坚持科学社会主义

---

① 周丹：《论作为新价值秩序的社会主义核心价值观》，《马克思主义哲学论丛》2018 年第 4 期。

② 何启刚：《中国特色社会主义基本价值观念：关于当代中国主流价值观念称谓的几点思考》，《科学社会主义》2015 年第 5 期。

③ 陈龙、吴迪明：《社会主义基本原则认识的深化：兼论中国现阶段贯彻社会主义原则的基本要求》，《南京政治学院学报》2014 年第 6 期。

基本原则与中国具体实际和时代特征的统一，自觉地把准中国改革和发展的社会主义方向，这是我国改革开放 40 多年取得辉煌成就的力量源泉和根本经验。以对科学社会主义实质和要义的理解为基础，可以发现中国特色社会主义与科学社会主义一脉相承的根本一致性，进而在回答中国特色社会主义作为科学社会主义的新形态"新"在何处时，阐述了中国特色社会主义是中国化的科学社会主义、是"初级阶段的社会主义"、是处于人类历史前沿和具有活力的社会主义。①

（二）社会主义改革仍然是科学社会主义研究的重点问题

2018 年是中国改革开放 40 周年，中央召开了庆祝大会，习近平总书记作了重要讲话。回顾改革开放 40 多年的光辉历程，总结改革开放的伟大成就和宝贵经验，根本目的还是要在新时代继续把改革开放推向前进，为实现"两个一百年"奋斗目标、实现中华民族伟大复兴的中国梦不懈奋斗。改革开放是社会主义性质的改革，当前正值全面深化改革的关键时期，近年来学界对社会主义改革问题的研究，取得了较多成果。

一是关于当代中国社会主义改革所肩负的历史使命。在当代中国，1978年兴起的改革开放是中国共产党在新的时代条件下带领全国各族人民进行的新的伟大革命。它最主要的成果是开创和发展了中国特色社会主义，为社会主义现代化建设提供了强大动力和有力保障。有学者提出，党的十八届三中全会通过的《中共中央关于全面深化改革若干重大问题的决定》要求，通过改革解放思想、解放和发展社会生产力、解放和增强社会活力，坚决破除各方面体制机制弊端，努力开拓中国特色社会主义事业更加广阔的前景，这就是当代中国社会主义改革所肩负的历史使命。完善和发展中国特色社会主义，推进国家治理体系和治理能力现代化，首先要求消除封建社会的影响；

---

① 李崇富：《作为科学社会主义新形态的中国特色社会主义：论我国改革开放 40 年的根本经验》，《马克思主义研究》2018 年第 4 期。

中国确立了社会主义制度，但至今远未成熟和完善，还要通过改革为当代中国社会培育社会主义因素；形成和发展社会主义的社会关系离不开市场经济的充分发育和成熟，因此必须实现计划经济向市场经济的根本转变；在使市场在资源配置中起决定性作用的同时，还要更好发挥政府作用。①

二是关于新时代社会主义改革理论体系的构建。中国改革开放经过开创、拓展、完善、深化等阶段，在四十余年的一以贯之与丰富发展中形成了独具中国特色的改革理论体系。党的十八大以来，以习近平同志为核心的党中央团结带领全国各族人民在新的历史起点上全面深化改革，提出了许多富有时代眼光和理论创见的新理念新战略，形成了独具中国特色的改革理论体系。这一理论体系主要包括改革主题论、方位论、目标论、功能论、动力论、方向论、主体论、保障论、空间论、方法论等十个基本维度。（1）改革主题论：坚持中国特色社会主义，发展中国特色社会主义；（2）改革方位论：中国特色社会主义进入新时代，改革也步入攻坚克难的深水区；（3）改革目标论：完善和发展中国特色社会主义制度，促进国家治理体系和治理能力现代化；（4）改革功能论：改革开放是决定当代中国命运的关键一招，也是决定实现"两个一百年"奋斗目标、实现中华民族伟大复兴的关键一招；（5）改革动力论：以供给侧结构性改革为抓手，更好地满足人民对美好生活的需要；（6）改革方向论：坚持社会主义市场经济改革方向，使市场在资源配置中起决定性作用和更好发挥政府作用；（7）改革主体论：尊重人民群众的主体地位，发挥人民群众的首创精神；（8）改革保障论：加强和改善党的领导，充分发挥党总揽全局、协调各方的领导核心作用；（9）改革空间论：实施"一带一路"倡议，打造人类命运共同体；（10）改革方法论：坚持唯物辩证法，综合运用系统辩证的思维。②

三是关于社会主义改革的历史研究，包括不同社会主义国家的改革比较

---

① 刘海涛：《当代中国社会主义改革的历史使命》，《中共浙江省委党校学报》2014年第2期。
② 张占斌：《新时代中国特色社会主义改革理论体系的十个维度》，《人民论坛》2018年第31期。

研究、社会主义发展史上的改革研究等。有学者在市场问题上比较了中国和东欧社会主义国家改革的差异，认为社会主义与市场经济的结合方式在理论和实践上都是一个重要问题。东欧社会主义国家曾经的市场社会主义改革对此率先做出尝试，但以失败告终，中国特色社会主义则成功找到二者的结合方式。比较二者的差异，除改革的具体政策作用外，东欧市场社会主义改革是建立在计划经济已全面成熟的基础上，计划同时承担协调产业发展和经济日常运行的职能，引入市场是要替代计划的后一个职能，但在计划经济已经成熟下拆分这两种职能十分困难，从而影响了市场社会主义改革的有效性。反之，中国的改革开放起步就注重市场机制的作用。二者的对比说明，社会主义对计划与市场结合路径的选择十分重要，先计划后市场，最后计划与市场两边益处可能都得不到；计划与市场同步发展并协调得当，计划与市场则可能形成合理分工，两边益处可能兼得。① 还有学者从历史的角度，考察了第二次世界大战之后社会主义改革的开端。第二次世界大战结束后，随着新科技革命时代的到来和人类对和平幸福生活的向往，受到苏联强大影响的东欧国家一方面接受苏联社会主义模式，另一方面又普遍存在着对苏联社会主义模式的改革要求。在东欧国家中，南斯拉夫最早接受苏联模式，却又在内外因素的作用下最早开始了对苏联模式的改革，可以说，是南斯拉夫改革开启了第二次世界大战后世界社会主义改革的进程。② 此外，第二次世界大战之后的社会主义国家有两次改革浪潮，得出的经验和教训是，共产主义政党必须不断进行政党适应性改革。有学者提出，第二次世界大战结束后，苏联共产党直到赫鲁晓夫时期才开启了改革进程，并由此带动了社会主义国家的第一次改革浪潮。20 世纪 60 年代末，勃列日涅夫领导的苏共终结了苏联、东欧的社会主义改革。进入 80 年代前后，社会主义国家第二次改革浪潮从中国开启，中国共产党造就了中国改革开放的光辉业绩，越南、老挝共产主

---

① 陈健、郭冠清：《社会主义市场化改革模式的比较》，《经济纵横》2018 年第 11 期。

② 郭春生：《论二战后社会主义改革的开端》，《当代世界与社会主义》2020 年第 1 期。

义政党领导的"革新开放"是这次浪潮的重要组成部分，苏东社会主义国家则因为改革的失败而消亡。[①]

四、围绕国家与政党问题推进中国经验的理论总结

科学社会主义理论创立后，马克思、恩格斯在继续完善和发展科学社会主义理论体系的同时，也积极投入到具体的工人运动之中，在"实践"中进一步进行理论创新。十月革命胜利后，社会主义实现了从理论到实践的飞跃，这里的实践主要是指社会主义国家的具体实践。此后，国家与政党问题一直是国内外理论界观察和研究一个社会主义国家的重要切入点。近年来，学界围绕国家和政党这两个主题，对中国的社会主义建设和经验进行了总结。

（一）社会主义国家的建设必须以人民为中心

国家问题是社会主义建设中的重大理论和实践问题。列宁的国家理论丰富和发展了马克思主义国家理论，是学界持续关注的重要理论问题。有学者提出，恩格斯的经典著作为列宁全面地继承和丰富马克思主义国家理论提供了重要的文本支持。列宁站在唯物史观立场上，反思了"共同胜利论"，提出了"一国胜利论"并通过十月革命取得成功。他坚持"两个必然"和"两个决不会"科学论断，探索经济文化落后国家实现社会主义和共产主义的道路和模式。列宁对马克思主义国家学说最重要的贡献是科学地阐述了"无产阶级专政是新型民主和新型专政"理论。[②] 还有学者提出，建设社会主义国家是科学社会主义实践的基本使命所在。社会主义国家虽然处于资本主义开启的现代化历史运动之中，但已不是原来意义上的国家，因为国家权力不是

---

① 郭春生：《试析二战后社会主义改革的两次浪潮》，《当代世界与社会主义》2016 年第 1 期。

② 杨谦：《列宁对恩格斯国家理论的坚持与发展》，《思想理论教育导刊》2020 年第 7 期。

掌握在部分人手中，而是掌握在全体人民手中，人民当家作主，其根本体现就是人民整体掌握国家权力。人民为本位，既是社会主义国家的价值原则，也是社会主义国家架构的基础。社会主义国家建设的逻辑起点、行动议程以及目标追求，都完全不同于资本主义所代表的现代国家。共产党领导与执政的合法性，只有在以人民为本位的社会主义国家建设的理论与实践中才能得以建构。中国特色社会主义展现了以人民为本位的社会主义国家建设的行动路径与基本形态。[1]

此外，马克思主义视域中的国家治理也是学者关注的重大议题。有学者基于马克思恩格斯国家经济职能观，探讨了中国特色社会主义国家经济治理的逻辑与本质。马克思主义国家理论科学揭示了国家的起源与本质，不同社会制度下的国家经济治理逻辑有根本差别。相较于资本主义国家经济治理的"资本中心论"，中国特色社会主义国家经济治理的本质是"人民中心论"。中国特色社会主义国家经济治理秉持马克思主义基本原理与中国实践相结合，既存在追求现代化的大逻辑，又蕴含社会主要矛盾变化的小逻辑，具体可以从经济制度、经济运行、经济发展和经济开放四个方面展开分析。在建设现代化经济体系、推动经济高质量发展中，国家经济治理需要处理好结构调整、速度变化、动力转换和国内国际两个市场平衡等重大问题。[2]

（二）马克思主义政党领导是社会主义国家的本质特征

中国共产党的领导是中国特色社会主义最本质的特征，这是党的十八大以来习近平总书记提出的一个重大理论论断。研究马克思主义政党与马克思主义国家学说对新时代中国特色社会主义有重大的理论意义和现实意义。

中国共产党对无产阶级政党理论的创新和发展是相关研究的一个重点。

---

[1]　林尚立：《以人民为本位的社会主义国家建设理论：政治学对科学社会主义的发现》，《政治学研究》2014 年第 4 期。

[2]　卢江：《论中国特色社会主义国家经济治理的逻辑与本质：基于马克思恩格斯国家经济职能观的研究》，《当代经济研究》2020 年第 7 期。

有学者梳理了中国共产党对马克思主义政党学说坚持和发展的历史。从 19 世纪 40 年代到 19 世纪末，马克思、恩格斯总结无产阶级政党建设和革命斗争的经验教训，创立了马克思主义政党学说，推动国际共产主义运动蓬勃发展。在 19 世纪末和 20 世纪初的帝国主义和无产阶级革命时代，列宁在同第二国际机会主义和孟什维克派的斗争中，提出了新型无产阶级政党理论，使社会主义从理论变为现实，也使马克思主义政党学说在实践中得到检验和发展。1921 年中国共产党成立以后，在领导革命和建设的实践中，形成了具有中国特色、中国风格的毛泽东党建思想，丰富和发展了马克思列宁主义党建理论。1978 年党的十一届三中全会以后，中国共产党在领导人民建设中国特色社会主义的伟大征程中，紧紧围绕在长期执政、改革开放和发展社会主义市场经济条件下，"建设一个什么样的党、怎样建设党"这个关键问题，进行不懈探索和创新，不断坚持和发展着马克思主义政党学说。① 还有学者针对党性问题，研究了中国共产党对马克思主义政党党性的守正创新。马克思主义政党的党性决定了马克思主义政党的生命力，纵观马克思主义政党的发展历史，一个政党如果具有坚强的党性，就会推动社会生产力的发展，就会增进广大人民群众的福祉，就会推动社会历史的进步。中国共产党是根据马克思列宁主义建党原则建立起来的，坚持了马克思主义政党党性的一般规定，并且立足中国社会主义革命、建设和改革的长期实践，在党性历练中坚持守正创新，确立了自身的党性原则。进入新时代，以习近平同志为核心的党中央，从政治建设、思想建设、组织建设、作风建设、制度建设等各方面出发，大力推进全面从严治党，积极推进中国共产党的自我革命，进一步推进了中国共产党党性的守正创新。

相关研究也着重阐释了习近平总书记对无产阶级政党理论的继承和发展。新型政党制度是以习近平同志为核心的党中央对中国共产党领导的多党

① 罗文东：《中国共产党对马克思主义政党学说的坚持和发展》，《中国社会科学院研究生院学报》2017 年第 3 期。

合作和政治协商制度的新定位，这一概念的正式提出及有关论述坚持和发展了马克思主义政党理论。一是完善了马克思主义政党领导权思想，进一步阐明"党的领导"和"伟大政治创造"的深刻内涵；二是发展了马克思主义政党民主观，从比较视野论证"基本政治制度"的制度优势、基本原则与发展方向；三是创新了马克思主义政党领导方法学说，在贯彻党的群众路线与发展社会主义协商民主相统一的实践指向下优化多党合作的具体举措；四是丰富了马克思主义政党政策和策略原理，增强了执政党与参政党的政治自觉与行动自觉。① 全面从严治党是党的十八大以来党的建设的重大战略主题。有学者提出，如果我们把惩治贪腐和制度治党当作从严治党的物质武器，而作为思想教育重要组成部分的"自我批判"则成为从严治党的理论武器。这种理论武器，只要在马克思主义政党内部彻底地被运用，就能说服人，就能掌握群众，就能转化为从严治党的强大物质力量。②

（三）不断增强社会主义意识形态的凝聚力和引领力

习近平总书记在 2018 年 8 月召开的全国宣传思想工作会议上，再次明确要求，必须坚持以立为本、立破并举，不断增强社会主义意识形态的凝聚力和引领力，并强调，建设具有强大凝聚力和引领力的社会主义意识形态，是全党特别是宣传思想战线必须担负起的一个战略任务。社会主义意识形态研究是近年来科学社会主义研究的热点问题之一，主要体现在以下四个方面：

第一个方面，考证和阐释基本概念，澄清社会主义社会的意识形态与其他社会制度下的意识形态性质和功能不同。有学者提出，意识形态一般不是与社会主体分离并反过来压制社会主体的思想牢笼，而是社会主体本身的自我意识。资本主义意识形态和社会主义意识形态都是意识形态的特殊表现形

---

① 池步云：《习近平新型政党制度论对马克思主义政党理论的发展》，《社会主义研究》2020
年第 3 期。
② 甄玉平：《从严治党与马克思主义政党的"自我批判"》，《中共南昌市委党校学报》2018 年
第 4 期。

式。资本主义意识形态是资产阶级的自我意识，因它的自我意识不能代表普遍的人类的自我意识，所以它是一种虚假的意识；社会主义意识形态是无产阶级的自我意识，其与资本主义意识形态的根本区别在于它的普遍性与科学性。中国特色社会主义意识形态有其自身的特点：它产生于中国人民特殊的历史条件；它以中国的优秀传统文化为根基、以社会主义核心价值观为主流、以西方先进理念为补充；它有一个坚强政党的领导。中国特色社会主义意识形态建设是中国共产党指引下的中国人民的自我改造。[①]

第二个方面，总结新中国 70 多年意识形态建设的历程和经验并展望新时代前景。意识形态建设关乎中国社会主义事业的兴衰成败。有学者总结道，新中国成立 70 多年来，中国共产党不断推动意识形态工作的变革和发展，意识形态建设经历了确立和巩固、改革与调适、深入推进以及新时代发展等不同阶段的深刻历史变革。意识形态建设的基本经验蕴含于伟大进程中，意识形态建设所取得的巨大成就与始终坚持和加强党的正确领导分不开，与不断与时俱进的理论创新分不开，与对历史方位和世界格局的深刻把握分不开。进入新时代，我们要深刻把握意识形态工作的特点和规律，推进意识形态建设的系统性、人民性、时代性和世界性，不断增强新时代社会主义意识形态的凝聚力和引领力。[②] 还有学者专门阐释和研究了意识形态引领力这个概念。社会主义意识形态引领力指社会主义意识形态引领整合其他非主流意识形态的能力，具有作用目标的方向性，作用阶段的超越性，作用效果的非均衡性等三个特性。我们党在社会主义建设改革实践进程中不断探索社会主义意识形态引领力建设发展的规律。中国特色社会主义进入新时代，社会主义意识形态引领力作为合力，在防范力、统摄力、引导力方面面临着资本主义意识形态渗透、利益分化思想多元、传播生态

[①] 余根雄：《当代中国社会主义意识形态建设的前提性认识》，《毛泽东思想研究》2018 年第 5 期。

[②] 王永贵：《不断开辟中国特色社会主义意识形态建设的新境界：新中国 70 年意识形态建设的历程、经验和新时代前景》，《当代世界与社会主义》2019 年第 5 期。

变革等时代挑战。因此，有效回应和破解时代挑战，要在总结继承历史经验基础上，坚持立破并举、坚持理论创新、坚持有效传播、坚持利益满足，不断提升党的社会主义意识形态领导力、社会主义意识形态理论说服力、宣传教育引导影响力与人民群众美好生活的感召力。①

第三个方面，网络空间中的意识形态建设成为学界关注的重大问题。有学者提出，互联网和信息技术所塑造的网络虚拟空间，开拓了一个深不可测的观念和意识的世界，事实上已经成为社会主义意识形态传播的"主战场""主阵地"和"最前沿"。在网络虚拟空间中，社会主义意识形态传播面临的困境之根本和实质在于社会主义意识形态话语权的流失。网络虚拟空间通过再塑意识形态的传播范式，使得意识形态话语权的表达、分布和实现随着传播机制、传播形式和传播路径的不同而改变，从而造成网络虚拟空间社会主义意识形态话语权在与非社会主义意识形态的斗争中流失，在公众的认同障碍中流失，在网络虚拟空间功能性建设的弱势下流失。有鉴于此，必须努力探索和进行互联网逻辑下社会主义意识形态传播的生态重构：传播系统的"共生性"重构、媒介系统的"诗意化"重构、受众系统的"生命力"重构。通过坚守根本话语方式、锻造建设理念张力、增强传播认同效应、保障意识形态安全等建设路径，不断增强社会主义意识形态在虚拟空间的吸引力和话语权。②

第四个方面，近年来话语权问题也受到了广泛关注。话语权是指影响社会发展方向的能力。进入新时代，中国面临越来越大的挑战和压力，提升社会主义意识形态话语权，是新时代赋予的使命任务。有学者提出，在构建意识形态话语权过程中借助说理成为提升话语权的一种实现路径。当前，中国特色社会主义意识形态话语权面临来自各种社会思潮及其时代困

---

① 郑敬斌、任虹宇：《新中国 70 年社会主义意识形态引领力提升的历史经验与现实镜鉴》，《山东社会科学》2019 年第 12 期。

② 王涛、姚崇：《网络虚拟空间社会主义意识形态传播及其建设研究》，《北京师范大学学报（社会科学版）》2017 年第 2 期。

境的挑战、理论与现实张力巨大、说理的媒介路径匮乏等困境。为此，要推动意识形态理论话语创新、满足群众美好生活需要以缩小意识形态理论与现实的张力、加强媒介建设以构建媒介说理公共场域。① 还有学者认为，社会主义意识形态话语权问题首先要放在全球化的视域中进行考察。在全球政治、经济、文化的相互作用下，意识形态的政治话语权中心地位被打破，文化话语权彰显；主流思想文化话语权面临被分化、淡化等处境与认同危机；作为规制个体精神生活的话语权受到生活碎片化、选择多样化，以及消费主义生活方式的挑战。考察和研究全球化场域中意识形态话语权的变化及其特点，以马克思主义为指导，以社会主义核心价值观为基本遵循，加强社会主义意识形态话语权建构，这对于我们有效应对当前意识形态领域的斗争，巩固马克思主义在意识形态领域的指导地位，牢牢掌握社会主义意识形态话语权，具有十分重要的意义和作用。② 此外，网络空间的话语权问题也具有自身的新特点。有学者认为，在网络语境下，社会主义意识形态话语权自然会有很多新特点。社会主义意识形态话语权要以人民群众为主体，关注大众生活，增强社会主义意识形态话语权的实效性；要结合网络媒体和传统媒体的优势和资源，拓宽大众话语权的宣传渠道和交流空间；要依照群众心理来创新话语体系，增强社会主义意识形态话语权的控制力和吸引力。③

五、科学社会主义基本理论研究呈现新特点与新趋向

马克思主义是人类思想发展的伟大成果，它以广阔的视野、时代的眼光、开放的思维汲取一切人类智慧的优秀成果，通过不断创新发展，保持着

---

① 陈卓：《论中国特色社会主义意识形态话语权的提升及其实现路径》，《探索》2019 年第 1 期。

② 廖小琴：《全球化场域中社会主义意识形态话语权的变化与建构》，《教学与研究》2015 年第 4 期。

③ 葛亚坤：《网络语境下社会主义意识形态话语权的建构》，《人民论坛》2016 年第 14 期。

强大的生命力和影响力，成为全世界无产阶级政党的思想武器。科学社会主义是马克思主义的核心内容，体现着马克思主义科学体系的鲜明特征。中国特色社会主义是科学社会主义基本原则指导下的伟大实践，推动科学社会主义理论创新，是新时代中国特色社会主义发展的客观需要，也是马克思主义在当代中国新发展的必然体现。马克思主义在当代中国的新发展要求科学社会主义理论研究要不断深化和发展，伟大的时代也为科学社会主义理论研究的创新发展提供了有利条件。科学社会主义研究主题和研究范式呈现出一些新趋向和新特点，可以从以下几个方面来理解。

（一）由理论演绎为重点转向关注实践新发展

科学社会主义是一门实践性和政治性都很强的学科，只有将科学社会主义理论研究同社会需求相结合，才能把理论与实际的结合落到实处，才能实现科学社会主义的理论创新和实践创新。科学社会主义不仅要科学地认识和解释世界，还要合理和有效地变革世界，创造更加美好的发展前景。在过去相当长的时期里，科学社会主义研究主要是解读马克思主义经典，在科学社会主义学科领域内部作一些增补性和细化性的理论探讨。这种研究对深入理解经典有一定的助益，也在一定范围和程度上推进了科学社会主义学科的发展。但是，从总体上看，少有创新性的探索和个性化的研究，更难以有实质性的研究突破与创新发展。

中国改革开放的实践创新有力地推动了理论创新。1992年，邓小平同志科学地概括了社会主义的本质，我国理论界开始对"什么是社会主义，怎样建设社会主义"展开深入研究，在研究和探索社会主义发展规律和建设规律的过程中，科学社会主义在中国得到了进一步的丰富和发展。关于科学社会主义基本原理的研究，理论界的视野非常开阔，对科学社会主义基本原理进行了深入的挖掘，具体研究内容涉及社会发展的基本矛盾、工人阶级的新变化、社会主义发展阶段、社会主义民主政治、社会主义国家结构等。

科学社会主义的研究者以新的视角研究传统社会主义模式的得失成败，进一步深化了对社会主义经典著作和基本原理的研究。关于科学社会主义的学科性质、研究对象、研究方法等重要问题，理论界都提出了许多新见解。同时，深化了对科学社会主义的重要命题的研究。改革开放 40 多年来，我国理论界的思想得到了空前解放，通过一系列正本溯源的工作，关注中国特色社会主义发展中的重大理论和实践问题，为进一步开拓深层次的理论研究奠定了基础。同时，随着改革开放力度的加大，中国学术界与国外学术界的学术交流不断增多，为开拓科学社会主义理论研究的视野提供了背景性条件。在此基础上，我国的理论工作者前所未有地深入到当代中国的社会生活和社会实践之中，关注自然、社会的变化，与历史和现实开展对话，以马克思主义理论的最新成果和改革开放的鲜活实践为基础，以面向世界的广阔视野开展科学社会主义学科体系的研究和建设。

（二）研究的综合性和创新性增强

科学社会主义研究由对传统模式的单一解读到多样化、个性化自主创新。改革开放 40 多年来，尤其是党的十八大以来，科学社会主义以理论研究者的主体性确立和自主性发挥为前提，为中国的科学社会主义研究提供了多样化、创新性发展的现实基础。随着我国改革开放和社会主义现代化事业的不断深化和发展，伟大的实践不断催生理论创新，同时，新的科学理论也不断指导着中国特色社会主义事业取得更大成功。

第一，研究内容广泛。理论界围绕"如何坚持和发展社会主义"这篇大文章，就"什么是中国特色社会主义，怎样建设中国特色社会主义"这一主题进行了深入研究。重点关注我国社会主要矛盾发生的历史性变化、如何处理好我国社会主要矛盾、怎样创新解决矛盾的方式、怎样通过全面深化改革推动经济社会全面发展等问题，并对这一系列问题展开了深入的理论探索和实践创新。

第二，研究角度多样。近年来，我国理论界加强了从总体上综合研究科学社会主义的力度，许多学者从科学社会主义的研究对象、学科特点及其学科联系等方面展开研究，科学定位科学社会主义的研究方向，进一步促进了学科体系的健康发展。在研究内容上，无论是对经典作家的思想研究，还是对社会主义理论和实践的经验总结，在广度和深度上都有所拓展；从研究视角上看，力求结合时代特征和新的实际来阐述中国特色社会主义发展的新成果。

第三，研究特色鲜明。党的十八大以来出版的《习近平谈治国理政》（第一至三卷）、《习近平新时代中国特色社会主义思想学习纲要》等，集中体现了习近平总书记系列重要讲话、重要演讲、重大批示、重要指示等丰富内容，是中国共产党带领全国各族人民在中国特色社会主义实践探索基础上的理论结晶和思想成果，具有鲜明的中国特色，深化了中国共产党对共产党执政规律、社会主义建设规律、人类社会发展规律的认识。理论研究者注重全面、具体地把握第一手资料，采用了多种研究方法，从多维度、多视角进行了研究，体现了思想理论的原创性和自主性。

第四，研究系统性加强。在任何一种思想理论的研究中，其逻辑体系的构建都是非常重要的。理论界在之前的研究基础上，重点研究习近平新时代中国特色社会主义思想的逻辑体系，丰富了中国特色社会主义理论体系的内容。研究者对习近平新时代中国特色社会主义思想的主题主线、理论渊源、发展脉络、主要内容、核心要义、思想精髓以及世界意义进行了系统的研究阐释，对于进一步推进马克思主义中国化研究，开拓中国特色社会主义发展的新境界具有重要意义。

（三）在平等对话和比较借鉴中深化研究

随着中国特色社会主义实践的不断推进和快速发展，科学社会主义理论研究得到极大发展，研究领域不断拓展，研究角度更加多元，研究深度逐步加大。具体表现为以下几个方面。

第一，提出了社会主义建设的国际环境和世界意义等课题，在研究中把社会主义现代化与经济全球化、政治多极化、新技术革命相结合，分析了人类文明的交流互鉴和科学技术的发展进步对社会主义发展带来的机遇和挑战，以及中国如何参与全球治理、构建人类命运共同体等重大问题。理论研究者坚持社会主义改革要顺应全球化发展趋势这一理论前提，全面总结社会主义现代化进程中的经验教训，深刻把握社会主义发展所处的历史方位，进一步明确了社会主义取代资本主义获得最后胜利，中间要经过许多发展阶段，是一个相当长的历史过程。在此过程中，我们要坚持紧紧抓住经济全球化所提供的历史性机遇，不断创新社会主义的发展理念，持续推进社会主义理论和实践的创新发展。

第二，认真探索共产党执政规律、社会主义建设规律和人类社会发展规律，为党和政府的科学决策提供理论依据。党的十八大以来，理论界从中国特色社会主义如何全面深化改革、如何实现全面发展进步等视角进行了深入研究，产生了许多指导实践发展的创新性理论成果，并且通过科学分析和系统研究使我们对社会主义的前途命运有了更加明确的认识，更加坚定了"四个自信"。

第三，积极关注和汲取世界马克思主义研究的最新成果，推动新时代中国特色社会主义的新发展。理论界从多视角研究和全方位把握马克思主义在当代世界的多样化发展形式，丰富了科学社会主义的科学内涵，拓宽了科学社会主义的实践视野。改革开放40多年来，我国理论界积极关注世界社会主义理论与实践的新变化，将国外马克思主义以及当代社会思潮作为研究对象，并以科学精神对其进行评判和借鉴，使其成为推动中国科学社会主义理论研究不断创新发展的思想借鉴。国外马克思主义者对于马克思主义思想的发掘以及对于发达资本主义的深度批判，从特殊的角度深化和拓展了科学社会主义的理论探索，展示了马克思主义的真理光芒和实践魅力。同时，大量的中国优秀传统文化经过创造性转化和创新性发展，被纳入科学社会主义的研究视野之中，成为中国特色社会主义理论体系必不可少的思想文化资源。

（四）学科体系更加系统化、科学化

理论界在研究"什么是社会主义"的问题上，提出了"对社会主义再认识"和"社会主义在实践中"等命题，在把科学社会主义基本原理与中国实践相结合的过程中，深入探讨社会主义的发展经验，对推进中国特色社会主义发展起到了积极作用。理论研究者从整体上梳理科学社会主义学科体系的历史发展、基本原理和精神实质，重点研究科学社会主义的科学内涵、内在逻辑等问题，着眼世界变化，立足中国现实，联系改革开放和社会主义现代化建设的实际，着重对科学社会主义进行综合性研究，深入研究社会重大现实问题。从历史的角度，研究若干理论创新的起源和基础；从比较的角度，研究政府、市场、社会三者之间的关系；从方法论的角度，研究科学社会主义理论的创新发展。这些研究不是仅仅从某些局部的和具体的方面入手，而是从综合角度出发，运用综合的手段，打破专业限制，整合了研究力量。

（作者：梁波　张源　何海根）

分报告 2：科学社会主义在中国的
运用及创新成果研究

科学社会主义理论研究动向是中国共产党成立百年、中国社会主义建设70多年、改革开放40多年的生动缩影。围绕"为什么革命、怎样革命"、"什么是社会主义、怎样建设社会主义"、"建设什么样的党、怎样建设党"、"实现什么样的发展、怎样发展"、"新时代坚持和发展什么样的中国特色社会主义、怎样坚持和发展中国特色社会主义"这一系列社会主义理论与实践的重大主题，深入研究了科学社会主义在中国运用和创新的伟大理论成果，即毛泽东思想、邓小平理论、"三个代表"重要思想、科学发展观和习近平新时代中国特色社会主义思想，取得了丰硕的研究成果。这些研究进一步深化了对"什么是社会主义、如何建设社会主义"这一社会主义的首要基本理论问题的认识，为在我国进一步坚持、丰富和发展科学社会主义理论奠定了坚实的基础。

一、关于科学社会主义在中国传播及运用的阶段研究

关于科学社会主义在中国传播及运用的阶段研究，以高放的研究为代表。他在多篇文章和著作中分四个阶段论述了科学社会主义在中国的传播及运用。后续研究多是对他研究成果的承继或借鉴。

（一）四阶段说

早在 1999 年，高放就在其文章中将科学社会主义在中国的传播、运用及创新过程分为四个阶段。

第一阶段：1899—1919 年是科学社会主义初步介绍、片断传播并对旧民主主义革命产生局部作用的阶段。其间，最早在中文报刊上简略介绍马克思、恩格斯及其观点的是在华活动的洋教士，最早著文介绍科学社会主义的中国人是梁启超，而在中文书刊中最早片断传播科学社会主义且持续长达 20 多年之久的是以孙中山为首的资产阶级民主主义革命派。革命派吸收了科学社会主义关于阶级斗争、暴力革命、民主革命、社会革命、革命专政、土地国有等因素，经由他们的片断传播，这些因素对于中国广大民众也有一定影响。

第二阶段：1919—1949 年是科学社会主义全面传播并结合中国实际，指导新民主主义革命取得全国胜利的阶段。1917 年俄国十月社会主义革命的胜利给予中国以巨大震动，1919 年五四运动揭开了中国现代历史的新篇章。此后，一批激进的革命民主主义者先后转变为科学社会主义者，由此开始了全面自觉传播科学社会主义的新阶段。1920 年 8 月，由陈望道所译的《共产党宣言》第一个全译本在上海出版；1926 年新青年出版社出版了布哈林等人所著的《共产主义 ABC》。这两本全面阐明科学社会主义原理的著作以及其他马克思恩格斯列宁著作的出版，培养了我国一整代的科学社会主义者。陈独秀、李大钊、毛泽东等第一批科学社会主义者于 1921 年创建了中国共产党，进而逐步把科学理论与中国实际相结合，使广大人民群众在实际斗争中接受并加深了对科学社会主义的理解。

第三阶段：1949—1978 年是科学社会主义广泛传播并指导中国在社会主义革命和社会主义建设大道上曲折前进的阶段。其间，虽然我国在社会主义改造和社会主义建设方面取得巨大成就，但由于未能完整准确地掌握科学社会主义，基本照搬苏联社会主义模式，以致在社会主义建设上屡遭挫折。

第四阶段：1978—1999 年是科学社会主义逐步深入人心，并指导中国社会主义改革开放和现代化建设取得重大成就的阶段。十一届三中全会以来，中国共产党重新恢复了解放思想、实事求是的思想路线，真正实现了科学社会主义与中国国情、世情相结合，实现了思想认识上的第二次飞跃，形成了邓小平理论。在邓小平理论的指引下，我国的改革开放和现代化建设取得了举世瞩目的巨大成就。① 尽管上述研究成果形成时间比较早，但理论界对上述四阶段划分多持肯定态度。

（二）其他划分法

1."三阶段划分说"

有学者从革命与建设的视角，将科学社会主义在中国的运用与创新划分为三个阶段。比如荣长海认为，科学社会主义在中国有三个大的发展阶段，包括新民主主义理论与实践阶段、社会主义革命实现和社会主义建设探索阶段、中国特色社会主义理论与实践阶段。这三个阶段各有 30 余年的历史，共同构成了自觉的科学社会主义信仰者和践行者——中国共产党 90 多年的发展历程。这段历史总的特点是将科学社会主义理论运用于中国实际，在第一阶段基本是由挫折到成功，第二阶段基本是由成功到挫折，第三阶段因有前两阶段的经验和教训，基本上是一连串的成功和发展。②

2."两阶段划分说"

有学者从马克思主义中国化进程的视角将科学社会主义在中国的运用及创新划分为两个阶段。比如李慎明认为，马克思主义中国化有两个发展阶段。"十月革命一声炮响，给我们送来了马克思列宁主义。"在中国共产党领导下，经过广大人民群众艰苦卓绝的斗争，终于迎来了中华人民共和国的诞生。经过 60 多年的艰苦探索和开拓创新，我国走上了中国特色社会主义道路。这是第一阶段。此后，中国走上改革开放道路，进入第二阶段。我们党的中国化的马克思主义理论先后形成了毛泽东思想和包括邓小平理论、"三个代表"重要思想、科学发展观在内的中国特色社会主义理论体系这两大创新成果。③

---

① 高放：《百年来科学社会主义指引中国社会发生巨变——庆祝建国五十周年》，《河北师范大学学报》（社会科学版）1999 年第 4 期。
② 荣长海：《科学社会主义在当代中国的坚持与发展》，《学习论坛》2013 年第 8 期。
③ 李慎明：《科学社会主义在中国的实践与发展》，《毛泽东思想研究》2014 年第 2 期。

党的十八大以来，中国特色社会主义进入新时代。新时代意味着科学社会主义在中国的运用及创新进入了新阶段。当前，理论界主要围绕这一阶段改革发展的重大问题，着重研究了中国特色社会主义进入新时代后科学社会主义与中国实践相结合形成的创新成果，即习近平新时代中国特色社会主义思想，认为十八大以来，习近平总书记在新的历史条件下坚持和发展中国特色社会主义，为推动科学社会主义在中国的新发展作出了新贡献。① 从马克思主义发展的源头上来说，新时代中国特色社会主义是历史发展和理论逻辑双重演进的结果，是科学社会主义一百多年来理论与实践发展的必然。②

此外，有学者从世界社会主义500年的演进逻辑出发，认为中国的新民主主义革命是随俄国革命产生，是与世界无产阶级革命时代相关联的革命；新中国的建立，是世界社会主义"一国到多国实践"进程中"最重大的事件"；中国特色社会主义，以世界社会主义改革浪潮为背景，是借鉴各国改革的历史经验的逻辑结果，是科学社会主义新一次历史性飞跃的最大"亮点"。③ 也有学者从新中国成立70多年的演进逻辑出发，认为新中国70年的历史本质上就是一部既坚持了科学社会主义基本原则，又根据时代条件赋予其鲜明特色的发展史；改革开放前后两个历史时期在科学社会主义向度上的内在贯通性，应在坚持不懈推进新时代中国特色社会主义事业的征程中，将21世纪的科学社会主义推向新境界。④

总体来看，关于科学社会主义传入中国及运用创新的过程研究以上述观点最为典型。

---

① 赵毅纯：《科学社会主义在当代中国的新发展——"习近平社会主义观对中国特色社会主义理论体系的新贡献"理论研讨会综述》，《科学社会主义》2017年第6期。

② 肖枫：《马克思主义在当代中国的创新发展》，《科学社会主义》2018年第1期。

③ 胡振良：《深刻认识科学社会主义在中国成功的重大意义》，《紫光阁》2018年第2期。

④ 邱卫东：《科学社会主义在中国的演进逻辑探析》，《毛泽东邓小平理论研究》2019年第7期。

二、关于科学社会主义在中国的运用所形成的创新成果研究

关于科学社会主义在中国的运用所形成的创新成果，学者们在研究思路及研究结论上有着广泛共识，其研究成果大多围绕理论创新的主题和主线、理论表现形态、理论价值展开研究。

（一）理论创新的主题和主线

1. 关于理论创新的主线

关于理论创新的主线，学界达成的共识是：对无产阶级政党来说，无论是进行社会主义革命，还是进行社会主义建设和改革，都要从本国国情出发，把科学社会主义基本原则与本国实际相结合，在创新中发展，而贯穿其中的是解放思想、实事求是、与时俱进的思想路线。

秦刚全面解读了理论创新主线的内涵。他认为，首先，理论创新都以马克思主义为指导，运用马克思主义的立场、观点和方法，结合中国国情、时代变化、人民实践，推动马克思主义在不同的时间和空间得到新发展。其次，理论创新都立足于中国社会主义初级阶段这个基本国情，并以此作为建设和发展中国特色社会主义的基本依据。第三，理论创新都以实现中国的社会主义现代化和中华民族的伟大复兴为目标。邓小平理论提出分阶段、有步骤地实现中国社会主义现代化的战略思想；"三个代表"重要思想和科学发展观进一步完善中国社会主义现代化建设的总体布局，把发展中国特色社会主义与建设社会主义现代化联系在一起，结合到现时代。第四，理论创新都直接体现为人民群众谋利益的价值取向。[①] 在创新过程中，贯穿其中的是解放思想、实事求是、与时俱进的马克思主义思想路线。解放思想、实事求是作为一种富有中国气派的理论概括，精辟地反映了历史唯物主义和辩证唯物主义的精神实质，体现了马克思主义的科学性、实践性，也表现了中国共产

---

① 秦刚：《中国特色社会主义理论体系的源流》，《中共中央党校学报》2009 年第 1 期。

党人对马克思主义运用的鲜活性。正是依靠和运用马克思主义这一精髓，中国特色社会主义理论体系才能在继承前人的同时又能不断创新，在排除各种错误倾向干扰的同时又能吸取各种失误教训，从而推进了马克思主义中国化的新进程。①

总之，理论创新的主线就是理论创新的哲学基础，它的精髓就是"实事求是"。邓小平同志指出："实事求是，是无产阶级世界观的基础，是马克思主义的思想基础。过去我们搞革命所取得的一切胜利，是靠实事求是；现在我们要实现四个现代化，同样要靠实事求是。"②解放思想，实事求是，与时俱进是马克思主义的理论品质，也是马克思主义发展的科学精神和思想方法。保持与时俱进的精神状态，是总结中国特色社会主义发展的新鲜经验、开拓科学社会主义理论新境界必须高扬的科学精神和思想方法。③正如习近平总书记在庆祝中华人民共和国成立70周年大会上强调指出的，中国特色社会主义道路的开辟是一个伟大成就，它"既坚持了科学社会主义基本原则，又根据时代条件赋予其鲜明的中国特色"④，是科学社会主义的现实化、具体化、中国化、时代化；归根结底，"是科学社会主义理论逻辑和中国社会发展历史逻辑的辩证统一"⑤。可以说，这是对科学社会主义在中国实现伟大创新所遵循的主线的高度概括。

2.关于理论创新的主题

所谓理论主题，就是理论要回答的重大时代课题，是一个科学理论之所以成为理论的关键。中国共产党之所以能走在时代前列，在于它以持续推进

---

① 秦刚：《中国特色社会主义理论体系是当代中国的马克思主义》，《理论参考》2012年第10期。

② 《邓小平文选》第二卷，人民出版社1994年版，第143页。

③ 顾海良：《论"基本经验"与科学社会主义在当代中国的新发展》，《教学与研究》2002年第12期。

④ 中共中央文献研究室编：《十八大以来重要文献选编》（上），中央文献出版社2014年版，第10页。

⑤ 《习近平谈治国理政》第一卷，外文出版社2018年版，第21页。

的马克思主义中国化创新理论作为行动指南，围绕一系列重大理论主题作出了符合国情与时代要求的科学回答。

具体而言，学者们认为，围绕"为什么革命、怎样革命"这一主题，在毛泽东思想的指导下，我们党成功地解决了把一个半殖民地半封建的中国引向社会主义的问题。新民主主义革命胜利后，毛泽东思想进一步科学地解答了在中国怎样实现社会主义的问题。毛泽东提出和论证的人民民主专政思想，为新中国的建立提供了可靠的理论依据，也为后来社会主义制度的巩固和发展奠定了坚实的思想基础。[①] 围绕"什么是社会主义、怎样建设社会主义"这一主题，邓小平不断提出和逐步解决了中国社会主义发展道路、发展阶段、根本任务、发展动力、外部条件、政治保证、战略步骤、领导力量和依靠力量、祖国统一等一系列重大问题，"第一次比较系统地初步回答了中国这样的经济文化比较落后的国家如何建设社会主义、如何巩固和发展社会主义的一系列基本问题，用新的思想、观点继承和发展了马克思主义"，"是当代中国的马克思主义"。围绕"实现什么样的发展、怎样发展"这一主题，以胡锦涛同志为总书记的党中央立足社会主义初级阶段的基本国情，借鉴各国发展经验，总结我国发展实践并适应新的发展要求，提出了科学发展观。科学发展观既坚持了科学社会主义发展理论的基本原理，又根据我国的发展实践进行了理论创新，是马克思主义中国化的最新成果。[②] 围绕"新时代坚持和发展什么样的中国特色社会主义、怎样坚持和发展中国特色社会主义"这一主题，习近平新时代中国特色社会主义思想弘扬马克思主义与时俱进的理论品格，顺应时代发展，回应时代关切，科学回答了这个重大课题，实现了马克思主义中国化的新飞跃，开辟了马克思主义新境界，是当代中国马克思主义、21世纪马克思主义。[③]

---

① 秦刚：《中国特色社会主义对科学社会主义的历史贡献》，《文汇报》2018年2月28日。

② 李健、孙代尧：《科学社会主义与中国特色社会主义理论体系源流关系论纲》，《中国特色社会主义研究》2013年第2期。

③ 谢伏瞻：《代序：时代精神在精华伟大实践的指南》，见王伟光主编：《开辟当代马克思主义哲学新境界》，中国社会科学出版社2019年版，第9—23页。

此外，学界普遍认为，进入改革开放新时期，我们党全部理论和实践的主题可以归结为一点，那就是坚持和发展中国特色社会主义。围绕这个主题，邓小平理论、"三个代表"重要思想和科学发展观相继探索解答了一系列基本问题，提出一系列相互联系的思想观点、理论判断，形成了中国特色社会主义理论体系。①

综上所述，中国特色社会主义从根本上说是新中国成立以来使科学社会主义从抽象原则到具体实践、从基本理论到鲜活现实、从价值诉求到实际践履不断转化的结果。对包括如科学社会主义核心概念如何在实践中明确内涵、重要而又基本的要求如何落到实处、如何在具有独特国情的落后国家建设社会主义等重大难题的求解，则是这种转化非常重要的内在维度。正是对这些难题的不断求解，使得科学社会主义在新中国不断践行，同时又得以创新发展。可以说，中国特色社会主义就是在求解这些难题的过程中形成和发展起来的。在更高水平、更好效果上求解这些重大难题，是中国特色社会主义砥砺前行、健康发展必需的保障。②

（二）理论形态及内容研究

所谓理论形态，主要指理论创新成果的表现形式及其主要内容。"一种新的理论形态的出现，往往是和国内外形势的变化和对这种变化做出的回答分不开的。"③

1. 关于两大理论形态说

关于科学社会主义在中国运用及创新的理论形态，学界大多以马克思主义与中国实际相结合实现理论上的两次成功飞跃而形成两大理论形态为共

① 赵曜:《全面系统地把握邓小平理论的科学体系》，见《赵曜自选集》，学习出版社 2007 年版，第 215 页。
② 关锋:《科学社会主义在中国的践行与发展——以重大难题求解为中心的阐释》，《探索》2020 年第 3 期。
③ 赵曜:《全面系统地把握邓小平理论的科学体系》，见《赵曜自选集》，学习出版社 2007 年版，第 194 页。

识。赵曜指出，马克思主义在中国的发展出现了两次历史性飞跃。第一次飞跃是在民主革命时期。我们党经过反复探索，找到了具有中国特色的革命道路，把革命引向胜利。第二次飞跃发生在党的十一届三中全会以后，我们在总结社会主义历史经验的基础上，开始找到一条建设有中国特色的社会主义道路，开辟了社会主义建设的新阶段。①闫志民认为，中国共产党自 1921 年成立以来，在领导中国人民进行革命、建设和改革的伟大实践中，把马克思主义与中国具体情况相结合，实现了马克思主义中国化的两次飞跃，形成了毛泽东思想和中国特色社会主义理论体系两大理论成果，使科学社会主义理论获得了巨大发展。②

也有学者对此做了更为细致的划分。张乾元提出，1949 年新中国成立以来，是马克思主义的科学社会主义与中国具体实际"第一次结合"的时期，实现了马克思主义与中国具体实际相结合的"第一次历史性飞跃"，产生了马克思主义中国化的第一个伟大成果——毛泽东思想。1949 年新中国成立以后是马克思主义与中国具体实际"第二次结合"的时期。"第二次结合"又以十一届三中全会为界限，分为前后两个时期。党的十一届三中全会以前 30 年，既是马克思主义与中国具体实际相结合的"第一次历史性飞跃"的延续时期——这一时期是马克思主义与中国具体实际相结合所产生的第一大理论成果即毛泽东思想继续丰富和发展的时期，同时又是为实现"第二次历史性飞跃"及其所产生的理论成果——中国特色社会主义理论体系做准备的孕育时期。③

在此基础上，学者们认为，一是要把握马克思主义中国化的两次历史性飞跃。100 多年来，中华民族先后面临着两大历史性课题即民族独立和人民

---

① 赵曜：《扎根于当代中国的科学社会主义》，《理论月刊》1988 年第 1 期。
② 闫志民：《中共成立九十年来科学社会主义在中国的发展》，《中国特色社会主义研究》2011 年第 4 期。
③ 张乾元：《马克思主义与中国实际"第二次结合"的开篇（1949—1966 年）研究》，中国社会科学出版社 2010 年版，第 9—11 页。

解放、国家富强和人民富裕。在党领导人民解决这两大历史性课题过程中，实现了马克思主义同中国实际和时代特征相结合的两次历史性飞跃，产生了两大理论成果。因此，从近代中国百年历史发展的大跨度上看，"毛泽东艰辛探索的理论成果"属于第一次飞跃的延续和第二次飞跃的酝酿。二是毛泽东思想体系本身是完整的，它包括多方面内容。新民主主义理论、社会主义革命和建设理论是毛泽东思想体系中最重要的内容。因此，把"毛泽东艰辛探索的理论成果"留在毛泽东思想体系内，既符合十一届六中全会通过的《关于建国以来党的若干历史问题的决议》精神，又保持了毛泽东思想体系的完整性。三是中国特色社会主义理论体系只有在纠正毛泽东同志晚年错误的基础上才能形成和发展起来。《决议》把毛泽东思想与毛泽东同志晚年错误加以严格区分，并指出只有正确认识并纠正毛泽东同志晚年错误，才是真正维护和高举毛泽东思想伟大旗帜，才会有十一届三中全会开创的我国社会主义历史发展的新时期。因此，我们有必要将中国特色社会主义理论体系形成的起点与对中国特色社会主义道路探索的起点加以区别。这个理论体系形成的起点是十一届三中全会，对这条道路探索的起点是20世纪五六十年代。同时，还要把握"毛泽东艰辛探索的理论成果"与中国特色社会主义理论体系的关系，弄清前者是后者的政治前提、制度基础和理论渊源。正如邓小平指出的："从许多方面来说，现在我们还是把毛泽东同志已经提出、但是没有做的事情做起来，把他反对错了的改正过来，把他没有做好的事情做好。今后相当长的时期，还是做这件事。当然，我们也有发展，而且还要继续发展。"①

2.关于创新理论的主要内容研究

关于毛泽东思想的主要内容。秦刚认为，毛泽东思想形成于新民主主义革命时期，在社会主义革命和建设时期又得到进一步的丰富和发展。这一重要理论成果是马克思主义在中国革命和建设实践中的运用和发展，是被实践

---

① 《邓小平文选》第二卷，人民出版社1994年版，第300页。

证明了的关于中国革命和建设的正确的理论原则和经验总结。① 社会主义改造基本完成后，毛泽东同志开始思考怎样巩固、建设和发展中国的社会主义事业。尽管毛泽东同志没有直接提出"中国特色社会主义"这个命题，但是他已经明确提出要"以苏为鉴"、不能走苏联走过的弯路，要通过"马克思主义与中国实际的第二次结合"，摆脱苏联社会主义模式的影响，找到真正符合中国国情的、能够成功开展中国社会主义革命和社会主义建设的正确道路。

兰旸比较全面地概括了毛泽东思想的主要内容。革命时期，首先提出了新民主主义革命论，"所谓新民主主义的革命，就是在无产阶级领导下的人民大众的反帝反封建的革命"；其次提出了人民民主统一战线论，强调农民是无产阶级天然的同盟者，是中国共产党的坚强后盾，民族资产阶级在民主革命时期也是无产阶级较为重要的同盟者，要把其他小资产阶级也都团结于无产阶级，从而为革命胜利争取了坚固的支持力量；最后提出了农村包围城市的革命道路理论，这是在经济文化落后国家及地区实现马克思主义暴力革命、武装夺取政权思想的一项创新，更是对科学社会主义的一项重大创新。新中国成立以后，对于社会主义国家建设也在科学社会主义理论基础上，结合中国实际提出了新的理论。首先，从 1953 年到 1956 年，我们党对民族资本主义所占有的土地和资源采取和平赎买的方式，平稳地进行了社会主义改造。毛泽东同志在《论十大关系》中分析了社会主义建设中的十大矛盾，党的八大上明确了工作重点，提出了发展和建设目标，并分析了国内的主要矛盾，指出："我国国内的主要矛盾，已经是人民对于建立先进的工业国的要求同落后的农业国的现实的矛盾，已经是人民对于经济文化迅速发展的需要同当前经济文化不能满足人民需求的状况的矛盾。"同时八大也提出了我国的经济建设方针，加强人民民主专政，加强执政党建设，以及发展文化教育事业的方针。②

---

① 秦刚：《中国特色社会主义对科学社会主义的历史贡献》，《文汇报》2018 年 2 月 28 日。
② 兰旸：《浅析科学社会主义在中国的新发展》，《学理论》2011 年第 28 期。

关于毛泽东思想对科学社会主义理论的创新和发展，学者们认为，主要表现在以下方面：首先，以毛泽东同志为主要代表的中国共产党人创造性地继承和发展了科学社会主义武装夺取政权的暴力革命原理，从半殖民地半封建中国的实际出发，创立了一整套具有中国特色的新民主主义革命理论，冲破了"中心城市起义"的思想禁锢。具体来说，新民主主义革命理论的创新之处在于：一是指出坚持无产阶级的领导权是新民主主义革命理论的核心；二是提出以农村包围城市、最后夺取全国政权的革命道路，是中国共产党人对马克思列宁主义暴力革命武装夺权思想的创新；三是提出统一战线、武装斗争和党的领导是新民主主义革命的三大法宝，丰富和发展了科学社会主义重要原理；四是提出由新民主主义革命向社会主义革命过渡，二者间是第一步与第二步的关系，中间不存在一个资产阶级共和国阶段，从而创造性地发展了马克思主义不断革命的思想；五是阐述了新民主主义的政治经济和文化纲领，成功拟定了过渡时期的总路线，从而极大地丰富和发展了马克思主义过渡时期理论。

其次，新中国成立后，以毛泽东同志为主要代表的中国共产党人又一次创造性地把科学社会主义基本原理运用于中国实际，创立了一整套具有中国特色的"一化三改造"的社会主义改造理论。同时，在共和国初创时期，毛泽东从中国国情出发，创造性地发展了列宁的新经济政策思想，提出了长期允许资本主义存在，充分利用资本主义发展社会主义的社会主义建设理论，为科学社会主义理论在中国的胜利和发展开辟了广阔前景。

最后，社会主义制度在中国确立后，以毛泽东同志为主要代表的中国共产党人为找到一条具有中国特色的社会主义现代化建设道路进行了大量艰苦有益的探索。如1956年毛泽东在《正确处理人民内部矛盾》和党的八大上正确分析了社会主义时期的主要矛盾，不再是阶级斗争、政治革命，而是以经济建设为中心，大力发展生产力；在《论十大关系》中全面制定了社会主义建设的重点战略方针，系统提出把中国建成为一个繁荣昌盛强大的社会主义国家，早日实现现代工业、现代农业、现代科技、现代国防的奋斗目标。

由于当时国际国内斗争形势异常严峻，毛泽东过高地估计了社会主义的力量，加上对国内阶级力量对比判断失误，导致社会主义建设出现严重失误。但这些严重失误并不能抹煞毛泽东思想对科学社会主义在中国的创新和发展所作出的伟大理论贡献。①

学者们认为，毛泽东所创立的新民主主义革命理论既符合马克思主义的立场观点方法，又没有照搬马克思恩格斯的资产阶级革命与无产阶级革命理论的一般原理。② 而他关于社会主义建设的思想则从中国国情出发，着眼于对生产资料私有制的社会主义改造，揭示了中国走科学社会主义道路的必然性。这不仅是对唯物史观的创造性应用和发展，而且在实践中坚定贯彻了科学社会主义原则。毛泽东运用唯物辩证法科学处理各种社会矛盾，使"一化三改造"进程明显缩短，充分展示出推进科学社会主义运动的主观能动性。毛泽东在巩固和完善社会主义制度过程中形成的科学思想，对当前维护和完善中国特色社会主义制度仍具有不可低估的指导价值。③

关于中国特色社会主义理论体系的主要内容，学者们强调，首先，中国特色社会主义理论体系的主题是回答中国这样经济文化比较落后的国家如何建设、巩固和发展社会主义的问题。它是从经济文化比较落后的国家可以率先走上社会主义道路这一世纪性课题演化而来的。中国共产党人用成功实践和中国特色社会主义理论体系科学回答了这一课题，体现了科学社会主义理论逻辑与中国社会发展历史逻辑的辩证统一，实现了科学社会主义在中国的新发展。这是中国共产党人对科学社会主义作出的重大贡献。④ 其次，中国特色社会主义是不断发展的开创性事业，中国特色社会主义理论体系也是不

① 李红松、黄大众：《科学社会主义在中国的胜利和发展》，《实事求是》2002 年第 5 期。

② 赵明义：《"马克思主义中国化"与"使马克思主义在中国具体化"辨析》，《当代世界社会主义问题》2003 年第 2 期。

③ 何干强：《毛泽东思想使科学社会主义在中国变成现实》，《学习与探索》2013 年第 12 期。

④ 严书翰：《科学社会主义理论逻辑与中国社会发展历史逻辑的辩证统———对中国特色社会主义理论体系主题的再认识》，《中共云南省委党校学报》2013 年第 5 期。

断发展的开放性理论体系。与时俱进、永不停滞，是中国特色社会主义理论体系的显著特点。① 最后，学者们较全面地研究了中国特色社会主义理论体系的主要内容。党的十八大召开前，有学者将中国特色社会主义理论体系概括为一个主题和三大基本问题，展示了其清晰的思想脉络和逻辑线索，并将其主要内容概括为 14 个方面：(1) 社会主义思想路线论；(2) 社会主义发展阶段论；(3) 社会主义发展道路论；(4) 社会主义发展战略论；(5) 社会主义发展动力论；(6) 社会主义市场经济论；(7) 社会主义民主政治论；(8) 社会主义先进文化论；(9) 社会主义和谐社会论；(10) 社会主义国防军事论；(11) 社会主义和平统一论；(12) 社会主义国际战略论；(13) 社会主义主体力量论；(14) 社会主义领导核心论。②

秦刚进一步重点概括了中国特色社会主义理论体系的基本内容，认为社会主义本质论、社会主义初级阶段论、社会主义根本任务论、社会主义市场经济论、社会主义改革开放论、社会主义法治论、社会主义和谐社会论和社会主义国家执政党建设论，是其最基本内容。这几个方面在中国特色社会主义理论中，是带有根本性、全局性的理论观点，也是推进中国特色社会主义实践必须首先解决的重大原则问题，集中体现了中国特色社会主义在理论上对科学社会主义的新发展。强调中国特色社会主义不仅在理论上丰富和发展了科学社会主义，而且为科学社会主义在实践中拓展提供了新的路径。一是以经济建设为中心，实现社会发展的全面进步；二是坚持社会发展的阶段性和奋斗目标的明确性；三是把本国发展和世界发展联系在一起；四是把民族复兴、实现现代化与振兴社会主义联系在一起。③

在上述研究基础上，学者们具体总结了中国特色社会主义理论，特别是邓小平理论对科学社会主义的创新之处。例如，关于社会主义初级阶段理论对科学社会主义的创新之处主要表现在三个方面：一是指明了中国社会主义

---

① 秦刚：《中国特色社会主义理论体系的最新成果》，《中共中央党校学报》2016 年第 6 期。

② 秦刚：《中国特色社会主义理论体系的源流》，《中共中央党校学报》2009 年第 1 期。

③ 秦刚：《论中国特色社会主义与科学社会主义的关系》，《思想理论教育导刊》2005 年第 9 期。

所处的历史方位；二是奠定了邓小平理论体系的基石即国情基础；三是指出了中国共产党人应保持的积极进取、大胆探索的精神状态。关于社会主义本质和特征的理论对科学社会主义的创新集中体现在"一个突出"和"三个统一"上，即突出强调了发展生产力，体现了解放生产力和发展生产力的统一、生产力和生产关系的统一、现实纲领和长远目标的统一。关于社会主义市场经济理论对科学社会主义的创新集中体现在：一是填补了科学社会主义理论在这方面的空白；二是解决了社会主义公有制与市场经济可以结合和能够结合这一世纪难题。关于执政党建设理论的贡献和创新体现在：（1）重新确立了党的实事求是的思想路线；（2）指出新时期执政党的历史使命和根本任务；（3）提出并确定执政党建设的指导思想、基本方向和主要内容；（4）提出要坚持党的领导必须改善党的领导；（5）阐明执政党的制度建设更带有根本性、全局性、稳定性和长期性；（6）制定了执政党干部队伍建设的德才兼备原则和"革命化、年轻化、知识化、专业化"方针，并以此改革现有干部人事制度；（7）强调执政党党风问题是关系到党生死存亡的重大问题，要把反腐败贯彻于现代化建设的全过程；（8）提出要正确处理党内矛盾，增进党的团结；（9）要按照"独立自主、完全平等、互相尊重、互不干涉内部事务"的原则发展党际之间的关系；等等。简言之，邓小平对马克思主义党的建设理论的创新主要表现在两个方面：一是指出了执政党建设与革命党建设的区别；二是阐明了执政党建设的极端重要性。

综上所述，可以从邓小平理论对科学社会主义创新过程中生动地看到马克思主义与时俱进的理论品质。邓小平理论是马克思主义在中国发展的新的阶段，是科学社会主义发展的重大成果，是中国共产党人在丰富马克思主义理论宝库方面作出的重大贡献。[①]

"三个代表"重要思想的创新之处则在于，其进一步充实了中国特色社会主义道路的基本内容。一是明确了经济体制改革的目标是建立和完善社

---

① 严书翰：《邓小平理论是科学社会主义发展的重大成果》，《新视野》2004 年第 4 期。

会主义市场经济体制；二是把非公有制经济的发展纳入了社会主义初级阶段的基本经济制度；三是确立了劳动、资本、技术和管理等生产要素按贡献参与分配的原则；四是强调了社会主义初级阶段的长期性、艰巨性；五是提出了要坚持党的领导、人民当家作主和依法治国的有机结合。此外，还提出了要建立与社会主义市场经济相适应、与社会主义法律规范相协调、与中华民族传统美德相承接的社会主义思想道德体系；提出把依法治国和以德治国紧密结合起来；强调有中国特色社会主义的文化是综合国力的重要标志。在民族宗教、统一战线、军队建设、祖国统一等方面，"三个代表"重要思想都形成了许多新的认识，使中国特色社会主义道路的发展前景更加明确。①

科学发展观则用一系列具有时代特色的新概念、新论断为坚持中国特色社会主义道路提供了更强大的理论指导。它改变了以往的发展观念，主张以人为本、全面协调可持续的发展观念，超越了以往"以物为本"的价值观念。正是"以人为本"的核心价值要求，表明了科学发展观在根本宗旨上与辩证唯物主义中的唯物史观基础理论相一致。②

由此可见，马克思主义与中国实际相结合所形成的理论成果经受住了实践检验。它使中国成为 20 世纪 80 年代以来少数几个经济高速增长的国家之一，不仅经受住了国际国内政治风波的严峻考验，也使我们找到了一条符合中国国情的过渡到社会主义市场经济的道路，成为市场取向改革中最成功的国家。③

3. 关于两大理论形态的内在联系研究

关于两大理论形态的内在联系，学者们首先从理论形成的哲学基础入

---

① 秦刚：《"三个代表"重要思想与中国特色社会主义道路》，《岭南学刊》2004 年第 1 期。

② 张小卫：《科学发展观在中国特色社会主义理论体系中的历史定位》，《长春教育学院学报》2014 年第 4 期。

③ 薛汉伟、孙代尧：《当代中国的科学社会主义——论邓小平的社会主义观》，《北京大学学报（哲学社会科学版）》1997 年第 1 期。

手，强调毛泽东思想和中国特色社会主义理论体系有着共同的哲学基础。一部马克思主义发展史，就是一部解放思想、实事求是、与时俱进的历史。[①]学者们还从毛泽东思想在中国特色社会主义建设中的历史地位出发，认为建设有中国特色社会主义理论本来就是毛泽东思想的继续和发展。例如，毛泽东提出的中国工业化道路是中国式的现代化道路的理论生长点；党的八大制定的国家经营和集体经营为主、个体经营为补充和计划生产为主、自由生产为补充的方针，是以公有制为主发展多种经济成分和有计划的商品经济的生长点；八大关于主要矛盾的分析，毛泽东关于社会主义可分为发达和不发达社会主义的论断，关于50年内外到100年内外建设起强大的社会主义经济的论断等。

概言之，毛泽东是探索中国特色社会主义的先驱者。他的探索成为中国特色社会主义形成和发展的历史起点和理论起点，他的经验教训为后来中国特色社会主义理论和实践留下了深刻启迪和宝贵财富。[②]

（三）理论价值研究

一个国家实行什么样的主义，关键要看这个主义能否解决这个国家面临的历史性课题。关于科学社会主义在中国运用及创新成果的理论价值，学者们从不同视角出发，进行了全面研究。

1. 以问题导向为视角

闫志民认为，两大理论成果的理论价值在于：一是回答了中国这样的半殖民地半封建国家的无产阶级如何进行革命的问题，丰富和发展了科学社会主义关于无产阶级革命的理论；二是回答了中国这样的经济文化比较落后国家革命胜利后如何进行社会主义建设和社会主义改造的问题，丰富和发展了科学社会主义关于资本主义向社会主义过渡的理论；三是回答了中国这样经

---

① 孙代尧：《马克思主义生命力的当代解读》，《山西大学学报（哲学社会科学版）》2006年第5期。
② 秦刚：《中国特色社会主义：十三年的探索和理论创新》，《社会主义研究》2003年第4期。

济文化比较落后的国家进入社会主义社会以后如何建设和发展社会主义的问题，丰富和发展了科学社会主义关于建设社会主义和共产主义的理论。①

2. 以理论突破为视角

此前，也有学者较早提出，党的十一届三中全会以来，我们党在把马克思主义与中国实际相结合方面，无论在理论和实践上都取得了巨大成就。理论上，创立了建设有中国特色的社会主义理论，其中蕴含着理论上的三大突破：第一次突破——社会主义商品经济理论和社会主义市场经济理论的提出；第二次突破——社会主义初级阶段理论的提出；第三次突破——社会主义本质理论的提出。这三大突破标志着科学社会主义在中国达到了当代的水平。

总体来看，在中国这样经济落后的东方大国中建设社会主义，需要面对的情况既不是马克思主义创始人设想的在资本主义高度发达基础上建设社会主义，也不完全等同于其他社会主义国家。必须把马克思主义同中国实际结合起来，在改革开放实践中开辟一条有中国特色社会主义的崭新道路。

三、习近平新时代中国特色社会主义思想对科学社会主义的创新和发展研究

党的十九大确立了习近平新时代中国特色社会主义思想在全党的指导地位，不仅意味着中国特色社会主义进入了新时代，而且在世界科学社会主义的发展史上具有划时代的历史意义。新时代中国特色社会主义，从马克思主义发展的"源头"上来说，是历史发展和理论逻辑双重演进的结果，是科学社会主义一百多年来理论与实践发展的必然。目前，思想理论界围绕习近平

---

① 闫志民：《中共成立九十年来科学社会主义在中国的发展》，《中国特色社会主义研究》2011年第4期。

新时代中国特色社会主义思想的研究已经取得丰硕成果，基本涵盖了习近平新时代中国特色社会主义思想的形成背景、理论渊源、科学体系、历史地位和实践要求。围绕习近平新时代中国特色社会主义思想对科学社会主义的创新和发展的研究成果主要有：

（一）创新观点研究

1. 主要内容

根据党的十九大报告，学者们首先将习近平新时代中国特色社会主义思想概括为十大基本问题，即坚持和发展中国特色社会主义的总目标、总任务、总体布局、战略布局和发展方向、发展方式、发展动力、战略步骤、外部条件、政治保证；覆盖 17 个方面的重要内容，即对经济、政治、法治、科技、文化、教育、民生、民族、宗教、社会、生态文明、国家安全、国防和军队、"一国两制"和祖国统一、统一战线、外交、党的建设各方面的理论分析和政策指导。报告概括的"八个明确"是以习近平同志为核心的党中央在深刻认识共产党执政规律、社会主义建设规律和人类社会发展规律方面作出的八个方面的独创性贡献。① 这是对习近平新时代中国特色社会主义思想主要内容的基本概括。

在此基础上，学者们强调，习近平新时代中国特色社会主义思想是一个完整的思想体系。比如孙代尧认为，习近平新时代中国特色社会主义思想是中国特色社会主义进入新时代，中国共产党以高度的理论自觉和理论自信对21 世纪中国马克思主义理论的体系化建构。主要表现为：有一个鲜明主题，即"新时代坚持和发展什么样的中国特色社会主义、怎样坚持和发展中国特色社会主义"，从而完成了这一思想体系化的基础工作。党的十九大报告对习近平新时代中国特色社会主义思想的概括运用了双向逻辑延伸以形成整体结构的体系化方法。报告第二节对中国特色社会主义的史前史，即中华文明

---

① 严书翰：《中国特色社会主义进入了新时代》，《人民论坛》2017 年第 32 期。

史、中国近代史、中国共产党 96 年的历史等作了考察，这是向前延伸；接着概括了新时代中国特色社会主义思想的"八个明确"及新时代坚持和发展中国特色社会主义的"十四个坚持"的基本方略，这是向后延伸，最后以党的建设结束。这种双向延伸的逻辑结构，使得所有内容都以新时代中国特色社会主义思想需要回答的理论主题为中心，各部分联系紧密，形成一个有机整体。这种体系化建构逻辑清晰、结构严谨、内容丰富，是马克思主义发展史上理论体系化的佳作。历史上几次经典理论体系建构分别强调了马克思主义的大众化、时代化和民族化。党的十九大报告对习近平新时代中国特色社会主义思想的概括，也鲜明体现了马克思主义"三化"特点，既坚持马克思主义基本原理，又紧扣中国实际、时代变化和人民大众的期盼，以中国特色的话语体系对 21 世纪中国马克思主义的原创性理论做出概述，非常好地把马克思主义中国化、时代化和大众化结合在一起，堪称马克思主义"三化"的典范之作。① 王怀超认为，党的十九大把习近平新时代中国特色社会主义思想作为党的指导思想写入党章，实现了党的指导思想的又一次与时俱进。②

2. 思想内涵研究

关于习近平新时代中国特色社会主义思想的内涵，学者们普遍认为，思想内涵十分丰富，涵盖改革发展稳定、内政外交国防、治党治国治军等各个领域、各个方面，构成了一个系统完整、逻辑严密、相互贯通的思想理论体系。

王伟光全面阐析了习近平新时代中国特色社会主义思想的内涵：(1)坚持和发展新时代中国特色社会主义是核心要义。(2)"八个明确"是主要内容。第一个明确从国家发展层面上，阐明了坚持和发展中国特色社会主义的总目标、总任务和战略步骤。第二个明确从人和社会发展的层面上，阐明了新时代中国社会主义社会主要矛盾，以及通过解决这个主要矛盾促

---

① 孙代尧：《21 世纪中国马克思主义"体系化建构"的佳作》，《社会科学报》2017 年 11 月 16 日。
② 王怀超：《中国特色社会主义理论的丰富和发展——论中共十九大的理论贡献》，《党政研究》2018 年第 1 期。

进人的全面发展、全体人民共同富裕的社会理想。第三个明确从总体布局和战略布局的层面上，阐明了新时代中国特色社会主义事业的发展方向和精神状态。第四至第七个明确分别从改革、法治、军队、外交方面，阐明了新时代坚持和发展中国特色社会主义的改革动力、法治保障、军事安全保障和外部环境保障等。第八个明确从最本质特征、最大优势和最高政治领导力量角度，阐明了新时代坚持和发展中国特色社会主义的根本政治保证。"八个明确"涵盖了新时代坚持和发展中国特色社会主义最核心、最重要的理论和实践问题。这些内容层层递进、相辅相成，集中体现了习近平新时代中国特色社会主义思想的系统性、科学性、创新性。（3）"十四个坚持"是新时代坚持和发展中国特色社会主义的基本方略。从行动纲领和重大对策层面上，形成了具有实践性、操作性的根本要求，是实现"两个一百年"奋斗目标、实现中华民族伟大复兴中国梦的路线图和方法论，是科学的行动纲领和实践遵循。（4）习近平新时代中国特色社会主义思想是一个严整的理论体系。它有着鲜明的人民立场和科学逻辑，蕴含着丰富的思想方法和工作方法，体现了坚持马克思主义与发展马克思主义的辩证统一，体现了把握事物发展客观规律性和发挥人的主观能动性的辩证统一，体现了立足中国国情与把握世界发展大势的辩证统一，书写了马克思主义发展新篇章。①

3.理论最突出的"新"之特点

在 2017 年召开的科学社会主义在当代中国的新发展——"习近平社会主义观对中国特色社会主义理论体系的新贡献"理论研讨会上，与会学者认为，习近平新时代中国特色社会主义思想，最突出最根本的"新"主要体现在：一是"新"的时代背景；二是"新"的实践基础；三是"新"的历史使命；四是"新"的理论贡献。习近平新时代中国特色社会主义思想还具有以下三

---

① 谢伏瞻：《代序：时代精神在精华伟大实践的指南》，见王伟光主编：《开辟当代马克思主义哲学新境界》，中国社会科学出版社 2019 年版，第 28—36 页。

个显著特点：（1）"新时代中国特色社会主义"从大的阶段来看，仍然是"中国特色社会主义初级阶段的社会主义"，还没有超越"社会主义初级阶段"这个大范围。也就是说，中国特色社会主义本质上是"落后国家建设社会主义的理论"，是"初级阶段的社会主义"。这种社会主义最突出的特点，表现在"如何对待资本主义"的问题上，即现阶段不是要"消灭资本主义"，而是要"利用资本主义来建设社会主义"。（2）习近平新时代中国特色社会主义思想把新中国前后"两个三十年"的优势结合起来，既有坚持和拓展的贡献，也有规范和调整的功绩。除了一系列重大开拓创新之外，纠正了改革开放以来出现的一些弊端和新问题。它继承和发扬了革命时期一些"红色基因"和优良传统，并竭力将前后两个"三十年"的优势结合起来，因而具有"调正补缺"、"校正前进航向"的作用，显示了中国共产党"自我纠错"能力。（3）在关系政权性质、国家社会发展的"方向和道路"的根本性问题上更坚定明确了；在属于"手段和方法"层面的内政外交等问题上，更符合实际和时代特征，更具弹性和灵活性。①

此外，与会学者还从多方面概括了习近平总书记对中国特色社会主义理论体系新贡献的创新观点。例如，关于既要坚持中国特色社会主义，也要发展中国特色社会主义的观点；关于中国特色社会主义不是别的什么主义，就是科学社会主义的观点；关于不能用改革开放后的历史时期否定改革开放前的历史时期，也不能用改革开放前的历史时期否定改革开放后的历史时期的观点；关于改革既要往增添发展新动力方向前进，也要往维护社会公平正义方向前进的观点；关于"推进国家治理体系和治理能力现代化"与"完善和发展中国特色社会主义制度"是两句话组成的一个整体，是对中国实现什么样的现代化的创新性回答的观点；关于"四个自信"集中到一点就是中国自信的观点；关于改革开放的直接目的是发展生产力，根本目的是在人类命运共同体的形成中增强中国话语权和推动力的观点；关于实现中华民族伟大

---

① 肖枫：《马克思主义在当代中国的创新发展》，《科学社会主义》2018 年第 1 期。

复兴中国梦的根本标志是形成中国文化软实力并发挥其影响和作用的观点；关于没有全面从严治党就不能实现社会主义现代化的观点；等等。这些观点涵盖了中国特色社会主义的方向、目标、原则、理念、战略、环境、条件、保障各个方面，为中国特色社会主义理论体系增添了新内容。[1] 也有学者将上述创新观点概括为"提出'社会主义现代化强国'的新目标、社会主要矛盾的新判断、基本路线的新体现"[2]。

总之，所谓创新，是对原有理论的继承、丰富、发展和突破，而不是简单地重复和赞扬。换言之，理论创新就是要根据时代和实践的发展提出新观点、新看法。党的十八大以来，以习近平同志为核心的党中央科学把握当今世界和当代中国的发展大势，顺应实践要求和人民愿望，以一系列治国理政的新思想新战略新举措，拓展了中国特色社会主义道路，发展了中国马克思主义，续写了中国特色社会主义的崭新篇章。

（二）原创性思想研究

学者们普遍认为，党的十八大以来，习近平总书记针对新时代呈现的新情况、新问题，直面当代中国改革发展中的理论与实践难题，不断回应时代挑战，就坚持和发展科学社会主义发表了许多重要论述，既坚持了科学社会主义基本原则，又为科学社会主义增添了许多原创性内容，为坚持和发展中国特色社会主义指明了方向，为解决社会主义向何处去、执政党如何保持先进性指明了道路，开辟了 21 世纪马克思主义发展新境界。[3]

在 2017 年召开的"科学社会主义在当代中国的新发展——'习近平社会主义观对中国特色社会主义理论体系的新贡献'理论研讨会"上，与会

---

① 赵毅纯：《科学社会主义在当代中国的新发展——"习近平社会主义观对中国特色社会主义理论体系的新贡献"理论研讨会综述》，《科学社会主义》2017 年第 6 期。

② 刘海涛：《科学社会主义在新中国的思想轨迹》，《理论视野》2019 年第 10 期。

③ 秦书生、张海波：《论习近平新时代中国特色社会主义思想对科学社会主义的坚持与发展》，《社会主义研究》2020 年第 1 期。

学者分析了习近平总书记对中国特色社会主义理论体系新贡献的时代背景和实践依据，认为党的十八大以来，习近平总书记在不同场合多次强调我们"正在进行具有许多新的历史特点的伟大斗争"，是对国内外发展形势的总体研判，也是推进中国特色社会主义理论体系丰富发展的新的时代背景和实践条件。有学者认为，经济全球化速度的明显减缓、国家间综合实力竞争的更为剧烈、世界性经济危机演变中国际社会左中右思潮激烈博弈为社会主义带来的机遇与挑战、国内改革发展面临的诸多矛盾叠加和风险隐患、执政党建设的关键性作用更为突出等构成了"新贡献"的内外部条件。也有学者提出，"新贡献"的历史基础是对中华优秀传统文化的传承、弘扬和升华；现实基础是对世情国情党情的科学判断，对党史国史经验教训的深刻总结；理论渊源是马克思主义、毛泽东思想和中国特色社会主义理论体系；政治基础是坚持和发展中国特色社会主义。与会学者还围绕习近平对中国特色社会主义理论体系新贡献的内在逻辑与重大意义展开研讨。不少学者提出，"新贡献"的内在逻辑中贯穿始终的主题是坚持与发展中国特色社会主义；居于引领地位的是实现中华民族伟大复兴的奋斗目标；坚持走中国特色社会主义道路是推进党和国家事业发展的必由之路；以人民为中心和新发展理念是带有根本性的战略理念；"四个全面"战略布局和"五位一体"总体布局共同构成新形势下推进中国特色社会主义的战略抓手；加强国防和军队建设，推进"一带一路"倡议和构建人类命运共同体是实现民族复兴的发展条件；学习掌握科学的思想方法和工作方法，提高化解改革新矛盾、解决发展新问题的本领是推动中国特色社会主义不断发展的科学指引等。关于"新贡献"的重大意义，与会学者认为，政治意义在于它是新的历史条件下我们党治国理政的行动纲领和凝聚力量、攻坚克难的强大思想武器；理论意义在于它回答了新形势下党和国家事业发展的一系列重大理论和现实问题，是中国革命、建设、改革的历史逻辑、理论逻辑和实践逻辑的贯通结合，续写了中国特色社会主义理论体系的新篇章，丰富了中国特色社会主义理论的话语体系；实践意义在于它站在新的历史起点上，牢牢立足我国发展的阶段性特征，围绕改革发展稳定、内政外交国防、治党治国治军等各方面、各领域，形成一系列治国理政的新理念新思想新战略，是实现"两个一百年"奋斗目标、实现中华民族伟大复兴中国梦的行动指南。[①]

严书翰从 10 个方面概括了习近平新时代中国特色社会主义思想的原创性贡献：（1）提出中国特色社会主义进入新时代的重大政治论断和重大理论创新；（2）提出我国社会主要矛盾已经转化为人民日益增长的美好生活需要和不平衡不充分的发展之间的矛盾。这是我们党与时俱进的范例。（3）提出新发展理念，并把它作为指导我国今后长远发展的新理念。这是重大的理论创新。（4）把"四位一体"总体布局扩展为"五位一体"总体布局，具有重要的理论价值和实践意义。（5）提出新时代坚持和发展中国特色社会主义的基本方略，这是对中国特色社会主义事业总体布局内涵的进一步展开。（6）提出新时代强军兴军战略，这是在新时代条件下对无产阶级专政理论的丰富和发展。（7）提出指引社会主义中国日益走近世界舞台中央的重大外交战略思想，对发展科学社会主义的国际战略思想做出了原创性贡献。（8）提出共同构建人类命运共同体，从而对马克思主义世界历史思想作出原创性贡献。（9）提出中国特色社会主义最本质的特征是中国共产党领导的思想，对科学社会主义政党理论做出原创性贡献。（10）提出新时代党的建设总要求，这是对党的建设总布局的重大创新，是中国化马克思主义党建理论的集中体现。[②]

此外，陈曙光从本质特征、科学内涵、价值立场、发展阶段、建设布局、基本方略、目标任务、建设规律、保障条件、外部环境、领导力量 11 个方面，详细阐发了习近平新时代中国特色社会主义思想对马克思主义理论

---

① 赵毅纯：《科学社会主义在当代中国的新发展——"习近平社会主义观对中国特色社会主义理论体系的新贡献"理论研讨会综述》，《科学社会主义》2017 年第 6 期。

② 严书翰：《科学社会主义中国化的重大成果：习近平的科学社会主义观》，《当代世界与社会主义》2018 年第 5 期。

创新所作的原创性重要贡献。（1）关于中国特色社会主义最本质特征是中国共产党领导的论述，科学揭示了社会主义与党的领导的内在逻辑；（2）关于中国特色社会主义科学内涵的论述，丰富和拓展了中国特色社会主义的内涵和外延；（3）关于中国特色社会主义的价值立场论述，深化了对马克思主义政治立场的认识；（4）关于中国特色社会主义发展阶段的论述，丰富和发展了马克思主义时代观；（5）关于中国特色社会主义建设布局的论述，把对中国特色社会主义的认识和实践提升到新高度；（6）关于中国特色社会主义基本方略的论述，深化了对社会主义建设规律的认识；（7）关于中国特色社会主义目标任务的论述，深化了对社会主义初级阶段最低纲领和最高纲领的认识；（8）关于中国特色社会主义建设规律的论述，丰富和发展了中国特色社会主义政治经济学；（9）关于中国特色社会主义保障条件的论述，丰富和发展了马克思主义国家安全学说、马克思主义军事学说和党的外交学说；（10）关于中国特色社会主义外部环境的论述，深化了对人类社会发展规律的认识；（11）关于中国特色社会主义领导力量的论述，深化了对共产党执政规律的认识。上述一系列具有开创性意义的新理念新思想新战略，实现了马克思主义基本原理与中国具体实际相结合的又一次历史性飞跃，在马克思主义发展史上具有里程碑意义。[①]

（三）重大意义研究

学者们认为，党的十九大确立习近平新时代中国特色社会主义思想在全党的指导地位，不仅意味着中国特色社会主义进入了新时代，而且在世界科学社会主义发展史上具有划时代的历史意义。当前，在重大意义研究方面，王伟光在其主编的《开辟当代马克思主义哲学新境界》一书中的研究成果较为全面深刻且具代表性，主要观点是：

[①]　陈曙光：《习近平新时代中国特色社会主义思想的几个重大理论判断》，《人民论坛》2019年第 27 期。

一是习近平新时代中国特色社会主义思想深入分析当今时代本质和时代特征，科学回答"人类向何处去"的重大问题。在新的时代条件下，如何应对人类共同面临的全球性重大挑战，引领人类走向更加光明而不是更加黑暗的前景，成为一个必须科学回答的重大时代课题。习近平总书记立足全人类立场，科学回答这个重大问题，提出了一系列新思想新观点。特别是关于构建人类命运共同体理念的提出，深化了对人类社会发展规律的认识，也具体回答了"世界怎么了，我们怎么办"的迫切现实问题。

二是习近平新时代中国特色社会主义思想深入分析世界社会主义运动的新情况新特点，科学回答"社会主义向何处去"的重大问题。进入 21 世纪，西方资本主义国家的影响力不断下降，中国特色社会主义则取得了辉煌成就。但是，两种制度既合作又竞争的状况将长期存在。在这样的背景和条件下，世界社会主义运动能否真正走出低谷并发展振兴，"东升西降"势头能否改变"资强社弱"的总体态势，这就是"社会主义向何处去"的重大问题。习近平总书记贯通历史、现实和未来，科学回答这个重大问题，深化了对社会主义发展规律的认识，丰富发展了科学社会主义。

三是习近平新时代中国特色社会主义思想深入分析当代中国新的历史方位及其新问题，科学回答"中国向何处去"的重大问题。中国特色社会主义进入新时代，新时代如何进行具有许多新的历史特点的伟大斗争，在国内解决好新时代的社会主要矛盾，在国际上维护好国家主权、安全和发展利益，实现中华民族伟大复兴，这就是"中国向何处去"的重大问题。习近平总书记立足新的历史方位，科学回答了这个重大问题，深化了对中国特色社会主义建设规律的认识，在马克思主义中国化历史进程中具有里程碑意义。

四是习近平新时代中国特色社会主义思想深入分析新时代中国共产党面临的风险挑战，科学回答"中国共产党向何处去"的重大问题。中国共产党能否经得住前所未有的风险考验，始终保持自身的先进性和纯洁性，始终走在时代前列、始终成为全国人民的主心骨、始终成为坚强领导核心，这就是

"中国共产党向何处去"的重大问题。习近平总书记科学回答了这个重大问题，深化了对共产主义执政规律的认识。①

综上所述，习近平新时代中国特色社会主义思想"是马克思主义中国化最新成果，是当代中国马克思主义、21世纪马克思主义"②，这是党的十九届二中全会对这一思想历史地位的明确和权威界定。习近平新时代中国特色社会主义思想产生于中国特色社会主义道路发展的关键时期，是马克思主义在新时代的集中论述和深刻表达。这一思想在系统性、时代性、逻辑性以及贯通性上更具特色，不仅在回答新时代中华民族伟大复兴的前进方向，还致力于将"中国梦"与"世界梦"贯通起来，构建具有世界格局和全球意蕴的中国特色社会主义理论体系。③

2021年，我们迎来了中国共产党建党100周年。回顾科学社会主义在中国的运用及创新历程，可以说，党的100年，就是追求科学社会主义崇高理想，实践科学社会主义基本原理的100年。中国特色社会主义事业的胜利并不是中国共产党照抄照搬科学社会主义原理的结果，更不是抄袭外国经验和模式的结果。相反，其最重要的特点就是坚持马克思列宁主义与中国革命和建设实践相结合，就是从中国国情出发，用自己的实践去检验一切革命理论和外国经验，依据自己实践摸索出的规律，形成有自己特色的革命和建设理论。正如习近平总书记所说，中国共产党人是"马克思主义的忠诚信奉者、坚定实践者"。④展望未来，科学社会主义在中国必将焕发出更加强大的生机活力。因此，加强科学社会主义理论在中国的运用与创新研究仍然是哲学社会科学工作者的历史使命。可以预见，学者们除了继续围绕上述五大理论主题深化研究外，还将紧密联系时代、紧跟重大理论创新步伐，围绕科学

---

① 谢伏瞻：《代序：时代精神在精华伟大实践的指南》，见王伟光主编：《开辟当代马克思主义哲学新境界》，中国社会科学出版社2019年版，第9—23页。

② 《中国共产党第十九届中央委员会第二次全体会议公报》，《人民日报》2018年1月20日。

③ 罗志佳：《道路、理论、制度、文化：中国特色社会主义绝不是"飞来峰"》，《昌吉学院学报》2020年第3期。

④ 习近平：《在纪念马克思诞辰200周年大会上的讲话》，人民出版社2018年版，第15页。

社会主义与中华民族伟大复兴、科学社会主义与中国特色社会主义现代化、科学社会主义与制度文明等重大问题形成丰硕的理论研究成果。

（作者：林梅　赵宏）

分报告 3：习近平新时代中国特色社会主义思想研究

党的十八大以来，随着习近平新时代中国特色社会主义思想的形成和发展，国内理论界逐步展开了对这一创新理论的研究和阐释。特别是党的十九大明确提出习近平新时代中国特色社会主义思想，确立了这一思想为党在新时代的指导思想以后，相关研究迅速展开，并取得一系列重大成果。

一、研究机制的形成及有关工作的开展

随着习近平新时代中国特色社会主义思想研究的兴起并形成热潮，国内理论界形成三大研究机制，为深入展开对这一思想的研究和阐释提供了重要支撑。

（一）专门研究机构的相继建立

党的十九大之后，经党中央批准，中共中央党校（国家行政学院）、教育部、中国社会科学院、国防大学、北京市、上海市、广东省、北京大学、清华大学和中国人民大学十家单位，相继成立了习近平新时代中国特色社会主义思想研究中心或研究院。随后，各省、自治区、直辖市和一些高校、地方党校、党政部门研究机构等在原有的中国特色社会主义理论体系研究中心的基础上，也相继建立习近平新时代中国特色社会主义思想研究中心。这些专门研究机构，尤其是经党中央批准建立的十家研究机构，在深化习近平新时代中国特色社会主义思想研究、宣传和推进这一思想进教材、进课堂、进头脑方面发挥了重要引领和示范作用。

（二）设置和发布研究课题及课题指南

设置和发布研究课题及课题研究指南，是推进研究的重要方式。目前，习近平新时代中国特色社会主义思想研究课题或课题研究指南的设置，大致分为国家社会科学基金、中央马克思主义理论研究和建设工程项目、教育部人文社科基金、省（自治区、直辖市）社科基金、部门研究基金等几个层次。党的十九大之前，国家哲学社会科学规划办就设立了"党中央治国理政新理念新思想新战略"研究专项课题。党的十九大之后，国家哲学社会科学规划办又集中发布了习近平新时代中国特色社会主义思想研究专项课题。此后，围绕习近平新时代中国特色社会主义思想的深入研究，国家社会科学基金每年都在相关学科设定一批重大或重点选题。据不完全统计，2013 年以来，国家社科基金、中央马工程办、教育部社科司围绕习近平新时代中国特色社会主义思想研究共设置相关课题近 2000 项（其中社科基金 599 项，教育部近 1100 项），其中重大项目 100 多项，重点项目 300 多项，一般项目 1600 多项。除此之外，各省、自治区、直辖市和高校、党校、社科院等有关研究机构也设置和发布了习近平新时代中国特色社会主义思想的研究课题，以专项基金的方式推动开展研究。

（三）学术交流和研讨活动广泛开展

开展广泛的学术研讨、学术交流，是推进和深化习近平新时代中国特色社会主义思想研究的重要方式。为推进习近平新时代中国特色社会主义思想研究的广泛深入展开，中宣部在国内组织了多场系列研讨会。中共中央党校（国家行政学院）、中国马克思主义研究基金会也多次召开全国性学习习近平新时代中国特色社会主义思想研讨会。人民日报社、光明日报社、求是杂志社以及习近平新时代中国特色社会主义思想研究中心（研究院）、中国特色社会主义理论体系研究中心，以及各省、自治区、直辖市宣传研究机构等，也独自或联合举办了一系列学习交流论坛。全国上千家高校的马克思主义学院，每年均主办一系列相关理论研讨会。据不完全统计，全国年均主办相关理论研讨会超过 2000 场次。这些研讨交流活动，促进了习近平新时代中国特色社会主义思想研究不断向广度和深度推进。据光明日报理论部、学术月刊编辑部和中国人民大学书报资料中心发布的 2017 年度中国十大学术热点，"习近平新时代中国特色社会主义思想研究"排在首位。

二、一系列研究成果的出版和发表

（一）重要读本

党的十八大以后，中宣部组织编写了《习近平总书记系列重要讲话读本》，分 12 个专题阐述了习近平总书记提出的一系列新理念新战略新举措，于 2014 年首次出版。2016 年再次修订出版，发行量近 6000 万册，创造了改革开放以来单册图书发行的最高纪录。中宣部还组织编写了《习近平新闻思想讲义（2018 年版）》等。

党的十九大之后，中宣部组织编写了《习近平新时代中国特色社会主义思想三十讲》《习近平新时代中国特色社会主义思想学习纲要》。这两本书分若干专题，对习近平新时代中国特色社会主义思想进行全面系统阐释，是学习习近平新时代中国特色社会主义思想的重要辅助教材，在全国产生重大理论影响和社会影响。

（二）重点教材

2019 年中央党校（国家行政学院）组织编写了《习近平新时代中国特色社会主义思想基本问题》，在中央党校（国家行政学院）各主体班次学员中试用以后，已经中央批准，于 2010 年正式出版。现已成为中央党校及各级党校学员学习习近平新时代中国特色社会主义思想的辅助教材。

2019 年，中组部组织编写和出版了全国干部培训教材《新时代　新思

想　新征程》等共十四本，这套教材由习近平总书记作序。

教育部 2018 年初启动了全国中学和高等学校重点教材修订工作，全国集中专家 300 多人，修订教材近百本。其中，重点修订思政课教材。本科生公共课教材《毛泽东思想与中国特色社会主义理论体系概论》、研究生公共课教材《中国特色社会主义理论与实践》、博士生公共课教材《中国马克思主义与当代》等，都全面进行了重新修订。其他思政课教材也作出了重要修订，充分体现了党的十九大精神和习近平新时代中国特色社会主义思想进教材的要求。

（三）重要论著

党的十八大以来，全国出版了一批学习和阐释习近平新时代中国特色社会主义思想的相关著作。中央党校组织编写的《以习近平同志为核心的党中央治国理政新理念新思想新战略》，分 30 个专题对党的十八大以来以习近平同志为核心的党中央提出的一系列治国理政新理念新思想新战略作了简明准确的解读。中国社会科学院组织编写的《习近平新时代中国特色社会主义思想学习丛书》（12 本），从哲学、党的建设、全面从严治党、新发展理念、经济、法治、文化、文艺、乡村振兴、生态文明、历史、外交 12 个方面，阐释了习近平新时代中国特色社会主义思想的理论创新。上海市习近平新时代中国特色社会主义思想研究中心组织编写的"新时代新思想新战略研究丛书"（10 本），从点面呼应、巨细结合、内外兼顾的架构出发择取十个选题，多角度多侧面地反映了习近平新时代中国特色社会主义思想的丰富内容。

这期间，高校和社科院系统推出多种习近平新时代中国特色社会主义思想的研究报告。中国社会科学院马克思主义研究院每年推出一本《马克思主义中国化近期最新成果研究报告》，根据习近平总书记系列重要讲话的内容设立研究专题，进行系列性的跟踪研究。北京大学重点在习近平总书记著作与马克思主义经典作家著作的结合方面进行扎实的研究，承担了教育部重点研究基地重大项目"习近平治国理政思想与中国特色社会主义"，每年发布

"习近平新时代中国特色社会主义思想"专题报告。清华大学承担了国家社科基金重大项目"习近平总书记系列重要讲话的理论创新研究"的研究工作，推出"习近平新时代中国特色社会主义思想概论"课程并借助慕课"走出去"，为更多高校服务。复旦大学推进"习近平新时代中国特色社会主义思想研究工程""当代中国马克思主义研究工程"两大工程，通过"三集三提"（即集中研讨提问题、集中备课提质量、集中培训提素质），确保《习近平新时代中国特色社会主义思想研究》系列专题课程教学效果。中国人民大学承担了国家社科重大项目《习近平总书记系列重要讲话思想精髓研究》。武汉大学推出了"马克思主义与当代中国论坛"系列讲座。北京师范大学开展了《新时代基层党建引领乡村治理的体制创新研究》的重大课题研究工作。南开大学发起并联合天津市各高校的研究力量共同成立"天津市高校习近平新时代中国特色社会主义思想研究联盟"，编写"习近平新时代中国特色社会主义思想'三进'教学指导方案"，开设"习近平新时代中国特色社会主义思想概论"课程。中央党校马克思主义学院创办"21世纪马克思主义讲坛"，逢双月主办新思想高端学术报告。

这期间还出版了大量专题性研究著作。如人民出版社的《习近平改革开放思想研究》《新时代·新思想》《新时代经济思想研究》《新时代文艺育德思想研究》《走向生态文明新时代的科学指南》《新时代中国特色社会主义对外开放思想研究》；东方出版社的《习近平新时代外交风采》；中国社会科学出版社的《习近平的国家治理现代化思想》；厦门大学出版社的《习近平新时代中国特色社会主义经济思想的理论创新研究》；江西人民出版社的《新时代社会公正思想研究》；浙江大学出版社的《习近平新时代经济发展方略研究》；山东人民出版社的《习近平新时代中国特色社会主义思想研究丛书》；长江出版社的《习近平的长江情怀》；等等。

这期间，理论界发表了大量理论阐释文章和研究性论文。据不完全统计，截止到2020年12月，中国知网收录习近平新时代中国特色社会主义思想相关学术论文2万余篇。特别是《人民日报》、《光明日报》、《经济日报》、

《解放军报》、《学习时报》以及各省市自治区党委机关报、机关刊物刊发了近 10 万篇关于习近平新时代中国特色社会主义思想的理论文章，在理论界和社会上产生热烈反响。

三、已形成的思想理论共识

综合已有的理论研究成果来看，理论界在以下几个方面已形成了共同看法和认识。

（一）关于理论命题

理论界普遍认同，"习近平新时代中国特色社会主义思想"是一个科学严谨的命题。"新时代"是这一思想提出的起点和发展进程；"中国特色社会主义"是这一思想的主题，即这一思想是围绕新时代坚持和发展什么样的中国特色社会主义、怎样坚持和发展中国特色社会主义这个历史大课题展开的；习近平新时代中国特色社会主义思想是党和人民集体智慧的结晶，习近平总书记作为马克思主义理论家、政治家、战略家，对理论的创立和发展起到了决定性作用，作出了决定性贡献，是这一思想的主要创立者。

（二）关于重大意义

人们普遍认为，习近平新时代中国特色社会主义思想的创立具有重大的政治意义、历史意义、理论意义、实践意义和世界意义。这一思想具有鲜明的中国特色，也具有超越地域性的世界意义；这一思想对中国发展起着直接的指导作用，也对世界发展产生着积极深远的影响。

这一思想的重大政治意义，主要体现在为确立和巩固习近平同志党中央的核心、全党的核心地位提供了理论支持，为统一全党思想提供了强大精神动力。这一思想的重大历史意义，主要体现在使中国成为 21 世纪科学社会主义的理论策源地、实践创新地、发展引领地，成为振兴世界社会主义的中流砥柱。这一思想的重大理论意义，主要体现在实现了马克思主义同中国实际相结合又一次历史性飞跃，开辟了马克思主义中国化新境界，丰富和发展了中国特色社会主义理论宝库。这一思想的重大实践意义，主要体现在把中国特色社会主义带进一个新时代，为全面建成社会主义现代化强国、实现中华民族伟大复兴提供了理论指导和行动指南。这一思想的重大世界意义，主要体现在给世界上那些既希望加快发展又希望保持自身独立性的国家和民族提供了全新的路径选择，为解决人类面临的共同难题贡献了中国智慧，提供了中国方案。

（三）关于创立逻辑

习近平新时代中国特色社会主义思想是时代的思想精华，有其自身独特的创立逻辑。人们普遍认为，习近平新时代中国特色社会主义思想以马克思主义为思想本源，是在推进马克思主义中国化进程中，在传承中华优秀传统文化和中国共产党创立的革命文化、社会主义先进文化中发展起来的；是从深刻总结社会主义历史经验特别是改革开放实践经验中发展起来的；是从党的十八大以来党和国家事业产生的历史性成就和历史性变革中发展起来的；是从中国与世界的深度互动中成长而来的；也是从习近平总书记几十年艰苦磨砺和从政实践中特别是多领域多层级领导岗位的历练中积累得来的。

（四）关于显著特征

人们充分肯定，习近平新时代中国特色社会主义思想具有鲜明的人民性、系统性、科学性、开放性、实践性和原创性等特征。所谓人民性，就是这一思想把人民的主体性作为自身的本质规定、价值取向。所谓系统性，就是这一思想对新时代中国发展以及世界发展面临的新问题作出系统回答并形成完整的理论体系。所谓科学性，就是这一思想贯穿马克思主义唯物史观和唯物辩证法，坚持以问题为导向，深入推动了马克思主义同当代中国发展实际的紧密结合，展现了马克思主义强大生命力。所谓开放性，就是这一思想是不断发展的开放理论，将随着时代的发展和实践的深化不断丰富和发展。所谓实践性，就是这一思想在实践中产生，来自实践又指导实践，其根本价值就在于指导实践。所谓原创性，就是这一思想以一系列新理念新思想，在哲学、政治经济学和科学社会主义等方面创新性发展了马克思主义。

理论界在从整体上对习近平新时代中国特色社会主义思想展开研究和阐释的同时，还以不同的学科为基础对这一思想的具体内容展开专题性研究和阐释。其中，研究和阐释比较集中、比较深入的有：习近平新时代中国特色社会主义经济思想、习近平生态文明思想、习近平法治思想、习近平强军思想、习近平外交思想，以及习近平总书记关于全面深化改革重要论述、关于社会治理重要论述、关于党的建设重要论述、关于意识形态建设重要论述、关于人类命运共同体重要论述等。

（五）关于原创性贡献

习近平新时代中国特色社会主义思想根据新的实践对发展马克思主义作出了中国的原创性贡献，这是理论界的基本共识。关于这一思想的原创性贡献，大致有这样三种认识和看法：

一是从马克思主义三个组成部分来分析，认为习近平新时代中国特色社会主义思想以一系列具有开创性意义的新理念新思想新战略，为发展马克思主义哲学、马克思主义政治经济学、科学社会主义作出了中国的原创性贡献。

二是从三大规律的角度来分析，认为习近平新时代中国特色社会主义思想以一系列具有开创性意义的新理念新思想新战略，深化了对共产党执政规律、社会主义建设规律和人类社会发展规律的认识，为发展马克思主义作出了中国的原创性贡献。

三是从理论贡献、实践贡献和世界贡献的角度来分析，认为习近平总书记提出了一系列理论创新的新命题新论断、治国理政的新战略新举措、促进世界和平发展的新主张新方案，为发展马克思主义作出了中国的原创性贡献。

四、研究中存在的一些问题

近年来，理论界在研究习近平新时代中国特色社会主义思想方面取得比较丰硕的成果，也达到了较高的学术水准。但也需要看到，有关研究中也存在一些需要校正的问题。

（一）注经式研究多了一些，有深度的学理思考和问题阐释不是很强

就目前来看，理论界对习近平新时代中国特色社会主义思想中的若干新理念新论断新战略的研究和阐释，还更多的是从讲话到讲话、从文献到文献、从人物到人物，还有的是用论断说明论断、用概念说明概念，缺乏深度的学理思考，缺乏理论性的深刻阐释。还有，就是对"是什么"归纳比较多，对"为什么"论证比较少，对"怎么办"缺乏针对性的分析。比如，很多人都对人类命运共同体进行阐释，但关于人类命运与共同体的关系，人类命运共同体与人类社会发展趋势，人类命运共同体的践行机制等问题，明显缺乏有深度的论证。再比如，如何推进共同富裕，什么是共同富裕，如何缩小差距，共同富裕与共享发展有什么样的联系等，也都研究不足。

（二）标签化现象比较明显，新意不足、特色不足

从现有研究情况来看，有新意不足、特色不足的情况，也有明显的标签化现象。如有的研究只是简单地将习近平总书记的重要论断与马克思列宁主义、毛泽东思想、中国特色社会主义理论体系中的有关理论命题相比附，从前人那里摘选一些经典话语，再加上新的说法，就定论为"丰富和发展"。这种比附式研究、标签化现象，只是注重阐释语词上说法上的新表达，而未能进行背后深层意涵阐发，缺乏对理论逻辑、历史逻辑、实践逻辑的深度把

握，难以从本质上揭示出新思想新概念的真谛。

（三）以独立研究为多，多学科配合研究不够

研究习近平新时代中国特色社会主义思想，既有具体的理论问题，也有宏大的理论问题。对于微观、具体的理论问题，单学科专题研究可以发挥作用。但对于宏大的理论问题，多学科相互配合研究就显得至为重要。

从目前研究情况来看，很多研究和交流大都局限于各学科之内，以各自的研究范式、核心概念、学术话语进行各自的理论阐释，整体感不是很强，还没有形成多学科配合研究的机制与动力。比如，关于习近平新时代中国特色社会主义思想的体系建构，不是马克思主义理论学科的专属领域，需要有多科学广泛参、相互配合，才能提升这种重大理论问题的研究水准。因此，对于重大问题的研究，各学科的共同参与、联合研究至关重要。

五、需要进一步深入研究的问题

根据目前研究情况，我们认为有这样一些重大理论问题需要进行更深入的研究和阐释。

（一）关于这一思想的科学体系

习近平新时代中国特色社会主义思想是一个科学完整的理论体系。目前对这个体系的研究和阐释还是一个薄弱环节。党的十九大报告提出的"八个明确""十四个坚持"，只是明确了这个理论的核心内容和基本要求，而不是进行理论体系上的构建。这"八个明确""十四个坚持"有什么内在联系，包含哪些概念和基本原理，形成一个什么样的逻辑结构，需要进行深入研究和探讨。近年来，理论界围绕习近平新时代中国特色社会主义思想的科学内涵、逻辑框架，进行了很多研究和探讨，也有了一些初步的论证，但体系结构问题上还没有形成共识，有关研究还有待于进一步深化。

（二）关于这一思想的创新性认识

理论界对习近平新时代中国特色社会主义思想的理论创新和发展已有很多研究和阐发，但有关研究和阐发还需要进一步深化。比如，关于中国特色社会主义事业总体布局、战略布局，关于创新协调绿色开放共享的新发展理念，关于以人民为中心的发展思想，关于使市场在资源配置中起决定性作用和更好发挥政府作用的要求，关于供给侧结构性改革的经济工作主线，关于建设现代化经济体系的重大战略决策部署等，这些重要思想和论断究竟在何种意义上深化了对社会主义建设规律的认识；关于中国共产党领导是中国特色社会主义最本质特征，关于中国特色社会主义制度的最大优势是中国共产党领导，关于党是最高政治领导力量，关于坚持和加强党对一切工作的领导，关于以伟大自我革命引领伟大社会革命，关于坚持总体国家安全观，关于建设世界上最强大政党等，这些重要思想和论断究竟在何种意义上深化了对共产党执政规律的认识；关于构建人类命运共同体的理念，关于倡导全人类共同价值，关于发展中国特色大国外交，关于构建新型国际关系、新型大国关系，关于推进"一带一路"国际合作等，这些重要思想论断究竟在何种意义上深化了对人类社会发展规律的认识，这都是需要强化学理分析和学理阐释的问题。

（三）关于"21 世纪马克思主义"的理论定位

习近平新时代中国特色社会主义思想被称为当代中国马克思主义、21世纪马克思主义，这是关于我们党对习近平新时代中国特色社会主义思想的明确定位。关于当代中国马克思主义，相关研究和阐释相对比较充分，而对21 世纪马克思主义的相关研究和阐释明显不足。已有的论述更多的是围绕深化了"三大规律"认识来进行阐释，现在看来还需要进一步拓展研究视野、加大研究深度。我们认为，不是马克思主义在任何时期、任何国家的发展都可以轻易冠名为"世纪马克思主义"，而习近平新时代中国特色社会主义思想被称为"21世纪马克思主义"意义重大而又深远。对这个问题的研究和阐释应拓宽视野，放到马克思主义创立、发展及对世纪性问题解答这样一个大的历史背景下去思考和研究。

（四）关于这一思想内涵中不同的理论表述问题

中央有关部门明确提出，习近平新时代中国特色社会主义思想中，经济、生态文明、军队建设、外交及法治等五个方面的内容，可以直接称为习近平新时代中国特色社会主义经济思想、习近平生态文明思想、习近平强军思想、习近平外交思想、习近平法治思想，其他内容都称为"重要论述"。中宣部、中组部、中央党校（国家行政学院）、教育部等有关部门编写的学习辅导材料、辅助教材，都严格遵循这样的规定要求，但一些个人研究和阐释大都比较随意。理论界也有人提出，应该对这种情况作出明确说明，为什么有的内容可以直接称为"思想"，有些内容只能说是"重要论述"，以免产生认识上的混乱。

（五）关于这一思想同中国特色社会主义理论体系中各个理论成果的内在联系

习近平新时代中国特色社会主义思想同邓小平理论、"三个代表"重要思想、科学发展观是一脉相承、与时俱进的。

所谓一脉相承，就是习近平新时代中国特色社会主义思想同邓小平理论、"三个代表"重要思想、科学发展观都贯穿着共同的世界观方法论，这就是辩证唯物主义和历史唯物主义的哲学基础；都立足于共同的政治立场上，这就是人民立场，站在最大多数人的一边，致力于为人民谋幸福；都遵循共同的思想路线，这就是一切从实际出发，实事求是；都具有共同的理论品质，这就是与时俱进，以新的理论形态丰富和发展马克思主义，用发展着的马克思主义指导新的实践；都坚守共同的价值理想，这就是坚持共同富裕的目标，坚持最低纲领与最高纲领的统一，高举共产主义旗帜，以实现共产主义为己任。

所谓与时俱进，就是准确把握时代变化和要求，紧跟时代步伐，始终站在时代前列。但同样是把握时代变化和要求、紧跟时代步伐，情况是不一样的。事业发展的进程不同了，面临的要求不同了，实践基础不同了，理论的内容和高度肯定不同了。比如，中国特色社会主义进入新时代，这是党和国家事业发展的新方位、新进程，中国的社会发展要在改革发展的基础上走向强国和复兴，要实现从富起来到强起来的伟大飞跃，而当今世界也正在面临百年之未有大变局，在这样的背景下，这一思想作为马克思主义中国化的最新成果，在实现党的指导思想与时俱进的过程中，是否又开辟了一个理论发展新阶段、实现了理论发展的新飞跃，因而在中国特色社会主义理论体系中是否又具有相对独立性。这样一些问题，已有的研究和阐释还缺乏足够的关注，需要加强。

（六）关于开启中国马克思主义世界化的研究新向度

马克思主义研究主要两个向度：民族向度与世界向度。作为马克思主义中国化的重要成果，毛泽东思想、邓小平理论、"三个代表"重要思想、科学发展观也关注世界问题，但主要侧重于"民族向度"，研究视域为"中国一域"，重点发掘"中国特色"，主要目的是解决"中国问题"，注重以马克思主义来改造中国、发展中国。

进入 21 世纪特别是中国特色社会主义进入新时代，鉴于中国的发展方位、国际地位、大国责任和历史使命，中国马克思主义研究既要立足"中国向度"，坚持用马克思主义改造中国、发展中国；也有必要开启"世界向度"，以中国理念、中国方案、中国经验影响世界，推动全球治理体系变革。具体来说，在 21 世纪，中国马克思主义研究既要着眼于中国问题，也要观照人类面临的共同难题；既要指引中国的现代化进程，也要引领世界的发展方向；既要坚守中国立场，也要树立"人类命运共同体"立场；既要为中国的制度成熟和制度定型搞好顶层设计，也要为人类探索更美好的社会制度提供中国方案；既要创造中国文明的新形态，也要为建构人类新文明提供中国价值。概言之，21世纪中国的理论创造应当对于人类有更大的贡献。

（作者：秦刚　陈曙光）

分报告 4：中国特色社会主义道路的形成和发展研究

中国的快速发展对于包括西方国家在内的全世界产生了全方位的影响。海内外高度关注中国的发展道路，纷纷从中国实践和全球视野尝试概括中国道路的属性、基本特征与丰富内涵，展望中国道路可能的未来走向。2012 年 11 月，党的十八大胜利召开，向全世界庄严宣告，中国将坚定不移沿着中国特色社会主义道路前进。十八大报告强调全面建成小康社会，加快推进社会主义现代化，实现中华民族伟大复兴，必须坚定不移地走中国特色社会主义道路。2013 年 3 月 17 日，习近平总书记在第十二届全国人民代表大会第一次会议上强调："实现中国梦必须走中国道路。这就是中国特色社会主义道路。"① 十八大以来，学界关于中国特色社会主义道路的研究持续深入，拉长了中国道路的历史维度，从中华文明史、中国近现代史、中共党史、新中国史、改革开放史、社会主义发展史的深邃历史视野把握中国特色社会主义道路的由来与特色；拓宽了中国道路的世界维度，从现代化、世界社会主义、人类文明的恢弘世界视野把握中国特色社会主义道路的成就和优势；加深了中国道路的实践维度，从党的领导、人民主体、五位一体的鲜活实践维度把握中国特色社会主义道路的性质和方向，从而取得了丰富成果，增强了道路自信，促进了道路自觉。

一、中国特色社会主义道路具有深厚的历史渊源和广泛的现实基础

习近平总书记在第十二届全国人民代表大会第一次会议上指出："这条道

---

① 《习近平谈治国理政》第一卷，外文出版社 2018 年版，第 39 页。

路来之不易，它是在改革开放 30 多年的伟大实践中走出来的，是在中华人民共和国成立 60 多年的持续探索中走出来的，是在对近代以来 170 多年中华民族发展历程的深刻总结中走出来的，是在对中华民族 5000 多年悠久文明的传承中走出来的，具有深厚的历史渊源和广泛的现实基础。"① 对中国特色社会主义道路的研究首先应基于对其问题导向以及时代依据的考察与分析，学界的研究主要围绕历史动因、思想资源、时代潮流、现实基础等问题展开。

（一）中国特色社会主义道路的开辟源于多重历史动因

党的十九大报告指出："改革开放之初，我们党发出了走自己的路、建设中国特色社会主义的伟大号召。……我们党深刻认识到，实现中华民族伟大复兴，必须合乎时代潮流、顺应人民意愿，勇于改革开放，让党和人民事业始终充满奋勇前进的强大动力。我们党团结带领人民进行改革开放新的伟大革命，破除阻碍国家和民族发展的一切思想和体制障碍，开辟了中国特色社会主义道路，使中国大踏步赶上时代。"② 有学者提出，一个国家实行什么样的主义、走什么样的路，关键要看这个主义、这条道路能否解决这个国家面临的历史性课题。近代以来，中华民族内忧外患、积贫积弱，亡国灭种的民族灾难空前深重。实现国家独立、人民解放和国家富强、人民富裕，成为中华民族必须完成的两大历史任务，也成为激励中华民族奋起的时代强音。无数仁人志士和各种社会力量，纷纷探寻救国救民、振兴中华的道路，但都碰壁了、破产了。应运而生的中国共产党，义无反顾地承担起历史重任。我们党紧紧依靠人民，艰辛探索、浴血奋斗，建立了新中国，完成了社会主义革命，确立了社会主义基本制度，把中国引向社会主义的发展道路，实现了中国历史上最广泛最深刻的社会变革。历史和现实告诉我们，只有社会主义，而不是什么别的主义能够救中国，这是历史

---

① 《习近平谈治国理政》第一卷，外文出版社 2018 年版，第 39—40 页。
② 《习近平谈治国理政》第三卷，外文出版社 2020 年版，第 8—12 页。

的结论、人民的选择。①

中国共产党在革命、建设、改革各个时期曾多次地面对道路选择的问题。有学者提出，这主要是因为中国是一个和任何西方国家不同的东方农业大国，人口众多，历史悠久，经济文化在近代却大大落后了，各地发展更是极不平衡。在这样一个国家里，无论革命、建设和改革，遇到的都是一个又一个新问题。这些新问题，以往从来没有遇到过，在书本和别国经验中也找不到现成的答案。唯一的办法，只能靠中国人自己，从中国的实际情况出发，迈开步子，大胆探索，从成功和失败的实践中总结经验教训，逐步摸索出一条自己的正确路子来。中国共产党一百年来一直沿着这条道路前进，在实践中不断把成功的选择和失败的选择做比较，有时还要痛苦地反省，终于找出一条正确的道路，包括在中国如何进行革命、建设、改革的正确道路，百年巨变，取得举世瞩目的巨大成功。②

（二）中国特色社会主义道路的形成依托多种思想资源

中国特色社会主义道路的形成建立在吸收各种思想资源的基础之上。有学者提出，中国道路蕴含着马克思主义文化、中国传统文化和西方文化三大思想资源。中国道路对西方文化的吸收主要体现在：现代化定向与现代国家建构、利益原则与市场经济、个人权利与社会建制。中国道路的马克思主义导引是通过以下途径实现的：社会主义的理念取向、人民性的根本立场、中国共产党的核心领导。中国道路所包含的中国传统文化因素主要有：精神追求与理想信念、兼收并蓄与推陈出新、渐进态度与中道精神。这三大思想资源在中国道路的前进方向与具体途径上得以交互贯通。而马克思主义思想资源在这三大思想资源的交互贯通中始终处于核心地位。③

---

① 刘海涛：《道路决定命运》，《人民日报》2013 年 1 月 16 日。

② 金冲及：《生死关头：中国共产党的道路抉择》，生活·读书·新知三联书店 2016 年版。

③ 陈学明、陈祥勤、姜国敏：《论中国道路蕴含的"马中西"三大资源及其交互贯通》，《上海师范大学学报（哲学社会科学版）》2015 年第 6 期。

有学者特别强调了科学社会主义是中国特色社会主义道路正确方向与前进动力的保证。第一，坚持了关于科学社会主义本身发展的历史态度和认知方法。第二，坚持了社会主义事业的发展必须由科学的马克思主义理论体系来指导。第三，坚持了科学社会主义事业必须由无产阶级及其政党来领导和组织。第四，坚持了科学社会主义必须建立无产阶级和劳动人民自己的政权。第五，坚持了要建成高度发达的社会主义社会不可能是一蹴而就的，必须看到社会主义最终胜利的长期性、艰巨性和渐进性。第六，坚持了科学社会主义必须始终坚持人的解放和人民幸福的初心和使命。中国特色社会主义道路就是在坚持和贯彻这些基本原则和理论逻辑基础上发展中国特色社会主义的。无论今后社会形势怎么变化，无论中国道路怎么走下去，这些理论逻辑和基本原则是不能丢的，丢了的话我们的党和国家就变质了。[1]

有学者提出，列宁开创的十月革命道路呈现出世界历史发展规律的特殊性，而他开创的社会主义建设道路则把世界历史发展规律的一般性与特殊性统一起来了，即既正视苏维埃俄国建设社会主义的特殊性，根据特殊的情况选择特殊的道路，迂回过渡到社会主义；又遵循世界历史发展一般规律，强调落后国家发展并赶超资本主义现代文明水平的重要性和紧迫性，重视以人的现代化尤其是执政党的高度现代文明素养推进国家现代化。这对于我们准确理解列宁开创的新路及其与苏联模式的区别、深刻把握落后国家建设社会主义规律、不断创新社会主义都具有重要启示。[2]

（三）中国特色社会主义道路的发展符合多样时代潮流

中国特色社会主义道路的丰富发展符合当前世界大势和时代潮流的多样特征。

---

[1] 罗建文、江名：《论中国道路成功的理论逻辑与历史逻辑》，《世界社会主义研究》2020年第3期。

[2] 贾建芳：《列宁开创社会主义建设道路的理论逻辑》，《中共中央党校学报》2016年第3期。

符合和平与发展时代主题。20 世纪中后期开始，世界形势变幻多端，传统意义上尖锐对立、两极相克的冷战格局开始动摇。中国共产党随即从全球战略高度和人类大历史视域对新的世界基本矛盾和国际战略格局进行判断，更新时代观念，果断改变长期以来关于战争与革命是时代主题的判断，认定和平与发展已经成为新的时代主题。世界需要和平协作，需要发展进步，需要发展、开放和学习思维。中国特色社会主义的发展道路即是因应这一变化和判断逐步确立起来的。①

符合全球化时代潮流。"全球化"是一个当今世界各国都必须面对的客观事实，它对人类社会的政治、经济、文化和社会发展已经并将继续产生重大影响。因此，探寻中国特色社会主义道路的选择问题离不开全球化的视角。中国特色社会主义道路是在当代全球化的条件下，基于实现中国的繁荣富强和社会主义现代化、实现中华民族伟大复兴的中国梦而作出的主动选择。全球化与中国特色社会主义道路有着巨大的历史同步性与契合性。②

符合科技发展时代步伐。探索中国特色社会主义道路的历程，也是我们紧随世界科技发展趋势，紧跟科技革命步伐的历程。有学者研究了党的第二代中央领导集体是怎样认识和应对新科技革命的。发轫于 20 世纪四五十年代的新科技革命经过二三十年的积累和发展，进入 20 世纪 70 年代后，已经在各个领域出现了异常活跃的态势，一大批高新技术迅速崛起并产业化，带来了新一轮全球性的产业结构调整和经济增长，对人类社会的生产生活产生了强烈的影响。中国共产党对新科技革命的认识不断深化，使中国特色社会主义道路的发展建立在科技进步的基础上。③

---

① 沈成飞：《中国特色社会主义的时代特色》，《思想教育研究》2019 年第 4 期。
② 朱宗友：《中国特色社会主义道路选择研究：全球化视野下的意义与战略》，社会科学文献出版社 2013 年版。
③ 许先春：《党的第二代中央领导集体是怎样认识和应对新科技革命的》，《党的文献》2014 年第 5 期。

二、中国特色社会主义道路是党和人民经过长期探索走出来的

道路决定命运，找到一条正确的道路并不容易。习近平总书记指出："我们党在革命、建设、改革各个历史时期，坚持从我国国情出发，探索并形成了符合中国实际的新民主主义革命道路、社会主义改造和社会主义建设道路、中国特色社会主义道路。"[1] 中国特色社会主义道路的形成是学界研究的重点问题，对这一时期的中国特色社会主义道路的形成进行细致梳理。[2] 在挖掘梳理基本史实的基础上，学者普遍认为可以划分为以下四个阶段。

（一）先行探索阶段（1956—1977）

走社会主义道路是近代以来中国社会发展的必然选择。目前的研究主要集中于探讨毛泽东对社会主义建设道路探索同中国特色社会主义道路之间具有怎样的历史联系和逻辑关系。

有学者提出，新民主主义革命胜利后，1949 年到 1956 年底，为了推进从新民主主义社会向社会主义社会的转变，毛泽东带领全党创造性地开辟了一条适合中国特点的社会主义改造道路。社会主义基本制度建立，为当代中国一切发展进步奠定了根本政治前提和制度基础。1956 年打破了对斯大林模式社会主义的"神化主义"膜拜后，毛泽东又向全党提出了把马克思列宁主义与中国实际进行"第二次结合"，"努力找出在中国这块大地上建设社会主义的具体道路"的重大任务。毛泽东经过调查研究，在 1956 年的《论十大关系》等讲话中，首次提出了从中国国情出发，探索中国自己的社会主义建设道路的思想。因此，对中国自己的社会主义建设道路的最初探索始于毛泽东，毛泽东的开创之功以及在艰辛探索中取得的理论与实践两个方面的珍

---

[1]　习近平：《关于坚持和发展中国特色社会主义的几个问题》，《求是》2019 年第 7 期。

[2]　曹普：《当代中国改革开放史》（上、下），人民出版社 2016 年版。

贵成果应用浓墨重彩永远书写、铭刻在中国共产党历史和新中国社会主义建设史的史册上。①

有学者提出，毛泽东在开创中国特色社会主义道路中的历史功绩和地位体现于五个方面：一是创造性地探索出具有中国特点的社会主义改造道路，成功地在一个经济文化落后的东方大国确立起社会主义基本制度；二是正确评价斯大林的是非功过，捍卫了社会主义阵营的根本利益，开启了"以苏为鉴"的思想解放运动；三是率先开启了对中国社会主义建设道路的独立探索；四是阐明了中国社会主义建设必须遵循的若干原则；五是在初步总结中国社会主义建设的规律性认识的基础上，逐步形成中国社会主义现代化建设的完整设想。②

有学者整理分析了海外学者对新中国成立后毛泽东对中国发展道路的艰辛探索和取得的巨大成就。他们认为，毛泽东时期的中国为"中国模式"的形成和发展提供了重要的政治前提、强大的物质基础、明确的前进方向。毛泽东思想中的核心内容在改革开放后被继承下来，并继续发挥着重要作用。尽管毛泽东时期存在过于注重政治而忽视经济，过于注重意识方面的功能等问题，但不可否认的是毛泽东对中国道路的探索为系统形成中国特色社会主义理论提供了重要的基础。③

对于这一阶段的研究存在一个难点，就是如何理解改革开放前后探索的关系。对此，学者提出，在开辟中国特色社会主义道路的问题上，改革开放以来的探索对于改革开放前的探索来讲，具有三重关系：一是继承，二是纠错，三是创新。正如邓小平在改革开放之初就已经指出的，"从许多方面来说，现在我们还是把毛泽东同志已经提出、但是没有做的事情做起来，把他

---

① 曹普：《历史不能割裂：毛泽东与中国特色社会主义》，《前线》2013 年第 12 期。

② 李捷：《毛泽东在开创中国特色社会主义道路中的历史功绩和地位》，《毛泽东邓小平理论研究》2013 年第 9 期。

③ 曹景文：《国外学者论毛泽东对中国发展道路的开拓》，《江西师范大学学报（哲学社会科学版）》2012 年第 5 期。

反对错了的改正过来，把他没有做好的事情做好。今后相当长的时期，还是做这件事。当然，我们也有发展，而且还要继续发展。"① 概括地说，中国特色社会主义道路，就是在既继承和发展毛泽东关于社会主义建设的科学思想，又对毛泽东晚年在社会主义问题上所犯的错误进行纠正的基础上，在改革开放这一崭新的革命实践中开辟出来的。② 也有学者提出，如果说毛泽东时代的探索是中国社会主义建设的"上篇"的话，那么改革开放以后的探索则是"下篇"。这两个阶段的探索既相联系，又相区别，前者为后者奠定了基础，后者是对前者的飞跃。正是从这个意义上，我们说中国共产党人对中国特色社会主义建设道路的探索，是从毛泽东时期就开始探索，到邓小平时期终于找到了、开辟了这条正确道路。也是从这个意义上，我们说毛泽东是探索中国特色社会主义道路的先行者。③

（二）基本形成阶段（1978—1991）

在改革开放新时期，我们党成功开创了中国特色社会主义道路。学者认为，中国特色社会主义道路的形成发展与改革开放伟大实践的发展是一致的。从党的十一届三中全会到党的十二大，这是中国特色社会主义道路在拨乱反正和改革开放起步中确定主题阶段；从党的十二大到党的十三大，这是中国特色社会主义道路从确定主题到初步开辟阶段。④1984年，邓小平指出："总的来说，这条道路叫做建设有中国特色的社会主义的道路。"⑤ 以邓小平南方谈话为节点，中国特色社会主义道路基本形成。

习近平总书记指出，中国发展的实践证明，当年邓小平同志指导我们党作出改革开放的决策是英明的、正确的，邓小平同志不愧为中国改革开放

① 《邓小平文选》第二卷，人民出版社 1994 年版，第 300 页。
② 李君如：《中国特色社会主义道路的开辟、坚持和发展》，《党的文献》2012 年第 6 期。
③ 唐洲雁：《毛泽东是探索中国特色社会主义道路的先行者》，《东岳论丛》2013 年第 9 期。
④ 王怀超等：《中国特色社会主义基本问题》，人民出版社 2019 年版，第 3—4 页。
⑤ 《邓小平文选》第三卷，人民出版社 1993 年版，第 65 页。

的总设计师，不愧为中国特色社会主义道路的开创者。为什么说邓小平同志是中国特色社会主义的开创者？这是因为邓小平"第一次比较系统地初步回答了在中国这样经济文化比较落后的国家如何建设社会主义、如何巩固和发展社会主义的一系列基本问题，用新的思想观点，继承和发展了马克思主义，开拓了马克思主义新境界，把对社会主义的认识提高到新的科学水平"。习近平总书记还指出，坚持和发展中国特色社会主义是一篇大文章，"邓小平同志为它确定了基本思路和基本原则"。

因此，邓小平对中国特色社会主义道路发展的贡献一直是学术研究的热点。有学者回顾了邓小平是怎样领导改革开放，成功开创中国特色社会主义道路的历史，提炼出几个非常重要的方面。第一，始终坚持解放思想、实事求是的思想路线。第二，反映人民群众的强烈愿望。第三，正确评价毛泽东同志和毛泽东思想。第四，顺应时代发展潮流。第五，充分调动各方面的积极性。同时，他也从邓小平的个人经历出发，提出正是长期革命斗争锤炼出的革命品格、积累的丰富经验，以及在党内形成的威望，使邓小平能够在历史转折的重大关头承担起领导改革开放和现代化建设的重任，终于开创了一条中国特色社会主义成功道路。①

有学者从回应时代问题的角度提出，在新时期伊始面临中国往何处去的关键抉择的关键时刻，邓小平是深刻思考和正确处理道路问题的第一人。他勇敢提出"甚至于包括什么叫社会主义这个问题也要解放思想"，他反复强调实事求是、从实际出发走中国式发展道路，他明确作出"走自己的道路，建设有中国特色的社会主义"重大论断。② 也有学者概括了邓小平在探索中国特色社会主义道路过程中的理论贡献，包括社会主义本质论、社会主义初级阶段论、马克思主义实践标准论、改革开放理论、社会主义市场经济理

---

① 冷溶：《邓小平开创中国特色社会主义道路的伟大贡献》，《人民日报》2014 年 8 月 20 日。

② 雷云：《邓小平与中国特色社会主义道路、理论体系和制度》，《中国特色社会主义研究》2014 年第 4 期。

论、"三步走"发展战略、"三个有利于"标准等。①

有学者立足当下，提出邓小平领导开创中国道路所鲜明体现的认识路线——把实践作为逻辑起点，在坚持马克思主义基本原理同中国具体实际相结合中开创中国特色社会主义道路、思想方法——把规律作为根本依据；在探索社会主义初级阶段改革与发展基本规律中开创中国特色社会主义道路和根本立场——把人民作为主体力量；在实现人民利益需求和创造精神的有机统一中开创中国特色社会主义道路，对于我们今天深刻把握中国道路的精髓和真谛、坚定不移沿着中国道路开拓前进，具有极其重要的现实指导价值。②

在纪念陈云同志诞辰 110 周年之际，有学者详细地阐述了陈云在开辟中国特色社会主义道路上作出的杰出贡献。陈云作为中国共产党第一代、第二代领导集体中的重要成员，在"第二次结合"中作出了独特贡献。特别是在十一届三中全会前后，勇于担当、坚持真理、修正错误、开拓创新，积极推进中国共产党在思想路线、政治路线、组织路线上的拨乱反正，为实现党的工作重心的转移作出重大贡献。既揭示了中共十一届三中全会与中国特色社会主义道路形成的关联，又揭示了陈云探索中国特色社会主义道路的思想与实践基础。此外，陈云也在社会主义本质与发展阶段、改革、开放、经济建设、可持续发展、执政党建设、中国特色社会主义文化建设等具体方面进行了探索。③

（三）丰富发展阶段（1992—2012）

中国特色社会主义道路是一个逐步深化的过程。以江泽民同志为核心的

① 唐银丹：《邓小平关于中国特色社会主义道路的理论贡献及当代价值》，中共广东省委党校硕士学位论文，2015 年。
② 包心鉴：《邓小平：中国特色社会主义道路的主要开创者——兼论邓小平领导开创中国道路的认识路线、思想方法、根本立场及其现实启示》，《邓小平研究》2015 年第 1 期。
③ 张凤翱：《陈云对中国特色社会主义道路的探索》，人民出版社 2015 年版。

党的第三代中央领导集体和以胡锦涛为总书记的党中央，在不同历史时期丰富拓展了中国特色社会主义道路。有学者梳理了各个重大历史节点上，以江泽民同志为核心的党的第三代中央领导集体和以胡锦涛为总书记的党中央对拓展中国特色社会主义道路作出的重大贡献。①

在 20 世纪 80 年代末 90 年代初遇到国际国内政治风波严峻考验的重大历史关头，中国共产党一方面深入总结我国社会主义建设和改革开放以来的经验教训，另一方面深入反思世界社会主义运动特别是东欧剧变、苏联解体的经验教训，继续深化对中国特色社会主义道路的认识。特别是，党的十四大提出要坚持用邓小平建设有中国特色社会主义理论武装全党，确定了建立社会主义市场经济体制的改革目标，针对"一手比较硬、一手比较软"的失误，在加快物质文明建设的同时，着力加强精神文明和党的建设，以及政治文明建设。

在邓小平去世以后，中国面临着举什么旗、走什么路的重大历史关头。以江泽民同志为核心的党的第三代中央领导集体坚决顶住来自"左"的和右的压力，尤其是党的十五大作出了一个历史性的决策，把邓小平理论作为党的指导思想写进了党章；与此同时，制定了党在社会主义初级阶段的基本纲领，明确了公有制为主体、多种所有制经济共同发展是我国社会主义初级阶段的一项基本经济制度，强调要全面认识公有制，公有制实现形式可以而且应当多样化，不能笼统地认为股份制是姓"公"的还是姓"私"的，作出了全面参与经济全球化、加入世界贸易组织的战略决策等，从而在新的思想解放中把建设中国特色社会主义全面推向 21 世纪。

在世纪之交我们党面临着如何抓住战略机遇期的重大战略选择。回应了各种错误观点的挑战，提出了"三个代表"重要思想并写入党章。一方面明确了改革开放中出现的新的社会阶层是中国特色社会主义事业建设者，另一方面强调要努力关心困难群众的生产和生活问题，认真考虑和兼顾不同阶

---

① 李君如：《中国特色社会主义道路的开辟、坚持和发展》，《党的文献》2012 年第 6 期。

层、不同方面群众的利益，从而全面贯彻党的根本宗旨，不断增强党的阶级基础和扩大党的群众基础，完成全面建设小康社会的历史重任。

在新世纪新阶段，我们党面临着来自国内的和国外的、自然的和经济社会的一系列风险的考验。是用改革开放前的老办法还是搬用西方那一套来解决问题，又一次出现了选择走什么路的问题。以胡锦涛同志为主要代表的中国共产党人旗帜鲜明地回答了这个问题，鲜明提出高举中国特色社会主义伟大旗帜。党的十六届三中全会提出了发展要以人为本，全面协调可持续地发展；十六届四中全会提出了要构建社会主义和谐社会，并把这一任务同发展社会主义市场经济、社会主义民主政治、社会主义先进文化一起，作为中国特色社会主义事业发展的总体布局提了出来。在这个基础上，党的十七大对中国特色社会主义道路与中国特色社会主义伟大旗帜的关系，中国特色社会主义道路与中国特色社会主义理论体系的关系，作了深刻论述；并且第一次对中国特色社会主义道路的本质特征和科学内涵作了深刻论述，在理论上回答了什么是中国特色社会主义道路、怎么样坚持中国特色社会主义道路这一关系到中国长远发展的重大战略问题。

（四）创新拓展阶段（2012 年以来）

党的十八大对中国特色社会主义道路作出明确的概括。其中，基本路线是中国特色社会主义道路的根本遵循，"五位一体"总体布局是中国特色社会主义道路的具体展开，根本目的是中国特色社会主义道路的本质要求，战略目标是中国特色社会主义道路的发展前景。党的十八大以来，习近平新时代中国特色社会主义思想，围绕改革发展稳定、内政外交国防、治党治国治军，创造性地回答了党和国家事业发展的重大问题，指引中国特色社会主义道路越走越宽广。中国特色社会主义道路迈入创新拓展的新阶段。

有观点指出，习近平新时代中国特色社会主义思想对中国特色社会主义道路的认识主要包括三个方面：第一，指出了中国特色社会主义道路的重要性、历史渊源和本质属性。第二，中国特色社会主义道路具有厚重的历史底蕴。第三，不断深化对中国特色社会主义本质特征的认识。先后提出了中国共产党的领导是中国特色社会主义最本质的特征；全面依法治国是中国特色社会主义的本质要求和重要保障；共享是中国特色社会主义的本质要求等观点，进一步拓展了中国特色社会主义道路的内涵。① 也有学者指出，应该从基础维度、特质维度和方向维度三方面阐释习近平在中国特色社会主义道路上作出的创新。从基础维度来理解中国特色社会主义道路，它是顺应人民选择和党的正确领导之路；从特质维度来看，中国特色社会主义道路是社会主义发展过程中，保障科学、民主、和平，促进国家发展与时代变革相辅相成的唯一道路；从方向维度来看，要实现中华民族的伟大复兴，开辟科学社会主义新境界，为解决人类问题贡献中国智慧与中国方案，就必须要坚定不移地走中国特色社会主义道路。

习近平总书记在纪念中国人民抗日战争暨世界反法西斯战争胜利 75 周年座谈会上的讲话指出："随着新时代坚持和发展中国特色社会主义的伟大实践不断向前，我们的道路必将越走越宽广。"② 经过几十年的发展，中国特色社会主义道路已经成为由总体道路和一系列具体道路共同构成的道路体系。中国特色社会主义具体道路的每一次拓展，都是一次理论认识的飞跃和实践探索的接力，不断推进中国特色社会主义的发展方略更加成熟、发展内涵更加丰富、发展道路更加宽广。有学者提出，习近平新时代中国特色社会主义思想从总体道路和一系列具体道路的结合上，进一步拓展了中国特色社会主义。习近平新时代中国特色社会主义思想强调，改革开放以来，我们党不仅找到并坚持和拓展了中国特色社会主义道路，而且在这条总道路上形成了经济、政治、文化、社会、生态文明建设和党的建设等领域的一系列具体道路。这既包括党的十八大之前提出的中国特色社会主义政治发展道路，中国特色社会主义文化发展道路，中国特色新型工业化、信息化、城镇化、农

① 王怀超等：《中国特色社会主义基本问题》，人民出版社 2019 年版，第 71—72 页。

② 习近平：《在纪念中国人民抗日战争暨世界反法西斯战争胜利 75 周年座谈会上的讲话》，人民出版社 2020 年版，第 11 页。

业现代化道路，中国特色自主创新道路，中国特色反腐倡廉道路，中国和平发展道路等；也包括党的十八大以来形成的中国特色社会主义法治道路，中国特色国家安全道路，中国特色解决民族问题正确道路，中国特色扶贫开发道路，中国特色乡村振兴道路等。这表明，由总道路和一系列具体道路共同构成了我们党领导下的中国特色社会主义道路体系。[①]

学术界高度评价习近平新时代中国特色社会主义思想创新拓展中国特色社会主义道路的意义。有学者指出，习近平总书记立足于中国道路的发展目标、价值引领、历史地位、战略布局、发展理念，发展路径，提出了一系列关于中国道路的新理论、新思想，标志着中国道路地位的新高度，开辟了中国道路探索发展的新境界，推动中国道路发展进入新阶段。[②] 此外，习近平新时代中国特色社会主义思想对中国特色社会主义道路的进一步拓展还体现在一些具体观点上。比如：要正确认识改革开放前后两个历史时期的关系，即正确认识社会主义在中国建设和发展的历史连续性和完整性；要全面认识中国特色社会主义的"五个走出来"，即全面认识中国特色社会主义的历史源流、民族基因和实践基础；等等。

党的十八大以来，西方学者尤其关注新领导集体的新举措对于中国特色社会主义道路的积极作用。比如推进国家治理现代化、大规模反腐倡廉以及积极推行"一带一路"等。学者们认为，与时俱进的"变革创新"是中共领导中国成功的所在；中国坚持社会主义道路和中国共产党的领导，是改革开放取得成功的重要保证；中国共产党自身的积极转型是中国道路获得成功的秘密。[③] 如在反腐问题上，世界报业辛迪加（Project Syndicate）网站刊登斯坦福大学经济学教授、胡佛研究所高级研究员迈克尔·J.博斯金（Michael

---

① 施芝鸿：《习近平新时代中国特色社会主义思想指引中国特色社会主义道路越走越宽广》，《中国纪检监察报》2018 年 11 月 8 日。

② 朱洲、颜吾佴：《习近平对中国道路理论的发展创新》，《北京交通大学学报（社会科学版）》2018 第 3 期。

③ 冯莉：《近年来美国关于中国道路的研究及新特点》，《当代世界与社会主义》2016 年第 3 期。

J.Boskin）的文章，认为如果中国想要加入发达经济体阵营，成功避开"中等收入"陷阱，那么减少腐败就非常重要，这是习近平开展反腐运动的真正目标。①

三、我们的方向就是中国特色社会主义道路，而不是其他什么道路

改革开放以来，中国的快速发展引起海内外对中国发展道路的关注，海内外在观察和研究"中国奇迹"的过程中，提出了"中国道路""中国经验"和"中国模式"等概念。但同时也不断有声音质疑中国道路的方向，甚至有人提出中国现在搞的究竟还是不是社会主义的疑问，有人说是"资本社会主义""国家资本主义""新官僚资本主义"等。对此，习近平总书记2013年旗帜鲜明地问答说，中国特色社会主义是社会主义而不是其他什么主义。2014年他在省部级主要领导干部学习贯彻十八届三中全会精神全面深化改革专题研讨班上又进一步强调："我们的方向就是中国特色社会主义道路，而不是其他什么道路。也就是我经常说的，我们要坚定不移走中国特色社会主义道路，既不走封闭僵化的老路，也不走改旗易帜的邪路。"② 这一论述正面回答并彻底否定了近些年来国内外舆论对中国道路的质疑声音和错误看法，在国内外舆论场中开创性地、坚定地发出了中国声音，鲜明地指出中国道路就是中国特色社会主义道路，就是具有中国特色的社会主义道路，掷地有声，振聋发聩。党的十八大以来，学界也愈加重视讲好中国故事，阐明中国特色社会主义道路的内涵、本质特征与鲜明特点，以区别于封闭僵化的老路，区别于改旗易帜的邪路，同时也得以与海外中国研究进行对话。

---

① 《外媒：美学者称中国反腐事关全球利益》，《参考消息》2013年9月15日。
② 《习近平关于协调推进"四个全面"战略布局论述摘编》，中央文献出版社2015年版，第82—83页。

（一）中国特色社会主义道路具有丰富内涵

党的十八大对中国特色社会主义道路作出了完整概括："中国特色社会主义道路，就是在中国共产党领导下，立足基本国情，以经济建设为中心，坚持四项基本原则，坚持改革开放，解放和发展社会生产力，建设社会主义市场经济、社会主义民主政治、社会主义先进文化、社会主义和谐社会、社会主义生态文明，促进人的全面发展，逐步实现全体人民共同富裕，建设富强民主文明和谐的社会主义现代化国家。"①

有学者认为，依据这个表述，我们可以把中国特色社会主义道路分解为四个层面。一是党的领导。现代社会普遍实行政党政治，国家建设由执政党来领导。中国特色社会主义道路是中国共产党领导全国人民经过长期探索奋力开辟的。党的领导是走这条道路的根本政治保证。二是核心内容。就是基本路线中的"一个中心，两个基本点"。坚持党的基本路线，关键是以经济建设为中心不动摇。党和国家的各项工作都要服从和服务于这个中心，而不能离开、更不能干扰这个中心。其次是坚持两个基本点。四项基本原则是立国之本，是我们党和国家生存和发展的政治基石，是中国特色社会主义道路的制度依托；改革开放是强国之路，是我们党和国家发展进步的活力源泉，是发展中国特色社会主义的强大动力。三是发展内涵。就是经济建设、政治建设、文化建设、社会建设、生态文明建设五位一体的中国特色社会主义事业的总体布局。在这个总体布局中，必须坚持以经济建设为中心，全面推进社会主义市场经济、社会主义民主政治、社会主义先进文化、社会主义和谐社会和社会主义生态文明建设，促进社会全面进步和人的全面发展。它反映了我们党对社会主义尤其是对中国特色社会主义发展规律的认识更加深化了。②

---

① 《十八大以来重要文献选编》（上），中央文献出版社 2014 年版，第 9—10 页。

② 赵曜：《中国特色社会主义道路的探索和开创》，《中国延安干部学院学报》2013 年第 5 期。

我们可以从不同视角深刻认识中国特色社会主义道路的内涵，定位中国特色社会主义道路在历史发展中的坐标。有学者指出，从社会主义的历史进程来看，中国特色社会主义道路是科学社会主义在中国的创新，它既坚持了科学社会主义的基本原则，又坚持以新的实践为依据。从现代化的历史进程来看，中国特色社会主义道路是中国实现现代化、实现民族复兴的唯一选择，它既坚持人类社会发展的共同走向，又实现了社会主义与现代化的有机结合。从人类文明的历史进程来看，中国特色社会主义道路是传承人类文明的新路径，它既反映了人类文明的进步要求，又以独特的方式为人类文明进步提供新的思想理念。因此，中国特色社会主义道路既反映了中国社会发展的特殊性，也体现了人类历史发展的统一性。[①]

（二）中国特色社会主义道路具有鲜明特点

随着实践的不断拓展，中国特色社会主义道路已展现出鲜明特点。有学者从中国特色社会主义道路蕴含的历史逻辑和历史规律的视角总结了这一道路的几大特点：第一，中国共产党的坚强领导是中国道路成功的政治保证和政治中枢；第二，人民民主专政的政治制度是中国道路成功的制度基础和力量源泉；第三，国家方针政策的制定与特定时期的生产力水平和基本矛盾相契合；第四，建设现代化经济体系是我国社会主义经济发展规律的必然要求；第五，坚持党对军队的绝对领导是我国社会主义事业的胜利之本；第六，优秀传统文化和革命先进文化是科学社会主义事业发展的基因和灵魂；第七，实实在在的民主和法制建设是中国特色社会主义事业的本质要求和重要保障；第八，忠于人民的根本利益和整体利益是中国特色社会主义的永恒初心和力量源泉；第九，独立自主自力更生是中国道路成功的重要法宝。[②]

有学者基于改革开放以来中国在经济上的成功，从发展经济学的视角具

---

① 秦刚：《中国特色社会主义道路研究》，中共中央党校出版社 2017 年版。

② 罗建文、江名：《论中国道路成功的理论逻辑与历史逻辑》，《世界社会主义研究》2020 年第 3 期。

体研究中国经济发展道路的特点。有学者认为，一个发展中国家如果在经济发展过程中按照比较优势来选择产业和技术，它的经济就会富有竞争力，中国在改革开放以后也开始按照比较优势选择发展产业和技术，并利用后发优势来进行产业升级和技术创新。① 也有学者从制度经济学的角度探讨中国特色社会主义道路中的法治市场、经济分权等特点。

也有学者基于中国特色社会主义道路对西方现代性道路的重写，提出当代中国道路新现代性的三大特点，包括：第一，它是在中国共产党领导下通过社会主义制度来推行的现代化，是社会主义市场经济和市民社会的重构。这是自马克思"东方社会"理论设想、经过苏联社会主义现代化探索之后的新实践、新道路。第二，与西方内源自生现代化道路不同，中国现代化呈现为"三个百年"史："被动输入型现代化"、"自主输入型现代化"、"自主辐射型现代化"。第三，中国是在全球复杂现代性语境中实现自己的新现代性的。

有学者特别提出中国特色社会主义道路具有"试错式改革"的特点。道路探索是一个试错的过程。我们必须经由实践来验证理论是否正确，是否符合我国社会发展的实际需求。小规模的试错能够减弱上层指导与地方创新之间的张力，真正推进道路的自我发展。试错式改革是改革开放以来中国特色社会主义道路探索的重要方法。试错式改革不仅有利于降低中国政府政策运行的风险成本，规避政治和经济上的浪漫主义可能带来的种种"陷阱"，而且有助于克服有限理性的信息偏差，在"试验"中探寻"对"与"错"，并转化为中国特色社会主义制度，推动中国特色社会主义道路内生。从中国特色社会主义道路发展看，试错式改革是一种将缺乏中国具体语境或者缺乏制度环境的政府"顶层设计"予以"问题化"处理的有效方法。②

---

① 林毅夫、蔡昉、李周：《中国的奇迹：发展战略与经济改革》，格致出版社、上海三联书店、上海人民出版社 2014 年版。

② 陈红娟：《降低风险与道路内生——试错式改革与中国特色社会主义道路的探索》，《社会主义研究》2014 年第 3 期。

（三）中国特色社会主义道路具有科学社会主义本质属性

中国特色社会主义道路的本质特征是这一道路区分于其他道路的根本因素。学者从各个角度考察分析提炼了中国特色社会主义道路的本质特征，呈现了科学社会主义的本质属性。

社会主义与现代化结合之路。中国特色社会主义道路的开创，使社会主义与现代化建设成为更加紧密的一体化进程、一体化事业。它从根本上解决了在中国这样一个经济文化比较落后的国家如何通过社会主义发展来加快实现现代化的问题。社会主义的现代化目标，现代化的社会主义属性，是中国特色社会主义道路的内在要求。这条道路所展现出的特点及优势，也体现着对西方资本主义现代化路径的超越。

独立自主创造之路。中国特色社会主义道路，既不是对科学社会主义原理和原则的照搬，也不是对传统社会主义道路的简单复归，更不是对别国发展道路和模式的模仿，而是中国共产党领导全国各族人民，在科学社会主义基本原则同中国具体实际相结合过程中所进行的独立自主的创造，是既适合中国国情又体现时代特色、既体现社会主义共性又凸显"中国特色"个性的创新型道路。①

不发达国家迂回过渡到社会主义之路。中国特色社会主义道路就是我们党和人民延伸并扩展了十月革命后列宁开创的不发达国家逐步迂回过渡到社会主义的正路，正在大力纠正后来苏联模式偏离正路陷入的崎路和歧路，从而才能避免重蹈苏联覆辙，避免最终陷入绝路和死路，并且重新逐步把这条正路拓展为通往人类命运共同体和世界大同的康庄大路。要完成这个历史使命，看来依然任重道远，尤须炎黄子孙世代不懈地持久奋斗，力争为人类的福祉多作贡献。②

① 包心鉴：《论中国特色社会主义道路的历史地位和本质特征》，《理论视野》2013 年第 7 期。

② 高放：《从十月革命到中国特色社会主义》，《中国浦东干部学院学报》2017 年第 6 期。

坚持社会主义之路。改革开放40多年来，中国的经济社会发展取得世人瞩目的成就，堪称中国奇迹。然而，在对实现中国奇迹的道路进行阐释，或者对中国自改革开放以来所走道路的性质进行评价方面，却存在诸多偏颇之论。资产阶级和自由主义者为了维护旧有的资本主义国际经济体系以及经济殖民主义的利益，竭力想把中国奇迹解读为"西方资本主义模式"的胜利，而非社会主义的胜利。事实上，中国从未背离社会主义道路，当今中国取得了巨大成功，正是因为改革开放进程对社会主义的坚持，并在此基础上形成了中国特色社会主义。改革开放以来，中国的经济社会发展所取得的成就是靠走中国特色社会主义道路实现的。①

坚持中国特色之路。科学社会主义走特色道路并与国情实际相结合才有生命力。在改革开放中坚持科学社会主义基本原理和不断创造新原理，社会主义是立得住、站得稳、发展快的。巩固和发展社会主义的出路在"特色"、在改革、在创新。只要我们党始终坚持社会主义方向，坚定地走中国特色社会主义道路，民族复兴的中国梦、我们党的远大理想是一定能够一步一步实现的。②

坚持改革开放之路。中国特色社会主义是在改革开放的伟大实践中形成和发展起来的，没有改革开放就不可能开辟中国特色社会主义道路。改革开放以来，我们党全部理论和实践的主题就是中国特色社会主义，没有中国特色社会主义道路的确立和发展，改革开放也不可能取得重大成就并不断向纵深推进。改革开放与中国特色社会主义同向共进，是一个休戚与共、有机统一的历史进程。③

超越资本现代性之路。资本现代性逻辑是西方资本主义现代化道路的实质。改革开放以来，中国现代化实践在社会形态跨越的基础上，破除了

---

①　[法]福佩吉、张忠胜:《中国改革开放以来的变与不变及其评价》，《国外理论动态》2018年第9期。

②　倪德刚:《"领导核心"的提出及其使命担当》，《毛泽东研究》2017年第2期。

③　甄占民:《改革开放与中国特色社会主义同向共进》，《理论导报》2018年第10期。

无批判肯定资本与彻底否定资本之间的抽象二元论，形成了一条超越资本现代性逻辑的社会主义现代性道路，其基本特征就是驾驭资本。驾驭资本，一方面表现为承认和利用资本以解放和发展生产力；另一方面表现为运用国家权力对资本进行规范和防控，在资本问题上"澄清前提、划定界限"。驾驭资本的中国道路，确立了以人民为中心的发展逻辑，构建了资本—国家—人民的三元主体相协调的驱动模式，建立了社会平等和共同富裕的社会和谐模式，开启了和平发展的大国崛起之路，开创了"发展—独立"型的现代化之路。①

（四）中国特色社会主义道路不容歪曲

2018 年 1 月 5 日，习近平总书记在新进中央委员会的委员、候补委员和省部级主要领导干部学习贯彻习近平新时代中国特色社会主义和党的十九大精神研讨班开班式上指出："只有回看走过的路、比较别人的路、远眺前行的路，弄清楚我们从哪儿来、往哪儿去，很多问题才能看得深、把得准。"② 这对中国特色社会主义道路的研究提供了重要指引。我们必须在历史发展的长河中，在国内外发展道路的比较中，在对未来人类社会发展的潮流中确定中国特色社会主义道路的位置和方向。

人类社会发展的历史趋势具有一致性，而不同地区在不同阶段的发展道路则具有多样性。正如列宁曾指出的："一切民族都将走向社会主义，这是不可避免的，但是一切民族的走法却不会完全一样。"③ 有学者提出，我们既要反对所谓"社会主义就是苏联化"的看法，也要反对所谓"现代化就是西方化""现代化就是资本主义化"的观点。综观近代以来的世界历史进程，走上社会主义道路或进入现代化的国家，所走过的路程是不完全相同的，都各有自己的特点；同时，实现现代化也没有固定的模式，任何国家都需要根

---

① 唐爱军：《中国道路：超越资本现代性》，《北京大学学报（哲学社会科学版）》2020 年第 3 期。

② 《习近平谈治国理政》第三卷，外文出版社 2020 年版，第 70 页。

③ 《列宁全集》第 28 卷，人民出版社 1990 年版，第 163 页。

据自己的国情走出自己的现代化道路。①

英国学者马丁·雅克对比世界各国发展道路后提出，现代性模式绝非只有一种，事实上是多种多样的。在过去的半个世纪，我们已经见证了全新现代性的出现，它们从西方吸取经验，但获得成功最终靠的是充分利用本土资源，以之作为基础进行建设并对其进行转化。新的现代性的原创性不亚于其混合性。其原创性也体现于混合性之中。同时这种混合性也呈现于西方社会。西方也曾经借鉴东亚社会的成功经验。②

也有学者选取在历史上同属于"东方国家"类型却走上不同发展道路的印度、俄罗斯与中国进行对比，进而得出结论，改良式资本主义道路可能适合俄罗斯、折中式资本主义道路可能适合印度。不否认印、俄发展道路有着某些成功的经验可以借鉴，但在社会发展的大方向上有过迷茫、摇摆，而没有一个较清晰的认知。苏联"解体之镜"已经证明走教条式社会主义这一封闭僵化的"老路"只能毁掉中国；俄罗斯"休克之镜"已经证明走改旗易帜激进的自由化资本主义这一"邪路"只能灭亡中国；俄罗斯"动荡之镜"已经证明走改良资本主义这一"弯路"只能折腾死中国；印度"低效之镜"已经证明走妥协式资本主义的"中间路"只能在混乱失序中拖死中国。而中国特色社会主义道路能使中华民族以和谐方式实现现代化、实现制度安排理性、及时解决社会主要矛盾，实现中华民族的迅速崛起，是适合中国国情、民情、党情、世情的。中国特色社会主义道路选择是对的，这既是从现实实践中得出的结论，也是中华民族道路自信根本之所在。③

近几年，西方媒体和政客炒作"国家资本主义"并试图将其政治化。有学者指出，这在当前背景下明显是借"国家资本主义"之名，混淆视听，曲

---

① 秦刚：《中国道路：社会主义与现代化的结合》，《思想理论教育导刊》2017年第10期。

② ［英］马丁·雅克：《大国雄心，一个永不褪色的大国梦》，孙豫宁、张莉、刘曲译，中信出版社2016年版，第414页。

③ 王聚芹、贾巾月：《"中国特色社会主义道路"选择为什么是对的？——以东方社会发展道路的"互镜"比较为视域》，《甘肃社会科学》2015年第2期。

解歪曲中国特色社会主义道路。"国家资本主义"这一说法的提出，延续了西方社会一贯以意识形态看中国发展道路的做法，只是这次呈现出不同的形式。表面上他们认同中国在形式上加入了 WTO，走向了市场经济，但是骨子里还是认为中国属于"异类"，因而对中国不认同，也不愿平等相待。特别是在当前形势下，这一概念的提出不仅导致中国在国际政治和世界经济等问题中被攻击，还给中国国内的社会舆论带来了非常大的误导和破坏，削弱中国模式或发展道路的合法性。事实上，"国家资本主义"的相关讨论体现了当今全球权力转移背景下的话语权冲突，反映了金融危机之后西方社会（尤其是美国）对自身发展模式的怀疑，以及对新兴经济体成功发展的恐惧。这一概念在任何认真严肃的思考面前，都是站不住脚的，但仍需我们高度警惕。[1]

四、进入新时代，中国特色社会主义道路的世界意义日益凸显

习近平总书记强调，中国特色社会主义道路，"不仅致力于中国自身发展，也强调对世界的责任和贡献；不仅造福中国人民，而且造福世界人民"[2]。邓小平也曾经预言："我们的改革不仅在中国，而且在国际范围内也是一种试验，我们相信会成功。如果成功了，可以对世界上的社会主义事业和不发达国家的发展提供某些经验。"[3] 有学者指出，新时代中国特色社会主义道路应把握人类历史趋势，顺应世界运行模式、世界格局大势、世界多样性共存规律，依据世界发展新理念、新动力、目的等需要，以构建人类命运共同体、共建共享等新思想、新理念，在赢得世界共识和尊重、展现出强大的生命力和发展前途的同时，蕴含着深刻的世界逻辑。[4] 进入新时代，中国

---

① 谢来辉、杨雪冬：《"国家资本主义"评析》，《国外理论动态》2013 年第 3 期。

② 《习近平谈治国理政》第一卷，外文出版社 2018 年版，第 57 页。

③ 《邓小平文选》第三卷，人民出版社 1993 年版，第 135 页。

④ 贾少鑫、蒋桂芳：《新时代中国特色社会主义道路蕴含的逻辑》，《人民论坛》2020 年第 20 期。

特色社会主义道路的世界意义越来越凸显，也引起学者的广泛关注。

（一）中国特色社会主义道路对人类文明作出了历史性的贡献

中国特色社会主义道路不仅深刻改变了中国历史发展进程，也深刻影响了整个人类历史的进程，具有深远的世界历史意义。

有学者提出，中国特色社会主义道路不仅属于中国历史，也属于世界历史，它对人类文明作出了历史性的贡献。这种贡献主要表现在：中国道路增强了人类文明的物质基础，其贡献不仅体现于自身的强大，更表现在对整个人类文明社会的经济发展的拉动和推进，在亚洲经济、世界经济出现危机时表现得特别明显；中国道路彰显了人类文明发展的多样性，意味着一种新的人类文明形式的诞生，这种人类文明形式的出现使西方文明模式走下了神坛，阻挡了当今人类文明变成清一色的西方特征；中国道路开辟了和平发展的人类文明新路；中国道路为人类文明破解难题提供了借鉴，为解决当今世界"三大矛盾"找到了前进的方向，中国道路为解决这"三大矛盾"所形成的理论以及在解决这"三大矛盾"的过程中所积累的经验教训，已为世界上其他国家和地区破解这些难题产生了强烈的示范效应。[①]

有学者强调，中国特色社会主义道路为解决全球资本主义危机提供了一种新的方案。中国的市场化改革是从计划经济体制基础上起步的改革者，采取问题导向的务实主义态度在逐步引入市场经济的同时，保留了经典社会主义的合理遗产，这些社会主义因素对于市场经济的负面因素起到了对冲作用。中国市场经济的社会主义因素，或者说"共益性"特征包括 4 个方面：第一是顶层规划，对于市场盲目性进行自觉引导；第二是公有资本，其公益性可对冲市场经济的自私性；第三是平台型地方政府，作为经济操盘手提升了市场竞争的组织化水平；第四是民生国家，能够提供兜底功能，并促进弱

---

① 陈学明：《论中国道路对人类文明的历史性贡献》，《上海师范大学学报（哲学社会科学版）》2013 年第 3 期。

势群体的发展能力。①

（二）中国特色社会主义道路拓展了发展中国家走向现代化的路径

2017 年 10 月 18 日，习近平总书记在党的十九大报告中指出，中国特色社会主义进入新时代，"拓展了发展中国家走向现代化的途径，给世界上那些既希望加快发展又希望保持自身独立性的国家和民族提供了全新选择，为解决人类问题贡献了中国智慧和中国方案"②。中国特色社会主义道路为广大发展中国家走向现代化提供了成功经验、展现了光明前景、起到了示范作用。

有学者认为，中国特色社会主义道路对发展中国家的理论意义体现在打破了对西方发展模式的依赖、启发发展中国家走出两难境地、为发展中国家在改革创新中描绘发展轨迹三个方面。③ 具体而言，中国特色社会主义道路对发展中国家的启示有几个方面：一要坚定不移把发展作为执政兴国的第一要务；二要有一个正确的适合本国国情的发展战略和发展模式，保持国民经济有较快的增长速度；三要建立一个比较完整的市场经济体制，要精准地逐步解决贫困问题，要不断改革和完善本国的政治经济制度；四要将本国经济与世界经济相连接，实现对外开放，融入全球化；五要不断提高人民的生活水平，坚持以人民为中心的发展思想；六要加快建设创新型国家；七要形成一个能够团结全国人民的坚强领导核心；八要把握好国内国际两个大局，在互利共赢中构建人类命运共同体。④

此外，中国选择坚持走和平发展之路，以和平的方式将中国改革和发展的成果惠及其他发展中国家，并与广大发展中国家分享改革和发展的成功经

① 鄢一龙、白钢、章永乐等：《大道之行：中国共产党与中国社会主义》，中国人民大学出版社 2015 年版，第 190—210 页。

② 《习近平谈治国理政》第三卷，外文出版社 2020 年版，第 8—9 页。

③ 羊欢：《中国特色社会主义道路对发展中国家的影响研究》，西北师范大学博士学位论文，2018 年。

④ 徐世澄：《中国特色社会主义道路对发展中国家现代化道路的启示》，《世界社会主义研究》2019 年第 6 期。

验，走出了传统"国强必霸"的大国崛起模式的窠臼，这本身也是对发展中国家的最好示范。①

（三）中国特色社会主义道路引领了世界社会主义在 21 世纪的创新发展

党的十九大报告指出，中国特色社会主义进入新时代，"意味着科学社会主义在二十一世纪的中国焕发出强大生机活力，在世界上高高举起了中国特色社会主义伟大旗帜"②。中国特色社会主义道路在世界社会主义运动中的地位、作用和影响是学者研究的一个热点问题，学者普遍认为中国正处于新一轮世界社会主义运动的潮头，是世界社会主义运动的中流砥柱。③

中国特色社会主义道路在世界社会主义发展中占有重要的历史地位，它是继科学社会主义理论创立、科学社会主义理论同俄国实际相结合、以及世界上第一个社会主义国家的建立之后的一次新的伟大飞跃。它解决了列宁所没有解决或没有来得及解决的社会主义建设问题。④

具体而言，有学者认为，改革开放以来走出的中国特色社会主义道路对世界社会主义运动的贡献表现在以下四个方面。一是引领世界社会主义运动走出低谷。20 世纪 60 年代，第二次世界社会主义运动开始向低潮转化，而到了八九十年代则陷入最低潮。中国特色社会主义道路的开启不但使世界社会主义运动从第二次低潮中走了出来，成为世界社会主义运动复兴的新起点，而且在一定意义上把世界社会主义运动重新推向高潮。中国特色社会主

---

① 许江、王明生：《中国道路的世界历史意义解读》，《南京大学学报》（哲学·人文科学·社会科学），2016 年第 3 期。
② 《习近平谈治国理政》第三卷，外文出版社 2020 年版，第 8 页。
③ 孙钦梅、石重：《"世界社会主义运动与中国特色社会主义道路"学术研讨会综述》，《世界社会主义研究》2017 年第 3 期。
④ 李景治：《中国特色社会主义道路在世界社会主义发展中的历史地位》，《科学社会主义》2013 年第 2 期。

义道路在振兴中华民族的同时，也振兴了世界社会主义运动。二是破解世界社会主义运动的一大难题。经济文化落后的一些国家建立社会主义制度、走上社会主义道路后，面临如何在经济文化落后的环境中建设社会主义，如何巩固和发展社会主义的问题，这是世界社会主义运动的一个时代性难题。中国特色社会主义道路把建立在不同历史阶段基础上的两种社会主义明确地区分开来了，解决了这一难题。三是重塑社会主义与资本主义的关系。20世纪的社会主义者从两个平行对立的世界市场理论出发，认为社会主义与资本主义不再有和平共处的可能，只有严重的对立与对峙。而中国特色社会主义既看到了社会主义与资本主义的区别与矛盾，又正视社会主义与资本主义的联系与共存。四是创新和发展了科学社会主义理论。中国特色社会主义道路把科学社会主义的一般原理运用于当代中国实际，摆脱对科学社会主义、马克思主义的教条式理解，摆脱超越历史发展阶段的实践，提出了一系列新的理论和原则，如初级阶段理论、社会主义本质理论、社会动力理论、社会主义市场经济理论、解放思想实事求是的思想方法等，创新和发展了科学社会主义理论。[1]

进入新时代，中国特色社会主义道路发挥着越来越大的世界影响，也面临着新环境新条件新挑战。中国独特的发展模式所取得的伟大成就，为世界社会主义运动的发展提供了新机遇，开辟了新视野，并使世界上越来越多的人开始相信社会主义，投入到世界社会主义运动中来；"一带一路"国家发展战略奠定了中国引领全球化和世界社会主义运动的平台，使社会主义由东向西扩散；在解决金融危机的方案中，中国的国家治理理论更加成熟，成为世界社会主义的标杆，为世界社会主义运动注入强大的正能量，也为许多非社会主义国家注入了社会主义元素。[2]

---

[1]　陈学明、陈悦：《论中国道路对世界社会主义运动的意义》，《毛泽东邓小平理论研究》2014年第1期。

[2]　孙钦梅、石重：《"世界社会主义运动与中国特色社会主义道路"学术研讨会综述》，《世界社会主义研究》2017年第3期。

五、坚定中国特色社会主义道路自信，实现中华民族伟大复兴

"方向决定道路，道路决定命运。"党的十八大报告指出："回首近代以来中国波澜壮阔的历史，展望中华民族充满希望的未来，我们得出一个坚定的结论：全面建成小康社会，加快推进社会主义现代化，实现中华民族伟大复兴，必须坚定不移走中国特色社会主义道路。"中国特色社会主义道路的开辟对于中华民族和中国人民有重大意义，如何深入挖掘、深刻理解其重大意义，如何在此基础上坚定道路自信、推动中国特色社会主义道路的自我完善发展，是学界关注的重要问题。

（一）中国特色社会主义道路是实现中华民族伟大复兴的必由之路

2020年9月，习近平总书记在纪念中国人民抗日战争暨世界反法西斯战争胜利75周年座谈会上的讲话指出："实现中华民族伟大复兴，必须坚持走中国特色社会主义道路。"① 这一论述指出了中国特色社会主义道路的重大意义和必要性。有学者提出，自东欧剧变、苏联解体和1989年政治风波以来，我们党举什么旗，我们国家走什么路，一直是摆在全党全国人民面前的一个突出而尖锐的问题。每次党代会召开之前，国内外舆论界出现的种种噪音杂音和干扰无不说明，敌对势力和各种社会思潮的代表同样很关心这个问题，总是试图诱导我们党放弃中国特色社会主义旗帜，我们国家改变中国特色社会主义道路。我们党面对全国人民的期待和历史与时代的考验，不为任何风险所惧，也不为任何干扰所惑；既不走封闭僵化的老路，也不走改旗易帜的邪路，而是毫不动摇地走党和人民在长期实践中开辟出来的中国特色社会主义道路这条正确道路。这是因为，实践证明了，只有走中国特色社会主义道路，才能适应中华民族伟大复兴事业的客观需要，才能把全党全国人民最大

---

① 习近平：《在纪念中国人民抗日战争暨世界反法西斯战争胜利75周年座谈会上的讲话》，2020年版，第11页。

限度地团结起来为中华民族伟大复兴而奋斗，才能应对中华民族复兴过程中的各种风险与挑战。我们必将在中国特色社会主义道路上实现中华民族的伟大复兴。①

中国特色社会主义道路是实现社会主义现代化的必由之路，是创造人民美好生活的必由之路。这是习近平总书记 2012 年 11 月 17 日主持十八届中央政治局第一次集体学习时就指出过的，在 2016 年 7 月 1 日庆祝中国共产党成立 95 周年大会上又一次强调。② 有学者从价值取向的视角来诠释这个论断。创造人民美好生活不仅是中国道路的价值要求，更是中国道路行稳致远的逻辑支点。实践证明，中国道路始终高举创造人民美好生活的伟大旗帜，是不断改善人民生活、增进人民福祉的必由之路。新中国成立以来，中国道路既指引了中国人民结束了长期以来的贫穷落后的生活状态，建立了人民民主专政的国家政权，实现了中国人民的政治解放，为实现人民幸福创造了根本政治前提；也指引了中国人民建立了人民当家作主制度体系和较为完整、独立的现代工业体系，为增进人民福祉奠定了坚实的物质基础、政治基础和文化基础；更指引了中国人民以经济建设为中心，推进改革开放和中国特色社会主义事业，为提升人民获得感、幸福感和安全感绘就了壮丽画卷。③

有学者从内生动力的视角来诠释这一判断。现代化建设必须形成四个"契合"：一是现代化建设与民众日常基本生活需求的契合，现代化建设由此获得民众的普遍认同，并进而形成现代化建设的基础性原动力；二是现代化建设与市场经济的契合，现代化建设由此获得巨大动力和创造力；三是现代化建设与对外开放的契合，现代化建设由此获得赶超动力和赶超目标；四是现代化建设与社会公正基本理念的契合，现代化建设由此获得发展方向和

---

① 朱佳木：《在中国特色社会主义道路上实现中华民族的伟大复兴（上）》，《中共云南省委党校学报》2012 年第 5 期。
② 《习近平谈治国理政》第一卷，外文出版社 2018 年版，第 9 页；《习近平谈治国理政》第二卷，外文出版社 2017 年版，第 36 页。
③ 祝黄河：《中国道路的理论基础、历史进程与价值维度》，《马克思主义研究》2020 年第 1 期。

基本宗旨。这四个契合至关重要，把握住这四个契合，就把握住了现代化内生动力的根本。改革开放以来，中国的现代化建设取得了举世公认的巨大成就，中国社会发生了翻天覆地的变化。其中一个最重要的原因，便是现代化建设的上述四个契合已经初步形成，中国的现代化内生动力已基本形成。这是改革开放以来中国现代化道路之所以能够获得成功的一个根本性原因。而现代化内生动力进一步的健康成长，则是中国未来现代化建设获得持续成功的必要条件。①

（二）坚定中国特色社会主义道路自信

中国特色社会主义道路是历史的选择，是人民的选择。习近平总书记强调："实践是检验真理的唯一标准。中国取得的历史性成就，坚定了我们坚持中国特色社会主义道路、理论、制度、文化的信心。"② 在接受特立尼达和多巴哥、哥斯达黎加、墨西哥等拉美三国媒体联合书面采访时，习近平总书记指出："实现中国梦，必须坚持中国特色社会主义道路。我们已经在这条道路上走了 30 多年，历史证明，这是一条符合中国国情、富民强国的正确道路，我们将坚定不移地沿着这条道路走下去。"③ 正是基于中国取得的历史性成就，基于对中国特色社会主义道路重大意义和作用的认识，我们必须坚持中国特色社会主义道路自信。习近平总书记 2012 年 11 月 17 日主持十八届中央政治局第一次集体学习时的讲话指出："中国特色社会主义，承载着几代中国共产党人的理想和探索，寄托着无数仁人志士的夙愿和期盼，凝聚着亿万人民的奋斗和牺牲，是近代以来中国社会发展的必然选择，是发展中国、稳定中国的必由之路。"④ 有学者提出，党领导人民开创了这条道路并坚定地走在这条道路上，沉着应对国际国内不断出现的新形势新情况新矛

① 吴忠民：《中国道路与现代化内生动力》，《中共党史研究》2018 年第 10 期。
② 《习近平谈治国理政》第三卷，外文出版社 2020 年版，第 133 页。
③ 《习近平谈治国理政》第一卷，外文出版社 2018 年版，第 56 页。
④ 《习近平谈治国理政》第一卷，外文出版社 2018 年版，第 8 页。

盾新挑战，抓住机遇加快发展，取得了一个又一个胜利。历史无可争辩地证明，中国特色社会主义这条道路走得通、走得顺、走得对、走得好。① 也有学者指出，历史的选择表明，坚持中国特色社会主义道路符合中国社会发展的规律；人民的选择表明，坚持中国特色社会主义道路符合中国人民的价值需要。中国特色社会主义道路，是合规律性与合目的性的统一，我们应当坚定对中国特色社会主义道路的自信。②

然而近年来，新一轮"中国崩溃论"和"中国崛起结束论"突然来袭。2015 年 3 月 2 日，美国《国家利益》网站刊登文章《世界末日，为中国的崩溃作好准备》。3 月 6 日沈大伟在《华尔街日报》发表文章《中国崩溃马上到来》。3 月 24 日南加利福尼亚大学教授丹尼尔·林奇在《亚洲研究》上发文称：中国的崛起已经结束，所有重要的博弈者，包括中国的境内和境外，将会适应这个世界历史性的变迁。这些声音引起海内外高度关注，各方人士参与到争论之中，也有许多学者表达了不同意见。在对中国质疑的声音增多的同时，也出现了对中国发展越来越多的肯定观点。美国学者队伍的新分化一方面折射了中美关系的发展走向，另一方面也展现了美国学者对"西方中心论"衰落的担忧和恐慌，以及对于如何认识中国崛起的迷茫和困惑。③

国际舆论只是真正挑战的外在反映。真正的挑战在于我们仍属于发展的重要战略机遇期，但面临的国际形势日趋错综复杂。习近平总书记提出，我们正在进行具有许多新的历史特点的伟大斗争。许多海外学者承认中国特色社会主义道路取得巨大成就的同时，也客观提醒我们直面存在的问题。比如改革可能遇阻的问题。学者认为，对中国而言经济发展速度放缓实际是一件好事情，这有利于中国的领导人更加关注改革，实现可持续发展的路径转型。但是在中国经济从出口和投资驱动型增长向消费者驱动型增长转变的过程中，经历经济减速的困难是必然的。同时，中国经济的成功也带来了新的

① 辛向阳：《科学社会主义视野下百年未有之大变局》，《世界社会主义研究》2019 年第 4 期。
② 刘爱武：《国际社会对中国道路的质疑与坚定道路自信》，《山东社会科学》2013 年第 3 期。
③ 冯莉：《近年来美国关于中国道路的研究及新特点》，《当代世界与社会主义》2016 年第 3 期。

自满和对变革的阻力，过度投资和金融的脆弱性问题将会随着经济发展的必然放缓而发生冲撞，可能导致经济和政治危机。比如资源环境问题。学者提出，中国已成为世界上最大的木材和森林产品的消费国，推动了全球资源的极度代谢。比如日益复杂的国际关系可能带来经济政治风险。有学者认为，随着"一带一路"倡议的推出，有利于促进新丝绸之路沿途各国之间的连接和合作，也可以促进在冲突管理和争端解决方面实现中国和其他争论国家之间的合作，但是，在中东恐怖主义蔓延的形势下，许多国家政治稳定和经济发展都会受到影响，也将阻碍区域合作。①

这个时候，更需要保持"乱云飞渡仍从容"的战略定力。正如习近平总书记强调的："无论遇到什么风浪，在坚持中国特色社会主义道路这个根本问题上都要一以贯之，决不因各种杂音噪音而改弦更张。"②有学者提出，当前，中国在世界格局和形势发生深刻复杂变化的历史进程中，如何应对国内外各种风险和考验是新时代中国特色社会主义发展面临的新课题。当前，我国正处于新的历史起点，同时也处于建党接近100年、新中国成立70年、改革开放40年的关键节点时期，既要看到"百年未有之大变局"的风险与机遇，也要看到"行百里者半九十"的困难和挑战。这既是正确认识新时代中国特色社会主义长期性、复杂性和艰巨性的出发点，也是深刻理解和把握战略机遇期的重要时代背景。道路决定命运。我们已不是"在路口"，而是"在路上"。当前我国正处于大有可为的历史机遇期，绝不能犯战略性和颠覆性错误，不能走封闭僵化的老路，更不能走改易旗帜的邪路。中国特色社会主义道路是实现社会主义现代化、创造人民美好生活的必由之路，也是中国为世界发展贡献的"中国方案"和"中国智慧"。③

---

① 冯莉：《近年来美国关于中国道路的研究及新特点》，《当代世界与社会主义》2016年第3期。

② 习近平：《在纪念中国人民抗日战争暨世界反法西斯战争胜利75周年座谈会上的讲话》，人民出版社2020年版，第11页。

③ 房宁、丰俊功：《"百年未有之大变局"与"行百里者半九十"——习近平新时代中国特色社会主义思想的时代背景》，《理论视野》2020年第2期。

也有学者提出，西方马克思主义可以为我们坚定中国特色社会主义道路自信提供思想资源。一方面，西方马克思主义理论，特别是西方马克思主义的现代性批判理论，能为这一道路的合法性与合理性说明提供理论资源。我们决不能放弃对现代性的追求，同时我们也决不能放弃对追求现代性过程中所出现的种种负面效应的关注与消除。而中国道路正是旨在既充分享受现代文明成果又避免现代性的各种负面效应，正是通过走一条与西方现代化不同之路来达到这一目的。另一方面，西方马克思主义研究也为中国特色社会主义道路破解难题和矛盾提供了理论启示。其一，西方马克思主义的市场社会主义理论，能为我们如何解决开辟中国道路必然面临的第一对矛盾即人与人之间的矛盾（两极分化的日益加剧）提供启示；其二，西方马克思主义的生态社会主义理论，能为我们如何解决开辟中国道路必然面临的第二对矛盾即人与自然之间的矛盾（生态危机的日益加剧）提供启示；其三，西方马克思主义关于人的存在方式的理论，能为我们如何解决开辟中国道路必然面临的第三对矛盾，即人自身内部身、心之间的对立，人的单向度的日益加剧提供启示。①

（三）通过全面深化改革推动中国特色社会主义道路自我完善发展

坚定中国特色社会主义道路自信不等于故步自封。习近平总书记在关于《中共中央关于全面深化改革若干重大问题的决定》的说明中指出："改革开放到了一个新的重要关头。我们在改革开放上决不能有丝毫动摇，改革开放的旗帜必须继续高高举起，中国特色社会主义道路的正确方向必须牢牢坚持。"②学者们指出，坚持和发展中国特色社会主义道路，要充分认识到已经发生巨大变化的时代特征和表现形式，立足现实，回答现实社会中出现的问题。只有把重大现实问题作为研究的基本切入点，才能深刻认识什么是中

---

① 陈学明：《西方马克思主义研究在当今中国之意义》，《思想理论教育》2016 年第 3 期。
② 《习近平谈治国理政》第一卷，外文出版社 2018 年版，第 87 页。

国化的马克思主义、什么是社会主义、怎样建设社会主义等重大问题，拓展中国特色社会主义道路。①

有学者提出，十八届三中全会是广泛研究经济、政治、文化、社会、生态文明、国防和军队以及党的制度等方方面面的改革并作出相关决定，凸显了改革的整体性、全局性和系统性。所谓"深化"，是对改革提出新的总目标和总体思路，提出了各方面制度和体制改革的新原则、新要求、新部署，还提出了反映社会发展普遍规律的"使市场在资源配置中起决定性作用和更好发挥政府作用"、"推进国家治理体系和治理能力现代化"等有突破意义的新的重大理论观点。所有这些"全面"和"深化"的丰富内涵得到充分体现，蓝图设计和政策举措付诸实施，必将实现中国特色道路在继续深入探索中的历史性跨越。②

也有学者提出，中国传统是推动改革、完善发展中国特色社会主义道路的重要资源。要重新审视"儒法文明"，进而理解当代中国的发展道路，应对时代挑战。中国不仅历史上是，而且今天仍然是一个超越"民族—国家"的"文明—国家"。现代中国在精神上延续了中国文明的命脉。社会主义革命在中国的强大动员力量，在很大程度上源于儒法文明摆脱资本军国主义外来压迫的渴望。正是这一文化传统的积淀，新中国从起步时起就不懈地探索适合自己国情的现代化道路。经过改革开放，中国在经济体制、社会结构和思想观念上都发生了深刻的变化。未来几十年，中国将面临在更加分化的利益格局基础上，如何建构持久的政治和社会团结、如何开辟中国文明未来的巨大挑战。应对这一挑战，我们首先必须把儒法文明的古老传统和社会主义的新传统贯通起来，理解当代中国的天命民本原则。其次，要激活民本和尊贤原则，把人民从单一的经济原则中解放出来，激发他们的创造精神。最后，指引改革的"问题导向"思路要与"顶层设计"思路

---

① 孙钦梅、石重：《"世界社会主义运动与中国特色社会主义道路"学术研讨会综述》，《世界社会主义研究》2017 年第 3 期。

② 雷云：《"中国特色道路"三题》，《观察与思考》2015 年第 7 期。

结合起来，政治家必须在文明—国家、"社稷担当"的高度上肩负起领导责任。①

党的十八大以来，学术界以习近平新时代中国特色社会主义思想为遵循，围绕中国特色社会主义道路的形成与发展这个主题展开了深入研讨和广泛讨论，呈现出宽广的理论视野，凸显了新时代的理论自信，涌现出贴合实际的理论创新，形成了高度理论共识和实践自觉。当然，迄今为止关于中国道路的研究，与中国道路继续创新发展的理论要求相比还是有差距的。

党的十九届五中全会是我们党在全面建成小康社会胜利在望、全面建设社会主义现代化国家新征程即将开启的重要历史时刻召开的一次具有里程碑意义的会议，在党和国家发展进程中具有全局性、历史性意义。党的十九届五中全会精神涉及关于中国特色社会主义道路的一些重要理论和实践问题，如基本实现现代化与社会主义初级阶段的关系、全体人民共同富裕取得更为明显的实质性进展的标准与途径等，值得我们继续深化研究、不断思考。

2021 年欣逢中国共产党成立一百周年，这开天辟地、改天换地、翻天覆地的一百年就是中国道路探索、开创、发展的世纪，站在这重大历史刻度上，以世纪为尺度回顾、总结中国道路的内在规律，是学界的重大任务。

（作者：郭强　张源）

---

① 张广生：《"儒法社会主义"：西方冲击与当代中国的发展道路》，《经济导刊》2015 年第 12 期。

分报告 5：中国特色社会主义理论的独创性贡献研究

中国特色社会主义理论是马克思主义中国化第二次伟大飞跃的理论成果，它紧紧围绕中国社会发展所面临的"什么是社会主义、怎样建设社会主义""建设什么样的党、怎样建设党""实现什么样的发展、怎样发展""为什么要坚持和发展中国特色社会主义、怎样坚持和发展中国特色社会主义"等重大理论和实际问题，进行了创造性的理论阐释和发展。近年来，科学社会主义学界对中国特色社会主义理论的思想观点和重大论断，尤其是蕴含其中的、具有独创性贡献的内容，进行了深入和全面研究，深化了我们对中国特色社会主义理论的认识和理解。

一、关于中国特色社会主义理论的整体性研究

党的十一届三中全会以来，中国特色社会主义逐步形成并发展完善了基本理论、基本路线、基本方略。其中，中国特色社会主义基本理论就是中国特色社会主义理论体系，是包含邓小平理论、"三个代表"重要思想、科学发展观、习近平新时代中国特色社会主义思想在内的逻辑清晰严密、主题一以贯之的理论整体。因此，整体性是中国特色社会主义理论体系的显著特征。党的十八大以来，科学社会主义研究者将中国特色社会主义理论体系作为一个整体进行了详尽研究。

中国社会科学院王伟光提出了中国特色社会主义理论体系的十六个重大论断，分别是思想路线论、发展阶段论、根本任务论、改革创新论、对外开放论、发展战略论、市场经济论、民主政治论、先进文化论、和谐社会论、生态文明论、国防军队论、祖国和平统一论、和平发展论、主体力

量论、领导核心论。① 中央党校秦刚则从历史渊源和现实基础、系统完整的科学理论、对马克思主义的坚持和运用、对毛泽东思想的继承和发展、对中华文化的融合与贯通、与道路和制度的内在联系六大维度对中国特色社会主义理论体系进行系统研究。② 中央党校王怀超等人的著作主要关注中国特色社会主义理论体系的形成、发展历程、基本轮廓、核心理念和历史地位。③ 中央党校孟鑫进一步拓展了中国特色社会主义理论体系的研究维度，其著作主要分析了中国特色社会主义理论体系的发展历程、本质论、发展阶段论、发展动力论、总体布局论、依靠力量论、和平统一论、强军论、大国外交论、领导核心论。④ 此外，中央党校阮青同样对中国特色社会主义理论体系的内在构成进行了阐述，包括中国特色社会主义理论的精髓、主题、依据、目标论、科学发展论、改革开放论、经济建设论、民主政治论、先进文化论、社会建设论、生态文明建设论、国防和军队建设论、祖国统一论、和平外交论、人民主体论、执政党建设论等。⑤ 中央党校何海根对中国特色社会主义理论体系的研究维度主要包括总依据、发展战略、总任务、总布局、祖国统一与和平发展、依靠力量和领导核心六个方面。⑥

　　首都师范大学徐志宏和中国人民大学秦宣主编的著作从历史、理论与现实的结合上，以改革开放新时期为社会背景、以中国特色社会主义道路的历史进程为实践基础，对中国特色社会主义理论体系的形成和发展、框架结构和基本特征作了阐释，对理论体系涵盖的思想路线、发展阶段和发展道路、发展战略、发展动力、发展布局、党的建设等内容作了展开论述，对理论体系在马克思主义发展历史和科学社会主义当代发展中的地位作了

① 王伟光主编：《中国特色社会主义理论体系研究》，人民出版社 2012 年版。
② 秦刚：《中国特色社会主义理论体系研究》，中央党校出版社 2014 年版。
③ 王怀超等：《中国特色社会主义基本问题》，人民出版社 2019 年版。
④ 孟鑫：《中国特色社会主义理论体系研究》，中国人民大学出版社 2019 年版。
⑤ 阮青主编：《中国特色社会主义理论体系建设 40 年》，人民出版社 2018 年版。
⑥ 何海根：《中国特色社会主义理论读本》，中国劳动社会保障出版社 2016 年版。

探析。① 中国浦东干部学院冯俊主编的著作重在系统阐述中国特色社会主义理论体系的思想渊源、时代特征、历史发展、发展道路。② 东北师范大学田克勤以党的十六大以来中国特色社会主义理论创新基本形态为主体构建新的研究框架，既有对理论体系丰富发展历史脉络的清晰梳理；又有对理论体系丰富发展主要内容观点的分析概括；还有对理论体系丰富发展重要价值和意义的评价阐述。③ 山东省委党校孙占元全面、系统地阐述了中国特色社会主义理论体系的形成发展、基本内容、基本特点、基本经验以及理论价值和实践意义等一系列基本问题。④ 中央党校组织专家从教学框架设计的角度，对中国特色社会主义理论体系的主要议题进行研究，形成了"1+5+3"（即总论——中国特色社会主义理论的形成和发展 + 中国特色社会主义总体布局五大建设 + 依法治国、党的建设、世界格局与对外战略）的基本教学框架。⑤

除了对中国特色社会主义理论体系的整体框架和内在构成进行研究之外，科学社会主义学界还从不同角度进行了深入探讨。中央党校杨春贵重点选取中国特色社会主义理论体系原著中的十篇经典篇目作为中国特色社会主义理论体系形成的框架，对思想路线的拨乱反正与伟大历史转折、历史经验的科学总结与坚持和发展毛泽东思想、建设有中国特色的社会主义、中国社会主义初级阶段理论与党在社会主义初级阶段的基本路线、贯彻"三个代表"重要思想，为全面建设小康社会而奋斗、深入贯彻落实科学发展观等十讲内容进行系统的梳理解读。⑥ 中央党校叶庆丰主编的著作对"姓社姓资"、中国特色社会主义核心价值观、中国特色社会主义建设的内在逻辑与发展趋向、中国特色社会主义道路的多重属性、

① 徐志宏、秦宣：《中国特色社会主义理论体系概论》，中国人民大学出版社 2012 年版。
② 冯俊主编：《中国特色社会主义理论体系论纲》，人民出版社 2017 年版。
③ 田克勤：《中国特色社会主义理论体系新论》，人民出版社 2016 年版。
④ 孙占元：《中国特色社会主义理论体系研究》，山东人民出版社 2015 年版。
⑤ 徐伟新：《中国特色社会主义理论体系教学大纲》，中共中央党校出版社 2016 年版。
⑥ 杨春贵主编：《中国特色社会主义理论体系原著十讲》，中共中央党校出版社 2013 年版。

中国特色社会主义社会矛盾、中国特色社会主义市场经济理论创新、中国特色社会主义政治发展道路、中国特色社会主义社会建设理论等问题做了深入研究。[①] 中国社会科学院邓纯东从 2012 年组织出版了两本论文集刊，对中国特色社会主义理论进行年度总结研究和追踪研究。[②] 贵州师范大学蔡永生更加关注中国特色社会主义理论体系的创新与发展。[③] 武汉大学袁银传增添了对于中国特色社会主义理论体系的比较研究，深入地揭示中国特色社会主义理论体系与马克思列宁主义、思想的一脉相承性和与时俱进性，中国特色社会主义理论体系与苏联社会主义理论、越南、朝鲜、古巴、老挝社会主义理论的异同，中国特色社会主义理论体系与西方马克思主义理论、民主社会主义理论的根本区别和对立，揭示了中国特色社会主义理论体系的"个性"特征。[④] 清华大学肖贵清重点研究党的十八大以来，中国特色社会主义理论的创新发展。[⑤] 中国人民大学梁树发等人则从理论体系建构的一般方法论角度理解中国特色社会主义理论体系之逻辑体系，指出它的形成是文本形态向理论形态、自在逻辑向自觉逻辑、单一逻辑体系建构向复合逻辑体系建构转化的结果。著作把"社会主义初级阶段"规定为中国特色社会主义理论体系的逻辑起点，把它既看作奠定中国特色社会主义理论体系的"基石"，又看作衍生中国特色社会主义理论体系的基本观点和基本理论的"细胞"。[⑥] 国防大学政治学院孙力深入地阐述了中国特色社会主义理论体系特点与时代的关联，把

---

① 叶庆丰主编：《中国特色社会主义理论前沿问题研究》，人民出版社 2012 年版。

② 邓纯东：《中国特色社会主义理论研究》（创新工程，第 1—6 辑），中国社会科学出版社 2014—2019 年版；邓纯东：《马克思主义中国化最新成果研究报告》（2013—2018），中国社会科学出版社 2013—2018 年版。

③ 蔡永生等：《中国特色社会主义理论体系的创新与发展思想研究》，人民出版社 2019 年版。

④ 袁银传：《中国特色社会主义理论体系的基本特征研究》，武汉大学出版社 2014 年版。

⑤ 肖贵清：《十八大以来中国特色社会主义理论创新研究》，中国人民大学出版社 2019 年版。

⑥ 梁树发、郗戈、黄刚、龚剑飞：《中国特色社会主义理论体系之逻辑体系研究》，中国人民大学出版社 2020 年版。

理论的特点定位在时代的进程和诉求上,认为社会主义思想的诞生当然是时代的产物,因而随着时代的演进,社会主义的思想也在不断地演进,这种演进必然受时代制约并深深地打上时代的烙印。[1] 河北大学王海对方法与方法论进行了深刻的哲学反思,对方法的多样性和层次性进行了系统梳理,并将之作为解读中国特色社会主义理论体系的关键点。[2] 国防大学杨永利从理论与实践相结合、历史与逻辑相统一的原则,全面、系统地阐述了中国特色社会主义理论体系内涵的形成发展、基本内容、基本特点以及理论价值和实践意义等一系列基本问题。[3] 中国社会科学院赵智奎以专题形式从理论形成的背景、基本内容、地位意义构成三方面深入论证了中国特色社会主义理论是在中国发展过程中总结提升出来的,是真正适合中国发展的理论。[4] 北京大学孙代尧以经典文本解读为基础,从社会主义论、执政党学说和发展理论三个维度展开,对科学社会主义与中国特色社会主义理论体系的源流关系做出学理研究,指出二者之间有源有流、流自源出、源远流长的关系。[5] 这些著作从不同侧面、角度向我们展现了中国特色社会主义理论体系的丰富内涵。

上述研究主要涉及中国特色社会主义理论体系的主要内容、历史地位、发展演进、实践意义等范畴,进一步深化研究的方向与重要领域包括:一是中国特色社会主义理论体系是如何发展创新马克思主义的;二是中国特色社会主义理论体系创新发展的内在动力如何把握;三是中国特色社会主义理论体系与毛泽东思想之间的关系如何理解;四是中国特色社会主义理论体系如何丰富发展了人类文明成果;等等。

---

[1] 孙力:《理论的新形态:社会主义与中国特色》,世界图书出版社 2015 年版。

[2] 王海:《中国特色社会主义理论体系方法论研究》,人民出版社 2015 年版。

[3] 杨永利:《中国特色社会主义理论体系内涵研究》,人民日报出版社 2015 年版。

[4] 赵智奎:《理论自信——中国特色社会主义理论研究》,高等教育出版社 2019 年版。

[5] 孙代尧:《源远流长——科学社会主义与中国特色社会主义理论体系源流关系研究》,中国人民大学出版社 2019 年版。

二、关于中国特色社会主义的领导力量和领导制度研究

中国共产党的领导是中国特色社会主义的最本质特征之一。中国特色社会主义理论体系最大的独创性理论贡献就是丰富和发展了马克思主义政党学说，强调党的领导制度在国家治理现代化中的根本性统领地位。党的十九届四中全会明确提出，党中央集中统一领导和全面领导制度是我们党和国家的根本领导制度。理解中国特色社会主义，关键在于理解中国共产党。党的十八大以来，科学社会主义学界及相关领域研究者将中国共产党的研究置于重要议题地位，突显了党的领导及其制度体系的特殊重要性。

"中国之治"背后的关键密码是中国共产党。中央党校谢春涛以"中国共产党为什么能"为主题，分析了中国共产党治理国家、应对挑战、治理腐败和管党治党的历史经验。[1] 中央党校曹普则从中国共产党运用科学理论指导应对执政风险挑战的角度，分析了中国共产党高超执政能力的淬炼历程。[2] 此外，学术界结合习近平总书记提出的"中国共产党人的初心和使命，就是为中国人民谋幸福，为中华民族谋复兴"这一鲜明论断，对中国共产党的特质属性进行了深入研究，创造性提出并形成了"使命型政党"研究议题。"使命型政党"的主要研究者包括李海青、唐亚林、唐皇凤等人。中央党校李海青围绕"使命型政党"形成系统性研究成果，他认为马克思主义使命型政党是指以马克思主义为指导，以对人类社会发展规律的认知与把握为前提，以人民至上为价值宗旨，以建立共产主义、实现每个人的自由全面发展为最终使命，具有强烈的历史主体意识与舍我其谁的责任担当情怀的一种政党类型。就社会基础而言，中国共产党高度重视构建与人民群众的道义性的"生死伦理"契约；就指导思想而言，中国共产党始终注重思想建党；就组织原则而言，中国共产党遵循民主集中制并按这个原则组织和开展

---

[1] 谢春涛：《中国共产党为什么能》书系（全 5 册），新世界出版社 2017 年版。

[2] 曹普：《百炼成钢：中国共产党如何应对危局和困境》，中共中央党校出版社 2017 年版。

活动；就党员个体而言，使命型政党要求不断强化党性修养。这四个方面在运行机制上的有机结合与内在协调就构成了使命型政党的治党逻辑。① 复旦大学唐亚林概括了使命型政党的六大特质：立基"党性人理论原理"、严密的政党组织体系、服务与引领功能、民主集中制、与时俱进的自我更新文化、高度人格魅力与丰富情感之上。中国共产党致力于建构的"使命——责任体制"新型政治形态，它有赖于以德治党与依法治国相互促进机制以及决策——执行高效互动机制在现实生活中的全面生成。② 武汉大学唐皇凤认为，使命型政党是具有先进的理想信念和坚定的政治立场，将主动承担历史使命和切实履行政治责任视为组织激励和行为动力之根本源泉的先锋队政党。中国共产党具有使命型政党的典型特质，强烈的历史使命感和时代责任感一直是我们党推进现代化建设的动力源泉，使命与责任是重新理解中国共产党性质与功能的新视角。③ 其他学者扩展了"使命型政党"的内涵。如上海市委党校赵大朋认为从实践来看，党的全面领导制度的建构深刻影响和改变了党与国家和社会的关系，在中国建构起与西方国家截然不同的政治体制环境。正是在这种特殊的环境中，使命型政党具备了鲜明的时代内涵和整体组织特征。④ 四川省社科院陈井安等人认为，"两个先锋队"的属性决定了中国共产党坚持以谋求人、阶级、社会的解放并实现共产主义为价值目标；以全心全意为人民服务为价值内核；以整体利益至上，个体利益居次为价值遵循。在使命践履上，中国共产党坚持由质而设，体现鲜明的崇

① 李海青：《马克思主义使命型政党理论溯源——对〈共产党宣言〉的政治哲学解读》，《哲学动态》2018 年第 5 期；《使命型政党的治党逻辑——十九大全面从严治党的内在理路》，《经济社会体制比较》2018 年第 2 期；《为什么说中国共产党是马克思主义使命型政党》，《学习时报》2020 年 9 月 28 日；《中国共产党：马克思主义的使命型政党》，《江西社会科学》2018 年第 2 期。

② 唐亚林：《"使命型政党"的六大特质》，《北京日报》2020 年 9 月 21 日；《使命——责任体制：中国共产党新型政治形态建构论纲》，《南京社会科学》2017 年第 7 期。

③ 唐皇凤：《使命型政党：新时代中国共产党长期执政能力建设的政治基础》，《武汉大学学报》2018 年第 3 期；《使命型政党：执政党建设的中国范式》，《浙江学刊》2020 年第 1 期。

④ 赵大朋：《使命型政党：中国共产党类型化研究的探索》，《探索》2020 年第 5 期。

高性；因势而调，具有一定的灵活性；与时俱进，具有鲜明的时代性。① 中山大学连文妹、沈成飞指出，使命型政党特质是中国共产党特有的政治属性，它涵括理论的渊源、历史的追因和未来的指向。② 复旦大学宋道雷强调，中国共产党作为使命型政党领导的新时代中国特色社会主义的内涵表现为四大复合，展开路径表现为中国共产党必须领导新四大结构。基于此，中国共产党不仅需要注重执政党建设，更须注重使命型政党建设。③ 这些代表性文章都从不同侧面丰富了对于中国共产党属性的认知内涵，发展了马克思主义政党理论。

学术界除了对政党性质、特征的拓展性研究之外，还把研究侧重点放在关于党的领导制度研究上。尤其是党的十九届四中全会提出，党的领导制度是根本的、处于统领地位的党和国家领导制度，是"中国之治"中最为关键的政治密码。唐皇凤等人分析了党的领导制度体系的构成要素、逻辑结构和优化路径，认为在党的领导制度体系中，不忘初心、牢记使命的制度是价值内核和思想基础；坚定维护党中央权威和集中统一领导的各项制度是最高原则；党的全面领导制度是有效支撑和核心目标；为人民执政、靠人民执政各项制度是根本目的和根本方式；提高党的执政能力和领导水平制度是基本着力点；全面从严治党制度是根本保障。④ 张迪等人认为，党的领导制度体系是富有逻辑的多维有机系统，从理论维度来看，坚持和完善党的领导制度体系是马克思主义政党理论的根本主张；从历史维度来看，坚持和完善党的领导制度体系是中国共产党成立近一百年伟大实践的经验总结；从实践维度来看，这是实现党的领导制度化和国家治理现代化的实

① 陈井安、赵晓波：《使命型政党：价值取向、使命践履与历史经验》，《中国特色社会主义研究》2019 年第 1 期。

② 连文妹、沈成飞：《论中国共产党的使命型政党特质》，《教学与研究》2019 年第 5 期。

③ 宋道雷：《使命型政党——中国共产党领导新时代中国特色社会主义的形态、内涵和路径》，《南京社会科学》2019 年第 2 期。

④ 唐皇凤、梁新芳：《党的领导制度体系：构成要素、逻辑结构和优化路径》，《新疆师范大学学报（哲学社会科学版）》2020 年第 4 期。

践要求。① 周建伟指出，党的领导制度体系是党和国家权威机构制定的，明确国家治理中权力配置和"权威—服从"关系的规则体系，在国家治理体系中处于"统领"和"圆心"位置，具有驱动治理体系有效运转、增进政治信任、促进国家稳定发展的重要功能，能够提高中国共产党科学执政、民主执政、依法执政水平。② 黎田等人指出，党的领导制度体系包含的六项具体制度紧密联系、互相支撑，体现了领导本体论、领导核心论、领导形态论、领导价值论、领导质效论、领导保障论等制度建构逻辑。③ 杨彬彬指出，中国共产党对全面领导的认识和党的全面领导制度的建构，贯穿于革命、建设、改革全过程，呈现出马克思主义政党学说、国家学说、社会革命理论的中国实践样态。④ 蒋明敏认为，党的全面领导制度具有巨大优势，党政互嵌锻造国家治理主轴，有利于维护最广大人民的根本利益；系统规划整合治理力量，有利于消解政府部门的"内部性"；与时俱进创新领导方式，有利于推进治理方式的科学化与民主化；刚柔并举构建监督体系，有利于营造风清气正的治理生态。⑤ 陆卫明等人认为，贯彻落实党的领导制度体系要做到"四个结合"，即加强思想教育和开展广泛宣传相结合、发展党内民主和实行正确集中相结合、坚持抓"关键少数"和管"绝大多数"相结合、坚持党内监督和外部监督相结合。⑥ 郭定平等人强调，从历史、理论、制度和实践四个维度解析坚持和完善党的领导制度体系的基本逻辑，就要求正确处理和不断调适政党、

---

① 张迪、谭虎娃：《党的领导制度体系：理论、历史与实践维度分析》，《学术前沿》2020 年第 7 期（下）。

② 周建伟：《党的领导制度体系：内涵、定位、意义与内在逻辑》，《华南师范大学学报》2020 年第 2 期。

③ 黎田、张世飞：《党的领导制度体系的科学内涵、建构逻辑及其价值意蕴》，《理论导刊》2020 年第 10 期。

④ 杨彬彬：《党的全面领导制度：概念、特点与实现机制》，《思想政治教育》2020 年第 7 期。

⑤ 蒋明敏：《国家治理现代化视域下党的全面领导：制度优势与治理效能优化》，《江海学刊》2020 年第 4 期。

⑥ 陆卫明、孙泽海：《坚持和完善党的领导制度体系：价值、任务与路径》，《中州学刊》2020 年第 3 期。

国家和社会之间的关系，推动党的领导与国家治理的有机统一、先锋型政党和群众型政党与使命型政党的有机整合、制度单元与制度体系的有机衔接、制度自信与制度创新的有机互动。① 齐卫平指出，中国特色社会主义制度体系总结构是国家治理中各个领域各个方面制度体系分结构的集成，中国特色社会主义制度体系分结构形成国家治理各领域各方面相应的制度体系。党的领导在中国特色社会主义制度体系总结构中具有根本制度的地位。② 这些研究成果对党的领导制度体系的内涵、结构和定位进行细致研究，使得关于党的领导制度的研究更加立体、饱满，丰富了我们对马克思主义政党及其领导制度的认识。

从党的领导制度是中国特色社会主义制度的最显著优势出发，学术界结合十九届四中全会关于建立"不忘初心、牢记使命"制度的重要论述进行了研究。张书林认为，"不忘初心、牢记使命"由"教育"到"制度"的升华历程，是思想建党向制度治党演进的一种体现。建立"不忘初心、牢记使命"的制度有党章依据、党章支撑，彰显了制度治党与依规治党的衔接。③ 项久雨认为，初心与使命内在塑造着中国共产党人的一种制度化身份，即成为人民幸福与民族复兴的担纲者与引领者。④ 胡永新、曹坤指出，建立不忘初心、牢记使命制度的背景包含坚守初心思想淬炼的根基、政治的担当及永恒课题三层逻辑。⑤ 张紧跟强调，中国共产党作为区别于西方"选举型政党"的"使命型政党"，通过与时俱进的意识形态话语生产机制、密切联系群众的民

---

① 郭定平、梁君思：《坚持和完善中国共产党领导制度体系的四重逻辑》，《探索》2020 年第 6 期。

② 齐卫平：《中国共产党根本领导制度的定位问题研究》，《理论探讨》2020 年第 4 期。

③ 张书林：《建立不忘初心、牢记使命的制度：历程、依据、构想》，《学习论坛》2020 年第 3 期。

④ 项久雨：《制度化的"身份"：初心与使命对中国共产党人身份的内在规定》，《教学与研究》2020 年第 9 期。

⑤ 胡永新、曹坤：《建立不忘初心、牢记使命的制度研究》，《江西师范大学学报》2020 年第 5 期。

意吸纳机制、以党领政的执政创新机制以及从严治党的权力监督机制，实现了对国家的有效治理，并巩固了长期执政的合法性。① 而在韩冬雪、胡晓迪看来，唯有作为使命型政党的中国共产党，才能够担负起带领中国人民实现现代化这一历史使命。将使命型政党的内在特质和中国现代化的逻辑这两个视角结合起来，对近代以来中国共产党带领中国人民追寻现代化的历史进程进行系统的梳理与概括，才能从学理上阐明中国共产党领导地位形成的历史逻辑。② 黄相怀则把"使命型政党"放到现代化视野中去考察，认为中国共产党"使命型政党"的角色定位，是中国的现代化既能吸收西方现代化经验又能反哺乃至校正西方现代化经验的关键；而社会主义所提供的制度资源与制度力量，则是中国有效推进现代化的基本保证；以高明策略和科学方法因应潮流，是推进现代化的正确打开方式。③

上述研究揭示了党的领导理论在中国特色社会主义理论体系中的重要地位，从多维度阐明了党的领导的历史渊源、制度体系、运行机制和显著优势，深化了对中国特色社会主义领导力量的理论认识。下一步研究的方向和重要议题包括：一是需要从理论上概括总结马克思主义执政党学说，既包括关于党的领导的学说，也包括关于党的建设的学说；二是需要进一步阐明社会主义事业的发展为什么需要党的领导；三是需要进一步分析随着社会主义事业的发展，党的领导制度、方式和机制都发生了哪些变化，变化逻辑如何来把握；四是需要进一步分析社会主义事业中政党与国家的关系、政党与社会的关系以及政党与人民的关系，这些关系如何不同于资本主义社会；五是需要进一步概括马克思主义政党学说与西方政党理论之间的逻辑体系、价值目标、理论基础之间的本质区别；等等。

---

① 张紧跟：《论使命型政党的治理机制》，《四川大学学报》2019年第2期。
② 韩冬雪、胡晓迪：《论中国共产党领导地位形成的历史逻辑——基于使命型政党特质与中国现代化进程的分析》，《湖南大学学报》2020年第3期。
③ 黄相怀：《中国道路与人类现代化经验：基于"使命型政党"视角的考察》，《江海学刊》2020年第4期。

三、关于社会主义初级阶段与社会主义现代化发展战略的研究

把马克思主义社会发展阶段理论运用到对中国国情的分析中去，形成关于我国社会主义发展阶段的认识，是中国特色社会主义理论体系的重大创新之处。党的十三大系统提出了社会主义初级阶段理论，并对党在社会主义初级阶段的基本路线进行了科学界定。随着实践的发展进步，社会主义初级阶段呈现出逐级演进的特征，特别是党的十八大以来，中国特色社会主义进入新时代，意味着社会主义初级阶段表现出新特征。党的十八大以来，科学社会主义学界对社会主义初级阶段进行了跟踪式研究。

吴波等人认为，将社会主义初级阶段作为建设中国特色社会主义的总依据提了出来，一方面，需要将这一理论纳入马克思主义关于未来社会阶段划分的分析框架之中加以考察；另一方面，需要基于形态、历史跨度和分期以及主要矛盾等方面加以思考。[①] 王志强等从社会主义初级阶段的根本特征出发，提出社会主义初级阶段最大的特征是"不发达"，并认为这是在与世界其他国家的横向比较、生产力水平高低、发展的平衡性和充分性以及人的全面发展等多个角度进行分析后得出的科学结论。[②] 康丹丹等认为，加快建设社会主义现代化是摆脱社会主义初级阶段不发达的状态的总目标，而当前经济社会发展过程中呈现出的不平衡不充分严重制约了社会主义现代化建设，因此在推进社会主义初级阶段向着更高阶段发展的过程中应该从推进各个领域的改革中加快社会主义现代化建设的步伐。[③] 魏辉总结了社会主义初级阶段理论形成的逻辑基础，认为其产生的思想根基是马克思社会发展阶段论，实践基础是中国特色社会主义伟大实践，时代诉求是对和平与发展时代

[①] 吴波、韩小南：《辩证认识和把握社会主义初级阶段》，《中共云南省委党校学报》2013 年第 1 期。

[②] 王志强、王跃：《重思社会主义初级阶段的"不发达"问题——兼论新时代中国特色社会主义仍处于社会主义初级阶段》，《社会主义研究》2018 年第 1 期。

[③] 康丹丹、夏玉凡：《"不发达"的张力与动态特征——社会主义初级阶段历史方位缘何"不变"》，《社会主义研究》2019 年第 1 期。

主题的积极把握和回应，同时它也批判继承了苏联社会主义建设的正反两方面经验。① 孙洁等人提出，社会生产力状况是制约社会发展程度、社会发展阶段的最主要因素，社会主义社会也需要划分发展阶段。社会主义初级阶段理论是我国以往经济建设中所取得巨大成就的理论基石，亦是我国今后朝着社会主义现代化前进、建设有中国特色的社会主义的重要理论保障之一。② 陈君锋等人认为，社会主义初级阶段理论继承和发展了马克思主义关于历史观和时代观的基本观点，对中国特色社会主义现代化建设具有重要指导价值。③ 刘旭雯认为，社会主义初级阶段的提出有深刻的内因和历史必然性，需要从理论生成逻辑、时代呼唤逻辑、实践发展逻辑、现实国情逻辑、文化创新逻辑等五重向度剖析社会主义初级阶段形成和发展的必然性。④ 周泉从马克思"三大社会形态"理论出发，对社会主义初级阶段的世界历史方位进行了阐释，认为社会主义初级阶段不仅指称中国特色社会主义所处的特殊历史方位，也表示一切发展中国家建设社会主义所必须经历的历史阶段。⑤ 肖玉元等人认为，社会主义初级阶段是一个由低向高不断发展，并在一定时期具有相对稳定性的长期历史过程，将其划分为不同的发展阶段具有充分的理论逻辑、历史逻辑和实践逻辑支撑。⑥ 这些研究主要集中于对社会主义初级阶段的划分标准、发展定位和发展状况进行分析。

党的十九大明确提出，中国特色社会主义进入新时代，但是我国依然处

---

① 魏辉：《社会主义初级阶段理论形成的逻辑基础》，《党史博采》2020 年第 1 期。

② 孙洁、苏京春：《社会主义初级阶段理论的历史逻辑及重大意义》，《人民论坛》2019 年第 10 期（中）。

③ 陈君锋、王幸媛：《社会主义初级阶段理论的马克思主义意蕴与世界意义》，《学术前沿》2020 年第 7 期（上）。

④ 刘旭雯：《社会主义初级阶段理论形成和发展的五重逻辑向度》，《中共南昌市委党校学报》2019 年第 6 期。

⑤ 周泉：《社会主义初级阶段的世界历史方位——基于马克思"三大社会形态"理论的分析》，《中南民族大学学报》2019 年第 3 期。

⑥ 肖玉元、欧阳恩良：《正确把握社会主义初级阶段的阶段划分》，《思想理论研究》2019 年第 8 期。

于社会主义初级阶段的最大国情没有变化。那么如何来认识新时代与社会主义初级阶段之间的关系呢？孙力等人认为：第一，"新时代"和"初级阶段"并不冲突，"新时代"是中国特色社会主义历史进程中的定位，而"初级阶段"不仅反映中国特色社会主义的历史进程，而且深刻地映衬了现实社会主义运动具有的普遍历史特点，"新时代"和"初级阶段"依据不同的划分逻辑和处在不同的坐标体系；第二，"新时代"与"初级阶段"相衔接，勾画了社会主义的中国进程，而这些社会发展阶段理论是对马克思主义经典作家社会发展理论的传承和创新；第三，中国共产党人继承马克思、恩格斯和列宁的思想，创造性地阐明了现实社会主义的历史方位。① 康晓强则从历史角度分析，认为新中国成立以来，中国共产党坚持把科学社会主义的理论逻辑、基本原则同中国社会发展的历史逻辑、现实情势有机结合，明确阐明并详细论述了社会主义社会之"建立"与"建成"、社会主义社会如何从"不发达"的"初级阶段"走向"发达"的"高级阶段"以及中国特色社会主义新时代标注社会主义新的生长方位。② 杨兴林认为，中国特色社会主义新时代是社会主义初级阶段的中国特色社会主义新时代，二者之间既非平行关系，也非替代关系或超越关系。③ 高继文认为，"新时代"重大判断反映我国发展新的历史方位，指明我国基本国情的新变化和面临的新课题，深化了社会主义初级阶段理论。新时代是社会主义初级阶段长期进程中由富起来到强起来的阶段，赋予了社会主义初级阶段新内涵和新特点。④ 刘建军则认为，深入理解党的十九大关于中国特色社会主义进入新时代和我国社会主要矛盾发生变化等重大政治判断和理论观点，必须深入思考社会主义初级阶段理论，特别是

① 孙力、翟桂萍：《科学社会主义原理视阈下的心新时代与社会主义初级阶段》，《想政治教育》2018 年第 9 期。

② 康晓强：《新中国成立以来中国共产党对社会主义发展阶段认识的演进》，《中共中央党校（国家行政学院）学报》2020 年第 1 期。

③ 杨兴林：《深层次把握我国社会主义初级阶段的理论与现实》，《学习论坛》2019 年第 8 期。

④ 高继文：《从新时代历史方位深化认识我国社会主义初级阶段》，《理论与改革》2020 年第 4 期。

就"初级阶段究竟有多长"的问题作出原则性回答。社会主义初级阶段时间的长短，主要取决于它的历史使命，即它所承担的历史任务。由于"社会主义初级阶段"承担的历史任务发生了变化，从一个历史任务变成了两个历史任务，因此尽管中国特色社会主义进程在加快，但初级阶段并没有缩短，反而要延长。①周康林指出，社会主义社会是"经常变化和改革的社会"，科学把握我国社会发展的阶段性特征需要坚持理论与实践、历史与现实、整体与局部、国内与国际相结合等基本原则。新时代我国社会发展呈现出的阶段性特征体现在重大时代课题的问题转向、社会主要矛盾转化、开启社会主义初级阶段的"后半程"、在全球治理中的贡献和作用发生重大变化等四个方面。②冯务中认为，社会主义初级阶段基本内涵会随着时代的发展而发展，需要以与时俱进的态度准确把握。站在新的历史方位上，我们应该深刻领会基本路线的六个方面，即"领导和团结全国各族人民""以经济建设为中心""坚持四项基本原则""坚持改革开放""自力更生，艰苦创业""为把我国建设成为富强民主文明和谐美丽的社会主义现代化强国而奋斗"在中国特色社会主义新时代的时代意蕴。③韩震指出，党的十九大报告指出，我国仍处于并将长期处于社会主义初级阶段的基本国情没有变，我国是世界最大发展中国家的国际地位没有变。全面认识和理解这个科学判断，需要正确认识"变"与"不变"的辩证关系，正确认识两个"没有变"之间的内在联系。④刘伟同样认为，应当充分认识社会主义初级阶段的历史长期性，中国的现代化还需要经过艰苦努力，尚有漫长的历史进程。成为社会主义现代化强国之后中国特色社会主义仍属社会主义初级阶段。⑤上述研究都与时俱进地反映

---

① 刘建军：《论我国社会主义初级阶段的历史跨度》，《中国特色社会主义研究》2019 年第 4 期。

② 周康林：《论新时代中国特色社会主义发展的阶段性特征》，《广西社会科学》2018 年第 12 期。

③ 冯务中：《社会主义初级阶段基本路线在新时代的意蕴》，《科学社会主义》2019 年第 2 期。

④ 韩震：《正确认识我国社会主义初级阶段的基本国情没有变的科学判断》，《行政管理改革》2018 年第 5 期。

⑤ 刘伟：《应当充分认识社会主义初级阶段的历史长期性》，《政治经济学评论》2018 年第 6 期。

了中国特色社会主义的发展对社会主义初级阶段历史演进的深刻影响，同时又清醒地把握和认识社会发展阶段历史演进的复杂性、漫长性规律。

与此相关的一个问题是，在社会主义初级阶段理论的指导下，中国特色社会主义形成了现代化建设"三步走"战略。党的十九大报告针对中国特色社会主义进入新时代，谋划了新时代"两步走"战略。那么，"三步走"战略与"两步走"战略如何衔接？如何具体展开？两者是何种关系？这些问题成为学术研究的热点问题之一。任志江等人认为，1978 年以来我国按"三步走"总战略的部署先后实现了温饱、总体小康等战略目标。为此，他系统回顾和分析"温饱"分战略的形成、实施、完成和特征。① 张亚飞系统回顾了历史，他提出，从"钢铁指标"到"国民经济体系"，"分步走"发展战略在"超英赶美"和"两步走"中萌芽；从"四个现代化"到"中国式现代化"，"分步走"发展战略在"新两步走"和"三步走"中形成；从"人均国民生产总值"到"两个一百年"，"分步走"发展战略在"新三步走"和"各领域的具体化"中发展；从"基本实现现代化"到"社会主义现代化强国"，在"两个十五年"和"开启全面建设现代化国家新征程"中成熟。② 朱国明认为，"两步走"总任务的依据是新时代中国社会的主要矛盾，是在继续完成"三步走"战略的任务，是党坚定坚持社会主义初级阶段基本路线的战略安排。③ 胡鞍钢则尝试提出新时代"三步走"战略，中国第一个百年目标胜利在望，胜利在握，在继承此前中国发展任务的基础之上，可以提出中国社会主义现代化"三步走"战略设想（2030—2050—2078）。第一步是 2030 年建成共同富裕社会；第二步是 2050 年实现社会主义现代化；第三步是 2078 年，建成高度发达的社会主义现代化国家。④ 李程骅指出，"两步走"新战略是对改革开放以来"三

---

① 任志江、汤希：《"三步走"总战略中"温饱"分战略特征分析》，《人民论坛》2015 年第 12 期（下）。

② 张亚飞：《对社会主义现代化"分步走"发展战略的探索》，《学习论坛》2018 年第 8 期。

③ 朱国明：《论习近平新时代"两步走"思想内涵及其社会主义本质特色》，《改革与开放》2018 年第 5 期。

④ 胡鞍钢：《社会主义现代化"新三步走"战略设想》，《求是学刊》2017 年第 3 期。

步走"战略的深化和拓展，是中国社会主义现代化理论的最新发展，体现了中国特色社会主义的伟大创新，与中华民族从站起来到富起来直至强起来，实现中华民族伟大复兴的中国梦的历史逻辑高度吻合，并直接引领我国进入高质量发展阶段，破解因社会主要矛盾发生变化而带来的新挑战，走出一条世界上最大的发展中国家、惠及十几亿人口的独特的现代化之路。[1]陈德祥则认为，新时代"两步走"战略安排包括战略目标、战略步骤、战略布局、战略举措、战略主题、战略方针、战略途径、战略保障及指导思想等，内容丰富，逻辑清晰，并非概要的目标设计和大致的方向指引，而是系统的战略部署和科学的理论体系。[2]这些研究都指明，将社会发展战略具体化、现实化是中国特色社会主义理论体系分析社会发展阶段并推动实践发展的一条重要经验。

下一步深化研究需要继续思考如下问题：一是理解阐释习近平总书记关于"历史方位""发展阶段"的重要论述以及这些论述背后的历史依据和理论依据；二是从理论上理解进入新时代、进入新发展阶段、踏上新征程、"两个大局"和依然处于社会主义初级阶段之间的关系；三是进一步从理论上厘清全面建成小康社会之后的初级阶段与之前的初级阶段之间的联系与区别；四是从理论上弄清全面建设社会主义现代化国家与社会主义初级阶段之间的关系；等等。

四、关于社会主义改革开放理论的研究

改革开放是决定当代中国命运的关键一招，是中国特色社会主义的最鲜明特征。中国共产党人辩证地看待苏联模式，作出了社会主义改革开放的伟大历史决策，走出了一条不同于苏联模式的新的社会主义道路。社会主义改

---

[1] 李程骅：《我国现代化建设"两步走"新战略的要义认知》，《学海》2018 年第 3 期。
[2] 陈德祥：《新时代"两步走"战略安排的理论逻辑与思想价值》，《思想政治教育》2019 年第 4 期。

革开放理论是中国特色社会主义理论体系的独创性理论，丰富了马克思主义的基本原理。2018 年正值中国改革开放 40 周年，关于社会主义改革开放的研究成为热点。科学社会主义学界从不同侧面展开了相关研究，其主要研究维度包括以下几个方面：

一是侧重于对改革开放伟大决策的历史回顾和经验总结。如曹普回顾了改革开放伟大决策的历史由来，指出改革开放作为党带领人民进行的一场新的伟大革命，其发生决不是偶然的，而是有着深刻的国际国内背景。① 刘海涛指出，改革开放取得举世瞩目的成就，充分体现了这关键一招的巨大威力。当前，我们面临的发展机遇和风险挑战前所未有，尤须用好改革开放这关键一招，把中国特色社会主义伟大事业继续推向前进。② 叶小文强调，在实施改革开放这"关键一招"、大力发展社会主义市场经济的关键时刻，关键的关键，就是中国有一个在推进和发展社会主义市场经济，在领导改革开放和社会主义现代化建设伟大社会革命的同时，坚定不移推进党的伟大自我革命，不断自我净化、自我完善、自我革新、自我提高的中国共产党。③ 何自力认为，40 年改革开放历程，深刻体现了政治逻辑与经济逻辑的互动。坚持马克思主义的指导地位，坚持党的领导，坚持社会主义市场经济改革方向，社会主义与市场经济相结合，是中国改革开放取得辉煌成就的成功经验。④ 严书翰认为，坚持理论创新和实践探索良性互动，是我国改革开放取得巨大成功的一条宝贵经验。⑤ 石仲泉强调，改革开放以来，中国能够富起来成为第二次飞跃，是因为我们坚持社会主义初级阶段基本路线始终不动摇，坚持社会主义市场经济改革方向并不断健全和完善体制机制，坚持经济社会科学发展并不断处理好改革、发展和稳定等各种关系，坚持独立自主外

---

① 曹普：《中国改革开放的历史由来》，《理论参考》2008 年第 12 期。
② 刘海涛：《用好改革开放这关键一招》，《人民日报》2013 年 10 月 23 日。
③ 叶小文：《"关键一招"与"关键在党"》，《人民论坛》2018 年第 12 期（下）。
④ 何自力：《改革开放政治逻辑与经济逻辑的互动》，《人民论坛》2018 年第 10 期（上）。
⑤ 严书翰：《坚持理论创新和实践探索良性互动》，《理论导报》2018 年第 12 期。

交方针。① 姚桓指出，改革开放以来中国共产党经历了磨难挑战并积累了应对经验，如排除阻力、克服干扰，顶住国内外压力，坚持走中国特色社会主义道路；完善发展理念，妥善化解社会矛盾；维护主流意识形态主导地位；防止和克服腐败；等等。②

二是对改革开放前后两个历史时期关系的认识。改革开放不能脱离于毛泽东时期社会主义建设的曲折探索，但是有段时间内，历史虚无主义甚嚣尘上，模糊了人们改革开放历史观。科学社会主义理论工作对于这一问题进行了认真的辨析。比如，逄先知指出，中国特色社会主义道路，是在以毛泽东同志为核心的党的第一代中央领导集体创立的社会主义制度基础上走出来的，是以邓小平同志为核心的党的第二代中央领导集体成功开辟的。③ 郭文亮等人指出，四十年的改革开放一方面给中国带来了天翻地覆的变化，得到了绝大多数人的肯定和支持，但另一方面也引发了一部分人的质疑和否定，出现了改革开放"失败论""变质论""倒退论"等历史虚无主义观点。文章认为，判断改革开放是否失败、是否变质、是否倒退，不能以主观意识形态立场和个人利益得失为依据，而应该以习近平总书记提出的"两个是否"和邓小平同志提出的是否坚持了"四项基本原则"并最终是否促进了社会的进步和发展为客观标准。④ 刘行玉认为，改革开放前后两个时期社会主义实践探索既相互联系又有重大区别。大寨与小岗的个案回顾与比较为我们理解历史的阶段性和完整性提供了重要素材。作为特定历史的产物，两个时代典型的出现既是社会主义实践探索的尝试，又是多重因素共同建构的结果。与"农业学大寨"运动中全国农民被动卷入不同的是，小岗开启的农村改革赋予农民生产经营中更多的选择权和自主权，是基层探索与顶层设计有效互动

① 石仲泉：《新中国 70 年的三大历史性飞跃》，《中国浦东干部学院学报》2019 年第 4 期。

② 姚桓：《1978—2020：改革开放以来党经受的风险及挑战》，《人民论坛》2020 年第 7 期（上）。

③ 逄先知：《邓小平与中国社会主义的命运——为纪念邓小平诞辰 110 周年而作》，《商周刊》2014 年 8 月 18 日。

④ 郭文亮、孙小禹：《驳改革开放评价中的历史虚无主义》，《经济社会体制比较》2019 年第 2 期。

的结果。① 刘书林分析道，历史虚无主义为达到歪曲历史的目的，其手法往往是"戏说""恶搞"历史，抹黑推动历史前进的英雄模范人物；打着"还原历史"的幌子，大作翻案的文章，颠倒黑白；刻意编造和扩大社会主义实践中出现的曲折和错误，否定和歪曲革命与建设的历史；妄图以细节代替历史主流和主线；等等。② 王芳也指出，毛泽东领导的社会主义革命和建设夯实了改革开放的地基，为改革开放顺利进行提供了可能性，他领导社会主义建设遭受的失败和挫折预示了改革开放的必然性。从"宝贵的历史教材"中学习、重视总结历史经验是中国共产党人的优良传统，也是改革开放取得成功的重要法宝，对新时代全面深化改革，坚持和发展中国特色社会主义事业具有重要的启示意义。③ 上述理论澄清工作，有力地回应了历史虚无主义的消极影响，为我们正确认识改革开放的历史进程提供了思想条件。

三是关于改革开放与现代化关系的研究。改革开放开启了社会主义现代化的新纪元，发展了中国共产党人的社会主义观，丰富了科学社会主义的基本原则。孙力指出，中国共产党人前所未有地阐释和确立了社会主义的现代性，这集中体现在对改革的深刻认识。改革不仅仅是社会主义方针政策、体制机制层面的特性，更是体现社会主义的基本属性。它超越了资本主义的现代性，因为它是一种对现代生产力积极主动的调整和适应。改革的实践终结了社会主义的僵化现象，激活了社会主义成长性的基因，丰富深化了唯物史观的内涵。由此可见，中国特色社会主义道路蕴含了社会主义发展新的历史逻辑。④ 袁惠民强调，中国的改革开放对马克思主义国家治理理论作出了重要贡献。它完成了马克思主义理论合理性的现实转换，开创了落后国家的社

---

① 刘行玉：《从大寨到小岗：社会主义实践探索的时代转折》，《聊城大学学报》2019 年第 6 期。

② 刘书林：《历史虚无主义思潮的表现及其思维方法》，《思想理论教育》2014 年第 11 期。

③ 王芳：《毛泽东社会主义建设的曲折探索为改革开放留下"宝贵的历史教材"》，《毛泽东思想研究》2019 年第 5 期。

④ 孙力：《"思想闪电"：中国共产党重塑社会主义中的唯物史观新阐释》，《社会科学》2020 年第 8 期。

会主义发展之路，发展了社会主义国家的民主政治。① 彭波强调，"走自己的路"是邓小平总结中国革命和建设的历史经验得出的基本结论，也是对中国向何处去的完美回答，即坚持改革开放和四项基本原则两大基石，建设中国特色社会主义现代化强国。② 陈锡喜总结道，邓小平强调以生产力标准看待社会主义社会基本矛盾，从中把握社会主要矛盾，确立了社会主义根本任务和改革开放决策；从生产关系和上层建筑方面区分了根本制度和具体制度，确定了社会主义条件下改革的性质；探索了社会基本矛盾在社会生活各方面的矛盾表现，深化了全面改革思想。今天，改革开放再出发，需要根据社会基本矛盾的发展变化，及时把握主要矛盾的转化以及社会基本矛盾表现形式的复杂性，以经济体制改革为主轴、以国家治理体系和治理能力现代化为总体角度推进全面深化改革。③ 宋林飞指出，习近平总书记围绕改革开放和社会主义现代化总结中国经验、作出重大决策与部署未来，从而揭示了"中国成功"的秘密，即以改革开放推动社会主义现代化。④ 龚云强调改革开放一定要坚持社会主义方向，改革是社会主义制度的自我完善和发展；要依靠四项基本原则保证改革的社会主义方向；在整个改革开放的过程中，必须始终反对资产阶级自由化。⑤ 余发良、赵建论述了改革开放以来中国共产党对社会主义的认识：贫穷不是社会主义，愚昧也不是社会主义，社会和谐是社会主义的本质属性，"生态文明就是生产力"，民主法治是社会主义事业的保障。⑥

① 袁惠民：《改革开放对马克思主义国家治理理论的三大贡献》，《理论视野》2018 年第 11 期。
② 彭波：《"走自己的路"：邓小平道路自信探析》，《邓小平研究》2020 年第 2 期。
③ 陈锡喜：《改革开放实践的马克思主义理论基础再研究》，《上海交通大学学报》2019 年第 1 期。
④ 宋林飞：《改革开放与社会主义现代化——习近平现代化思想初探》，《社会科学研究》2018 年第 6 期。
⑤ 龚云：《坚持邓小平关于改革的社会主义方向思想》，《重庆邮电大学学报》2019 年第 1 期。
⑥ 余发良、赵建：《中国共产党在改革开放中对社会主义的新认识》，《改革与开放》2017 年第 23 期。

　　四是关于改革开放历史意义与世界意义的研究。要把改革开放放到社会主义发展史和人类现代化历史中去考察。为此，美国著名中国问题研究专家魏昂德认为，中国革命与改革的实践对传统马克思主义作出了两次独特的、具有全球性意义的重要贡献：一是毛泽东的第三世界革命理论，特别是在经济欠发达国家通过动员贫困和受压迫的农民进行革命的战略；二是邓小平开创的建设社会主义市场经济的独特道路。中国的改革代表了苏联以及 20 世纪 50 年代的中国所"没有采取的"一条道路。① 武力强调，中国共产党走出了中国特色社会主义发展道路，向全世界证明：社会主义是可以与时俱进并且有着巨大优越性。这种优越性不仅体现在经济体制上比资本主义具有更大的包容性，而且还体现在具有的强大经济发展动力和充分整合利用各种资源的能力。② 同时，中国的改革开放有一个大的历史背景和理论问题，就是如何认识传统意义上的社会主义道路——苏联模式，如何突破苏联模式，以及给其他社会主义国家带来哪些启示。对此，陆鹏飞就认为，东欧社会主义国家的改革在苏联的强大压力下均未能取得成功，且都走上了改旗易帜的邪路，但是他们的改革实践为我国改革开放和社会主义建设提供了一定借鉴。③ 黄宗良、项佐涛提出，改革开放推动了中国社会的全面转型，也就是从"传统的"苏联模式的社会主义走向社会主义现代化国家。④ 陈明凡也指出，中国共产党将马克思主义同中国国情和时代特征相结合，破解了改革开放过程中遇到的一系列历史性难题，如正确认识改革开放前后两个历史时期的关系、找准中国社会发展的历史方位、构筑中国特色社会主义政治制度体系、利用和赶超资本主义先进文明成果等，引领改革开放和社会主义现

---

① ［美］魏昂德：《中国改革道路的历史意义》，梅沙白译，《国外理论动态》2018 年第 9 期。
② 武力：《改革开放四十年：中国走出自己的发展道路》，《中央社会主义学院学报》2018 年第 2 期。
③ 陆鹏飞：《东欧社会主义改革对中国改革开放的启示》，《喀什大学学报》2019 年第 4 期。
④ 黄宗良、项佐涛：《在改革开放中实现向社会主义现代化国家的转变》，《聊城大学学报》2019 年第 4 期。

代化建设事业战胜重重困难、化解各种风险走向成功。① 肖贵清、夏敬芝评析认为，中国特色社会主义道路不同于苏联模式，更不同于资本主义现代化模式，而是立足中国国情、符合科学社会主义基本原则的建设道路。其原创性主要表现在：始终坚持中国共产党的领导；发展中国特色社会主义民主政治；社会主义基本制度与市场经济相结合；坚持社会主义性质的改革开放；建设中国特色社会主义文化。② 刘俊杰认为，中国改革开放取得成功的原因在于满足人民的根本利益和对美好生活向往的历史要求，顺应世界人民要发展合作、向往和平生活的时代潮流，由此开创了一条发展中国家走向现代化的新路，实现了制度变革的伟大创新。③

下一步深入研究应该结合新时代全面深化改革的现状与要求，加强对社会主义改革开放理论的认识和总结概括：一是进一步挖掘改革开放的实质要义；二是深入分析改革开放的重大理论和现实问题，如渐进式改革与全面深化改革的关系、"五位一体"改革的协调性协同性问题、改革的动力机制问题、深水区改革的难题和破解之道等；三是深化研究改革开放与中国特色社会主义之间的关系；四是需要进一步总结党领导改革开放事业的基本经验；等等。

五、关于社会主义市场经济理论的研究

中国特色社会主义的一大创举就是将社会主义与市场经济结合起来，在社会主义国家实行市场经济的经济体制，在观念上突破了市场经济"姓资姓社"的问题，赋予了社会主义新的活力和动力。科学社会主义学界对社会主义市场经济理论进行了系统研究，形成了许多具有重大影响力的研究成果。

---

① 陈明凡：《中国改革成功的理论底蕴——兼论与苏联改革指导理论的比较》，《马克思主义与现实》2019 年第 3 期。
② 肖贵清、夏敬芝：《中国特色社会主义道路的原创价值》，《社会主义研究》2019 年第 4 期。
③ 刘俊杰：《中国改革开放为什么能成功》，《人民论坛》2018 年第 11 期（中）。

学术界关于社会主义市场经济的研究主要包括以下方面。

一是对于社会主义市场经济体制发展历程的研究。这一研究主要结合中国改革进程来认识社会主义市场经济体制建立的必然性。如周新城重温了社会主义市场经济体制形成的探索过程，指出计划经济、市场经济都是发展生产的方法、调节经济的手段，不反映社会主义、资本主义的本质。[①] 胡象明认为，中国改革开放以来，在经济体制方面进行了系统改革，改革的核心问题是如何处理政府和市场的关系问题，改革遵循的基本逻辑是市场化。在理论逻辑方面，传统的理论认为，资本主义经济是市场经济，社会主义经济是计划经济，而邓小平则提出社会主义也可以搞市场经济，走出了中国经济体制改革的市场化取向的理论困境。在实践逻辑方面，中国采取渐进改革的办法，避免了改革可能带来的震动。[②] 吴易风强调，社会主义与市场经济的关系、公有制与非公有制的关系、政府与市场的关系、马克思主义政治经济学与西方经济学的关系等，是我国改革开放时期需要正确认识和正确处理的重大理论与实践问题。社会主义市场经济体制的建立就是解决这些重大问题的制度成果。[③] 荣兆梓强调，市场经济体制是现代经济无可替代的劳动组织方式，作为社会劳动组织方式，社会主义市场经济体制是社会主义经济的基础性制度安排。[④] 孙伟祖、白士俊认为，社会主义市场经济不但在理论上突破了传统社会主义理论关于社会主义经济等于计划经济的教条，打破了西方关于社会主义与市场不能兼容的信条，而且在实践上成功找到了发展社会主义市场经济的方法、路径和模式。[⑤]

---

① 周新城：《关于市场经济的性质和作用的思考——重新学习邓小平有关市场经济理论的体会》，《中共石家庄市委党校学报》2020 年第 7 期。

② 胡象明：《当代中国政府与市场关系变迁的逻辑：理论、实践及其规律》，《行政论坛》2014 年第 5 期。

③ 吴易风：《社会主义市场经济重大理论与实践问题》，《学术研究》2017 年第 4 期。

④ 荣兆梓：《社会主义基本经济制度新概括的学理逻辑研究》，《经济学家》2020 年第 4 期。

⑤ 孙伟祖、白士俊：《社会主义市场经济探索与实践——中华人民共和国成立 70 年经济制度的创新》，《党政干部论坛》2019 年第 9 期。

　　二是关于政府和市场关系的研究。建立和完善社会主义市场经济最为关键的问题，就是如何处理政府与市场之间的关系。时家贤、袁玥提出，在处理政府与市场关系中我们积累了丰富的经验：发挥党的领导核心作用、坚持为人民谋利益、围绕现代化这条主线、坚持正确的方法论。新时代，平衡政府与市场之间的关系仍是全面深化改革的核心问题。[①] 于云荣、宋振全指出，处理好政府与市场关系，应减少行政因素，破除壁垒，释放市场活力；借助大数据，提升企业和政府的计划能力；内修外制提升主体道德水平，为市场经济走向道德经济提供双重保障。[②] 陈云贤认为，中国特色社会主义市场经济是有为政府与有效市场相结合的经济。随着经济发展和时代进步，资源配置要考虑"资源稀缺"，政府在"资源生成"领域大有作为。[③]

　　三是把中国社会主义市场经济体制放到社会主义国家经济体制改革的大历史中去考察。潘金娥分析道，苏联解体以后，各社会主义国家对经济体制的探索结合了本国国情，体现出了经济体制改革的差异。在中国，党的十四大明确提出构建社会主义市场经济体制，而越南和老挝都提出建设"社会主义定向的市场经济"的革新目标。与中国不同的是，越南和老挝认为，两国当前都处于向社会主义过渡时期，也就是说，还未迈入社会主义阶段，因而可以更加灵活地采取非社会主义性质的措施，如大力发展私人经济和强调充分发挥市场机制的作用等。古巴国内空前广泛和深入的讨论大体确定了以下三个发展的主攻方向：一是减少国家对国民经济的干预，对所有制结构和经济管理方式进行必要的改革与调整；二是重组国家机器，促进国家行政机构的现代化；三是解除限制古巴居民机会的各种禁令，如放开私人购车、购房市场，颁布新移民法，改善居民生活状况，促进私人

---

① 时家贤、袁玥：《改革开放 40 年政府与市场关系的变迁：历程、成就和经验》，《马克思主义与现实》2019 年第 1 期。

② 于云荣、宋振全：《经济体制变迁条件下政府与市场关系再解构》，《改革》2017 年第 9 期。

③ 陈云贤：《中国特色社会主义市场经济：有为政府＋有效市场》，《经济研究》2019 年第 1 期。

投资等。① 张兴祥、洪永淼结合社会主义发展史谈到，计划与市场的关系问题，实质上是社会主义与市场经济的关系问题，同时，它又是"什么是社会主义，如何建设社会主义"的核心问题。列宁在实施"新经济政策"时，已在这方面作了大胆探索。改革开放后，邓小平在"什么是社会主义，如何建设社会主义"这一问题上回归到列宁的逻辑起点，并沿着相似的路径迸发，既继承后者的思想，又大大超越后者。② 杨承训强调，马克思、恩格斯在深化历史唯物论时，提出与生产力相适应的生产关系和交换关系，是一切社会的经济基础，生产与交换是两大"经济坐标"，将交换关系提到重要位置。100 多年的社会主义经济发展史证明，排斥、限制交换关系（其发达形式为市场经济）发展就缺少活力，陷入僵化，必须在改革中建立、完善社会主义市场经济。③

　　四是关于社会主义与市场经济关系的研究。社会主义作为一种制度安排，和社会形态与市场经济这一资源配置机制存在什么样的关系？两者如何才能结合？周新城认为，市场经济作为具体的经济运行机制，必然要同一定的社会基本经济制度相结合，并从属于这种基本制度，为巩固和发展这种基本制度服务，因而有姓"社"姓"资"的区别。社会主义市场经济不是把社会主义制度同市场经济拼装在一起，而是两者相互融合的有机整体，因而不能照搬西方的市场经济体制。社会主义市场经济必须把计划与市场结合起来，注意发挥两种手段的长处，而不能片面强调任一方面。④ 杨承训也主张社会主义市场经济的创新实践，需要科学扬弃一般市场经济通用的分析范畴和经济形式，包括赋予资本、剩余价值、资本人格化以新的内涵，对资本市

---

①　潘金娥：《当代社会主义的探索、创新与发展》，《马克思主义研究》2018 年第 3 期。

②　张兴祥、洪永淼：《对计划与市场关系的再认识——从列宁到邓小平》，《中国经济问题》2019 年第 1 期。

③　杨承训：《论社会主义市场经济的内生机理——以历史唯物主义为分析视角》，《马克思主义研究》2020 年第 5 期。

④　周新城：《关于社会主义市场经济的几个理论问题——在市场经济问题上马克思主义与新自由主义的原则分歧》，《当代经济研究》2016 年第 7 期。

场经济的许多形式要结合实际加以改造利用，为新型经济繁荣服务。[①] 速继明提出，应把资本的张力及其界限放在中国特色社会主义的改革实践逻辑中进行考量，通过资本的规范与驯化，把资本作用的发挥切实与增进人民福祉、促进人的全面发展有机结合起来，以一种理性自觉对资本予以时代察审。[②] 程恩富、谭劲松指出，中国搞社会主义市场经济的成功实践表明，不仅社会主义可以搞市场经济，而且社会主义市场经济优越于资本主义市场经济。[③] 夏国军总结到，社会主义与市场的关系属于目的因与形式因的关系。作为形式因的市场或市场经济是中性的，作为目的因的社会主义制度是有价值属性、伦理属性、政治属性、阶级属性的，这些属性在深层决定着在市场或市场经济中展现出来的关系的内容和实质。由于社会主义制度与资本主义制度的本质差异，社会主义发展市场经济的主旨不像资本主义那样是为了少数资本家的资本增殖，而是为了不断满足人民群众日益丰富的物质文化需求，从而提升他们的幸福指数。[④] 张开、崔晓雪、顾梦佳则认为，中国特色社会主义政治经济学应充分认识社会主义条件下"三主体范式"——政府（国家）、劳动和资本——的特殊性，在实践中构建符合社会主义初级阶段的动态结构，引领和驾驭市场生产关系属性。[⑤] 马拥军认为，改革开放以来，中国的市场经济之路是在坚持社会主义基本制度下的一条非资本主义道路。土地公有制和国有经济是中国市场经济的两条"社会主义"底线，改革开放的成功与对这两条底线的坚持是分不开的。[⑥] 市场经济的双重属性昭示，处于

[①] 杨承训：《关于社会主义市场经济若干理论问题辨析》，《毛泽东邓小平理论研究》2019 年第 4 期。

[②] 速继明：《对资本的充分利用：中国特色社会主义的实践探索》，《理论视野》2019 年第 9 期。

[③] 程恩富、谭劲松：《社会主义比资本主义能更好地运用市场经济》，《当代经济研究》2015 年第 3 期。

[④] 夏国军：《社会主义与市场经济关系的哲学追问》，《学术月刊》2015 年第 2 期。

[⑤] 张开、崔晓雪、顾梦佳：《试论社会主义市场经济内在矛盾——基于中国特色社会主义政治经济学的思考》，《教学与研究》2018 年第 3 期。

[⑥] 马拥军：《中国市场经济的"社会主义"底线》，《学海》2015 年第 4 期。

从资本主义向未来共产主义过渡进程中的中国特色社会主义既要保留、利用和大力发展市场经济，又要警惕市场经济要素的资本属性，在建设中国特色社会主义市场经济的过程中，在处理市场与政府、市场与社会的关系时，要尽可能把市场经济的规则限制在经济生活领域，限制在资源配置的决定性作用方面，最大程度上规避其负面效应。①

五是关于完善中国特色社会主义基本经济体制的研究。党的十九届五中全会一大创举就是，把社会主义市场经济体制确定为中国特色社会主义基本经济制度。顾海良分析了社会主义市场经济体制上升为中国特色社会主义基本经济制度的原因：中国的市场经济改革以重新认识价值规律的作用为起点，从经济机制调整切入，着力于市场机制、市场调节和计划机制、计划调节关系的探索；同时也以计划与市场关系为核心问题，从经济体制改革突破，探索计划经济和商品经济、市场经济的关系，形成以体制"定位"为主要特征的逻辑过程；此外，中国共产党以政府与市场关系为核心问题，着力推进治理结构和制度创新，在社会主义经济关系"总体"上增强社会主义市场经济的制度规定性，形成以制度"定型"为主要特征的逻辑过程。② 蒋永穆、卢洋进一步指出，社会主义基本经济制度是社会主义与市场经济有机结合的基础性制度。在探索建立社会主义基本经济制度的过程中，党和国家始终重视囊括所有制、分配制度、市场经济体制三个层面的制度框架设计和体系建设。党的十九届四中全会强调"公有制为主体、多种所有制经济共同发展，按劳分配为主体、多种分配方式并存，社会主义市场经济体制等社会主义基本经济制度"，其中既有马克思主义的理论支撑，又有新时代我国经济高质量发展的现实需求。③ 白永秀分析认为，市场经济制度、市场经济体制、市场经济机制在一定场合是可以互相通用的。在三项基本经济制度中，所有制

---

① 刘长军：《中国特色社会主义发展和驾驭市场经济的前提性审视》，《毛泽东邓小平理论研究》2014 年第 10 期。

② 顾海良：《社会主义市场经济体制是如何上升为基本制度的?》，《红旗文稿》2020 年第 2 期。

③ 蒋永穆、卢洋：《坚持和完善社会主义基本经济制度》，《学习与探索》2020 年第 6 期。

制度决定分配制度，分配制度反映所有制制度，而社会主义市场经济体制是所有制制度和分配制度得以实现的前提条件。[①] 当然，社会主义市场经济体制也不是尽善尽美的，还需要不断发展完善。对此，逄锦聚、荆克迪认为，构建系统完备、更加成熟定型的高水平社会主义市场经济体制，要把握四项基本要求：进一步适应全面建成小康社会后人民对美好生活更高的要求，进一步适应生产力更加平衡、更加充分的发展和经济高质量发展的要求，进一步适应新时代建成社会主义现代化强国和民族复兴的要求，进一步适应疫情冲击后的国内外经济形势变化和挑战的要求。[②] 任保平、王思琛也指出，在更高层次上构建高水平社会主义市场经济体制，全面深化所有制结构改革，全面深化收入分配制度改革，建设高标准市场体系；在更高目标上构建高水平社会主义市场经济体制，实现社会主义市场经济改革方向与高质量发展目标的有机统一，完善产权制度和要素市场化配置体制机制。[③] 这些研究都为我们进一步完善社会主义市场经济体制带来了启发。

关于社会主义市场经济的研究需要进一步深化的议题包括：一是十九届四中全会为什么把社会主义市场经济界定为基本经济制度；社会主义市场经济基本经济制度的内涵如何把握；二是社会主义市场经济与 20 世纪六七十年代流行的市场社会主义理论有什么关系；三是如何认识社会主义市场经济体制一些重大理论和实践问题，如市场与政府的关系如何来认识，如何推进混合所有制改革，如何引导非公经济健康发展，如何进行收入分配制度改革；四是从理论上认识如何加强党对社会主义市场经济的领导；五是如何概括社会主义市场经济的发展对习近平新时代中国特色社会主义经济思想、马克思主义政治经济学的贡献；等等。

[①] 白永秀：《中共十九届四中全会对社会主义市场经济体制理论的创新及其重大意义》，《社会科学辑刊》2020 年第 4 期。

[②] 逄锦聚、荆克迪：《加快完善更高水平的社会主义市场经济体制》，《政治经济学评论》2020 年第 5 期。

[③] 任保平、王思琛：《新时代高水平社会主义市场经济体制升级版的构建》，《经济与管理评论》2020 年第 4 期。

六、关于实现中华民族伟大复兴的中国梦的理论

党的十八大以来，习近平总书记明确提出了中国梦的重要概念。中国梦是中国共产党人初心使命的体现，是马克思主义奋斗目标与民族国家的现代化追求相结合的典范。科学社会主义学界关于中华民族伟大复兴中国梦的研究主要包括以下维度。

一是分析阐释中国梦的历史内涵。中国梦是历史的，是贯穿中国现代化进程、中国共产党奋斗史的重要话题。汪青松指出，中华民族伟大复兴的筑梦时期历经新民主主义革命阶段、社会主义革命和建设阶段、改革开放和社会主义现代化建设阶段，中国共产党为坚守民族复兴与共产主义"初心"接力奋斗，作出了"三大历史贡献"，实现了"三个伟大飞跃"。民族复兴与共产主义作为中国共产党人的理想目标与美好追求具有崇高性、现实性和实践性特征。[1] 郑大华认为，为实现中华民族伟大复兴，毛泽东提出了"超英赶美"的奋斗目标、"四个现代化"的发展道路、"两步走"战略步骤。邓小平继承和发展了毛泽东的"赶超思想""现代化思想"，并提出了"三步走"的思想。习近平总书记提出了"中国梦"奋斗目标、"五位一体"总体布局、"两个一百年"战略步骤。这是对毛泽东和邓小平中华民族复兴思想的继承、发展和超越。[2] 郑大华还认为，中华民族复兴思想或思潮也是近代以来的主流思想或思潮之一。孙中山先生不仅是中国民主革命的伟大先行者，为实现中华民族的伟大复兴贡献了他的毕生精力，同时也是中华民族复兴思想的最早提出者和阐述者。[3] 黄志高分析到，民主革命时期，李大钊较早使用了"民族复兴"话语，不过中共党内更多使用的是"民族解放"概念，其间在十年

---

[1] 汪青松：《"不忘初心"与实现中华民族伟大复兴的中国梦》，《思想理论教育导刊》2016 年第 9 期。

[2] 郑大华：《继承、发展与超越——毛泽东、邓小平、习近平民族复兴思想之比较》，《湖南师范大学社会科学学报》2018 年第 3 期。

[3] 郑大华：《论孙中山的中华民族复兴思想及其历史地位》，《教学与研究》2016 年第 10 期。

内战中曾激烈地批判国民党的"民族复兴"论，抗战时期则从正面有限地使用了"民族复兴"话语。新中国成立前夕，毛泽东肯定了"复兴"的现实可能。改革开放以后，"民族复兴"话语重新出现，并在中共十六大以后高频使用。习近平将其发展构建为内容丰富的"民族复兴中国梦"话语系统。①

俞祖华考察了党的重要文献，总结指出中共成立初期，关于中华民族话语的用语与含义并不固定；抗日战争时期，在中共话语体系中"中华民族"一词的含义定型为"中国境内各民族的统称"；在民族战争向国内战争转变的背景下，与"中华民族"一词同义又更有革命色彩的"中国人民"等词在中共文献中的使用频率明显上升，"中华民族"一词有所减少。中共对民族复兴话语的使用也可以追溯到中国共产党创立时期，如李大钊阐发了"中华民族之复活"思想；十年内战时期，中共对国民党主导的"中华民族复兴论"进行了针锋相对的批判；抗日战争全面爆发后，中共开始在某些特定语境中正面谈论"民族复兴"。改革开放前的历史时期，中共话语体系中广为使用的是"中国人民"等概念，在这一时期历次党代会政治报告等文献中未使用"中华民族"一词。改革开放时期，"中华民族""民族复兴"话语逐渐流行起来。"中华民族"在20世纪80年代已较为常见，"中华民族伟大复兴"的提法也开始出现在党代会报告中；20世纪90年代后期，"中华民族"一词更见流行，"中华民族伟大复兴"的提法趋于定型，此后党代会报告中的"中华民族""民族复兴"话语日渐增多。中共十八大以来，习近平总书记将"中华民族伟大复兴"与"中国梦"联系在一起，拓展和丰富了"中华民族伟大复兴中国梦"话语。② 这些研究表明，在不同时期，关于民主复兴的表述有所差异，但是贯穿的思想主旨并没有改变，体现了中国人民和中国共产党的孜孜以求。

二是对中国梦理论内涵的分析。严书翰提出，党的十八大以来，以习近平

---

① 黄志高：《中国共产党"民族复兴"话语的历史发展与当代建构》，《现代哲学》2016年第6期。

② 俞祖华：《中国共产党人对"中华民族""民族复兴"话语的建构——以中共党代会与中央全会文献为重点》，《河北学刊》2019年第6期。

同志为核心的党中央提出了实现中华民族伟大复兴中国梦的奋斗目标。习近平总书记围绕着什么是中国梦、怎样实现中国梦提出了一系列新思想、新论述、新观点，构成了习近平治国理政思想的重要内容，从而丰富和发展了中国特色社会主义理论体系。[①] 王虎学认为，"中国梦"是党和国家的发展战略，即团结和带领中国人民决胜全面建成小康社会、实现中华民族的伟大复兴；"中国梦"归根到底是人民的梦，要让人民幸福，让每个人都拥有人生出彩的机会；同时，"中国梦"和世界各国人民的梦想是相通的，将对整个人类的未来产生深远的影响。[②] 汪青松认为，1921 年以来中国共产党率领人民探索中国道路、理论、制度的现代筑梦历程，展现的是要在民族复兴文化自信基础上确立道路自信、理论自信、制度自信的过程。[③]

梁丽萍认为，中国梦有两大特点：一是强烈的忧患意识。中国梦凸显家国天下、民族命运的宏大主题，体现对国家前途命运的关切和焦虑；二是坚定的民族自信。中国梦始终坚信有着五千年优秀历史文化的中华民族，无论面临怎样严峻的考验，终将转危为安、再造辉煌。[④] 其他的观点主要有：中国梦包括"国家梦"和"个人梦"两个层次的深刻内涵。从整体上把握，中国梦是民族复兴之梦，是国家强盛之梦；从个体上把握，中国梦是生活幸福之梦，是人生出彩之梦。"国家梦"和"个人梦"紧密相连，统一于建设中国特色社会主义的伟大实践。[⑤] 中国梦是一种"国梦"和"家梦"的结合，"国"和"家"是一个命运共同体。[⑥] 中国梦的核心就是对内民众安居乐业，对外中国成为和平发展大国。对中国人而言，中国梦是实现国家富强、民族振兴

---

① 严书翰：《坚定不移走中国特色社会主义道路　实现民族复兴中国梦》，《先锋》2015 年第 10 期。

② 王虎学：《伟大梦想："中国梦"》，《领导科学论坛》2017 年第 12 期。

③ 汪青松：《论中国梦的历史逻辑——兼论"四个自信"与中国梦的实现》，《社会主义研究》2017 年第 3 期。

④ 梁丽萍：《百年沧桑"中国梦"》，《中国党政干部论坛》2013 年第 2 期。

⑤ 熊若愚：《中国梦的十个梦》，《学习时报》2013 年 4 月 8 日。

⑥ 张维为：《中国梦与中国情怀》，《人民日报》2013 年 3 月 3 日。

和人民幸福的伟大梦想；对世界人民而言，中国梦是推动国际社会共同发展的世界梦，为人类文明发展作出更大贡献。① 中国梦其实是相辅相成的两个方面组成的。这些观点充分说明，中国梦是一个包容性很强的概念。

三是关于中国梦的学理阐释、哲学基础的分析。田丰、李翰敏认为，中国梦具有坚实的基础和深刻的内涵，体现了科学性、人民性和实践性的统一。中国梦体现了科学性，是合规律性、合目的性的统一；中国梦体现了人民性，贯穿了人民主体的历史观和价值观；中国梦体现了实践性，是务实精神和创新精神的统一。② 韩喜平等人认为，"中国梦"的历史、理论和实践，明确了中国现代化的价值目标，构建了中国现代化的话语范式，揭示了中国现代化的根本动力，折射出中国现代化的历史进程，催生了中国现代化的战略布局，构建了现代化的中国方案，为人类和平与发展贡献了中国智慧。③ 王瑞华分析中国梦的现代性启示：以"四个全面"布局为统领，坚定不移地走中国道路；把经济建设作为中心任务，为国家富强而贡献力量；注重五个文明的协调发展，大力建设社会主义文明；坚持人民群众的主体地位，不断完善社会主义民主；不断实现改革开放新突破，为民生幸福而不懈奋斗。④ 韩丽华提出，中国梦的中国哲学基础包括：修身齐家、为政以德的德治思想；德治为主、明德慎罚的法治思想；民为邦本，本固邦宁的民本思想；建国君民，教学为先的教育思想；守中贵和，仁爱和平的贵和思想；等等。⑤

四是关于中国梦世界意义、国际内涵的研究。徐燕玲等人认为，民族复兴"中国梦"不仅是一个中国式命题，也是一个全球式命题。在"中国梦"

---

① 邱德胜、王玉鹏：《"中国梦"的双重内涵》，《光明日报》2013 年 5 月 10 日。

② 田丰、李翰敏：《"中国梦"：科学性、人民性和实践性的统一》，《南方日报》2013 年 6 月 8 日。

③ 韩喜平、巩瑞波：《中国梦：现代化的中国智慧与中国贡献》，《马克思主义研究》2018 年第 12 期。

④ 王瑞华：《中国梦的现代性：逻辑、特征与启示》，《深圳大学学报》2017 年第 1 期。

⑤ 韩丽华：《中国梦的中国哲学基础探究》，《湖北社会科学》2018 年第 12 期。

的内涵方面，它的表述、核心主题和所秉持的价值观都表现出了明显的全球性特征；在"中国梦"的国际话语传播方面，它一方面呈现出国际社会在其理解上的多维性和地域差异性，另一方面因中国在国际话语体系中的话语权仍然处于弱势，也不可避免地遭遇了话语陷阱和话语误读；在"中国梦"的价值和意义方面，其全球性更为明显，它用实际行动告诉世界要有"筑梦"的勇气和实现梦想的实干精神，它用巨大的发展成就为世界经济的繁荣、政治的和平和文明的多样性贡献着中国智慧和力量。① 俞祖华分析指出，中华民族复兴是相对于中华古代文明的繁荣昌盛、相对于近代西方文明的衰微与落后状况而言的，正视落后、意识到中华民族"不如夷，是民族复兴思想的起点"。民族复兴有"恢复"之意，恢复中华民族世界领先的国际地位，是题中应有之义；赶超西方列强、恢复中国大国强国地位，成为鸦片战争以来先进中国人炽烈的中国梦。②

五是关于中国梦重大意义、实现路径的研究。包心鉴认为，全面建成小康社会是实现中华民族伟大复兴中国梦的关键一步。决胜全面建成小康社会，是坚持以人民为中心、谋求共同富裕的社会，为实现中华民族伟大复兴中国梦奠定了坚实的社会基础；是坚持新发展理念、促进全面发展的社会，为实现中华民族伟大复兴中国梦构建起科学的发展架构；是坚持制度创新定型、优化治理体系的社会，为实现中华民族伟大复兴中国梦积聚成强大的制度优势。③ 肖贵清指出，习近平总书记提出全面建成小康社会是实现中华民族伟大复兴中国梦的关键一步，标注了全面建成小康社会在民族复兴征程中的战略地位；对全面建成小康社会提出新要求，对重点、难点问题进行正确判断，丰富发展了全面建成小康社会的内涵；要求以打好防范化解重大风险、精准脱贫、污染防治三大攻坚战为重点，统筹推进"五位一体"全面进

---

① 徐燕玲、秦秋：《民族复兴"中国梦"：一个全球式命题》，《东岳论丛》2019 年第 2 期。

② 俞祖华：《近代中华民族复兴思想中的"国际定位"》，《河北学刊》2017 年第 2 期。

③ 包心鉴：《决胜全面建成小康社会的鲜明特质及其深远意义》，《科学社会主义》2020 年第 2 期。

步，谋划了全面建成小康社会的实践方略。① 齐卫平等强调，中国共产党担当的历史使命与实现中华民族伟大复兴的中国梦紧密相连。中国共产党成立以来，通过领导"两个革命"，完成了人民解放和民族独立的历史使命；通过引领"两次巨变"，实现了人民生活水平由贫困到温饱，再到小康的历史性跨越；通过进行"两段探索"，找到了实现中华民族伟大复兴的中国特色社会主义道路，也为人类社会的进步发展提供了有益的借鉴。②

肖滨认为，"五位一体"总体布局的历史使命在于对民族复兴立体战略框架的顶层设计和全面统筹，"四个全面"战略布局的历史使命则是对民族复兴连环战略线路的深谋远虑和系统谋划。"两个布局"历史使命统一于党带领人民通过中国道路、按照中国方案建成社会主义现代化强国、实现中华民族伟大复兴中国梦的伟大事业。③ 林志友指出，生产力、人民群众、中国共产党在推动中国梦实现过程中分别居于基础、重要和关键地位，是中国梦实现的动力研究中尤为值得关注的三种力量。④ 陈宇翔、余文华认为，中国梦蕴含了强大的文化软实力。从内涵层面来看，中国梦是民族复兴之梦，具有增强执政党使命感的感召力；中国梦是人民幸福之梦，具有团结中华儿女的凝聚力；中国梦是和平发展之梦，具有提升国家国际形象的亲和力。从实践层面来看，中国梦是可实现之梦，具有激励民众为之奋斗的精神动力。⑤ 辛向阳则指出，实现中国梦的过程中会遇到很多"中国难题"。第一个难题就是存在"利益铁藩篱"。既有传统资源性领域的藩篱，也有公共服务领域的藩篱；既有行政垄断领域的藩篱，也有行业监管领域的藩篱。第二个难题就是存在着"制度天花板"。第三个难题就是存在着社会流动的"堰塞湖"。

① 肖贵清：《实现中华民族伟大复兴的关键一步——习近平关于全面建成小康社会的重要论述探析》，《当代世界与社会主义》2020 年第 5 期。

② 齐卫平、许振江：《中国共产党的使命担当与民族复兴》，《党的文献》2016 年第 4 期。

③ 肖滨：《"两个布局"：民族复兴的战略框架与战略线路》，《人民论坛》2019 年第 6 期（下）。

④ 林志友：《论中国梦实现的动力》，《学术论坛》2015 年第 10 期。

⑤ 陈宇翔、余文华：《中国梦与当代中国重要的文化软实力》，《高校马克思主义理论研究》2016 年第 1 期。

这突出反映在教育上。第四个难题就是存在着特权的"金钟罩""铁布衫"和"隐身衣"。这些隐形的特权往往是以牺牲普通人的利益和发展机会为前提的。① 这些研究的共识在于，只有坚持和发展中国特色社会主义，才能真正实现中华民族伟大复兴的中国梦。

关于中国梦的研究，应该从以下几个方面予以深化和拓展：一是中国梦是如何提炼出来的？如何表达中国共产党的执政理念？二是中国梦为什么是全体中华儿女的最大公约数？如何用中国梦来凝聚共识？三是如果推动中国梦的国际传播和形象构建？四是如何概括中国共产党对实现中国梦的历史性贡献？

（作者：倪德刚　郇雷）

---

① 辛向阳：《实现中国梦就要破解四道"中国难题"》，《中国青年报》2013 年 6 月 24 日。

分报告 6：中国特色社会主义制度研究

中国特色社会主义制度是中国发展进步的根本制度保证，集中体现了科学社会主义基本原则，体现了社会主义制度的特点和优势。2011 年 7 月 1 日，胡锦涛在纪念中国共产党成立 90 周年大会上明确提出并概括了中国特色社会主义制度。党的十八大以来，党和国家把中国特色社会主义制度建设放在更加突出的位置，党的十八届三中全会报告把完善和发展中国特色社会主义制度、推进国家治理体系和治理能力现代化确立全面深化改革总目标，党的十九大把改革总目标写入党章。党的十九届四中全会第一次把"坚持和完善中国特色社会主义制度、推进国家治理体系和治理能力现代化"作为全会主题，从十三个方面提出了中国特色社会主义制度显著优势。学术界也从不同角度对中国特色社会主义制度进行研究，取得了丰硕成果，将学术界的研究成果进行分类梳理和归纳，对推动中国特色社会主义制度研究具有重要意义。

一、关于中国特色社会主义制度科学内涵研究

中国特色社会主义制度是当代中国发展进步的根本制度保障，是具有鲜明中国特色、明显制度优势、强大自我完善能力的先进制度。中国特色社会主义制度和国家治理体系是以马克思主义为指导、植根中国大地、具有深厚中华文化根基、深得人民拥护的制度和治理体系，是具有强大生命力和巨大优越性的制度和治理体系，是能够持续推动拥有 14 亿人口大国进步和发展、确保拥有五千多年文明史的中华民族实现"两个一百年"奋斗目标进而实现伟大复兴的制度和治理体系。中国特色社会主义制度是一个系统完备的"科

学制度体系"，包括"党的领导和经济、政治、文化、社会、生态文明、军事、外事等各方面制度"。

（一）中国特色社会主义制度内涵研究

中国特色社会主义制度的定义，是指在社会主义实践中形成的为人们所共同遵守的办事规程或行为准则。它既包括正式的、成文的、受国家法律保护的经济、政治、文化、社会制度，也包括非正式的、不成文的、没有上升为国家意志的各种习俗、惯例和规约。有的学者从新型制度定义，提出中国特色社会主义制度，就是既坚持科学社会主义的基本原则，又一切从中国的实际出发；既坚持社会主义基本制度不动摇，又充分吸收其他社会制度的优秀成分；紧跟时代潮流，以解放和发展社会生产力为基点，以全体人民共同富裕为目的，以科学发展为主题，以改革开放为动力，以民主公平正义为价值，坚持以人为本，涵盖政治、经济、文化、社会各个方面的新型社会制度。[①]

中国特色社会主义制度的内涵，就是人民代表大会制度的根本政治制度，中国共产党领导的多党合作和政治协商制度、民族区域自治制度以及基层群众自治制度等基本政治制度，中国特色社会主义法律体系，公有制为主体、多种所有制经济共同发展的基本经济制度，以及建立在这些制度基础上的经济体制、政治体制、文化体制、社会体制等各项具体制度。

党的十八大以来，学术界对中国特色社会主义制度的内涵进行了多方面的阐释，大致分为以下三类：一是基于其民主性界定的中国特色社会主义制度的民主内涵；二是基于其本质性界定的中国特色社会主义制度的本质内涵；三是基于其价值性界定的中国特色社会主义制度的价值内涵。

中国特色社会主义制度的民主性内涵。包心鉴认为，"中国特色社会主义制度内涵可以概括为'五大民主'，即以'选举民主'为本质内容的人民

---

① 包心鉴：《人民民主：中国特色社会主义制度的本质》，《学习时报》2011 年 9 月 26 日。

代表大会制度，以'协商民主'为本质内容的中国共产党领导的多党合作和政治协商制度，以'直接民主'为本质内容的基层群众自治制度以及民族区域自治制度，以'党内民主'为本质内容的政党政治制度，以'经济民主'为本质内容的社会主义市场经济制度"①。

中国特色社会主义制度的本质性内涵。王成礼认为，"中国特色社会主义制度首先是'社会主义制度'，主要表现为社会主义民主政治制度、社会主义经济制度，这是中国特色社会主义制度的本质属性；二是'中国特色制度'，是指在党的领导下通过不断制度创新所逐步形成的符合中国国情、具有中国特色或'气派'的制度"②。中国特色社会主义制度的整体价值性内涵。万光侠等认为，"中国特色社会主义制度是中国特色社会主义在建设实践中形成的制度形态，作为中国进步发展的本制度保障，是具有系统的制度布局、自我完善发展的生命力，以及彰显自身先进性与优越性的制度体系"③。总之，中国特色社会主义制度是"党和人民在建设中国特色社会主义过程中的制度化实践结晶，是'道路''理论'的制度化体现形式，是马克思主义中国化的最新制度形态"④，集中体现了具有中国特色、中国风格、中国气派的特点和优势。

还有学者从根本制度、基本制度、重要制度的角度去定义中国特色社会主义制度。所谓根本制度，就是在中国特色社会主义制度中起顶层决定性、全域覆盖性、全局指导性作用的制度；所谓基本制度，就是通过贯彻和体现国家政治生活、经济生活的基本原则、对国家经济社会发展等发挥重大影响的制度；所谓重要制度，就是由根本制度和基本制度派生而来的、国家治理

---

① 包心鉴：《把握规律与坚定自信——论中国特色社会主义的道路自信、理论自信、制度自信》，《理论探讨》2013 年第 3 期。

② 王成礼：《从制度选择到制度自信：中国特色社会主义制度的生成逻辑》，《南京工业大学学报（社会科学版）》2014 年第 2 期。

③ 万光侠、夏锋：《中国特色社会主义制度人民性的价值哲学阐释》，《理论学刊》2015 年第 9 期。

④ 张博颖：《道路自信、理论自信、制度自信的坚实基础》，《理论与现代化》2013 年第 2 期。

各领域各方面各环节的具体的主体性制度。此外，还有学者对中国特色社会主义制度形态进行了概括：中国特色社会主义制度形态是我国社会主义的发展还处于初级阶段的一种特殊的制度形态，这种制度形态具有社会主义制度形态的基本属性，符合科学社会主义的基本原则，同时又具有鲜明的中国特色，是一种现实的制度形态，是科学社会主义关于制度的理念形态的现实化，是一种根植于中国大地的活生生的制度形态，它一经形成便具有特殊的样貌、结构和特征，并将随着历史和实践的推进不断演进、向前发展。

（二）中国特色社会主义制度特点研究

关于中国特色社会主义制度的统一性。学术界认为，一方面，中国特色社会主义各项制度之间并不是孤立的，而是相互结合、有机统一的。另一方面，中国特色社会主义制度各项内容所体现出的深层次的价值是有机统一的。石建勋认为，"中国特色社会主义制度具有四大鲜明特点。一是一党执政与多党参政的有机结合，二是党的领导、人民当家作主、依法治国的高度统一，三是民主与集中的高度统一，四是市场经济与社会主义的有机结合"①。马福运认为，"中国特色社会主义制度体现了马克思主义基本原理和中国特色社会主义实践的统一，体现了坚持以人为本与促进社会和谐的统一，体现了注重发展效率与坚持公平公正的统一，体现了坚持人民民主与实现民主集中的统一，体现了重视发展经验与顺应世界潮流的统一"②。

中国特色社会主义制度的系统性。中国特色社会主义制度是一整套包括根本制度、基本制度、具体制度和法律体系组成的系统完备的制度体系。中国特色社会主义制度作为制度体系就是一个系统整体，包括两个基本要素：基本制度与具体制度，因此具有系统性特征，具有逻辑与历史相统一的整体性特征。

---

① 石建勋：《中国特色社会主义制度四大鲜明特点》，《解放日报》2017 年 1 月 10 日。

② 马福运：《深化对中国特色社会主义制度的认识》，《中国特色社会主义研究》2014 年第 6 期。

中国特色社会主义制度的进取性。中国特色社会主义制度是进取性很强的制度，它能够不断凝聚力量，从而抓住新机遇，促成新发展，开创新局面。虞崇胜认为，"中国特色社会主义制度的特点在于：一、它是统一集中的制度，能够集中力量办大事；二、它是具有包容性的制度，能够充分调动各方面的积极性；三、它是具有进取性的制度，能够捕捉重要发展机遇，并且不断把这些机遇转化为发展的动力"①。

二、关于中国特色社会主义制度形成发展研究

习近平总书记指出，一个国家选择什么样的国家制度和国家治理体系，是由这个国家的历史文化、社会性质、经济发展水平决定的。中国特色社会主义制度不是从天上掉下来的，而是在中国的社会土壤中生长起来的，是经过革命、建设、改革长期实践形成的，是马克思主义基本原理同中国具体实际相结合的产物，是理论创新、实践创新、制度创新相统一的成果，凝结着党和人民的智慧，具有深刻的历史逻辑、理论逻辑、实践逻辑。

（一）中国特色社会主义制度形成的历史和逻辑起点

中国特色社会主义制度的形成逻辑可以从纵向维度和横向维度交叉考察。从纵向维度看，近代以来的半殖民地半封建社会形态是中国特色社会主义制度的历史源头。从横向维度来看，中国特色社会主义制度是八大逻辑合力推动的结果：社会形态、意识形态、领导核心、人民民主的制度本质、经济基础、制度的价值诉求、现代化与全球化影响。正是纵横维度的相互作用，共同促进中国特色社会主义制度体系的确立，将研究重点放在中国特色社会主义制度形成的历史逻辑上，旧中国对资本主义制度的不成功探索为中

① 虞崇胜：《道路自决、理论自觉、制度自信：提升中国特色社会主义的三维境界》，《中国特色社会主义研究》2012 年第 8 期。

国社会选择科学社会主义道路提供了历史的必然性；中国共产党领导的新民主主义革命和社会主义革命的胜利为中国社会开启了社会主义制度之门，奠定了社会主义基本制度的基础；传统社会主义制度危机为中国特色社会主义制度的形成提供了历史的经验教训；改革开放以来的社会主义现代化建设实践为中国特色社会主义制度的形成奠定了实践基础。

有学者指出，中国特色社会主义制度从 20 世纪 50 年代中期就建立了。从某种意义上讲，从新中国成立以来，中国特色社会主义制度已经有一个很好的框架和规范化的要求了。另一种观点认为是党的十一届三中全会。如有学者指出，改革开放以来，在社会主义的基本经济制度下，在消灭了私有制后又允许存在并大力发展非公有制经济，就是中国特色社会主义制度体系形成的历史和逻辑起点。在社会主义初级阶段基本经济制度逐步确立的基础上，中国特色社会主义制度体系逐步形成。

有学者指出，中国特色社会主义制度体系的形成有着独特的条件，其理论基础是马克思主义的基本理论，历史鉴戒是苏联的社会主义实践，实践基础是新民主主义革命的探索。有学者指出，中国特色社会主义制度的建立和完善经历了两次历史进程。第一次是在 20 世纪 50 年代中期，经过社会主义改造，在中国大地上建立了社会主义制度，其中经济方面较多的是学习苏联的，如纯粹公有制、单一的按劳分配、计划经济等，政治方面更多的是自己独创的，如人民民主专政、人民代表大会制度、共产党领导的多党合作制度、民族区域自治制度等。第二次是在党的十一届三中全会以后，在改革开放和探索中国特色社会主义道路的进程中，为适应社会主义初级阶段的基本国情，自觉地对过去的制度进行了调整、转型和完善。其中包括基本制度和具体制度（即体制）。

有学者将在此期间中国特色社会主义制度发展的主要成果归纳为四个方面：一是社区居民自治和村民委员会诞生，标志着基层民主自治制度的确立；二是《中共中央关于坚持和完善中国共产党领导的多党合作和政治协商制度的意见》的出台，标志着我国社会主义政党制度的形成；三是社会主义基本经济制度的确立；四是中国特色社会主义法律体系建设。

（二）中国特色社会主义制度发展阶段划分

党的十八大以来，学术界对中国特色社会主义制度的发展过程进行了不同角度的研究，从宏观上对中国特色社会主义制度发展过程进行了归纳。

肖贵清将中国特色社会主义制度形成和发展过程主要划分为三个阶段：第一个阶段，中国特色社会主义制度是历史和人民的选择。1921年中国共产党的成立，标志着中国革命从旧民主主义革命向新民主主义革命的转变，也决定了中国革命的前途必然是建立社会主义制度。1954年第一届全国人民代表大会第一次会议规定了我国社会主义根本政治制度和具体制度。1956年社会主义改造的完成，标志着社会主义基本制度在中国的确立。第二个阶段，毛泽东的探索与中国特色社会主义制度的确立。毛泽东的探索为后来中国特色社会主义制度的确立提供了理论准备和历史经验。第三个阶段，中国特色社会主义制度的创新和发展。党的十一届三中全会成为中国特色社会主义制度创新和发展的新起点。从党的十一届三中全会到十四大，中国特色社会主义制度进行了恢复性重建；从党的十四大到十八大，中国特色社会主义制度体系构建基本完成；党的十八大以来尤其是党的十八届三中全会后，中国特色社会主义制度在全面深化改革的历史新阶段进一步完善和发展。[①]

以党的代表大会为时间节点进行划分，何毅亭将中国特色社会主义制度的形成划分为三个阶段：第一阶段是从新中国成立到党的十一届三中全会前，我们党确立了人民当家作主的国家制度，建立起社会主义基本制度；第二阶段是从党的十一届三中全会到党的十八大前，我们党鲜明地提出走自己的路、建设有中国特色的社会主义，积极推进经济体制及其他体制改革；第

---

① 肖贵清：《加强和深化中国特色社会主义制度研究》，《湖南科技大学学报（社会科学版）》2016年第5期。

三阶段是党的十八大以来，中国特色社会主义制度更加完善、国家治理体系和治理能力现代化水平明显提高。①

还有一些学者对中国特色社会主义制度中具体制度发展历程进行研究。邹升平和张林忆对中国特色社会主义基本经济制度的形成发展过程进行了研究，他们认为，这一制度形成过程经历了四个阶段，即中国特色社会主义基本经济制度的奠基：从新中国成立到改革开放前夕；中国特色社会主义基本经济制度的初步形成：从改革开放初期到党的十五大；中国特色社会主义基本经济制度的持续发展：从党的十五大到党的十八大；中国特色社会主义基本经济制度的逐步成熟定型：党的十八大至今。② 这一划分对于新时代进一步完善基本经济制度具有十分重要的意义。王建超研究了中国特色社会主义政治制度，认为中国特色社会主义政治制度历经革命时期的萌芽（1921—1949 年）、新中国成立后的探索（1949—1978 年）、改革开放以后的发展完善（1978—　）三个历史时期。③ 刘仓研究了中国特色社会主义文化制度的发展历程，并将其划分为四个阶段：中国社会主义文化制度的奠基时期（1949—1978 年）；中国特色社会主义文化制度的开创时期（1978—2002 年）；中国特色社会主义文化制度框架基本形成时期（2002—2012 年）；中国特色社会主义文化制度逐步完善时期（2012 年至今）。④

三、关于中国特色社会主义制度体系研究

中国特色社会主义制度体系是一套系统完备、科学规范、运行有效的制

---

① 何毅亭：《中国特色社会主义制度和国家治理体系形成的历程和成就》，《人民日报》2019
年 12 月 2 日。
② 邹升平、张林忆：《中国特色社会主义基本经济制度的形成及其基本经验》，《思想理论研
究》2020 年第 8 期。
③ 王建超：《中国特色社会主义政治制度自信研究》，重庆理工大学硕士学位论文，2019 年
5 月。
④ 刘仓：《试论中国特色社会主义文化制度》，《高校马克思主义理论研究》2019 年第 3 期。

度体系。研究中国特色社会主义制度，需要对其制度体系和运行机制进行正确把握。党的十九届四中全会将这一制度体系概括为根本制度、基本制度、重要制度和具体制度，这为研究中国特色社会主义制度体系确立了方向。

（一）中国特色社会主义制度体系的层次关系

有学者把十九届四中全会中概括的十三个方面的制度优势作为构成中国特色社会主义制度的体系。齐卫平认为，中国特色社会主义制度十三个显著优势显示了制度体系的层次性，其中党的领导制度显示顶层决定性、全域覆盖性、全局指导性的重要地位。中国特色社会主义制度体系结构的层次关系还有总体系与分体系的安排，13 个部分都呈现分体系的构成。[1] 将党的领导作为中国特色社会主义制度的主体系，因为它起着顶层决定作用，而十三个方面的制度优势是这一制度的分体系，主体系和分体系同样重要，只是所负责的领域不同罢了。

根据制度优势领域、制度优势层次、制度优势功能三个方面对中国特色社会主义制度体系进行分析，陈金龙认为，从制度优势领域来看，涉及党的领导、政治、经济、文化、社会、国防、祖国统一、外交等方面；从制度优势层次来看，涉及根本制度、基本制度、重要制度三个层次；从制度优势功能来看，蕴含制度取向、制度构架、制度运行、制度发展四个方面，[2] 为我们多维度地展示了中国特色社会主义制度体系。姜辉也对中国特色社会主义制度体系进行了多视角的分析，他肯定了党的十九届四中全会的一个重大贡献，就是形成了中国特色社会主义制度的结构体系。具体地看：一是集中概括了中国特色社会主义制度有机联系、相辅相成、汇聚整体的"十三个显著优势"，形成了"制度优势群"；二是集中提出了由根本制度、基本制度、重

---

① 齐卫平：《体系与效能：中国特色社会主义制度的国家治理优势》，《行政论坛》2020 年第 1 期。

② 陈金龙：《新时代中国特色社会主义制度优势话语体系的建构》，《中共党史研究》2020 年第 4 期。

要制度构成的层次清晰、全面系统的制度体系，形成了"主要制度群"；三是明确部署了"十三个坚持和完善"的战略部署和重大任务，形成了"方向任务群"。这"三个群"涵盖了当前我国国家制度建设和国家治理的方方面面，是有机统一的整体，是具有开创性、全局性、战略性的顶层设计。① 不仅在理论层面划分了中国特色社会主义制度体系，而且将战略部署和重大任务单独划分为一个群，突出了中国特色社会主义制度的实践性。

（二）中国特色社会主义制度体系的结构关系

有学者分析了中国特色社会主义制度体系各领域制度之间的关系。如肖贵清认为，在中国特色社会主义制度体系中，根本政治制度、基本政治制度和基本经济制度处于主导地位，规定和体现着中国社会的基本性质、宏观结构和发展方向。各领域的制度体制则规定着社会的发展阶段和运行方式，表征着社会主义初级阶段的基本形式和中观结构，具有派生性特征，是在根本制度基础上形成的完整的、内在关联的结构框架。中国特色社会主义制度体系与中国特色社会主义事业的总体布局相吻合，在内容结构上呈现"五位一体"的架构，在经济、政治、文化、社会和生态各领域形成各具功能、相互补充、相互衔接的制度系统。政治制度是社会机器的主要构件，根本政治制度是构件的轴心，决定着社会机器的根本性质与历史走向，坚持党的领导、人民当家作主和依法治国的有机统一是我国政治制度的基本原则；文化体制是社会机器的整合力，深层次维护制度体系的运行，凝聚价值共识，维护社会发展方向；社会体制促进社会矛盾的化解，降低社会矛盾的阻力和制度运行的摩擦力，为制度体系提供稳定的社会环境；生态文明制度则是中国特色社会主义制度体系的自然保障，是社会主义事业永续发展的环境基础。中国特色社会主义制度体系是上述各项制度构成的系统，各组成部分之间的良好耦合和衔接取决于我国制度实践中形成的

---

① 姜辉：《中国特色社会主义制度的结构体系和显著优势》，《治理研究》2020 年第 5 期。

体制机制。[1] 不仅对中国特色社会主义制度体系进行了划分，还对各方面制度的功能进行了详细论述。

中国特色社会主义制度具有明显的体系特色，亦即由根本层面的制度、基本层面的制度、具体层面的制度以及机制构成，是一个相互衔接、相互联系的有机整体。根本层面的制度起决定性作用，反映着制度体系的本质内容和根本特征，体现着制度体系的质的规定性。基本层面的制度，既是根本制度的体现和表达，也是制定各种具体制度的依据和出发点，具体制度是由根本制度、基本制度派生的，受到根本制度、基本制度的制约和支配，同时也是根本制度、基本制度的表现形式，能够促进根本制度、基本制度的完善和发展。[2] 这两位学者都认为，中国特色社会主义制度包括根本制度、基本制度和具体制度，不同的是肖贵清还区分了经济、政治、文化、社会、生态等各方面的制度，张雷声则着重论述了根本制度、基本制度和具体制度三者之间的关系。秦宣认为，社会制度是分层次的，包括社会形态、基本制度和具体制度（体制）三个层次。社会制度的三个层次从内到外依次展开，作为社会形态的制度处于制度体系的核心，是进行基本制度设计的逻辑起点，反映社会制度的性质。基本制度处于中间层，是社会制度中最重要的组成部分，是作为社会形态的制度在经济、政治、文化、社会等领域的体现，反映一种制度的特殊本质，也体现一种社会制度的共性。具体制度（体制）是基本社会制度在不同国家、不同时期的具体体现，它具有很强的民族特色和时代特色。[3] 用"社会形态"一次代替了前面两位学者用到的"根本制度"，但二者所处的位置和所起的作用是一样的。

---

① 肖贵清：《加强和深化中国特色社会主义制度研究》，《湖南科技大学学报（社会科学版）》2016 年第 5 期。

② 张雷声：《论中国特色社会主义制度》，《甘肃社会科学》2016 年第 1 期。

③ 秦宣：《中国特色社会主义制度的多层次解读》，《教学与研究》2013 年第 1 期。

四、关于中国特色社会主义制度显著优势研究

2019 年 10 月 31 日，中国共产党第十九届中央委员会第四次全体会议通过了《中共中央关于坚持和完善中国特色社会主义制度、推进国家治理体系和治理能力现代化若干重大问题的决定》（以下简称《决定》）。《决定》第一次系统地总结了我国国家制度和国家治理体系具有十三个方面的显著优势，并明确指出，这些显著优势，是我们坚定中国特色社会主义道路自信、理论自信、制度自信、文化自信的基本依据。学术界对中国特色社会主义制度优势进行深入研究。

（一）关于中国特色社会主义制度优势的内涵

从科学社会主义的基本原理出发分析了中国特色社会主义制度优势，李志勇认为："'两个必然'为中国特色社会主义制度优势提供理论依据，'两个决不会'为中国特色社会主义制度优势提供现实依据。"[1]

从现实角度分析中国特色社会主义制度具有的优势，李民圣认为："中国特色社会主义制度之所以具有优势，是因为它能够最大程度促进我国社会生产力发展，使广大人民群众充分享受到发展成果；是有效的、管用的，是具有鲜明中国特色、明显制度优势、强大自我完善能力的先进制度。"[2]尹诵和李安增也从生产力发展和人民利益角度阐述了中国特色社会主义制度的优越性，即有利于解放和发展社会生产力，有利于确立和落实人民的主人翁地位，有利于维护和促进社会公平正义，有利于整合社会资源集中力量办大事；有利于维护民族团结与国家统一。[3]从中国社会发展的历史进程中总结中国特色社会主义制度优势，徐红和代琼认为，"这一制度优势是多方面的，

---

[1]　李志勇：《从科学社会主义理论逻辑看中国制度优势》，《中国党政干部论坛》2020 年第 3 期。

[2]　李民圣：《为什么说中国特色社会主义制度具有明显制度优势》，《红旗文稿》2019 年第 4 期。

[3]　尹诵、李安增：《正确认识中国特色社会主义制度优越性》，《中国高校社会科学》2018 年第 4 期。

具体体现为这一制度使中国实现了从积贫积弱到繁荣富强的伟大飞跃，使中华民族迎来了从站起来、富起来到强起来的伟大飞跃，使中国人民实现了从温饱不足到总体小康、全面小康的伟大转变，巩固了党长期执政的地位，为解决人类问题贡献了中国智慧、中国方案"①。

对中国特色社会主义制度优势的分析，既追溯到马克思和恩格斯关于社会主义资本主义关系的论述中，又从中国的社会现实出发，详细阐明这一制度优势的具体体现，结合中国社会发展所取得的历史性成就，实践证明了中国特色社会主义制度的优势所在。正如胡鞍钢所说："新中国成立70年来取得了巨大成就，其根本原因就是中国制度优势，而中国制度优势包括中国共产党最大政治优势、人民民主制度优势、全国一盘棋举国优势、民族大团结优势、社会主义基本经济制度优势、以人民为中心发展思想优势等，从而形成了系统优势、综合优势、整体优势、长期优势，这在世界上是独一无二的，充分体现了中国特色社会主义制度的强大生命力、创新力、创造力。"②

也有学者通过比较的方式阐述中国特色社会主义制度优势。孟鑫提出，中国特色社会主义制度优势是多方面的，但对其进行比较分析，可以发现这一制度的比较优势在于："以先进的政党为领导、以先进的理论为指导、以先进的理念为引领、科学的决策运行机制、强大的自我完善能力，这是中国特色社会主义制度的比较优势。"③中国特色社会主义制度比较优势是相对于绝对优势而言的，虞崇胜指出："要辩证地看待制度优势，是说不能把制度优势绝对化，而要把制度优势看作是比较优势，是一种不断增长的优势，制度优势总是相对的，过去的优势不等于现在的优势，现在的优势也不等于未来的优势；而且随着改革开放与经济社会迅速发展，制度也出现短板问题，

① 徐红、代琼：《论中国特色社会主义制度优势的集中体现与进一步发挥》，《社会主义研究》2020年第2期。

② 胡鞍钢：《充分发挥中国制度优势》，《学术界》2020年第2期。

③ 孟鑫：《中国特色社会主义制度的比较优势》，《思想理论研究》2020年第8期。

比如制度短缺、制度陈旧、制度失灵、治理失效等等。"① 把中国特色社会主义制度与传统制度和西方资本主义国家的制度相比较，秦刚认为，"这一制度的比较优势是执政党与参政党协调一致，避免出现相互倾轧的乱象；坚持人民利益至上，统筹兼顾社会整体利益和个人利益；实行民主与集中的有机结合，有效整合社会资源；推进国家领导层的有序更替，保证大政方针的持续性；注重从基层实践中选贤任能，形成经验丰富、务实有为的领导群体，是中国特色社会主义制度独特优势的具体体现"②。

从历史、理论、实践和国际这四个维度，邝艳湘提出说："历史、理论、实践和国际比较等多个角度研究的结果表明，中国特色社会主义制度在发展生产力、维护社会公平正义、发展社会主义民主政治、实现政治稳定和推动世界和平与发展方面都表现出显著的优势。"③ 张明军和杨帆着重探索了与其他国家相比，中国特色社会主义制度的独特优势，他们认为，"探讨中国特色社会主义制度优势，需要认清制度优势的类型，即价值优势与组织执行优势。与其他国家进行横向比较，与中东欧转型国家比较，党的领导统摄国家治理体系，这是中国特色社会主义制度的核心优势；与西方资本主义国家比较，广泛代表的民主政治等方面呈现出显著的优势，具体体现为人民代表大会制度是根本政治制度，中国共产党领导的多党合作和政治协商制度，民族区域自治制度，基层群众自治制度"④。郭莉则从现实、本质和发展三个方面总结了这一制度的比较优势，她认为，"这一制度的现实比较优势是解放和发展生产力的制度比较优势，运行效率的制度比较优势以及解决国家重大问题的制度比较优势；本质比较优势是人民主体及解决社会基本矛盾的制度比较优势；而发展比较优势则是一种发展的动态比较优势，发展比较优势能够

① 虞崇胜：《提升中国特色社会主义制度秉赋：超越制度优势的国家治理现代化目标》，《探索》2020 年第 2 期。
② 秦刚：《中国特色社会主义制度的比较优势》，《中共中央党校学报》2015 年第 6 期。
③ 邝艳湘：《中国特色社会主义制度的显著优势及国际比较》，《马克思主义研究》2020 年第 6 期。
④ 张明军、杨帆：《把中国特色社会主义制度优势转化为治理效能的实现逻辑》，《思想理论教育》2020 年第 7 期。

回答如何持续保持制度自信的问题"①。以上学者通过将中国特色社会主义制度横向与中国传统制度比较，纵向与国外资本主义制度比较以及与自身各个部分的比较，总结出中国特色社会主义制度的独特优势，更具说服力。

也有学者分别对中国特色社会主义制度的各个具体制度或某一个制度优势的优势进行总结。例如，辛向阳和高正礼分别总结了各项具体制度的优势，辛向阳认为中国特色社会主义制度的优越性具有以下几点：一是把根本政治制度、基本政治制度同基本经济制度以及各方面体制机制等具体制度有机结合起来，使制度既保持稳定性，又充满活力。二是坚持把国家层面民主制度同基层民主制度有机结合起来，形成上下互动的局面。三是坚持把党的领导、人民当家作主、依法治国有机结合起来，把党的力量、人民的力量、法治的力量凝聚成磅礴的发展力量。四是能够牢牢驾驭市场经济的逻辑，使市场在配置资源的过程中不会产生影响党的政治逻辑的既得利益集团。五是中国特色社会主义制度内生于中华优秀文化的土壤之中，能够不断吸取优秀文化的营养成长壮大。六是始终强调集体领导制度，保证权力为人民有效实施、有序交接。②

高正礼认为，中国特色社会主义制度和国家治理体系在发展 21 世纪马克思主义方面展现出显著优势。集中统一的领导核心、人民民主的群众根基、依法治国的基本方略、民族团结的稳定政局等确保了发展 21 世纪马克思主义的政治方向。公有制为主的经济基础、集中力量办大事的一盘行动、按劳分配为主和社会主义同市场经济相结合的激励机制奠定了发展 21 世纪马克思主义的物质基础。马克思主义的科学指导、社会主义核心价值体系的思想道德基础、"二为""双百"等文艺方针、文化事业产业管理的价值引导厚植了发展 21 世纪马克思主义的思想共识。人民美好生活需要的目标导向、社会事业的普惠定位、共建共治共享社会治理的全新格局打造了发展 21 世

---

① 郭莉：《基于比较优势的制度自信》，《思想理论教育导刊》2017 年第 4 期。

② 辛向阳：《中国特色社会主义制度的基本优势》，《长白学刊》2015 年第 1 期。

纪马克思主义的社会环境。① 这两位学者对中国特色社会主义制度中的政治、经济、文化、社会等各项具体制度的优势进行了明确说明，使我们对这一制度优势的了解更为详细和深刻。

在总结中国特色社会主义制度优势过程中，许多学者对党的领导是中国特色社会主义制度的最大优势进行了深入研究与分析。徐斌认为："党的领导是中国特色社会主义制度的最大优势，体现在党的政治领导指引明确的政治方向，党的思想领导确定正确的思想路线，党的组织领导统领先进的组织建设，党的社会领导凝聚强大的社会力量。"② 龙兵从中国特色社会主义的本质特征和党的性质、宗旨相结合的角度出发进行论述，指出："中国特色社会主义制度蕴涵着解放和发展生产力、实现共同富裕、维护公平正义、实现人民主体地位、保障人民根本利益、促进人的自由全面发展等诸多价值理念，这些理念体现党的性质、宗旨和基本路线，两者辩证统一、相辅相成。制度价值理念的最终实现，离不开党的领导。深入发挥制度优势，推动经济社会全面发展，集中力量办大事，同样离不开党的领导。"③

吴家庆、瞿红认为，"正是党领导下形成的制度优势，使中华民族迎来了从站起来、富起来到强起来的伟大飞跃，使科学社会主义在 21 世纪的中国焕发出强大生机活力，使中国为解决人类问题科学地贡献了中国智慧和中国方案"。在如何发挥党的领导优势，推动民族复兴伟大梦想早日实现方面，必须加强和改善党的领导，将"两个维护"落到实处，将党的思想建设抓到实处，并不断强化党的群众组织力和社会号召力。④ 在政党与治理国家方面，齐卫平、柴奕认为，要坚持党的领导以确保国家治理的正确方向；坚持多党

① 高正礼：《论当今中国发展 21 世纪马克思主义的制度优势》，《安徽师范大学学报（人文社会科学版）》2020 年第 2 期。
② 徐斌：《党的领导是中国特色社会主义制度的最大优势》，《人民论坛》2018 年第 3 期。
③ 龙兵：《论党的领导是中国特色社会主义制度的最大优势》，《湖南科技大学学报（社会科学版）》2016 年第 5 期。
④ 吴家庆、瞿红：《论党的领导是中国特色社会主义制度的最大优势》，《当代世界与社会主义》2019 年第 5 期。

合作以整合政治资源的显著优势；发展协商民主以保障人民最广泛利益的显著优势；创新民主监督形式以促进执政党廉洁执政的显著优势。①

中国特色社会主义制度与传统社会主义制度，以及西方资本主义制度相比，无论是总体还是局部都具有较为显著的优势。而这一制度优势并不是凭空而来的，既可以追溯到科学社会主义基本原理，又要扎根于中国的具体实践。党的十九届四中全会对中国特色社会主义制度优势作出了 13 个方面的总结，学者们有的在十九届四中全会之前根据中国十大以来的具体实践阐述了中国特色社会主义制度优势的认识，虽然不够全面，但却为十九届四中全会中国特色社会主义 13 个方面的制度优势的形成奠定了一定理论基础。十九届四中全会后，又有一些学者对这 13 个方面的制度优势进行深入剖析，使我们对这一制度优势有了更为全面的了解。

有的学者指出，中国创造世界发展史上的奇迹，得益于中国特色社会主义制度优势的充分发挥，同时中国特色社会主义制度面临的现实挑战，就国内情况来看，我国改革进入攻坚期和深水区，社会稳定进入风险期，各种一般矛盾和深层次矛盾交织叠加，一些重大问题敏感程度明显增大，处理不慎极易影响社会稳定；就国外情况来看，西方敌对势力一直没有放松动摇中国特色社会主义制度，西方敌对势力依靠经济、技术上的优势地位，不断制造贸易摩擦，围堵中国，对我国实行"分化""西化"战略。② 面对国内外局势，如何更好发挥制度优势，成为学界研究的又一个重要问题。王炳林针对国内情况提出："推进国家治理体系和治理能力现代化是坚持并完善中国特色社会主义制度的战略举措。"③ 郭莉认识到了与中国的复杂形势相比，中国特色社会主义制度还不够完善，她提出，"只有坚持改革不断地促进制度自我完

① 齐卫平、柴奕：《论中国特色社会主义新型政党制度的国家治理优势》，《华东师范大学学报（哲学社会科学版）》2020 年第 4 期。

② 王炳林：《推进中国特色社会主义制度优势转化为国家治理效能》，《中国党政干部论坛》2019 年第 10 期。

③ 王炳林：《推进中国特色社会主义制度优势转化为国家治理效能》，《中国党政干部论坛》2019 年第 10 期。

善和发展，制度的发展比较优势才能充分体现，也才能为制度自信提供源源不断的动力来源"①。

有的学者从具体层面提出了几点改革意见，即必须全面深化改革，把制度建设贯穿于改革的始终；紧紧围绕使市场在资源配置中起决定性作用深化经济体制改革，坚持和完善基本经济制度；紧紧围绕坚持党的领导、人民当家作主、依法治国有机统一深化政治体制改革，不断推进社会主义政治制度自我完善和发展；紧紧围绕建设社会主义核心价值体系、社会主义文化强国深化文化体制改革，完善中国特色社会主义文化制度；紧紧围绕保障和改善民生、促进社会公平正义，深化社会体制改革，形成科学合理的社会管理制度；紧紧围绕建设美丽中国深化生态文明体制改革，加快建立生态文明制度；紧紧围绕提高科学执政、民主执政、依法执政水平深化党的建设制度改革。② 这些意见涉及了政治、经济、文化、社会、生态等各个层面。徐红和代琼则从充分发挥中国共产党的主动性角度出发，认为，"新时代必须通过以党的自我革命推动伟大社会革命从而进一步发挥中国特色社会主义制度优势"③。陈江生也给出了类似的观点，强调中国特色社会主义制度的完善离不开中国共产党的领导，他指出："人民当家作主是一切安全的根本保证。中国特色社会主义制度保障民众生活水平不断提高、社会更加和谐稳定，而中国共产党的领导保证了中国特色社会主义制度的不断完善，保证了民众生活的安全稳定。"④

学者们不仅认识到了中国特色社会主义制度所具有的显著优势，而且基于国内外形势认识到进一步完善和发展中国特色社会主义制度的必要性，有的还针对如何进一步完善和发展提出了自己的见解，为中国特色社会主义制

---

① 郭莉：《基于比较优势的制度自信》，《思想理论教育导刊》2017 年第 4 期
② 秦宣：《制度自觉、制度自信和制度创新———学习习近平总书记关于完善和发展中国特色社会主义制度的重要论述》，《中国特色社会主义研究》2014 年第 3 期。
③ 徐红、代琼：《论中国特色社会主义制度优势的集中体现与进一步发挥》，《社会主义研究》2020 年第 2 期。
④ 陈江生：《制度优势是中国安全稳定的根基》，《人民论坛》2018 年第 4 期。

度优越性更好地奠定了理论基础。

（二）中国特色社会主义制度优势转化为治理效能

中国特色社会主义制度是党和人民在长期实践探索中形成的科学制度体系。新中国成立以来，特别是改革开放以来，中国共产党率领中国全体人民以不断推进完善这一制度体系。正是由于始终坚持、完善和创新这一制度体系，才使其具有了多方面的显著优势。我们也要充分认识到，中国特色社会主义制度是在发展完善之中，还存在一些制度短板。而且，制度的生命力在于执行，制度优势并不直接带来治理效能。党的十九届四中全会聚焦这一问题，制定并通过了《中共中央关于坚持和完善中国特色社会主义制度、推进国家治理体系和治理能力现代化若干重大问题的决定》，其目的就是要加快中国特色社会主义制度的集成，将制度优势转化为治理效能。基于此，学者们对制度优势如何转化为治理效能从不同角度提出了自己的见解。

如何将制度优势转化为治理效能，提高国家治理效能？齐卫平认为："社会主义制度优势不仅要体现为有利于发展生产力，而且更要体现为有利于提高国家治理效能。从国家治理效能上展示社会主义制度优势，把制度优势转化为治理效能成为推进党和国家事业发展的新要求，成为坚持和发展新时代中国特色社会主义的新任务。改革开放的过程就是完善成熟定型制度和体制机制调整创新再造的过程，要取得全面深化改革的胜利，必须把坚持和完善中国特色社会主义制度与推进国家治理体系和治理能力现代化紧密相结合。在深化党和国家机构改革中实现制度优势与治理效能相统一，提高国家治理效能。制度优势与治理效能的内在统一，赋予了深化党和国家机构改革以新时代的内涵。"[①] 可以看出，他是将提高国家治理效能放在深化党和国家机构改革这一背景下去研究。虞崇胜明确了中国特色社会主义制度优势并不

[①] 齐卫平：《制度优势与治理效能的高度统一——新时代中国国家治理体系本质特征研究》，《学术前沿》2018 年第 3 期。

直接带来治理效能这一点，他认为："只有借助制度改革和创新，将制度势能转化为制度性能，将制度优势转化为制度优性，进而实现将制度优势转化为治理效能的目标。"①

有学者认为制度优势转化为治理效能，政党的推动是至关重要的。齐卫平、陈冬冬强调："中国特色社会主义进入新时代，推动制度优势转化为国家治理效能是中国共产党的重大任务。必须通过坚持和完善党的领导制度体系、统筹顶层设计和分层对接、彰显新型政党制度优势、强化制度执行的监督力度，确保中国特色社会主义制度优势转化为国家治理效能，最终实现国家治理体系和治理能力现代化。"② 有的学者把研究放在了政党的推动方面，张艳娥认为，"党所拥有的理论优势、群众优势、组织优势、思想教育等政治优势被拓延到制度系统中，并转化成为制度治理优势。在这一过程中，要以党的政治建设为统领，将全面从严治党推向纵深，不断增强党的政治领导力、思想引领力、群众组织力和社会号召力。这是将党的政治优势更好地转化为国家制度治理优势的根本途径"③。有的学者认为政党在制度优势转化为治理效能方面能发挥重要作用，张明军和杨帆还认为其他层面的力量也不可或缺。"党的领导、持久稳定的社会环境、多元的民生政治参与、科学的权力运行系统为中国特色社会主义制度优势向治理效能的转化提供了前提、保障、动力与实现途径。"④ 韩庆祥总结了我国国家制度和国家治理体系在党的领导力量、价值取向、政治发展道路等十个方面的"显著优势"，并对如何将制度优势转化为治理效能提出了具体路径，既要学懂弄通制度优势，解决

---

① 虞崇胜：《将制度优势转化为治理效能——国家治理现代化的关键环节》，《理论探讨》2020 年第 1 期。

② 齐卫平、陈冬冬：《制度优势转化为治理效能的政党推动》，《江西师范大学学报（哲学社会科学版）》2020 年第 4 期。

③ 张艳娥：《党的领导转化为制度优势的逻辑机理与提升路径》，《西安财经学院学报》2018 年第 2 期。

④ 张明军、杨帆：《把中国特色社会主义制度优势转化为治理效能的实现逻辑》，《思想理论教育》2020 年第 7 期。

"知"的问题；要对"制度"抱持敬畏和信仰之心，解决"信"的问题；要具有掌握和运用制度的能力，解决"能"的问题；要不断运用制度优势，解决"用"的问题；要加强治理能力的弱项、补治理能力的短板，解决"短"的问题。① 从国家治理体系自身的结构和功能出发，吕普生认为："在保持制度内核长期稳定的基础上，优化国家治理体系的结构与功能、创新国家治理体系的运行机制、提高国家治理能力特别是制度执行能力，是把我国制度优势更好转化为国家治理效能的有效路径。"②

对制度优势转化为治理效能这一过程的逻辑分析，韩利平和祝辉指出："坚持巩固是我国制度优势转化为国家治理效能不断完善发展并进行经验总结的逻辑起点；完善发展是我国制度优势转化为国家治理效能的基本特征；经验总结是我国制度优势转化为国家治理效能在坚持巩固中不断完善发展的重要路径。"③

学术界在研究制度优势转化为治理效能的重要性、实践逻辑及其主要路径方面，有的将关注点放在某一重要领域的背景下，论证制度优势转为治理效能的必要性。有的聚焦于实现制度优势转化为治理效能的主体力量，在这类研究中又分为两类，一是着重研究政党在这一过程中所起的重要作用，二是将研究重点拓宽至社会各个层面，提出制度优势转化为治理效能不是轻而易举就能够实现的。无论学者从哪个角度进行研究，即无论是国家治理体系和治理能力现代化，还是包括这一目标在内的全面建成社会主义现代化强国目标的实现，都离不开把我国制度优势更好转化为国家治理效能。

---

① 韩庆祥：《以"制度优势""治理效能"应对"新时代""大变局"》，《马克思主义与现实》2020 年第 1 期。

② 吕普生：《我国制度优势转化为国家治理效能的理论逻辑与有效路径分析》，《新疆师范大学学报（哲学社会科学版）》2020 年第 3 期。

③ 韩利平、祝辉：《我国制度优势转化为国家治理效能的逻辑解析》，《理论视野》2019 年第12 期。

（三）中国特色社会主义制度优势的多维度视角

对中国特色社会主义制度优势的研究还呈现出多维度与多视角的趋势。结合中国特色社会主义的历史实践，郇雷认为，中国特色社会主义制度的优势主要体现在三大层面上：一是在价值层面上坚持人民主体地位；二是在治理层面上有利于解放和发展生产力、有利于形成社会共识、有利于应对复杂局面；三是具有强大的纠错能力和自我完善能力。[①] 从理论、历史与现实的角度对中国特色社会主义制度优势进行了考察，刘勇和杨彬彬认为，"中国制度优势深刻蕴含着中国共产党对'三大规律'的深刻系统把握，把握中国特色社会主义制度的优势，就是要从历史唯物主义的高度阐述中国制度与人类社会其他制度相比较所具有的优势。中国制度优势也不是天然存在的，正是在新中国成立尤其是改革开放以来中国制度形成的历史逻辑中逐步得到体现的。制度设计和制度执行力是制度优势的表现形式，而制度优势的评价标准只能是实践，当代中国的伟大实践一再证实了中国制度优势"[②]。

当然也有学者从不同视角分析中国特色社会主义制度优势的制约因素及其具体表现。例如，从规范制度主义视角，从分析了中国特色社会主义制度优势效能转化制约因素及表现，张雷和刘睿博认为："从规范制度主义视角出发，着眼于微观层面，可以将这些制约因素总结为以下三对矛盾，干部情境认知能力不足与社会环境日趋复杂之间的矛盾；干部自身角色认识不清与社会关系愈加多元之间的矛盾；干部制度价值认同有待增强与主流制度价值遭受挑战之间的矛盾。"在此基础上，他们还对增进中国特色社会主义制度优势效能转化进行了对策分析，即提升干部情境认知能力，为制度优势效能转化厚植基础；加强干部角色塑造，为制度优势效能转化疏通路径；增进干

[①] 郇雷：《中国特色社会主义制度优势的三维向度》，《中共福建省委党校学报》2016 年第 11 期。

[②] 刘勇、杨彬彬：《理论、历史与现实：中国特色社会主义制度优势的三维考察》，《理论探讨》2020 年第 2 期。

部制度价值认同，为制度优势效能转化提供保障。① 这是从比较微观的层面上分析了制约中国特色社会主义制度优势效能转化的制约因素，并将领导干部这一角色作为研究重点，增加了一些人为因素，这有助于激发领导干部提高自身能力。张兴茂把对中国特色社会主义制度的研究，放在马克思主义社会形态理论的观照之下，解析这一制度体系重大的理论和实践意义；立足于中国特色社会主义社会的现实国情，从坚持与发展中国特色社会主义的根本目的出发，就如何完善中国特色社会主义的经济制度、政治制度、文化制度、社会建设和社会管理制度以及生态文明建设制度提出了自己的见解。② 还有学者从某一社会群体对制度优势的认同感进行分析，从客观上论证了中国特色社会主义制度优势的可靠性。

有学者在 2019 年 11 月对北京 7 所高校的 1006 名学生进行了问卷调查，通过数据分析，探讨了大学生对中国特色社会主义制度和国家治理体系显著优势认同的现状、影响因素及提升对策。研究发现：大学生从理论维度、现实维度、历史比较维度和未来预期维度"四个维度"对中国特色社会主义制度和国家治理体系显著优势给予了高度认同；民生满意因子、制度竞争因子、家庭教育因子、同辈群体因子和学校教育因子"五个因子"，可以显著地正向预测大学生对中国特色社会主义制度和国家治理体系显著优势的认同。③

有学者将中国特色社会主义制度优势放在国家风险治理上来研究，从党的领导这一制度在新冠疫情防控中发挥的重要作用来看，孙照红指出："从历史维度看，风险治理中坚持党的领导是党近百年历史的必然选择和经验总结；从现实维度看，党的领导能够为风险治理提供政治引领和组织

---

① 张雷、刘睿博：《规范制度主义视角下增进中国特色社会主义制度优势效能转化》，《重庆社会科学》2020 年第 6 期。

② 张兴茂：《马克思主义社会形态理论视域中的中国特色社会主义制度研究》，《中国社会科学出版社》2015 年第 1 期。

③ 吴鲁平：《大学生对中国特色社会主义制度和国家治理体系显著优势认同研究——基于对北京大学生调查的实证分析》，《中国青年社会科学》2020 年第 2 期。

保障；从价值维度看，风险治理中坚持党的领导有利于保障最广大人民群众的根本利益，同时能够得到人民群众的广泛支持；从理论维度看，风险治理中坚持党的领导是制度优势转化为治理效能的根本保证；从世界维度看，风险治理中坚持党的领导是中国制度的独特优势。"①钟君认为，中国特色社会主义制度优势体现在疫情防控的各个方面，"党领导一切，为抗击疫情提供坚强政治保证，彰显中国特色社会主义制度的政治优势；全国一盘棋，集中领导、统一指挥、举国动员、形成合力，彰显中国特色社会主义制度集中力量办大事的体制优势；医保买单、财政兜底，物资充足、保障有力，彰显中国特色社会主义制度的经济优势；凝心聚力、众志成城，敢于牺牲、礼赞英雄，志愿奉献、友爱互助，彰显中国特色社会主义制度的文化优势；坚持群众路线，发挥基层党组织战斗堡垒作用，构筑群防群治抵御疫情的人民防线，彰显中国特色社会主义制度的治理优势；人民军队为抗击疫情提供强力支撑，保证国家安全稳定，彰显中国特色社会主义制度党对人民军队绝对领导的独特优势；积极参与全球疫情防控，为世界赢得经验和时间，彰显中国特色社会主义制度构建人类命运共同体的显著优势。"②

中国的制度优势在此次战"疫"中得到了实践检验。具体体现在以下三个方面：其一，有了核心就有了"定海神针"；其二，有了全民动员就盘活了"中国力量"；其三，有了舆论引导就强了信心、聚了民心。③有学者认为："疫情防控集中体现了中国特色社会主义制度十三个方面的显著优势，同时也暴露出我国在重大疫情舆情引导、防控法治化建设、防控体制机制建设以及公共卫生应急管理体系建设、医疗卫生领域所有制改革等方面存在的明显短板，对此，需要我们着力构建更加系统完备、科学规范、运行有效的制度

---

① 孙照红：《风险治理中党的领导制度优势分析——基于新冠肺炎疫情防控战的视角》，《长白学刊》2020 年第 3 期。

② 钟君：《从疫情防控看中国制度优势》，《党建》2020 年第 5 期。

③ 徐艳玲：《战"疫"：以制度优势回答"初心"命题》，《人民论坛》2020 年第 2 期。

体系，不断完善中国特色社会主义制度，推动国家治理体系和治理能力现代化，更好地把我国制度优势转化为国家治理效能。"[①] 李志勇也根据疫情防控中暴露的短板给出了几点建议："从疫情防控实践看，完善和发展中国特色社会主义制度和治理体系，一是完善疫情发现、报告、发布方面的制度；二是明晰中央和地方在疫情防控中的责任；三是建立完善以城市为中心的城市治理体系；四是完善充分发挥社会力量作用的制度；五是全面提升基层社会治理能力；六是加强舆情监测和网络治理；七是提升决策和执行能力。"[②] 此外，还有学者将制度自信与中国特色社会主义制度优势相结合进行研究。李聪和徐艳玲认为："中国特色社会主义制度自信来自于其独特的制度优势，这种制度优势表现为灵活多样的经济制度优势、厚重有力的政治制度优势、日趋完善的法律制度优势、和而不同的文化体制优势以及兼容并包的社会体制优势五个方面。"[③] 对制度自信的来源作出具体说明，即文中提到的五个方面的制度优势。郭莉认为，制度自信是一种动态的自信，中国特色社会主义制度的发展比较优势，能够为制度自信提供源源不断的动力，能够实现阶段性制度自信与发展性制度自信的辩证统一。[④] 肖贵清认为，"中国特色社会主义制度自信是中国共产党以及中国人民对中国特色社会主义制度的充分肯定和坚定信念"。[⑤]

有的学者提出，当今世界，资本主义制度与社会主义制度在全球化大背景下，在百年未有之大变局下，彼此竞争，取长补短，中国特色社会主义制度在竞争中显示了其制度的优势。但自 1929 年资本主义国家爆发的世

[①] 马福运、段婧婧：《论新冠肺炎疫情防控与我国制度优势的彰显和完善》，《河南师范大学学报（哲学社会科学版）》2020 年第 5 期。

[②] 李志勇：《在疫情大考中完善发展中国特色社会主义制度和国家治理体系》，《科学社会主义》2020 年第 3 期。

[③] 李聪、徐艳玲：《中国特色社会主义制度自信来自于制度优势》，《理论月刊》2016 年第 8 期。

[④] 郭莉：《基于比较优势的制度自信》，《思想理论教育导刊》2017 年第 4 期。

[⑤] 肖贵清：《习近平新时代中国特色社会主义制度建设思想论析》，《马克思主义理论学科研究》2018 年第 2 期。

界性经济大危机以来，资本主义国家不断改变其生产关系和上层建筑，不断吸收社会主义制度的优势，不断加大政府对经济的宏观调控的职能，股份制、合作制、职工持股制等社会主义经济因素在不断增加，大大缓解了资本主义的基本矛盾。但是，资本主义制度本身的弊端其自身是无法解决的。美国在全球新冠疫情面前暴露的制度缺陷再一次证明，资本主义制度特别是资本主义生产关系的桎梏，无法解决资本主义制度的自私性、贪婪性和垄断性，资本主义制度的内在矛盾无法解决世界性的矛盾。世界人民对美好生活的向往和需要与世界发展的不平衡不充分的新矛盾，只有社会主义制度能够解决。

中国特色社会主义制度之所以具有显著优势，是因为它坚持和发展社会主义的思想原则。社会主义最主要、最基本的思想原则是：实现人的共同富裕和人的自由而全面发展。马克思在"巴黎公社"、《法兰西内战》，恩格斯在《家庭、私有制和国家起源》，列宁在《国家与革命》中作出了精辟的论述，未来新的社会制度的思想原则是：无产阶级经过暴力革命获得统治地位并建立社会主义国家后，政权必须由无产阶级的先锋队组织——共产党来领导，实行民主集中制；政治制度上必须坚持人民民主专政和无产阶级政党的领导，必须实行人民当家作主；基本经济制度上必须坚持公有制和按劳分配；基本文化制度上必须坚持先进文化的指导地位，满足人民日益增长的文化生活需要；基本社会管理制度上必须把消灭剥削、消除"两极"分化，实现共同富裕作为最终目标；在社会主义法律体系方面，必须把维护多数人的权益作为出发点；等等。

马克思恩格斯关于社会主义制度的伟大设想，就是我们今天所说的科学社会主义的基本原则，就是中国特色社会主义坚持的思想原则，它反映了社会主义制度的共性，体现着社会主义的本质，是社会主义制度区别于资本主义制度的最本质特征。社会主义制度在中国的实践形式就是中国特色社会主义制度，制度是理论和思想原则的体现，任何社会制度的实践形式，都是历史发展到一定阶段的反映，随着时间、地点、条件的变化而变化。因此，在不同国家、同一国家的不同历史时期社会制度，都表现了自己的独特方面和特点。①

五、关于中国特色社会主义制度研究述评

查阅现有的文献，2012 年至今中国知网上关于"中国特色社会主义制度"的文章就有 7086 篇，其中核心文章有 2400 多篇，这些文章对中国特色社会主义制度的科学内涵、形成发展、制度体系、制度优势等进行了研究和梳理，对中国特色社会主义制度研究综述有所裨益。

虽然学术界对中国特色社会主义制度研究成果丰硕，但是对于中国特色社会主义制度的研究宏观的论文较多，对制度体系内制度框结构微观研究没有更加深入；还有关于中国特色社会主义制度的实证研究较少，而实证研究和比较研究可以帮助我们发现各项具体制度在实施过程中的实际问题，从而可以进一步完善相关制度和法律法规。鉴于此，未来中国特色社会主义制度研究要着重下面问题的研究：

一是要把中国特色社会主义制度的研究向纵深发展，虽然党的十九届四中全会中已经列出了中国特色社会主义制度的 13 个方面的显著优势，但对中国特色社会主义制度优势转化为国家治理效能研究不够。在研究中国特色社会主义制度优势的同时，也要研究国家治理的短板，要坚持问题导向，从宏观向中观、微观转化，要有忧患意识，坚持系统思维，在坚持和完善中国特色社会主义制度，推进国家治理体系和国家治理能力中，始终坚持以人民为中心的价值导向，做到有方向、有定力、有原则，扬长避短，在实践中解决具体制度中的问题。

二是从研究方法上要拓宽研究视野，加强不同学科间的合作。首先是拓宽拓宽研究视野，加强中外制度的比较研究，深入研究中国特色社会主义制

① 刘俊杰：《中国特色社会主义制度思想原则研究》，《理论探讨》2020 年第 6 期。

度的本质特征、制度与治理的关系，要加强学科和研究团队之间的合作和交流，未来国内学者可实现资料共享、取长补短；尤其是要加强跨学科间的合作，丰富学者和研究团队的知识体系，打破既有的研究范式，拓展思路，使中国特色社会主义制度的研究更加全面和系统。

（作者：刘俊杰）

分报告 7：中国特色社会主义文化自信研究

党的十八大报告提出全党要坚持中国特色社会主义道路自信、理论自信和制度自信，"坚持社会主义先进文化前进方向，树立高度的文化自觉和文化自信，向着建设社会主义文化强国宏伟目标阔步前进"①。习近平总书记在庆祝中国共产党成立 95 周年大会上的讲话中进一步指出："坚持不忘初心、继续前进，就要坚持中国特色社会主义道路自信、理论自信、制度自信、文化自信"②，强调"我们说要坚定中国特色社会主义道路自信、理论自信、制度自信，说到底是要坚定文化自信"③。至此，我们党将坚定中国特色社会主义文化自信提高到事关国运兴衰、事关文化安全、事关民族精神独立性的战略高度加以认识和把握，文化自信成为继中国特色社会主义道路自信、理论自信和制度自信的第四个自信。

学界关于文化自信的研究大致始于 20 世纪 90 年代，相继出现文化层面的"民族自信心"④、"民族自信心的文化重建"⑤和"中华文化复兴"⑥话语，驳斥文化虚无主义，弘扬传统文化自信⑦以及增强地方文化自信⑧等研究，

---

① 胡锦涛：《坚定不移沿着中国特色社会主义道路前进　为全面建成小康社会而奋斗——在中国共产党第十八次全国代表大会上的报告》，人民出版社 2012 年版，第 33—34 页。

② 《习近平谈治国理政》第二卷，外文出版社 2017 年版，第 36 页。

③ 《习近平谈治国理政》第二卷，外文出版社 2017 年版，第 339 页。

④ 郭太风、陆益军：《传统文化与民族自信》，文汇出版社 1998 年版，第 172 页。

⑤ 文侃：《试论民族自信心的文化重建》，《萍乡高等专科学校学报》1996 年第 3 期。

⑥ 《恢复自信心，寻找主体性，重建价值理序——关于"中华文化与复兴运动"座谈会》，《文讯雅志革新》1990 年第 23 期。

⑦ 李国平、李昀：《中国人失掉自信力了吗？——驳〈河殇〉对中国传统文化的否定》，《重庆师专学报》1991 年第 1 期。

⑧ 江冰：《描述赣文化　增强自信心》，《南昌大学学报（人文社会科学版）》1994 年第 4 期；韦其麟：《弘扬优秀民族文化增强民族自信心——〈壮族歌圩研究〉序》，《南方文坛》1991 年第 5 期。

文化自信研究初现雏形。进入 21 世纪，关于文化自信和中国特色社会主义文化自信的研究呈增长的趋势，云杉于 2010 年在《红旗文稿》连发三篇《文化自觉　文化自信　文化自强——对繁荣发展中国特色社会主义文化的思考》（上、中、下），成为关于文化自信研究的重要节点，此后越来越多的学者开始关注中国特色社会主义文化自信研究，研究成果逐步增多。党的十八大以来迎来了文化自信研究的高潮，尤其是习近平总书记在庆祝中国共产党成立 95 周年大会的讲话中提出文化自信后，关于中国特色社会主义文化自信问题的研究更是呈现爆发式增长，文化自信研究迅速成为热点。研究至今已经取得了丰硕的成果，相关文献已有 2 万余篇，著作数量也不断增多，如耿超的《中国特色社会主义文化自信论》（2016），王蒙的《王蒙谈文化自信》（2017），陈先达的《文化自信与中华民族伟大复兴》《文化自信：做理想信念坚定的中国人》《文化自信中的传统与当代》（2017），朱宗友的中国道路系列丛书中的《中国文化自信解读》（2017），李梁等的《文化自信与价值观自信》（2017），李建德等的《中国道路的文化自信》（2018），张文杰的《文化自信与中国道路》（2018），靳于谦的《当代中国文化建设与文化自信研究》（2018），陈晋的《中国道路与文化自信》（2019），丁晓强等的《文化自信：中国特色社会主义文化研究》（2019），李涛的《中华民族文化自信的变迁与重构（1919—2018）》（2019），沈壮海的《论文化自信》（2019），郝立新等的《当代中国文化阐释：中国特色社会主义文化发展道路研究》（2020），陈一收的《文化自信》（2020），等等，多种研究成果不胜枚举。基于中国特色社会主义文化在中国特色社会主义建设与发展中发挥着思想引领和价值引导关键作用的视角，为进一步推动文化自信理论和实践的发展，我们对国内学术界关于中国特色社会主义文化自信的研究状况作如下概括和梳理，以期进一步凝练提升其研究成效。

一、中国特色社会主义文化与文化自信的科学内涵

文化和中国特色社会主义文化，内涵极为丰富。坚持中国特色社会主义文化自信，首先要明确什么是文化，什么是中国特色社会主义文化，才能正确认识和准确把握中国特色社会主义文化自信。

（一）文化

文化这一概念的内涵极为广泛，国内外众多专家学者从多种角度和学科对文化的概念进行了阐释和界定，不同国家在不同时期也对文化有不同的解释。据统计，目前学术界关于文化的定义已达数百种。在汉语中，西汉刘向《说苑·指武篇》最早将"文""化"二字连起来使用，认为"圣人之治天下，先文德而后武力。凡武之兴，为不服也，文化不改，然后加诛"①。文化在此处的意思是文治和教化，文化就是要"以文化人"，用伦理道德教化民众，使人懂礼知法。文化的英语单词 culture 来源于拉丁文 cultura，cultura 原指与物质生活相关的意义，如耕种、掘垦、培育、居住、练习等。中世纪以来，文化与今日西方的文化概念逐渐趋同。美国人类文化学家克罗伯和克拉克洪的著作《文化：一个概念定义的考评》一书收集了由世界著名学者所界定的 160 余种文化定义，该书将文化的定义分为六组，包括描述性的定义、历史性定义、规范性定义、心理性的定义、结构性定义和遗传性定义。② 这六组文化概念分类强调各有侧重。英国著名的人类学家爱德华·泰勒对文化作的经典定义被归纳为描述性定义，"文化，或文明，就其广泛的民族学意义来说，是包括全部的知识、信仰、艺术、道德、法律、习俗以及作为社会成员的人所掌握和接受的任何其他的才能和习惯的复合体"③。泰勒主要是从

---

① （汉）刘向撰，赵善诒疏证：《说苑疏证》，华东师范大学出版社 1985 年版，第 420 页。

② Kroeber A L, Kluckhohn C. Culture: a critical review of concepts and definitions[M].Cambridge, Massachusetts: the Peabody Museum, 1952: 41–71.

③ ［英］爱德华·泰勒著，蔡江浓编译：《原始文化》，浙江人民出版社 1988 年版，第 1 页。

精神层面对文化下定义，也有学者指出文化包括物质和精神两方面。①

　　总括学界的探讨和研究，大多数学者从广义和狭义两方面对文化概念加以理解和解释。广义的文化指人类在社会实践过程中创造的物质和精神的所有成果，是"社会各方面的基础，内嵌于社会的各层面"②。而狭义的文化则特指人类创造的精神成果，其中主要包括社会道德、思想观念、宗教信仰、文学艺术、民间风俗、规范制度和科学技术等内容。我们这里所讨论的文化主要指狭义的文化。

（二）中国特色社会主义文化

　　中国特色社会主义文化是党领导全国人民建设中国特色社会主义过程中形成的，以中国传统文化为根基，以马克思主义为主导，包含革命文化和社会主义先进文化的社会主义发展道路中的主导文化，是新时代"五位一体"总体布局的重要组成部分。

　　党的十五大报告对中国特色社会主义文化的具体内涵作出了具体的阐释："以马克思主义为指导，以培育有理想、有道德、有文化、有纪律的公民为目标，发展面向现代化、面向世界、面向未来的，民族的科学的大众的社会主义文化。"③ 此后，中国特色社会主义文化建设得以不断加强。特别是在党的十八大之后，文化建设热潮涌动。基于此，学界对中国特色社会主义的内涵的理解普遍达成一致，并主要从以下四个层面进行解析或侧重探究。

　　第一，以马克思主义为指导。辛向阳认为，马克思主义赋予中国传统文化正确的价值取向、科学要求、时代内涵、现实要求，成为中国特色社会

---

① Kroeber A L, Kluckhohn C. *Culture: a critical review of concepts and definitions*[M] .Cambridge, Massachusetts: the Peabody Museum, 1952: 64, 69.

② 马蒙、马新颖：《新时代中国特色社会主义文化思想的价值意蕴——作为文化的中国特色社会主义的提出与发展》，《东南学术》2018 年第 5 期。

③ 江泽民：《高举邓小平理论伟大旗帜　把建设有中国特色社会主义事业全面推向二十一世纪——在中国共产党第十五次全国代表大会上的报告》，人民出版社 1997 年版，第 21 页。

主义文化的重要基础。① 贺才乐、李闻宇认为，以马克思主义为指导是中国特色社会主义文化的总特征，是中国特色社会主义文化在内容和形式上的总要求。② 陈先达指出，中华民族文化复兴由于马克思主义的指导而导向正确。③

第二，以中国传统文化为根基。李长学等认为，中国特色社会主义文化是中国优秀传统文化的衍续和创新④，是中国特色社会主义文化专属的印记和标识。⑤ 韩美群从文化超越性视角对中国特色社会主义文化与传统文化的关系进行了分析，指出文化具有创新和进步的特征。随着时代的发展，传统文化开始走向现代，中国特色社会主义文化对中国传统文化否定、批判、继承和超越，二者得以良性发展。⑥ 文化自信的提出是对中华优秀传统文化传承的科学认知，⑦ 推动传统文化的创造性转化和创新性发展是中国特色社会主义文化得以发展的条件。⑧ 坚持对优秀传统文化的历史传承是建设中国特色社会主义文化的必然要求。⑨

第三，以社会主义核心价值观为核心。郝立新指出，从本质上看，中国特色社会主义文化是社会主义经济和政治的反映，其核心内容是社会主义核心价值体系和核心价值观。这种文化既具体表现为一定的观念形态（如政治法律思想、文化艺术、思想道德、哲学观念和社会科学等），也渗透于大众文化和日常生活中。⑩ 社会主义核心价值观是社会主义先进文化的精髓，是

---

① 辛向阳：《马克思主义与中国特色社会主义文化自信》，《理论探讨》2017 年第 2 期。

② 贺才乐、李闻宇：《中国特色社会主义文化内涵透视》，《求索》2003 年第 2 期。

③ 陈先达：《文化自信与中华民族伟大复兴》，人民出版社 2017 年版，第 139 页。

④ 李长学、王子凤、胡振良：《中国特色社会主义文化自信何以可能》，《科学社会主义》2016 年第 5 期。

⑤ 李长学：《中国特色社会主义文化的哲学审视》，《科学社会主义》2019 年第 6 期。

⑥ 韩美群：《中国特色社会主义文化内涵的多维阐释》，《江西社会科学》2012 年第 12 期。

⑦ 邵希芸、金雪辉：《文化自信视域下中华优秀传统文化的传承探析》，《延边大学学报（社会科学版）》2020 年第 2 期。

⑧ 孙乔婧、刘德中：《从整体上理解中国特色社会主义文化》，《思想教育研究》2019 年第 4 期。

⑨ 陈培永、李茹佳：《中国特色社会主义文化自信：内在逻辑、现实困境与未来前景》，《学术研究》2020 年第 2 期。

⑩ 郝立新：《中国特色社会主义文化的本质及走向》，《中国特色社会主义研究》2014 年第 2 期。

国家和社会发展的精神保障和文化支撑，二者是构成中国特色社会主义文化自信的坚强基石。①

第四，以培育"四有"公民为目标。贺才乐、李闻宇以及赵剑英认为，以"三个面向"为发展方向，为现代化建设服务，走向世界，顺应时代发展指向，② 逐步实现文化自主、文化自足、文化自强和文化自信，以实现中华民族文化复兴为目的，是中国特色社会主义文化的出发点和落脚点。③ 李长学从哲学维度审视中国特色社会主义文化，分别从认识论、系统论和价值论的角度着重分析了中国特色社会主义文化的人民性，④ 体现了人民群众是中国特色社会主义文化的存在。

总的来看，中国特色社会主义文化，源自中华民族五千多年文明历史所孕育的中华优秀传统文化，熔铸于党领导人民在革命、建设、改革中创造的革命文化和社会主义先进文化，植根于中国特色社会主义伟大实践。中华优秀传统文化、革命文化和社会主义先进文化共同构建了新时代中国特色社会主义文化的基本内容。但其组成方式并不是三者的机械叠加，而是有机结合，体现了较强的内在关联性和历史继承性。中国特色社会主义文化体现了中华民族的精神实质，在新的历史条件下指引着党和人民前进的方向。把握中国特色社会主义的内涵要将其置于中国革命和建设的实践中，抓住其本质内容和结构，实现中国特色社会主义文化的创造性转化和发展。

（三）中国特色社会主义文化自信

学术界对于中国特色社会主义文化自信内涵的研究从多种角度出发，形成了较为丰富的成果。虽然目前还没有达成一致的概念界定，但对其内涵和

---

① 杨柳青、王建新：《新时代中国特色社会主义文化自信的历史逻辑》，《河南师范大学学报（哲学社会科学版）》2020 年第 3 期。

② 贺才乐、李闻宇：《中国特色社会主义文化内涵透视》，《求索》2003 年第 2 期。

③ 赵剑英：《论中国特色社会主义文化理论的形成过程和基本内涵》，《哲学研究》2014 年第 1 期。

④ 李长学：《中国特色社会主义文化的哲学审视》，《科学社会主义》2019 年第 6 期。

外延是基本确定的。学者们在研究中国特色社会主义文化自信相关问题时大多使用"文化自信"和"中国特色社会主义文化自信"的概念,表明学界对这一概念的使用分歧较小,术语系统较为统一。中国特色社会主义文化自信的概念多由中国特色社会主义文化的概念衍生而来。学界大多从来源、主体、本质和功能等方面对中国特色社会主义文化自信的概念进行了探讨。

第一,基于中国特色社会主义文化自信来源和组成的视角。李江波等认为,中国特色社会主义文化自信内涵包括对中国优秀传统文化的自信、对在党和人民伟大斗争中孕育的革命文化的自信、对社会主义先进文化的自信以及对外来文化兼容并包的自信。[1] 重视中华优秀传统文化的传承、强化对中国革命文化的认同、注重社会主义先进文化的发展是新时代文化自信的生成基础。[2] 中华传统文化的优秀基因赋予了中华民族安身立命之根基,奠定了文化自信的强大底气。[3] 革命文化迸发出生生不竭、代代不息的文化动力,与社会主义先进文化共同构成中国特色社会主义文化自信的根本动力和深层支撑。[4]

第二,基于中国特色社会主义文化自信主体的视角。云杉等认为,文化自信,是一个国家、一个民族、一个政党对自身文化价值的充分肯定,对自身文化生命力的坚定信念[5];是对中国特色社会主义文化的坚定信念[6]。周玉清认为中国特色社会主义文化自信是指"中国人"作为国家的主人对"自己的社会主义道路"的信念和信心。[7]

---

① 李江波、姚亚平、黎滢:《文化自信:理论维度与实践维度》,《江西社会科学》2016 年第 9 期。

② 黄建军、郭亚宁:《试论新时代文化自信的生成基础、主要特征和重要价值》,《思想理论教育导刊》2018 年第 8 期。

③ 徐礼红:《中华优秀传统文化的价值意蕴》,《江西社会科学》2020 年第 5 期。

④ 黄海:《文化自信的生成谱系、现实挑战与实践方略》,《思想理论教育导刊》2020 年第 1 期。

⑤ 云杉:《文化自觉 文化自信 文化自强——对繁荣发展中国特色社会主义文化的思考(中)》,《红旗文稿》2010 年第 16 期。

⑥ 耿超、徐目坤:《文化自信:中国自信的根本所在》,广西师范大学出版社 2019 年版。

⑦ 周玉清:《中国特色社会主义文化自信的理论内涵》,《光明日报》2017 年 8 月 14 日。

　　第三，基于中国特色社会主义文化自信本质的视角。陈先达认为，文化自信是对中华文化的历史起源、发展、精神特质和精髓的总体性判断，是秉持对中华文化的科学、礼敬、继承、创造性推进的基本立场和态度。① 范晓峰和郭凤志指出，在当代中国，中国特色社会主义文化自信在文化自信中应处于核心地位，是当代中华文化自信的根本。② 马蒙和马新颖认为文化的本质是社会价值生产，中国特色社会主义文化自信的本质在于价值自信。③ 文化自信的实质和核心是价值自信，遵循价值逻辑，体现了主观性和价值性的统一。④

　　第四，基于中国特色社会主义文化自信功能的视角。李程骅等从功能角度对文化自信内涵结构进行了阐释，一是主体（民族、国家和党）对自身文化价值的强烈认同与自豪，是时代的深刻映照和价值引领；二是为应对异质文化冲突提供理性支撑；三是对自身文化生命力的坚定信念，为提升国家文化软实力提供不竭动力；四是铸造全体人民共同的精神家园，夯实社会主义事业基础。⑤

　　文化是人的本质力量的对象化。归根结底，中国特色社会主义文化自信本质上体现的是我们站在人类共同价值制高点的价值自信，是中国人民和中华民族对自身力量的自觉肯定与认同。需要注意的是，中国特色社会主义文化自信并不是片面地对其组成内容的部分文化或某一种文化的自信，而是对中国人民和中华民族从古至今各历史阶段所创建和发展的文化所凝结的先进文化总和与文化体系的自信。⑥ 因此要避免极端文化保守主义对某种文化的

① 陈先达：《文化自信的本质与当代意义》，《光明日报》2018 年 1 月 8 日。
② 范晓峰、郭凤志：《关于中国特色社会主义文化自信的几点思考》，《思想教育研究》2016 年第 7 期。
③ 马蒙、马新颖：《新时代中国特色社会主义文化思想的价值意蕴——作为文化的中国特色社会主义的提出与发展》，《东南学术》2018 年第 5 期。
④ 王钰鑫：《中国特色社会主义文化自信的逻辑与理论意蕴》，《广西社会科学》2017 年第 9 期。
⑤ 李程骅主编：《文化自信》，江苏人民出版社 2018 年版，第 70 页。
⑥ 陈培永、李茹佳：《中国特色社会主义文化自信：内在逻辑、现实困境与未来前景》，《学术研究》2020 年第 2 期。

无限拔高或放大的错误做法。

文化自信往往与文化自觉联系在一起。"文化自觉"是费孝通于1997年在北京大学开办的第二届社会文化人类学高级研讨班上首次提出并使用,此后他在一系列论述中对"文化自觉"作了进一步阐释。"文化自觉"指的是"生活在一定文化中的人对其文化有'自知之明',并且对其发展历程和未来有充分的认识"①。文化自觉是一种认识文化的视角,是文化自信的基础,文化自信则是文化自觉的最高形态。习近平总书记十分注重文化自觉,指出:"增强文化自觉和文化自信,是坚定道路自信、理论自信、制度自信的题中应有之义。"②可见,只有建立在文化自觉上的文化自信才是深远持久的文化自信。

二、中国特色社会主义文化自信的基本特征

纵览现有的文献可见党和国家领导人对中国特色社会主义文化自信高度重视。习近平总书记在庆祝中国共产党成立95周年大会上的讲话中指出,当今世界,要说哪个政党、哪个国家、哪个民族能够自信的话,那中国共产党、中华人民共和国、中华民族是最有理由自信的。并强调:"文化自信,是更基础、更广泛、更深厚的自信"③。这就从根本上揭示了中国特色社会主义文化自信的鲜明特征。结合学界的研究,我们可以从以下几个层面对中国特色社会主义文化自信的特征作一概括:

(一)基础性、广泛性、深厚性

中国特色社会主义文化自信区别于其他多元文化的鲜明特征在于:第

---

① 费孝通:《百年中国社会变迁与全球化过程中的"文化自觉"——在"21世纪人类生存与发展国际人类学学术研讨会"上的讲话》,《厦门大学学报(哲学社会科学版)》2000年第4期。
② 习近平:《在文艺工作座谈会上的讲话》,人民出版社2015年版,第25页。
③ 《习近平谈治国理政》第二卷,外文出版社2017年版,第36页。

一，文化自信是更基础的自信。从传统社会到现代社会的发展历程在某种意义上可以说是一段文化发展历程，特定的文化土壤普遍影响着一个国家和民族的发展道路、理论和制度，文化自信的主体和客体也都体现了文化自信的基础性。第二，文化自信是更广泛的自信。中国特色社会主义文化渗透在人民生活的方方面面，无处不在，无时不有，无论从形式还是领域来说，文化自信都是更广泛的自信。第三，中国传统文化、革命文化和社会主义先进文化的基因都在特定的阶段深深地根植于中国人民和中华民族的血脉，成为深厚的精神力量。

（二）主体性、指向性、象征性、包容性

有学者把文化自信的特征放在历史与现实中考察，认为文化自信具有主体性、指向性、象征性和包容性等本质特征。[①] 其中，主体性指作为社会实践活动主体的人，在改造客观世界和主观世界过程中，形成人对自身所处文化世界的精神构建，人的主体精神和本质力量的自信构成文化自信的核心；指向性表明文化自信从本质上而言是文化主体在文化选择过程中的一种价值诉求。文化自信作为个体理性的精神价值追求，是以个体的明确价值指向性为尺度的；象征性主要指民族象征性，中华民族及其成员通过象征性符号实现自我精神价值和社会文化价值的有机统一；包容性要求文化主体客观审视自身的民族文化，还要理性客观地吸收世界各国、各民族的优秀文化成果，从而获得文化自信。

蔡英谦的观点与刘林涛的观点具有相似之处，他认为文化自信具有主体性、传承性、包容性、发展性四个方面的主要特征和思想特质。[②] 其中，传承性是指历史血脉的传承和思想沉淀的滋养是文化自信的生成土壤，这正如马克思所言："人们自己创造自己的历史，但是他们并不是随心所欲地创造，

---

① 刘林涛：《文化自信的概念、本质特征及其当代价值》，《思想教育研究》2016 年第 4 期。

② 蔡英谦：《新时代文化自信的主要特征和逻辑理路探析》，《理论导刊》2019 年第 3 期。

而是在直接碰到的、既定的、从过去承继下来的条件下创造"①。发展性要求我们站在实现民族伟大复兴重要节点上，必须学会用典、讲好中国故事，学会掌握传统与当代、思想与行动的转化方法，将前辈的智慧广泛应用于今日实践当中，培育与践行好文化自信。

（三）传承性、时代性、辩证性、可塑性

还有学者研究了中国特色社会主义文化自信所独有的、其他多元文化不具备的特征。如：邵龙宝提出，文化自信作为一种文化类型，自身具有多重文化特质，文化自信源自中华优秀传统文化的内在精神和深邃的哲理——"道"的智慧；其生命力在于中华优秀传统文化极强的连续性、凝聚力；其根本精神是自强不息、刚健自信、谦虚厚德；其基本特性是注重经邦济世的实践理性。② 黄建军和郭亚宁研究了新时代文化自信的时代特征，即坚持党的领导作为文化自信的保证，坚持以人民为中心作为文化自信的基点，坚持以社会主义核心价值观作为文化自信的引领。③ 耿超特别提出，中国特色社会主义文化自信具有辩证性和可塑性。其中辩证性体现在普遍性和特殊性的统一，主体性和多样性的统一，稳定性和开放性的统一。可塑性包括主体、客体和关系都具有可塑性，文化自信的主体通过不断学习和思考逐渐建立和塑造起文化自信，文化自信的客体也随中国社会发展实践不断变化，主体和客体的可塑性决定了中国特色社会主义文化自信关系实现的可塑性。④ 杨增崒和吕璇认为，中国特色社会主义文化具有文化传统和价值体系的历史传承性，社会主义现代化建设的指导性，人民精神思想的导向性，以及吸引世界目光的文化优越性。⑤

---

① 《马克思恩格斯全集》第 11 卷，人民出版社 1995 年版，第 131—132 页。

② 邵龙宝：《文化自信的内蕴、特征及其传承培育》，《兰州学刊》2018 年第 1 期。

③ 黄建军、郭亚宁：《试论新时代文化自信的生成基础、主要特征和重要价值》，《思想理论教育导刊》2018 年第 8 期。

④ 耿超：《中国特色社会主义文化自信论》，广西师范大学出版社 2016 年版，第 25—28 页。

⑤ 杨增崒、吕璇：《中国特色社会主义文化自信的基本特性》，《前线》2016 年第 8 期。

总的来看，学者们对于中国特色社会主义文化自信的特征从不同视角入手作了较为全面和详尽的研究，基本上概括了中国特色社会主义文化自信作为文化和社会主义文化普通文化形态的一般性特征和区别于世上其他多元文化的存在并具有中国特色的文化自信特征。

三、中国特色社会主义文化自信的建构逻辑

坚定中国特色社会主义文化自信，必须深刻把握其内在逻辑。目前学界对于文化自信建构逻辑的研究成果丰富，各家观点相异。学者们的基本分析角度是相似的，大多都从历史、理论和实践的视角入手，又或建立在这些角度的基础上并与其略有差异，研究文化自信的逻辑建构，形成了如下观点。

（一）文化自信的生成逻辑与历史逻辑

孙代尧和李健研究了中国特色社会主义文化自信的生成逻辑，认为必须看到中国传统文化和革命文化之间诸如道通于一、重义轻利、在社会理想中实现个人价值等共通之处，同时要借鉴西学的合理成分，真正树立中国特色社会主义的文化自信。也只有吸取了中华优秀传统文化、革命文化和西学中可资借鉴之处的中国特色社会主义文化，才能够树立起中国人的文化自信。[①]

张建忠分析了中国特色社会主义文化自信生成的历史逻辑，他认为华夷文化秩序观中潜在的"自我中心"意识在明清时期进一步蜕变成"文化自大"心理，中华传统文化在这一文化心理的作用下走向了闭关自守，错失了自我进化的历史机遇，继而开始由盛转衰。面对西方文明的强势入侵，"文化自卑"心理开始出现，进而引发了以"文化自省"为主题的新文化运动。在复杂多元文化的交相争辩中，中国人最终选择了马克思列宁主义新文化，中华

[①] 孙代尧、李健：《中国特色社会主义文化自信的生成逻辑》，《前线》2017 年第 3 期。

民族在其指引下实现了从站起来、富起来到强起来的三次历史性飞跃，再次树立了文化自信心。①

杨柳青和王建新在中国特色社会主义文化的文化源流和实践基础上分析了中国特色社会主义文化自信的历史逻辑，认为中国特色社会主义文化源自以家国情怀、社会关爱和人格修养为主要内容的中华优秀传统文化，熔铸于新民主主义革命时期的革命文化和社会主义建设时期的社会主义先进文化，两者被中国革命和建设的实践紧紧浇铸在一起，成为坚定中国特色社会主义文化自信的坚强基石。②

杨乐、包大为研究了从新文化时期到新时代文化自信发展的历史逻辑与治理方向，认为作为现代中国文化史的发端，五四新文化运动代表了中国人民试图以文化改造争取救亡图存的伟大抗争，新文化是文化自信的现代先声。新民主主义革命则进一步将文化实践的大众化和革命化结合起来，重构了文化主体，最终成为缔造新中国的精神力量。新时代中国特色社会主义的现代化征程，必将为文化自信提供更为坚实的经济基础和治理条件，中国人民也将以前所未有的信心、雄心走向世界文化舞台的中央。③

赖辉亮指出，近代以来，中国经历了三个阶段全方位的中西文化碰撞与交流，第一阶段发生在五四时期，引发了新文化运动，这场运动主要批判文化上的传统主义，而非完全否定传统文化、完全丧失对传统文化的自信心；第二阶段发生在 20 世纪八九十年代，促发了文化热，激发了知识界对文化自信的讨论，文化自信主要聚焦在民族文化的自觉和传统文化的自信上。中国特色社会主义进入新时代迎来了中西文化全面交流的第三个阶段，与此相应，文化自信上升到政党和国家层面，标志着新时代文化自信

① 张建忠：《论中国特色社会主义文化自信生成的历史逻辑及启示》，《社会主义研究》2019 年第 2 期。

② 杨柳青、王建新：《新时代中国特色社会主义文化自信的历史逻辑》，《河南师范大学学报（哲学社会科学版）》2020 年第 3 期。

③ 杨乐、包大为：《从新文化到新时代：文化自信的历史逻辑与治理方向》，《学习与实践》2020 年第 5 期。

的到来。① 从已有研究成果来看，关于文化自信的历史建构逻辑与发展脉络的研究较多。

（二）文化自信的历史、理论、实践三重逻辑

崔利萍和阎树群认为，中国特色社会主义的文化自信获得了三重逻辑的支撑，一是历史逻辑，即对传统和当代文化的高度认同和自豪；二是理论逻辑，即对以马克思主义为灵魂的中国特色社会主义的坚定信念；三是实践逻辑，即对社会主义革命、建设和改革巨大成就的客观理性认识。

文化自信的这三重逻辑与制度自信、道路自信、理论自信内在相契合，是"三个自信"的基础。② 张廷干和张瑾研究了文化自信的逻辑与中国特色社会主义文化实践的关系，认为作为中国特色社会主义的文化规定性，文化自信涉及意识形态性、文化形态和物性载体的统一，还是精神信仰、价值规范与价值承诺三个基本维度的"应然"融合，承继并拓展了科学社会主义理论逻辑；文化创造主体在历史发展与社会制度及其结构变迁过程中对于本民族文化价值的认知和文化形态现代转换的主动适应性，以及对于不同民族文化的关系意识这样两个方面的文化差异性认同建构，呈现出文化自信的历史逻辑；基于理论逻辑与历史逻辑相统一的文化自信在多个层面提示了中国特色社会主义文化实践的基本策略与限定性。③ 彭鹏将新时代文化自信生成的内在逻辑划分为历史逻辑、实践逻辑和现实逻辑，其内涵分别为文化自信源于中华民族厚重文化积淀，文化自信植根于中国改革发展实践，文化自信内蕴不断强化的文化软实力。④

---

① 赖辉亮：《新时代文化自信的历史考察及其对青年的启示》，《中国青年社会科学》2020 年第 2 期。

② 崔利萍、阎树群：《中国特色社会主义文化自信的三重逻辑》，《思想教育研究》2017 年第 7 期。

③ 张廷干、张瑾：《文化自信的逻辑与中国特色社会主义文化实践》，《南通大学学报（社会科学版）》2018 年第 6 期。

④ 彭鹏：《新时代文化自信的生成机制及内在逻辑》，《人民论坛》2020 年第 20 期。

（三）文化自信的历史、理论、价值、实践四重逻辑

王钰鑫提出，中国特色社会主义文化自信具有独特的生成逻辑，是文化自信的历史之根和文明之基；中国特色社会主义文化自信筑基于中华民族伟大复兴的伟大实践中，这是文化自信的实践逻辑；中国特色社会主义文化自信以社会主义核心价值观为导向和引领，是文化自信的价值逻辑；中国特色社会主义文化自信是文明横向发展、融合创新的产物，是文化自信的共生逻辑。①

蔡英谦从历史逻辑、理论逻辑、价值逻辑、实践逻辑四个视角，深入研究了文化自信的生成动力和逻辑理路。他认为，薪火相传的中华文化为文化自信提供历史底蕴，而基因密码体现了文化自信的历史逻辑，不断升华的中国化马克思主义为文化自信提供思想源泉与精神动力，彰显了文化自信的理论逻辑，不断创新的中国化马克思主义思想为文化自信提供理论导向和时代引领体现了文化自信的价值逻辑，不断创造的新时代伟大实践为文化自信提供转化平台和践行动力是文化自信的实践逻辑。②

四、中国特色社会主义文化自信的内容结构

关于中国特色社会主义文化自信结构问题，学界对其的研究主要分为两类，一类是将文化自信视为"四个自信"整体中的部分，包括"四个自信"辩证统一的关系，强调道路自信是实践基础和前提，理论自信是思想引领，制度自信是具体体现和可靠保障，文化自信是内在要求和精神支撑③；文化自信是道路自信、理论自信、制度自信的群众基础和先决条件④等观点。另

---

① 王钰鑫：《中国特色社会主义文化自信的逻辑与理论意蕴》，《广西社会科学》2017 年第 9 期。
② 蔡英谦：《新时代文化自信的主要特征和逻辑理路探析》，《理论导刊》2019 年第 3 期。
③ 曲青山：《关于文化自信的几个问题》，《中共党史研究》2016 年第 9 期。
④ 范晓峰、郭凤志：《关于中国特色社会主义文化自信的几点思考》，《思想教育研究》2016 年第 7 期。

一类是将中国特色社会主义文化自信作为整体和系统讨论其内部结构，对文化自信的结构从整体性视角研究了文化自信的组成部分以及部分之间和部分与整体之间的关系。这里我们对后者的研究情况做梳理概括。明确中国特色社会主义文化自信的结构有利于从结构与功能的视角审视文化自信内涵和生成逻辑，对于选择和确定文化自信路径有着重要影响。

（一）主体、客体结构

余宏以结构主义为视角，从文化自信主体和客体两个层面剖析文化自信问题。强调从客体来看，存在文化类型论，文化自信是党和人民对中国特色社会主义文化的自信，具有可塑性特点；从主体来看，存在文化超越论，文化自信是民族文化心理状态的一种，是对以往文化自信重建的一次超越。①

（二）主体、客体、关系三要素结构

耿超认为，中国特色社会主义文化自信在结构层面上主要包括主体、客体和关系三个要素。其中主体包括中华人民共和国、中华民族、中国共产党和个人；客体则是中国传统文化和优秀外来文化有机结合体的中国特色社会主义文化；关系指中国特色社会主义文化自信主客体的关系，包括实践关系、认识关系和价值关系。三者分别是基础、桥梁和目的，价值关系渗透于前两个关系中，最重要、最核心，属于最高层次。② 杨晓玲从理论层面讨论了中国特色社会主义文化自信的结构，认为中华优秀传统文化、红色革命文化和社会主义先进文化分别为文化自信提供精神根基、样态形塑和方向保证。③

（三）指导思想、理论源泉、现实支撑、实践依靠四大主体结构

沈江平在探讨中国特色社会主义文化自信的结构时提出了四大主体结构

---

① 余宏：《文化自信与"三论"——以结构主义为视角》，《长春师范大学学报》2018 年第 11 期。

② 耿超：《中国特色社会主义文化自信论》，广西师范大学出版社 2016 版，第 24—25 页。

③ 杨晓玲：《中国特色社会主义文化自信的逻辑意蕴》，《现代经济探讨》2020 年第 3 期。

的观点，认为马克思主义是指导思想主体；中华优秀传统文化是中国特色社会主义文化自信的理论源泉主体；中国特色社会主义实践是现实支撑主体；人民群众是实践依靠主体，四大主体的建构塑造了中国特色社会主义文化自信。① 韩中谊着重研究了文化自信的理论结构，提出从观念文化层面而言，文化自信由里及外展现为意识形态、文化追求和社会心态三个维度，属于一种更深厚的自信；而从观念文化与制度文化的联结来看，文化自信展现于路径选择与生活实践之中，属于一种更基础的自信；从物质文化的层面来看，文化自信则体现为社会主义文化产品的自信；从全球治理思维来看，文化自信还是彰显民族优势、传递中国声音、构建人类命运共同体的开放视野。②

五、中国特色社会主义文化自信的主要功能

文化自信是对本国和本民族文化的充分肯定与接纳，是一种认知状态和心理状态。文化自信作为上层建筑的组成部分，对于国家经济社会发展有着无可估量的价值与效能。学界直接研究中国特色社会主义文化自信功能的成果还不多，但是关于文化自信的价值、作用、效能等实用性研究颇多，具体可作如下概括：

（一）思想价值功能

在结构功能主义的集大成者帕森斯看来，文化在社会系统中执行着维护功能，社会中的大多数人共同接受某种价值观，社会才能稳定良性运行。中国特色社会主义文化正是全国人民所遵守的共同价值观，文化自信规定并影响了中国社会建设发展的目标和手段。黄建军研究了文化自信的意识形态功能，认为文化自信的意识形态功能在于维护意识形态安全、巩固发展意识形

---

① 沈江平：《中国特色社会主义文化自信的四大主体建构》，《东南学术》2018 年第 1 期。
② 韩中谊：《文化自信的思想理路与理论结构研究》，《贵州大学学报（社会科学版）》2019 年第 2 期。

态话语权以及保障意识形态自身功能的发挥。① 杨柳青和王建新认为精神文化价值在文化价值中占据主要地位，中国特色社会主义文化自信价值意蕴包括外向性体现在党和国家把握意识形态的主导权、引导权和领导权，弘扬中国精神等方面；内向性体现在个人满足自身需要层面，如增强理想信念、价值理念和道德观念。② 肖贵清和张安指出，坚定中国特色社会主义文化自信是中华民族和中国共产党的基本立场和态度，是提升文化软实力的基本前提，是应对全球文化激荡的心理根基。③ 李程骅等人认为文化自信是维系和发展一个共同体不可或缺的"良性情绪"，体现着文化对时代的观照和价值引领。他还特别注意到在全球化背景下，多元文化的冲突与挑战日益增强，指出文化自信是应对文化冲突的理性支撑。④ 徐龙建从宏大的文化安全视野下分析文化自信的功能，认为文化自信是维护国家文化安全的中国逻辑与中国智慧，具体表现为：文化自信保持了中国文化发展独立性，强化了国家意识形态自觉，塑造了国家核心价值观，并契合人民美好生活需要。⑤

（二）实践导向功能

李梁和王金伟从本体性价值和发展性价值两个维度分析文化自信的价值。其中，本体性价值主要指文化自信对于中国的实践效用和三个自信的实用价值；发展性价值是对本体性价值的发展和深化，表现为在促进和推动人的自由而全面的发展方面的意义。⑥ 曲青山指出，文化自信的提出是基于

---

① 黄建军：《文化自信的意识形态功能》，《马克思主义研究》2019 年第 8 期。
② 杨柳青、王建新：《新时代中国特色社会主义文化自信的价值要义》，《河南师范大学学报（哲学社会科学版）》2019 年第 6 期。
③ 肖贵清、张安：《关于坚定中国特色社会主义文化自信的几个问题》，《当代世界与社会主义》2018 年第 1 期。
④ 李程骅：《文化自信》，江苏人民出版社 2018 年版，第 71、79 页。
⑤ 徐龙建：《文化自信：维护国家文化安全的中国逻辑与中国智慧》，《湖湘论坛》2019 年第 3 期。
⑥ 李梁、王金伟等：《文化自信与价值观自信》，上海大学出版社 2017 年版，第 36 页。

对世情、国情、党情和历史经验教训的把握，具有较强的时代价值和实践意义，文化自信是培育和践行社会主义核心价值观的稳固基石，是社会主义文化大发展大繁荣的必然要求，是应对意识形态领域斗争的有力武器。[①] 史守林认为，新时代坚定文化自信能为建设社会主义文化强国、实现中华民族伟大复兴、推动中华文化走向世界提供精神坐标和价值引领。[②] 蔡英谦指出，新时代文化自信具有重要的世界性意义和实践价值。首先，文化自信是新时代"中国智慧"的集中表达，为世界人民立足现实、把握当下、放眼未来提供新窗口新方向。其次，文化自信是新时代"中国经验"的具体反映，为各国各民族迈向成功提供经验借鉴和示范效应。最后，文化自信是新时代"中国方案"的高度凝练，为世界人民解决发展性问题开辟新航程，指引新道路。[③] 袁惠民从国家治理体系现代化角度研究了文化自信对于国家治理体系及治理能力现代化的功能，提出文化自信对基于利益分歧的制度博弈成本具有抑制作用，有利于减少制度盲从、增强制度理性，有利于提升制度鉴别力。从国家治理能力现代化角度讲，文化自信有利于提高制度自觉，形成制度执行中正向激励，提升制度的倡议性约束。[④] 除以上功能之外，中国特色社会主义文化自信对于引导、促进和保障中国理论自信、道路自信和制度自信也有不可替代的作用。

（三）政治凝聚、社会整合、价值引领功能

杨晓玲提出，中国特色社会主义文化自信有三重功能，主要包括政治凝聚功能、社会整合功能和价值引领功能。[⑤] 政治凝聚功能体现在文化自信促使中国共产党人对中国政治系统的高度认同，并推进全党全国各族人民在思

① 曲青山：《关于文化自信的几个问题》，《中共党史研究》2016 年第 9 期。

② 史守林：《坚定中国特色社会主义文化自信》，《长白学刊》2020 年第 3 期。

③ 蔡英谦：《新时代文化自信的主要特征和逻辑理路探析》，《理论导刊》2019 年第 3 期。

④ 袁惠民：《文化自信与国家治理体系及治理能力现代化》，《理论视野》2020 年第 2 期。

⑤ 杨晓玲：《中国特色社会主义文化自信的逻辑意蕴》，《现代经济探讨》2020 年第 3 期。

想上紧密相连。文化的功能是文化自信功能的基本来源，后两者社会整合和价值引领是文化和文化自信的一般性功能。中国特色社会主义文化浸润于人们的日常生活中，成为人们日用而不知的共同价值体系和行为准则。李建德等认为，文化与经济的联系及其影响达到了空前的深度和广度，经济文化和文化经济化是文化全方位巨大力量的充分体现。[①] 文化自信确保了显性或隐形文化形态的持久性和深厚性，文化自信的功能得以顺利实现。

中国特色社会主义文化的功能是文化自信功能的主要来源，中国特色社会主义文化的主要建设者和价值享受者是人民群众，分析文化自信的功能与价值离不开人民群众的存在、需求和发展，否则就无法正确把握其功能。现有研究对文化自信正功能的研究已经较为详尽。要注意的是，中国特色社会主义文化自信具有特定的内涵与边界，如果达不到限度，文化自信则会转变为文化自卑。如果超出限度，文化自信就会转变为文化自负。文化自卑与文化自负都是对中国特色社会主义文化错误的认知状态，都将使文化的负功能彻底凸显，即对内无法实现文化传承、教化、整合和维系等功能，对外无法顺利推动中国特色社会主义文化走出国门，以及正确应对外来文化带来的冲击。因此，要对中国特色社会主义文化有着清晰的认知，以毫不动摇的文化自信底气在世界文化的大花园中永葆先进，推动中国特色社会主义文化走向世界，提升文化引领力。

六、中国特色社会主义文化自信的提升路径

当今世界国际竞争日益激烈，各国纷纷把提升文化软实力作为提升综合国力的重要手段。文化建设对国家和民族在全球化时代的持续性发展有着重要影响。对于文化自信建设的紧迫性，习近平总书记明确指出："如果我们的人民不能坚持在我国大地上形成和发展起来的道德价值，而不加区分、盲

---

① 李建德、杨永利：《中国道路的文化自信》，研究出版社 2018 年版，第 13 页。

目地成为西方道德价值的应声虫……如果没有自己的精神独立性，那政治、思想、文化、制度等方面的独立性就会被釜底抽薪。"① 中国特色社会主义文化要在激烈文化竞争中屹立不倒，必须要持续推动文化自信建设稳步前进。

（一）坚持党的领导

党和国家将文化建设提升到了战略和全局的高度，文化自信在推进文化软实力建设中占据主导地位，文化自信发展前景广阔。学者们在研究中也都肯定了文化对于推动经济社会发展所蕴含的巨大力量，对于中国特色社会主义文化的发展前景都持乐观的态度。陈培永和李茹佳认为，改革开放后中国各项领域的飞速发展，中国人的理性精神及素养提升，对人本身的自信，对历史规律的把握和洞见以及中国特色社会主义文化自身所蕴含的兼容并包的特质，都为文化自信提供了坚实保障，是中国特色社会主义文化光明前景的充足底气。② 当然，我们也不能忽视在文化自信内容的建构中面临的问题。王永友和潘昱州分析了文化自信视域下传统文化重构的障碍，存在"文化自负""文化自卑"和"文化自迷"等难题，重构的内容甄选面临传统文化内容取舍难、挖掘难和创新难等实践难题。③ 破解难题，加强文化建设、构建中国特色社会主义文化自信，成为学界进一步深化研究的重大课题。习近平总书记指出："要坚持走中国特色社会主义文化发展道路，弘扬社会主义先进文化，深化文化体制改革，推动社会主义文化大发展大繁荣，增强全民族文化创造活力，让一切文化创造源泉充分涌流。"④

---

① 中共中央文献研究室编：《习近平关于全面深化改革论述摘编》，中央文献出版社 2014 年版，第 88 页。

② 陈培永、李茹佳：《中国特色社会主义文化自信：内在逻辑、现实困境与未来前景》，《学术研究》2020 年第 2 期。

③ 王永友、潘昱州：《文化自信视域下传统文化重构的"三重"困境》，《南京社会科学》2017 年第 7 期。

④ 中共中央文献研究室编：《习近平关于全面深化改革论述摘编》，中央文献出版社 2014 年版，第 87 页。

在当代中国，中国共产党的领导对文化建设的重要性不言而喻，党代表社会主义先进文化的前进方向，离开党领导下的中国特色社会主义建设，当然不可能有文化自信。① 越来越多的学者意识到坚持党的领导对文化自信建设的必要性，并从不同角度、不同程度地讨论了如何发挥党领导的作用以推进文化自信建设。沈江平提出，要明确文化自信建构必须坚持马克思主义，尤其是中国特色社会主义理论为指导，必须将党的路线、方针、政策、道路、制度指引下的伟大实践作为自身表现的重点。② 张城提出，建设文化自信需要中国共产党肩负起中华文明伟大复兴的历史使命，政党层面，重申共产党人价值观，为共产党人塑造心学；国家层面，践行社会主义核心价值观，为人民立下文化信仰；世界层面，构建人类命运共同体，为人类赋予共同价值。完成文化复兴的历史使命，把中国建设成为具有世界影响的文化强国。③ 肖贵清和张安将文化自信底气来源作为出发点，认为坚定中国特色社会主义文化自信必须坚持党对文化工作的领导，弘扬中华优秀传统文化以及建设社会主义文化强国。④ 王成和邓倩从马克思主义引领中国特色社会主义文化自信建设的视角提出了文化自信实现路径，认为加强党的领导将为文化自信提供政治保证。⑤

（二）坚持传承、培育和传播内在统一

云杉认为，在文化交流日益紧密的今天，坚持文化自信，关键要做到"不忘本来、吸收外来、着眼将来"。⑥ 习近平总书记指出："要着力推进国际

---

① 陈先达：《文化自信的本质与当代意义》，《光明日报》2018 年 1 月 8 日。

② 沈江平：《文化自信构建的四重底蕴》，《东南学术》2020 年第 3 期。

③ 张城：《新时代中国共产党的文化使命》，《理论视野》2020 年第 6 期。

④ 肖贵清、张安：《关于坚定中国特色社会主义文化自信的几个问题》，《当代世界与社会主义》2018 年第 1 期。

⑤ 王成、邓倩：《理论意蕴、内在属性和实现路径：马克思主义引领中国特色社会主义文化自信多维解读》，《理论导刊》2017 年第 12 期。

⑥ 云杉：《文化自觉　文化自信　文化自强——对繁荣发展中国特色社会主义文化的思考（中）》，《红旗文稿》2010 年第 16 期。

传播能力建设，创新对外宣传方式，加强话语体系建设，着力打造融通中外的新概念新范畴新表述，讲好中国故事，传播好中国声音，增强在国际上的话语权。"① 此后，关于文化自信自身建设与对外宣传、传承与创新、坚守和包容② 等方面的研究日益增多。

范晓峰和郭凤志提出，为使中国特色社会主义文化自信能够真正成为一种自觉的民族自信，使中华民族最终在精神上真正站立起来，必须要辩证地认知历史加强文化自我认同，把握时代潮流坚定共产主义信念，创造性地转化中华民族的优秀文化。③ 邵龙宝提出，文化自信的传承和培育，首先是各级领导干部、普通民众和大学生要了解中华优秀传统文化最基本的文化常识、基本理论，确立文化自觉意识，进而确立文化自信的文化价值观；其次，置身大数据时代更要引导青少年、大学生阅读中华传统经典；再次，引导民众在社会实践中确立中国人之为中国人的做人的信仰，同时要在民众中普及马克思主义的历史唯物主义基本理论和常识；最后，探索社会主义核心价值观的中国元素问题。④

马振清和杨礼荣提出，在不断创新中铸牢中国特色社会主义文化自信的根基，要立足人民实践，发展有活力的文化；传承文化精髓，注入时代文化精神；占领文化阵地，扩大文化影响力。⑤ 武文豪和周向军提出，将文化自信落实到具体行动上，就是要坚持以人民为中心的文化建设导向；坚持在马克思主义指引下，有效激活中国传统文化的生机与活力；加强文明交流互

---

① 中共中央文献研究室编：《习近平关于全面深化改革论述摘编》，中央文献出版社 2014 年版，第 85 页。

② 郝立新、朱紫祎：《中国特色社会主义文化的时代境遇与价值选择——学习习近平总书记关于坚定文化自信的重要论述》，《毛泽东邓小平理论研究》2018 年第 11 期。

③ 范晓峰、郭凤志：《关于中国特色社会主义文化自信的几点思考》，《思想教育研究》2016 年第 7 期。

④ 邵龙宝：《文化自信的内蕴、特征及其传承培育》，《兰州学刊》2018 年第 1 期。

⑤ 马振清、杨礼荣：《中国特色社会主义文化自信的三个来源及其生成逻辑》，《河北学刊》2020 年第 2 期。

鉴，实现文化"引进来"与"走出去"的双向良性互动。① 刘安琳和顾保国认为，增强新时代文化自信，就要毫不动摇地坚持和巩固马克思主义指导思想在意识形态领域的重要地位，推进社会主义核心价值观传播大众化，多措并举推动中华优秀传统文化的"双创"，彰显新时代中国新风貌、新精神，带领人民走好新征程、增添新动力。② 干成俊认为，增强文化自信是历史赋予的神圣使命，提出实现这一使命需要坚持马克思主义在文化建设中的指导地位，以社会主义核心价值观引领文化建设，健全人民文化权益保障制度，完善正确导向的舆论引导工作机制，创新文化发展的体制和机制，着力提升中国特色社会主义文化的话语权。③

（三）加强文化自信宣传与创新

高翔从宣传思想文化工作视角提出，要以强烈的历史担当落实中国特色社会主义自信，不断推进马克思主义中国化、时代化、大众化，积极培育和弘扬社会主义核心价值观，大力弘扬中华优秀传统文化，加快开放交流，有自信、有尊严地推动中华文化"走出去"，最后为民惠民，让人民群众共享文化改革发展成果。④ 沈壮海从四个自信全局出发，认为增进文化自信要坚持"四个自信"的内在统一，发挥其内部相互滋养、涵化的作用；夯实文化自信的现实基础，用中国经济社会发展进步作为文化自信实力支撑；繁荣滋养文化自信的优秀作品，中国文化人要承担起丰富表达文化自信载体的责任，⑤ 充分调动广大知识分子与文化工作者的积极性和爱国主义热情，使文化建设成为广大知识分子和文化工作者的一项自觉的任务。⑥ 邴正还提出

---

① 武文豪、周向军：《新时代坚定文化自信的三重意蕴》《理论导刊》2020 年第 4 期。

② 刘安琳、顾保国：《新时代文化自信的三维审视》，《山东社会科学》2020 年第 5 期。

③ 干成俊：《增强中国特色社会主义文化自信的实践之维》，《安徽师范大学学报（人文社会科学版）》2020 年第 5 期。

④ 高翔：《坚持中国特色社会主义文化自信》，《党建》2016 年第 8 期。

⑤ 沈壮海：《文化自信的维度》，《求是》2017 年第 5 期。

⑥ 陈先达：《文化自信的本质与当代意义》，《光明日报》2018 年 1 月 8 日。

了我国文化自觉和文化自信经历了漫长的过程，培养文化自觉和文化自信要处理好几对关系，其中包括社会主义核心价值观建设与多元文化现状的关系，社会主义和市场经济的辩证关系，当代文化中理想主义和功利主义的关系，要推动文化创新，提升文化自觉与自信。①

对于增强中国特色社会主义文化自信的路径学者们的研究较为详尽，虽然具体观点各异，但归纳起来核心路线都未离开这样的路线，即坚持以中国优秀传统文化为根基，以马克思主义思想为指导，以文化自觉为基本态度，以文化开放为重要手段，以文化自强为根本目的。

七、总结与思考

坚定文化自信是建设文化强国的必然要求。改革开放以来，尤其是党的十八大以来，学术界从多重维度对文化自信问题开展了一系列研究，取了丰硕的研究成果。这些研究成果涉及文化自信的基本内涵、理论渊源、价值意义、现实困境及提升路径等重要命题，回答了诸如什么是文化自信、为何要坚定文化自信、坚定什么样的文化自信、如何坚定文化自信等重要问题，为增强文化自信、建设文化强国奠定了理论基础。可以说，中国特色社会主义文化自信与道路自信、理论自信和制度自信的研究内容已经形成了完整的理论体系，充实了坚定"四个自信"的理论依据，完善了中国特色社会主义事业总体布局在意识形态方面的支撑，初步构建了较为完整的文化建设话语体系。

综观学界已有的研究成果，从理论发展的角度看，还需要在以下几方面深化研究。

第一，深化学术性研究。目前，有关文化自信问题的研究，因尚处于起步阶段，呈现出政治宣传性研究成果多、学理性研究成果少；定性研究多，

---

① 邴正：《加强文化自觉　提升文化自信》，《吉林大学社会科学学报》2011 年第 6 期。

定量研究少等情况。具体来说，就是对中央精神解读、文件政策分析、价值判断探讨等层面的研究成果较多，对文化自信基础性理论问题的研究成果较少。文化自信研究是一种学术性研究，不能只停留在政治宣传上，而要深化对文化自信内在的、本质的、必然的联系即内在规律的研究。通过文化自信研究的学理化为增强文化自信、建设文化强国提供强大理论支撑。文化自信研究的理论化能增强对实践的指导性以及有效实现文化建设发展的超前性和预见性，而文化大众化的内在前提在于人民群众是中国特色社会主义文化的创造者和享受者，实现人的自由全面发展是文化的重要目标和价值指向。

第二，深化体系性研究。目前有关文化自信的研究，多集中于文化自信是什么、为什么要坚定文化自信、坚定什么样的文化自信及如何坚定文化自信等相关问题，而对于文化自信的其他领域研究相对不充分。这使得有关文化自信的研究内容不全面，难以形成系统化的文化自信理论。比如，有关文化自信的生成逻辑研究、文化自信的比较研究、文化自信的实证研究等较少。让代表主流价值观的中国特色社会主义文化深入群众，将其内化于心，才能满足人民的文化需求，使文化理论被群众掌握和实践，从而使文化自信成为人民的自觉的心理状态。如何实现文化自信的理论话语向大众话语转化，如何将文化自信渗透至群众日常生活，如何协同推进中国特色社会主义文化自信理论化和大众化建设，对于这些问题的后续研究还需加强，研究领域有待拓展和深化。

第三，深化比较性研究。如，坚定文化自信与建设文化强国的关系；文化自信与道路自信、理论自信与制度自信的关系；文化自信与传统优秀文化、革命文化以及先进文化的关系；文化自信与人类社会创造的一切文明成果的关系；等等。这些关系都是文化自信研究的前沿领域与重要课题。虽然国外直接关于文化自信的理论研究较少，但是它们对于文化软实力、文化的交流与冲突、文化的功能和文化反思等研究较多，能为我国文化自信建设提供一定的理论和经验借鉴。要加强文化建设在国际经验比较和借鉴方面的研究，同时要注意辨别不同文化的本质和优劣，避免西方文化输出对我国文自信的不良影响。

第四，深化交叉性研究。目前有关文化自信的研究，主要以马克思主义理论学科为研究视角，从政治学和社会学等角度来审视这一问题的研究不多，跨学科的研究方法运用不足。实际上，文化自信的形成是一个多因素影响、长期积累的过程，需要开展多学科交叉研究。例如，文化认同是文化自信的根基和源泉。没有文化认同，就不可能坚定文化自信。探讨文化认同的相关理论和影响文化认同的因素，就需要从心理学、社会学、政治学等角度进行研究。可以说，通过多学科交叉研究，能够更好地理解文化自信的本质，更好地为坚定文化自信提供理论支撑，更好地增强民众的文化自信。

（作者：王韶兴　任丹丹）

分报告 8：中国特色社会主义最本质的特征研究

"中国共产党领导是中国特色社会主义最本质的特征"这一重要论断是习近平总书记对中国特色社会主义本质理论的最新概括。此论断引起国内学术界的普遍认同和广泛共鸣。无论是报纸，还是期刊，抑或专著，学术界围绕这一重大论断进行深入阐释。根据中国知网的检索，以"中国特色社会主义最本质的特征"为关键词进行搜索，有 137 篇文章正式发表。这些研究成果，虽分析视角、关注侧重点各有所倚重，但都是聚焦这一论断的主要依据、重大意义和实现路径等方面展开论述。全面梳理、深度辨析这些研究成果，对于我们准确理解"中国特色社会主义最本质的特征"的内涵、意蕴，深化对社会主义本质和中国共产党的领导的认识，具有十分重要的意义。

一、关于这一重大论断的主要依据

2013 年 12 月，在省部级主要领导干部学习贯彻十八届三中全会精神全面深化改革专题研讨班上，习近平总书记第一次明确提出："中国共产党领导是中国特色社会主义最本质的特征。"此后，在庆祝全国人民代表大会成立 60 周年、庆祝中国共产党成立 95 周年和党的十九大诸多讲话中，习近平总书记都重申了这一重大论断。尤其是 2018 年 3 月，第十三届全国人民代表大会第一次会议通过的《中华人民共和国宪法修正案》将这一表述写入"总纲"第一条。为什么说中国共产党领导是中国特色社会主义最本质的特征，其内在依据是什么？学术界围绕这一议题从多维度进行了热烈探讨和深入分析。

（一）这一论断具有客观的历史依据和历史必然性

任何事物都是具体的、历史的，在发展进程中展现其生命力、凸显其独特性的，从历史的视角对事物本质特征进行审视是唯物主义的基本方法。因此，从历史的维度探讨中国特色社会主义最本质的特征是论断成立的强有力支撑。

有学者认为，回顾改革开放发展史，中国特色社会主义是改革开放以来党的全部理论和实践的主题。可以说，没有中国共产党的领导，就没有中国特色社会主义。党的领导是成功开启改革开放和开创中国特色社会主义的根本保证；在党的领导下推进改革开放，在改革开放中发展和完善社会主义制度，是我们党的基本历史经验。[①] 回顾改革开放的发展历程，可以清楚看到，什么时候党的领导坚强有力，改革开放就能顺利推进；什么时候党的领导弱化，改革开放就会出现波折甚至遭遇挫折。

有学者指出，中国特色社会主义最本质的特征是中国共产党领导，这一论断具有历史必然性。从历史发展进程看，我们之所以能成功开创中国特色社会主义，首先是因为中国共产党团结带领全党全国各族人民，经过长期浴血奋斗，完成了新民主主义革命，建立了中华人民共和国，确立了社会主义基本制度。这是成功开创中国特色社会主义的根本政治前提和制度基础。党的十一届三中全会以来，坚持和发展中国特色社会主义成为党的全部理论和实践的主题。我们党紧紧围绕什么是社会主义、怎样建设社会主义，建设什么样的党、怎样建设党，实现什么样的发展、怎样发展等重大课题，进行建设中国特色社会主义新的伟大实践，科学回答了事关中国特色社会主义的一系列基本问题，成功开创、推进和发展了中国特色社会主义。党的十八大以来，以习近平同志为核心的党中央团结带领全国各族人民进行伟大斗争、建

---

① 樊宪雷：《深刻理解党的领导是中国特色社会主义最本质的特征——基于改革开放史的考察》，《邓小平研究》2018 年第 6 期。

设伟大工程、推进伟大事业、实现伟大梦想，统筹推进"五位一体"总体布局，协调推进"四个全面"战略布局，党和国家事业全面开创新局面，从而使中国特色社会主义事业不断开拓前进。①

有学者从苏共解体的教训反面印证了加强党的领导对社会主义事业的极端重要价值。当年戈尔巴乔夫修改宪法、取消苏共的领导地位，主张指导思想多元化、放弃马克思主义在意识形态领域的指导地位，在党内造成极大的思想混乱，党的组织力、领导力、凝聚力式微并最终丧失殆尽，最后导致红旗落地的悲惨境地，其教训十分深刻。②

（二）这一论断具有充分的理论依据

在论及党的领导是中国特色社会主义最本质的特征这一论断时，必然会碰到一个不可跨越的逻辑鸿沟：作为现实的存在形态，社会主义首先是一种经济制度，而党是一种政治组织，党的领导是一种政治活动，说党的领导是中国特色社会主义最根本的本质特征，是否与经济基础决定上层建筑的理论相背离？有的学者认为，这一逻辑鸿沟实际上并不存在，主要依据在于：其一，从工人阶级及其解放的角度来看，经济活动与政治活动、经济利益与政治利益直接贯通，两者并不存在不可跨越的鸿沟。其二，社会主义不仅仅是纯粹的经济制度，也是无产阶级获得政治解放和社会解放的政治制度。其三，在马克思、恩格斯看来，判定社会形态本质属性的根本依据在于社会主体在生产关系、社会结构中的地位。政治制度、经济制度之所以是社会主义属性的，根本依据在于工人阶级摆脱了资本对劳动的支配，成为政治上、经济上的统治阶级。其四，共产党作为标志着工人阶级走向成熟的政治组织，共产党及其共产党人是内在于工人阶级的有机组成部分，而不是外在于工人阶级的超然存在。进而，依据以上四点理解，可充分彰显"中国共产党的领

---

① 吴德刚：《牢牢把握"最本质的特征"和"最大优势"》，《百年潮》2019 年第 6 期。
② 张荣臣：《中国共产党的领导是中国特色社会主义最本质的特征》，《党建》2018 年第 6 期。

导是中国特色社会主义最本质的特征"命题的逻辑依据：中国共产党作为中国工人阶级的先锋队，是内在于中国工人阶级的有机组成部分→中国共产党执掌国家政权，代表和象征着工人阶级的"政治统治"和工人阶级的民主→中国共产党的领导不仅仅是一种政治现象，也是一种经济现象，既代表工人阶级掌握和运用国有资本进行经济建设，又运用国家的政治、经济力量引导民间资本力量→在中国共产党的领导下，生产力和生产关系、经济基础和上层建筑获得前所未有的高度融通→中国共产党的领导是中国特色社会主义最本质的特征。这一战略判断，从马克思的主体方法论出发，从本质论的高度论证了中国特色社会主义的本质特征，超越了以前对社会主义本质的"要素论"（形式论）、"功能论"的解释，是对科学社会主义理论的继承和发展。[1]

（三）这一论断建立在中国共产党的优秀特质基础上

国际共产主义运动的历史表明，无产阶级政党的领导和世界社会主义运动是一对"孪生兄弟"，同根同源、同向共进。没有共产党的有效领导，社会主义事业就会失去政治、组织、思想保障；而离开社会主义事业的发展，共产党也无法践行历史使命和现实使命。[2]

20 世纪 50 年代，邓小平在曾明确："共产党有没有资格领导，这决定于我们党自己。"[3]"决定于我们党自己"，就是我们党所具有的优秀品质。有的学者指出，中国共产党之所以能成为中国社会的领导核心，主要是由其诸多优秀特质所决定的：在理想信念上，有共产主义远大理想，始终坚持最高纲领和基本纲领的有机统一，始终坚定对马克思主义的信仰、对社会主义和共产主义的信念；在组织上，有卓越的执政集体，进入中央领导层的领导者大

---

① 胡承槐：《"党的领导是中国特色社会主义最本质的特征"——命题的逻辑依据和逻辑前提》，《新疆社会科学》2018 年第 4 期。

② 甄占民：《深刻认识最本质特征和最大制度优势》，《学习时报》2020 年 7 月 3 日。

③ 《邓小平文选》第一卷，人民出版社 1994 年版，第 274 页。

都经历基层历练并经层层筛选，治国理政能力强，拥有一支高素质的干部队伍，集中了全国众多的先进分子和各方面的优秀人才；在作风上，在长期实践中形成了理论联系实际、密切联系群众、批评与自我批评以及艰苦奋斗、谦虚谨慎等优良作风，一贯重视学习、善于学习，不断推进理论创新、实践创新和制度创新。①

有学者认为，虽经近百年，我们党依然充满青春的气息，依然像初升的太阳光芒万丈，原因是多方面的：一是守正创新，始终推进马克思主义中国化，保持理论上的青春活力；二是扎根人民，始终与人民保持血肉联系，从人民群众中汲取最强大的力量；三是自我革命，不断清除自身的病症，锻造风华永茂的品格；四是制度立根，与时俱进地完善制度体系，使党的生命力和活力始终有科学的制度作支撑；五是赢得青年，注重接班人的培养，用日益完善的接班人制度来确保党的事业薪火相传。②

有学者指出，中国共产党是一个具有强烈创新意识与政治品格的执政党，不同历史时期都有指导社会实践的完整的创新理论，对实践有着巨大的推动作用。党的十八大以来，在波澜壮阔的改革实践中，中国共产党形成了一套更加成熟完善的治国理政方略。中国共产党敢于直面问题、纠正错误，善于自我净化、自我革新，在知危图安中保持旺盛的生命力。③

有学者指出，中国共产党爬坡过坎、克难攻坚，但始终不忘初心砥砺前行，其奥秘主要在于其韧性：历经内外压力而仍能持续生存、生长并走向成熟，对外能及时适应瞬息万变的客观形势，对内能克服自身懈怠、自满等不良状态，具有强大的弹性、抗逆力、复原力，主要原因在于崇高的信仰信念支撑、一以贯之的强烈的忧患意识、不断进行自我革命的勇气、勤于学习善于学习的本领以及超强的凝聚人民及社会共识的能力等方面。④

---

① 孙文营：《论中国特色社会主义的独特优势》，《马克思主义研究》2019 年第 7 期。
② 辛向阳：《百年大党依然年轻的密码》，《中国党政干部论坛》2020 年第 4 期。
③ 李拓：《中国特色社会主义的"特色"与"优势"》，《中国党政干部论坛》2020 年第 2 期。
④ 康晓强：《中国共产党保持恒久韧性的奥秘》，《学习时报》2018 年 10 月 10 日。

（四）这一论断符合科学社会主义基本原则

从科学社会主义基本原则的维度看，坚持无产阶级政党的领导是社会主义事业健康生长、实现无产阶级解放和全人类解放的根本保障。马克思、恩格斯对实现社会主义的路径进行全面分析和系统论证，认为资本主义为社会主义所取代必须通过无产阶级政党开展革命运动得以达成。这是科学社会主义基本原则之一。马克思主义创始人将这个党命名为共产党，充分说明共产党领导是科学社会主义的题中应有之义，是科学社会主义最本质的特征。

有学者认为，中国特色社会主义是马克思主义与当代中国实际和时代特征相结合的产物，是植根于当代中国的科学社会主义。中国共产党之所以能够团结带领人民坚持和发展中国特色社会主义，是因为中国共产党是中国工人阶级的先锋队，同时是中国人民和中华民族的先锋队，是中国特色社会主义事业的领导核心。坚持和发展中国特色社会主义，必须坚持中国共产党领导。离开党的领导，中国特色社会主义就缺乏根本的政治保证，就会失去正确方向。[1] 在社会主义中国，始终坚持共产党在社会主义革命、建设和改革中的领导地位，始终坚持这条科学社会主义基本原则。[2]

有学者认为，马克思、恩格斯把坚持工人阶级政党的领导作为科学社会主义的一条基本原则，这是对巴黎公社失败教训的深刻认识。巴黎公社作为社会主义早期实验仅存在两个多月，根本原因就是缺乏一个以马克思主义理论武装起来的革命政党的有力领导。社会主义国家是人民当家作主的国家，必须由自身没有任何私利、代表人民利益的政党来领导，才能保证国家的社会主义制度性质不被改变，人民才能真正成为国家主人。中国共产党就是这样一个始终代表最广大人民根本利益、为建设社会主义现代化强国而不懈奋

---

[1] 丁俊萍：《党的领导是中国特色社会主义最本质的特征和最大优势》，《红旗文稿》2017年第1期。

[2] 李崇富：《作为科学社会主义新形态的中国特色社会主义——论我国改革开放40年的根本经验》，《马克思主义研究》2018年第10期。

斗的先进政党，始终把党的领导与中国人民的前途命运、与社会主义的前途命运紧密相连的先进政党。正因如此，决不容许出现任何动摇甚至危及党的领导地位的现象。党的领导只能加强，不能削弱。①

（五）这一论断依据社会基本矛盾理论

社会基本矛盾理论是分析、评判一个社会基本性质的理论基石。有学者指出，从中国特色社会主义的诸多特征来看，最本质的特征是中国共产党的领导。之所以作出这样的论断，主要基于社会主义社会的生产关系、上层建筑方面的考量：在生产关系的构成因素中，党的领导在人们生产中的地位和相互关系中处于核心地位；在上层建筑中，党的意识形态是最核心的意识形态。从另一个角度来看，党的十八大以来，党和国家各项事业之所以能够开创新局面、谱写新篇章，须臾离不开党的领导。以前，我们常说没有共产党就没有新中国，在新时代可以说，没有共产党也就没有中国特色社会主义。坚持党对中国特色社会主义事业的领导，是党和国家的根本所在、命运所在，是全国各族人民的利益所系，幸福所系。②

有学者指出，一般而言，公有制的经济关系的确是社会主义的本质特征，甚至有可能是最本质的特征。但是，在社会主义革命和建设的特定发展阶段和特定发展时期，强调上层建筑的作用，把上层建筑的重要作用定义为这个阶段最本质的特征，不仅符合马克思主义原理，而且也是对马克思主义原理的新发展。在中国特色社会主义的发展过程中，"中国共产党领导"之所以是最本质的特征，就在于党领导的方向，不是要带领大家走邪路，而是要逐步走向共同富裕，最终实现共产主义；不是要固化甚至强化不平衡的、异化的发展，而是要坚持"以人民为中心"的发展。换言之，如果中国共产党领导未能带领大家走向共同富裕、最终实现共产主义，而是发展越来越不

---

① 钟岩：《把"中国共产党领导是中国特色社会主义最本质的特征"载入宪法的理论、实践、制度依据》，《人民日报》2018 年 2 月 28 日。

② 洪向华：《论中国特色社会主义最本质的特征》，《北京联合大学学报》2019 年第 2 期。

平衡，甚至导致两极分化，最终陷入资本主义邪路，那么，中国的改革开放就只能走向失败。中国共产党领导决定了中国特色社会主义的发展方向（以人民为中心）、发展性质（社会主义）以及发展前景（共同富裕）。①

（六）这一论断建立在与其他政党相应的比较优势基础上

对中国特色社会主义本身的理解和认识，不能就其自身言自身，而应放在国际比较的维度加以分析，才能凸显其根本性差异。同时，中国共产党作为无产阶级政党，与其他无产阶级政党相较有何独特优势。对这些比较优势的深刻揭示，有助于深入理解中国特色社会主义的本质特征。

有学者指出，坚持党的领导是中国特色社会主义区别于西方资本主义的根本标志。中国特色社会主义与西方资本主义是两种性质不同的社会，存在着本质区别。坚持共产党领导是中国特色社会主义同西方资本主义最根本的区别。西方资本主义社会是以生产资料私人占有制为基础、由资本主导、资本统治的社会，其真实面目是资本家集团的"专制"和集权。从现象上看来，政党间公平竞争，相互制约、权力制衡、轮流执政，能够防止出现"专制"和"集权"问题发生。但问题的实质是，在资本的统治下，多党制无论怎样表演与包装，都无法改变资本家集团"专制"和"集权"的事实，都无法改变人民被统治的实质。不仅如此，在西方资本主义资本统治的制度设计下，政党虽多，但却没有一个代表劳动人民利益的党能够走向政治舞台中央。在舞台中央角逐的各色政党代表不同的利益集团。他们出于党争需要，不断相互倾轧、攻讦，人为撕裂社会、国家，内耗不断。民众只是这些政党攫取国家权力、捞取政治资本所利用的工具和道具。在西欧，面对高福利导致的债台高筑、失业率居高不下的社会问题，各色政党出于一党之私，明哲保身、虚与委蛇，任其高福利制度日益拖垮社会，也不会基于民众的根本利益而义无反顾地推动社会福利制度的改革。还有些政党，出于党争需要，把人民长

---

① 赵磊：《党的领导何以是"最本质的特征"》，《财经科学》2017 年第 11 期。

远利益抛掷脑后，专门煽动少数不明真相的民众反对执政党的任何改革。在美国，民主、共和两党为争执政权力，任其枪支泛滥，任其枪击杀人事件频频发生，却都不会为人民生命安全而去控制枪支。因为，控枪会碰触一部分大资本家集团的利益。在西方资本主义多党制语境下，没有一个主流政党真正代表工人、农民及劳动群众的利益，更没有一个主流政党真心实意地去领导和组织工人、农民及劳动群众实现当家做主。①

有学者认为，与世界其他国家的马克思主义政党相比，中国共产党有一大优势，即坚持最低纲领和最高纲领的统一。迄今为止，世界上出现过三个重要的马克思主义政党，一是德国社会民主党，二是俄共（布）即后来的苏联共产党，三是中国共产党。恩格斯逝世以后，德国社会民主党的领袖伯恩施坦提出"最终目标是微不足道的，运动就是一切"，把共产主义的"最终目标"和社会主义"运动"切割开来，从而把社会主义运动引向了修正主义道路。20 世纪 80 年代末，苏共提出"人道的民主的社会主义"，放弃了党的领导，导致苏联解体。与之相反，中国共产党无论在新民主主义革命时期还是社会主义建设时期抑或改革开放新时期，都始终坚持最低纲领和最高纲领的统一，既推进了社会主义运动又坚持了共产主义方向。②

（七）这一论断是由中国共产党的性质决定的

"最本质特征"的概括，深入揭示了党的领导是中国特色社会主义区别于其他主义的最鲜明的标志，充分彰显了党的领导这一最本质特征对中国特色社会主义其他特征所具有的决定性作用和影响，根本依据在于，中国共产党的领导直接决定和体现了中国特色社会主义的性质。从社会主义本质角度

---

① 胡连生：《论党的领导是中国特色社会主义最本质的特征》，《中国延安干部学院学报》2017 年第 6 期。

② 马拥军：《党的领导是中国特色社会主义的根本特征》，《毛泽东邓小平理论研究》2016 年第 10 期。

阐释党的领导，把党的领导视为中国特色社会主义"质"的规定性，深刻揭示了党的领导与社会主义本质的内在关联性。①

有学者认为，在中国共产党和中国特色社会主义伟大事业的关系，至少包括以下这三个基本方面：一是领导关系。中国特色社会主义伟大事业是由中国共产党领导的，中国共产党是最高政治领导力量。二是决定关系。中国特色社会主义伟大事业由中国共产党开创，其基本特征和前进方向也是由中国共产党的宗旨性质及其基本理论、基本路线、基本方略所决定的。三是相互促进关系。中国共产党的领导从根本上决定中国特色社会主义伟大事业的发展，同时，中国特色社会主义伟大事业又不断对党的建设新的伟大工程提出更高要求。②

有学者指出，中国特色社会主义道路、理论体系、制度和文化的每一个方面都体现了党的领导。中国特色社会主义有很多特点和特征，体现在政治、经济、文化、社会、生态文明等各个领域，但最本质的特征是坚持党的领导，对其他特征的实现起着根本保障作用。③

有学者强调，中国特色社会主义有许多特征，比如，继承性与发展性相统一、实践性与时代性相统一、民族性与世界性相统一、严整性与开放性相统一、党性与人民性相统一等。这些特征不但充分彰显了科学社会主义基本理论所集中体现的社会主义的共性，而且集中体现了我国社会主义的个性。但从总体上来说，这些基本特征归根到底是由中国共产党的领导这一最本质的特征所决定的，其形成和发展离不开中国共产党的领导，与中国共产党始终坚持将马克思主义与中国实际和时代特征相结合的原则密不可分，深刻体现了中国共产党的性质、宗旨及其核心领导地位。党的领导之所以能够成为

---

① 吴家庆、陈德祥：《论习近平新时代中国特色社会主义思想对马克思主义的原创性贡献》，《马克思主义研究》2019 年第 7 期。

② 王瑶：《热话题与冷思考——以党的建设新的伟大工程推动中国特色社会主义伟大事业》，《当代世界与社会主义》2018 年第 5 期。

③ 陈耿、雷金合：《党的领导是中国特色社会主义最本质特征》，《解放军报》2017 年 12 月 11 日。

最本质的特征，不仅体现在党的领导对中国特色社会主义基本特征形成和发展所具有决定性的影响和作用，而且集中体现在中国特色社会主义是党和人民历尽千辛万苦、付出巨大代价所取得的根本成就上。党的领导是中国特色社会主义得以开创、坚持和发展的最根本政治保证，也是中国特色社会主义的最本质特征。①

二、关于这一重大论断的重要意义

（一）意涵深远的法治意义

不少学者对这一重大论断入宪的法律意义进行深入解读。有的学者指出，2018 年宪法修正案将"中国共产党领导是中国特色社会主义最本质的特征"写入宪法总纲，在弥合宪法规范与宪制实践之分野的基础上确认了中国共产党作为中国特色社会主义事业领导核心的地位。由是，现行宪法序言和宪法条文中诸多"党的领导"规范共同构成了我国宪法中的党的领导规范体系。②

有学者认为，这一重大论断入宪，是对中国特色社会主义政治制度的完善发展，是推进宪法发展完善的重要举措，深化了对共产党执政规律的认识；有利于进一步实现全党全国各族人民思想上、政治上、行动上一致；反映了全国各族人民的共同愿望，体现了党的领导、人民当家作主、依法治国的有机统一，进一步凝聚起了宪法基础上团结奋斗的力量；为推动新时代中国特色社会主义发展提供了根本保证；有利于确保党依宪治国、依宪执政；有利于把党的全面领导落实到新时代中国特色社会主义的全过程和各方面，为坚持和发展中国特色社会主义道路提供了根本法治

---

① 田克勤、田天亮：《准确把握习近平新时代中国特色社会主义思想的内在逻辑》，《马克思主义研究》2019 年第 8 期。

② 秦前红、刘怡达：《中国现行宪法中的"党的领导"规范》，《法学研究》2019 年第 6 期。

保证。①

有学者认为，习近平总书记关于"最本质特征"的重要论断，深刻揭示了中国共产党领导与中国特色社会主义之间内在的统一性，是科学社会主义基本原则与中国特色社会主义实际相结合形成的理论创新成果。把这一理论创新成果上升为宪法总纲的条文，充实进宪法规定的国家根本制度之中，对于我们更加理性地认识和把握党的领导的重大意义，具有重要而深远的指导作用，也有利于我们更好地发挥宪法的规范、引领、推动、保障作用。②

有学者指出，2018 年通过的宪法修正案在宪法第一条第二款增加规定"中国共产党领导是中国特色社会主义最本质的特征"，为发展中国特色社会主义指明了根本方向，实现了党的领导由政治原则向宪法规范的转化，形成了我国现行宪法的中国特色社会主义最本质特征条款。这一条款既是中国特色社会主义发展的必然，也是我国宪法不断完善的必然，不仅增强了宪法文本的逻辑连贯性，使宪法中"社会主义"概念更加明确和丰富，使"党的领导"更具有规范性，而且使其所处的宪法第一条第二款形成具有完整的逻辑结构、明确的规范内涵和规范效力的宪法规范，将赋予中国共产党不断加强自身建设以引领社会主义制度不断发展完善的义务，同时也为该条款的实施指明具体路径。③

有学者指出，"党的领导"充实进宪法集中诠释了习近平新时代中国特色社会主义思想关于党规与国法的关系，是依宪治国理念的实践典范。检索现行立法体系，"党的领导"借由显性规范与隐性规范两种形式呈现，效力层级贯通宪法、法律、行政法规、地方性法规等，调整领域主要涉及立法、

① 黄进：《把"中国共产党领导是中国特色社会主义最本质的特征"写入宪法的重大意义》，《党建研究》2018 年第 5 期。

② 蒋惠岭：《"最本质特征"入宪的五大意义》，《人民论坛》2018 年第 9 期。

③ 周叶中、张权：《论我国现行宪法的中国特色社会主义最本质特征条款》，《政法论丛》2019 年第 3 期。

干部人事、基层党建、重大事项报告等政治色彩较强的法律法规。目前，"党的领导"的法文本表达仍存在顶层设计不足、与党内法规的部分边界模糊、部分条款表述规范性弱等问题。为此，亟须健全党对立法工作的全面领导制度，完善党的领导制度的法律转化机制，构造"党的领导"入法的原则及标准以及制定涉党性条款的立法规范等。①

（二）深化了马克思主义对于社会主义本质的认识

马克思主义经典作家在认识社会主义的本质特征时，已或多或少地论及了"共产党的领导"，只是没有明确把"党的领导"表述为社会主义的本质特征。把中国共产党领导视为中国特色社会主义最本质的特征，是对社会主义本质论的丰富与发展，也是对中国特色社会主义实践发展的新概括。

首先，中国共产党的领导是实现人民当家作主这一社会主义民主政治本质的最根本保证，离开了党的领导，人民当家作主就是一句空话。其次，中国共产党的领导是实现解放和发展生产力这一社会主义本质的最重要的核心力量，离开了党的领导，社会生产力就不会得到充分的解放与发展。再次，中国共产党的领导是实现共同富裕这一社会主义本质特征的最强有力的基石，离开了党的领导，共同富裕就是海市蜃楼。最后，中国共产党的领导是实现社会和谐这一社会主义本质属性的最切实的引导者，离开了党的领导，社会和谐就是空中楼阁。②

有学者指出，这一重大论断，并没有否认或抛开前人关于社会主义本质及其特征的基本理论，而是在继承弘扬前人关于社会主义本质的理性认识的基础上，对社会主义本质作出了具有时代特点和阶段特征的认知和判断。把

---

① 万里鹏：《"党的领导"入法：理论透视、实践考察与制度完善》，《河南社会科学》2020 年第 10 期。

② 辛向阳：《中国共产党的领导是中国特色社会主义最本质特征》，《光明日报》2014 年 10 月 14 日。

"中国共产党领导"定位成"中国特色社会主义最本质的特征",既有历史的必然性和现实的必然性,也有理论的必然性和实践的必然性,符合中国特色社会主义发展的历史逻辑、理论逻辑和实践逻辑。一个"最"字,把"党的领导"这个本质特征与其他方面的本质特征区别开来,体现出"党的领导"地位的极端重要性。①

有学者指出,这一重大论断是从无产阶级政党与社会主义的关系角度对"什么是社会主义"所作出的科学回答,明确了无产阶级政党在社会主义发展过程中的地位和功能,将人们对无产阶级政党的认识提升到一个新的水平。无产阶级政党的领导,不仅能够保证革命和建设的性质,而且能够保证革命和建设取得胜利和成功。社会主义事业与无产阶级政党的命运在很大程度上已经融为一体。自从科学社会主义诞生以来,所有优秀的无产阶级政党的领导人都非常重视共产党在社会主义运动中的领导作用,并在实践中逐步丰富和发展了无产阶级政党理论。把党的领导上升到社会主义本质层面来认识,拓展了人们在无产阶级政党认识上的深度和广度,将共产党的领导作用上升到一个新的高度,是对马克思主义无产阶级政党理论的继承和发展。②

(三)深刻的历史意义

回顾世界社会主义运动数百年历史和中国社会发展的经验教训,坚持党的领导是对历史进程的精准把握。历史充分证明,没有共产党,就没有中国特色社会主义,就没有中国今天社会主义的繁荣和富强。

有学者认为,这一重大论断具有深刻的历史意义。自成立以来,我们党不断探索坚持和加强党的领导的路径方法,取得了不少理论成果、实践成果。从新民主主义革命时期"实现和掌握革命的领导权"到社会主义革命和

---

① 蒋博大、高民政:《社会主义本质特征认识发展的多维透视》,《浙江学刊》2018 年第 6 期。

② 林志友、何白鸥、关玉梅:《习近平对中国特色社会主义本质认识的新发展》,《社会主义研究》2015 年第 6 期。

建设时期"党是领导一切的"，再到改革开放新时期"坚持和改善党的领导"的发展，再到新时代重申"坚持党对一切工作领导"，是对历史发展经验的深刻总结，是对中国特色社会主义实践的高度凝练，也是对中国共产党执政逻辑的努力探索。①

党的领导是坚持和发展中国特色社会主义最根本的规律总结。新中国成立后，党在社会主义建设上进行了长期探索，积累了正反两方面丰富经验。党的十一届三中全会以后走出了一条中国特色社会主义道路，形成了许多规律性认识。其中最根本的规律总结，就是建设社会主义必须坚持中国共产党领导。党的领导是全党全国各族人民共同意志和根本利益的体现，是夺取新时代中国特色社会主义伟大胜利的根本保证。没有党的领导这一条，其他规律就成为无源之水、无本之木。②

有学者认为，这一重大论断是习近平总书记对党在新时代中国特色社会主义事业中领导核心地位的重新定位。这一定位把党的领导地位和作用提到前所未有的历史高度，深刻揭示了党的全面领导与新时代中国特色社会主义伟大事业、中华民族伟大复兴和人民幸福的命运一体化特征，也揭示了新时代党的领导的内在规律，充分体现了新时代党的领导理论的彻底性和通透性。③

（四）重大的政治意义

有学者认为，中国共产党在当代中国的领导地位是在中国革命、建设和改革的斗争实践中形成的，是历史和人民的选择。从政治体制和政治架构看，党是各项事业的决策核心和指挥中枢。从实际领导力、凝聚力、执行力来看，中国共产党是当代中国最高的政治领导力量。在当今中国，没有大于

---

① 张世飞：《坚持党的领导的历史逻辑与基本规律》，《学术研究》2019 年第 8 期。
② 中共中央党校（国家行政学院）：《习近平新时代中国特色社会主义思想基本问题》，人民出版社、中共中央党校出版社 2020 年版，第 77—78 页。
③ 张志明：《怎样认识加强党的全面领导》，《前线》2019 年第 11 期。

中国共产党的政治力量或其他什么力量，没有一种政治势力或政党组织能够同中国共产党相提并论。正是基于这种经得起实践检验的组织能力、治理能力和执政能力，可以说党的领导是做好党和国家各项工作的根本保证，是我国政治稳定、经济发展、民族团结、社会稳定的根本点，绝对不能有丝毫动摇。作为中国特色社会主义事业的领导核心，中国共产党既处在总揽全局、协调各方的领导地位，也发挥着总揽全局、协调各方的根本作用。历史和实践证明，坚持党的领导，是当代中国取得一切发展成就的成功经验，也是我们开拓中国特色社会主义事业须臾不可动摇的根基和原则。①

有学者认为，维护党的领导核心是新时代推进党的政治建设和全面从严治党向纵深发展的重大课题，标志着我们党对马克思主义执政党建设规律的认识达到了新的高度。② 更加自觉地坚持党的领导，事关坚持和发展中国特色社会主义，事关人民幸福、民族复兴，事关治国理政的本根。③

有学者指出，"中国共产党领导是中国特色社会主义最本质的特征"，深刻揭示了中国特色社会主义与中国共产党之间的根本性联系，生动体现了以习近平同志为主要代表的中国共产党人以崭新的视野深化了对"三大规律"和中国特色社会主义规律的认识。这一科学论断是基于科学理论、历史进程和现实实践三个维度辩证统一的必然结论。④

有学者认为，这一重大论断是党的十八大以来以习近平同志为核心的党中央关于中国共产党历史地位的全新论断，深化了对中国特色社会主义本质特征的认识，深刻揭示了中国特色社会主义与中国共产党之间的根本性联系。⑤ 从理论维度来看，党的领导是无产阶级从自发走向自觉，取得胜利

---

① 王香平：《中国共产党的领导是中国的最大国情、最本质特征》，《红旗文稿》2016 年第 23 期。
② 柴国娜、倪德刚：《维护党的领导核心的三重维度》，《理论探讨》2020 年第 1 期。
③ 刘志明：《更加自觉地坚持党的领导》，《马克思主义研究》2018 年第 10 期。
④ 蒋惠岭：《"最本质特征"入宪的五大意义》，《人民论坛》2018 年第 9 期。
⑤ 吴跃东：《党的领导是中国特色社会主义最本质特征的内在逻辑》，《毛泽东邓小平理论研究》2018 年第 6 期。

的必要条件和新的历史条件下科学社会主义基本原则的内在规定；从历史维度来看，党的领导是世界社会主义运动的经验总结和中国历史及人民的主体选择；从现实维度来看，党的领导是实现社会主义本质的关键主体和中华民族伟大复兴中国梦的根本保证。[1]

（五）具有重大的现实意义

有学者从成绩的维度探讨这一重大论断的现实价值。中国共产党之所以能在执政后几十年的时间里把中国打造成世界第二大经济体，与党在社会主义制度中的领导核心地位有着密切的关联。正是党领导下形成的制度优势，使中华民族迎来了从站起来、富起来到强起来的伟大飞跃，使科学社会主义在 21 世纪的中国焕发出强大生机活力，使中国为解决人类问题科学地贡献了中国智慧和中国方案。[2]

同时，深刻揭示中国特色社会主义最本质的特征，有助于坚决回击对中国特色社会主义的诸种质疑。近些年来，随着西方资本主义国家的调整发展，资本主义社会呈现一些新的特征，比如，北欧一些资本主义国家提高居民社会福利水平，贫富差距大大降低。同时，随着改革开放的不断深入，我国也呈现一些新的阶段性特征，在国家建设发展继续向好的大势下，一些地方出现诸如居民收入差距拉大、社会公正不彰、党员信仰丧失、官商勾结严重等现象。国内外一些舆论质疑中国现在搞的究竟还是不是社会主义。在中国，只要坚持中国共产党的领导，中国的社会主义性质就不会变，中国特色社会主义事业就充满希望。[3]

---

[1] 张亮亮：《论科学认识"中国共产党领导是中国特色社会主义最本质的特征"的三个维度》，《社会主义研究》2018 年第 4 期。

[2] 吴家庆、瞿红：《论党的领导是中国特色社会主义制度的最大优势》，《当代世界与社会主义》2019 年第 5 期。

[3] 马占魁、孙存良：《党的领导是中国特色社会主义最本质的特征》，《解放军报》2015 年 5 月 25 日。

三、关于坚持这一重大论断的现实路径

（一）准确理解党的领导的科学内涵

准确理解党的领导的科学内涵是坚持党的领导的基本前提。有学者谈到，一说"领导"，人们想到的往往就是官、权，而党内个别领导干部也往往把自己担负的领导职务等同于"官"和"权"，忘记了党的领导的真正内涵，淡化了作为党的领导的责任、本质和根本方法，结果削弱了党的先进性和执政能力，破坏了党群关系，损害了党的事业。关于党的领导的内涵，概括起来有以下几层含义：党的领导的根本是思想领导，核心是政治领导，关键是组织领导，本质是为人民服务，根本方法是群众路线。以上内容相辅相成，辩证统一，割裂它们的关系，放弃或忽视其中一点，都不是全面的真正的党的领导，都不可能实现党的真正领导。①

有学者认为，完整准确理解党的领导的科学内涵必须从三个层面展开。第一，在"为什么党要领导"这一问题上必须坚定党的领导自信，深刻把握其理论逻辑、历史逻辑和实践逻辑。第二，在怎么领导这一问题上，明确党领导一切不是包办一切，党的领导首要是政治领导，作用是"总揽全局，协调各方"。第三，在党的领导为了什么这一问题上，明确目的在于保证人民当家作主。②

有学者指出，党的全面领导的基本原则是统揽全局、协调各方，不是直接管理，也不是事无巨细都要出手干预。党的全面领导、党对一切工作的领导并不意味着什么事情都要党来办，更不意味着党要包办代替。根据不同领域的实际情况，全面领导的方式是不同的。比如，在军事领域，党是"绝对领导"；在干部、意识形态、统一战线等重要领域，党是直接领导，即党管

---

① 胡占君：《领导干部要正确认识党的领导的本质》，《红旗文稿》2014 年第 10 期。

② 王静：《完整准确地理解"坚持党对一切工作的领导"的三个层面》，《兰州学刊》2020 年第 7 期。

干部、党管意识形态、党管统战。党的领导制度既要对党的全面领导地位进行制度规定，也要根据统揽全局、协调各方的原则，对不同领域的具体领导制度进行规范。①

有学者认为，坚持党对一切工作的领导，包含坚持党的全面领导地位、党能够领导好一切工作以及党需要领导好一切工作这三方面的基本内涵。在新时代坚持党对一切工作领导，要以牢牢掌握政治方向为逻辑前提，以深入推进全面从严治党为内驱动力，以切实提高党的执政本领为能力支撑，以坚持完善党的领导体制为制度保证。②

有学者指出，党的领导表现为党的一元化领导、党领导一切、总揽全局、协调各方等具体形式。党的一元化领导，回答了谁来领导的问题；党领导一切，回答了党的领导范围有多大的问题。党的一元化领导是坚持党的领导的具体要求，是党领导一切的前提，党领导一切是党的一元化领导在实践层面的要求。总揽全局、协调各方是实现党的一元化领导、党领导一切的基本原则。③

（二）维护党的领导核心论

坚持党的领导，关键是维护党的领导核心。有学者指出，维护党的领导核心，是近代中国和国际共产主义运动经验和教训的启示，是我国应对内外挑战夺取新时代具有许多新的历史特点的伟大斗争新胜利的现实要求。党的领导核心是经过政治实践锻炼，由全党公认的那些具有核心条件的领导人。维护党的领导核心是中国共产党执政理念成熟的重要标志，是对世界社会主义运动的重大贡献。④

---

① 周建伟：《党的领导制度体系：内涵、定位、意义与内在逻辑》，《华南师范大学学报》2020年第2期。
② 张士海、骆乾：《坚持党对一切工作领导的理论内涵与实践路径》，《东岳论丛》2019年第12期。
③ 姜裕富、齐卫平：《坚持党的领导三个相关概念的辨析》，《理论探讨》2015年第6期。
④ 李拓：《论领导核心的战略定位与历史意义》，《中国延安干部学院学报》2017年第6期。

有学者指出，纵观人类历史，任何社会组织的健康发展都无法离开其先进分子的组织和领导，都有自己的"领导核心"，国家、社会、政党概莫能外。致力维护党的领导核心与领导权威，不仅是实现党自身发展的基本经验与优良传统，也是推动党的事业不断发展的成功"秘笈"与制胜法宝。当前，党和国家确立、维护和巩固习近平总书记的核心地位，是党和国家的郑重选择与重大抉择，有其历史必然性、现实合理性及普遍的社会认同感。①

有学者认为，维护党的领导核心，是国际共运发展和中国共产党革命、建设、改革过程中正反两方面经验的总结，是应对国际国内重大现实问题、破解诸多时代课题的迫切需要，也是在实践层面归纳既有做法，更好地树立领导核心的政治权威和法理权威的有力诠释。② 中国共产党是当代中国最高政治领导力量，也是国家和社会的领导核心。有这样一个政治力量、领导核心存在，是国家政局稳定、社会团结的根本保证。③

（三）坚持和完善党的领导制度体系论

制度建设是加强党的领导的必要环节。有学者指出，坚持和完善党的领导制度体系，要把握这样几个关键点：一是增强领导意识。中国共产党是中国最高政治领导力量。一个世纪以来，中国共产党领导中国革命、建设、改革取得伟大成功，一个极其重要的根本保证就是有中国共产党的坚强领导。我们党如果没有强烈的领导意识、领导觉悟、领导责任，是不可能在新时代坚持和完善党的领导制度体系的，这是重要的思想政治前提。二是坚持领导原则。坚持党是国家最高政治领导力量这一政治原则、民主集中制这一重要领导制度和组织原则、"总揽全局、协调各方"的工作方针和原则。三是完善领导体制。通过改革、完善、坚持，形成一个在党中央集中统一领导下，

---

① 吴家庆、陈德祥：《论认识与维护党的"领导核心"》，《马克思主义研究》2017 年第 12 期。

② 宗芳、张荣华：《新时代党的领导核心地位的逻辑证成》，《重庆社会科学》2017 年第 12 期。

③ 秦刚：《坚持和发展新时代中国特色社会主义需要着重把握的几个问题》，《中共中央党校（国家行政学院）学报》2020 年第 5 期。

遵循党章要求，按照民主集中制原则，由党的中央组织、党的地方组织、党的基层组织、党组、党的纪律检察机关、党的工作机关等分别履职的，层级分明、职责明确、统一完备、科学有效的领导体制机制。四是创新领导方式。坚持群众路线这一基本领导方式，坚持依法执政这一基本执政方式，着力创新改进党的领导方式和执政方式。五是提高领导本领。这既是坚持和完善党的领导制度体系的重要内容，又是坚持和完善党的领导制度体系的重要保证。①

有学者认为，坚持党的领导，首先是坚持党中央的集中统一领导，这是一条根本的政治规矩。实现"两个一百年"奋斗目标、实现中华民族伟大复兴的中国梦，统筹"四个全面"战略全局，是前无古人的伟大事业，是艰巨繁重的系统工程，必须加强党中央的集中统一领导，以保证正确方向、形成强大合力。②

有学者指出，党的领导制度是我国的根本领导制度。党的领导制度体系是党和国家权威机构制定的，明确国家治理中权力配置和"权威—服从"关系的规则体系，在国家治理体系中处于"统领"和"圆心"位置，具有驱动治理体系有效运转、增进政治信任、促进国家稳定发展的重要功能，能够提高中国共产党科学执政、民主执政、依法执政水平。党的领导制度体系有其内在逻辑：全面领导实践是制度基点，保证正确发展方向是基本目标，以人民为中心是价值立场，维护党中央权威和集中统一领导是核心要义，总揽全局、协调各方是基本原则，全面从严治党是根本保障。③

有学者指出，坚持和加强党的全面领导，要不断增强全党全社会坚持和完善党的领导制度体系的政治定力，增强制度创新的针对性和有效性以提升不同次级制度体系和制度单元之间的协调性和系统性，增强党的领导制度体

---

① 徐光春：《新时代坚持和完善党的领导制度体系》，《红旗文稿》2020 年第 11 期。

② 王香平：《中国共产党的领导是中国的最大国情、最本质特征》，《红旗文稿》2016 年第 23 期。

③ 周建伟：《党的领导制度体系：内涵、定位、意义与内在逻辑》，《华南师范大学学报》2020 年第 2 期。

系的规范力和执行力，尽快补齐党的领导制度体系的突出短板，建设高素质专业化干部队伍，为坚持和完善党的领导制度体系提供充足的人力资源支持。①

有学者认为，需进一步认识和把握党的领导重大原则与党的领导根本制度的关系，党的领导制度体系与中国特色社会主义制度和国家治理体系的关系，党的集中统一领导制度与党的全面领导制度的关系，不忘初心、牢记使命的制度与全面从严治党制度的关系。②

（四）加强党的建设论

加强党的建设是坚持党的领导的必要前提，坚持党的领导是加强党的建设的必然延伸。

有学者指出，新时代坚持和完善党的领导制度体系的基本路径为：党的政治建设与国家政治认同同向发力，确立立场原则；党的思想建设与全社会思想认同机制融合，进行科学指引；党的组织建设与党管干部相辅相成，锻造健康肌体；党风建设与政风建设共促共进，营造优良环境；依规治党与依法治国有机统一，形成法规约束；制度治党与党政体制改革协调互动，提供运行载体。③

有学者认为，加强党的建设重点是强化基层党建。当前，党的领导的薄弱环节在基层，特别是在农村，在广大乡村党组织和党员干部那里。在有的农村，党的领导存在"悬浮"和"空转"现象，党组织的现代治理能力水平亟待提高。所谓"悬浮"状态，是指有的领导不接地气，有时显得高高在上，只做"指挥员"不做"战斗员"；有时针对性不强，不能贴近农村基层现实，

---

① 唐皇凤、梁新芳：《党的领导制度体系：构成要素、逻辑结构和优化路径》，《新疆师范大学学报》2020 年第 4 期。

② 丁俊萍：《坚持和完善党的领导制度体系应深刻把握的若干关系》，《理论探索》2020 年第 2 期。

③ 马玉婕：《新时代坚持和完善党的领导制度体系的基本路径》，《社会主义研究》2020 年第 5 期。

停留在"空论"状态；有时缺乏具体角色定位，找不到有效抓手。所谓"空转"状态，是指有的领导很想有所作为，但却不知道如何下手；或许他们一直处于"白加黑""五加二"的忙碌状态，但却收效甚微，有时会南辕北辙；更有甚者，无所作为以至于尸位素餐，根本起不到党员的模范先锋带头作用。①

有学者指出，坚持党的领导，必须全面从严治党。党的领导地位来自党的先进性和战斗力，是管党治党、从严治党的结果；党的领导权威依靠广大党员干部的率先垂范，如果管党不力、治党不严，我们党迟早会失去执政资格；党的领导能力重要体现是治党能力，能不能全面从严治党是对党的治党能力的考验。② 在新的历史条件下，坚持党的领导必须加强和改善党的领导，坚持党要管党，全面从严治党，这是马克思主义党的建设的基本规律。发展党内民主，巩固党的团结统一。加强权力制约，增强党要管党的制度保障。优化党内政治生态，为坚持党的领导营造良好的从政环境。③"全面从严治党"既是重大的战略部署，又是重要的实践活动，更是在党的建设理论上实现了全面的创新。从本质论上看，它进一步阐明"马克思主义执政党"和"中国特色社会主义事业的坚强领导核心"的深刻内涵；从主体论上看，它从政治高度阐明"党的建设"和"党的事业"的辩证关系，强调各级各部门党委（党组）必须"把抓好党建作为最大的政绩"；从方法论上看，它针对党建工作存在的实际问题，强调"思想建党"和"制度治党"同向发力、同时发力、互为过程；从整体论上看，它系统阐述了"全面"的基本要求。④

（五）提高执政能力论

有学者认为，提高党的执政能力和领导水平是新时代坚持和完善党的

---

① 赵秀玲：《如何破解党的领导"脚底松软"难题》，《人民论坛》2018 年第 9 期。

② 颜晓峰：《如何让党的领导更加坚强有力》，《人民论坛》2016 年第 22 期。

③ 沈燕培：《全面从严治党下关于坚持党的领导的几点认识》，《广西社会科学》2016 年第 1 期。

④ 杨德山：《试论"全面从严治党"的理论价值》，《马克思主义研究》2017 年第 10 期。

领导的现实路径。首先，推动执政方式现代转型，推动执政方式实现科学化、制度化、规范化、民主化。其次，调试和规范党政关系。从整体上看，改革开放以来党政关系的规范和调试历经了由党政分开到党政分工、再到实现党政有机融合和合理分工的实践探索。从具体实践看，调试、规范党政关系主要是通过党和国家机构改革实现的。党和国家机构改革是实现国家治理体系与治理能力现代化的深刻变革，有效解决了党政机构重叠、权责划分不尽合理等现实问题，推动各方面机构职能不断优化、逐步规范。最后，全面增强党的执政本领。习近平总书记在党的十九大报告中提出了"全面增强党的执政本领"的时代课题，并从依法执政、驾驭风险等8个层面进行了具体阐释和详细擘画，明确了新时代全面增强党的执政本领的时代要求和现实路径。党的十九届四中全会指出，推进国家治理体系和治理能力现代化必须在锤炼"八大本领"的基础上强化"斗争本领"，赋予全面增强党的执政本领以新的时代内涵，为提高党的执政能力和领导水平提供了动力源泉。①

有学者指出，百年以来在中华民族伟大复兴的历史主题牵引下，中国社会主义政党政治在中国革命进程、中国特色社会主义建设和现代国家建构的宏阔实践中，以鲜明的"根本性的价值定位""前提性的理论引导""主导性的制度支撑""目的性的价值牵引"以及"关键性的政治保障"，将自身价值与中国现代化融为一体并发挥统领性的主导作用，以最深层次的价值追求、最独特的实践特征和最显著的文明贡献深刻改变了中国历史的发展进程，赢得了中国社会奋力走向现代化的历史性巨变，进而深度影响了世界格局的时代性变迁。这既是社会主义政党政治与中国现代化互动的经验集成与理论创造的核心标识，也是把中国共产党建设成为世界强大政党，从而把中国建设成为现代化强国的关键支撑和价值引导。②

---

① 王光明：《新时代坚持和完善党的领导的内在逻辑》，《新疆社会科学》2020 年第 1 期。

② 王韶兴：《现代化进程中的中国社会主义政党政治》，《中国社会科学》2019 年第 6 期。

四、研究展望

从总体上看，学术界对中国特色社会主义最本质的特征进行了多向度的分析，在研究路径、研究视角诸方面有所突破，并取得新的研究进展，对后来的研究者提供了基本的研究积累。然而，也必须清醒地看到，当下对这一议题的研究尚存短板和弱项，亟待日后加强。

（一）系统性整体性研究有待进一步加强

从中国知网搜索的情况来看，对于这一议题的专门性深度研究论文较少，不少是宣传性的报纸文章，学术论文不多，尚未搜索到同选题的专著出版。当下学术界关于这一重大论断的历史演进脉络、内在结构、重大意义等缺乏深入研究，缺乏系统性、整合性，对于增进人们对此论断的理解和把握有待加强。

（二）对本质特征之"最"的挖掘有待进一步加强

当下学术界对社会主义本质及其特征的阐释比较充分，但对党的领导为何是中国特色社会主义最本质的特征之"最"的分析缺乏有充分说服力的论证，在阐释逻辑上有提升的空间。因此，有必要厘清社会主义本质、社会主义本质特征、中国特色社会主义本质特征、中国特色社会主义本质属性、中国特色社会主义最本质的特征等概念之间的区别和联系，以利于进一步深化该议题的研究。

（三）对这一论断与马克思恩格斯相关思想之间的关系研究有待进一步加强

当下学术界关于中国特色社会主义最本质的特征的研究主要是就该命题进行研究，而对其与马克思恩格斯相关社会主义本质思想的关联研究比较薄弱。实际上，这一论断的理论源头应追溯到马克思恩格斯的相关论述中，从其论述中寻找相关理论资源、思想资源是今后研究的一个重点方向。

（四）对这一重大论断的内在框架结构研究有待进一步加强

当下学术界关于这一论断的研究主要局限了论断本身的科学内涵、重大意义、主要依据、实现路径等层面，而对这个论断的基本要素及其逻辑结构、话语结构等缺乏深入分析，导致浮于表面、不够深入的困境。

（五）对这一重大论断的国际比较研究有待进一步加强

当下学术界关于这一论断的研究缺乏国际比较的视野，导致就本身谈本身。实际上，对中国特色社会主义最本质的特征的揭示，应与当代资本主义深入比较分析相结合，尤其是在东欧剧变、苏联解体，世界社会主义遭受挫折这一背景下，联系世界社会主义国家执政党进行深入的比较研究，在比较中揭示同与异，在比较中揭示"最"的深刻历史逻辑与时代含义，就事论事式的研究容易流于空泛、表象。

（作者：李拓　康晓强）

分报告 9：世界社会主义与国际共产主义运动研究

作为当今世界最大的执政共产党和最大的社会主义国家，我们党和国家始终高度重视对国际共产主义运动的研究，20 世纪 50 年代初就将其作为一门独立学科，当时称为"国际共产主义运动史"。苏东剧变后，传统的国际共产主义运动不复存在，再加上 1997 年国家学科专业调整，将国际共产主义运动史与科学社会主义合并为"科学社会主义与国际共产主义运动"一个二级学科。这样一来，一方面研究力量分化重组，另一方面研究范围也在不断扩展，"更为宽泛的世界社会主义尤其是当代世界社会主义也被纳入到了国际共运史学的范畴"[①]。从此以后，世界社会主义和国际共产主义运动越来越成为人们关注的同一话题或研究域，在一定程度上被人们等同或混用，或者干脆将其融合为统一概念"世界社会主义共产主义运动"[②]。

党的十八大以来，中国特色社会主义进入新时代，世界处于大变局，世界社会主义、国际共产主义运动研究迎来了新的发展机遇，呈现出新局面。一是涌现出一大批研究成果和研究平台，研究氛围日益活跃；二是承继共运史传统研究风格，通过重大历史事件周年纪念总结经验教训；三是承认世界社会主义运动的多样性，按照思潮、流派和地域等视角对各类运动主体进行具体化研究；四是总体性考察 21 世纪世界社会主义运动出现的新变化，揭示其阶段性特征，进而分析其发展前景及其所需条件。

[①]　蒲国良：《国际共产主义运动史学发展 70 年》，《当代世界与社会主义》2020 年第 5 期。

[②]　林建华：《世界社会主义共产主义运动的历史进程与未来走势》，《马克思主义研究》2019 年第 9 期。

一、涌现出一大批研究成果和研究平台

（一）相关成果发表情况

党的十八大以来，学界直接以"世界社会主义""国际共产主义运动"为题出版的相关著作约 40 部。其中，一部分是侧重于世界社会主义发展脉络，体现历史纵深，如《世界社会主义五百年启示录》（季明，人民日报出版社 2014 年）、《人间正道是沧桑：世界社会主义五百年》（顾海良主编，中国人民大学出版社 2018 年）、《世界社会主义史丛书》（高放主编，北京师范大学出版社 2018 年）；另一部分更多的是侧重于当代世界社会主义发展动态，把握现状与走势，如《世界社会主义和左翼思潮：现状与发展趋势》（李慎明主编，社会科学文献出版社 2014 年）、《世界社会主义：热点·焦点·难点》（肖枫，当代世界出版社 2016 年）、《放眼全球：世界社会主义研究报告》（徐觉哉，上海社会科学院出版社 2018 年）、《马克思主义和世界社会主义若干重要问题研究》（季正聚，中华书局 2018 年）、《21 世纪世界社会主义新探索与马克思主义新发展》（宋涛主编，人民出版社 2020 年）、《当代世界社会主义通论》（姜辉等，中国社会科学出版社 2020 年）、《大变局中的世界社会主义：世界社会主义论集》（姜辉，中国社会科学出版社 2020 年）、《世界社会主义的趋势、问题与现状》（王伟光主编，中国社会科学出版社 2020年）；还有一部分是教材与文献，如《国际共产主义运动史（第二版）》（本书编写组，人民出版社 2020 年）、《国际共产主义运动历史文献》（王学东主编，中央编译出版社 2011—2018 年，共 64 卷）；等等。

显然，上述著述都是对世界社会主义运动基本问题进行的总体性研究。而有关世界社会主义运动的具体研究，著作就更为丰硕了。按照地域来看，首先是西方发达地区社会主义尤其是相关政党研究，比如《冷战后两制关系演变及发达国家共产党研究》（余金成，山东人民出版社 2013 年）、《欧洲社会主义研究》（刘淑春等，中国社会科学出版社 2013 年）、《新时期、新探索、

新征程：当代资本主义国家共产党的理论与实践研究》（聂运麟等，经济科学出版社 2014 年）、《法国共产党新变化研究》（胡振良、李其庆，中共中央党校出版社 2014 年）、《不破哲三思想研究：日本共产党对马克思主义日本化的探索与启示》（曹天禄，商务印书馆 2014 年）、《西欧社会民主党执政理论与实践研究》（张有军，中国社会科学出版社 2016 年）、《英国工党理论与实践专题研究》（李华锋等，人民出版社 2017 年）、《当代西方发达国家工人阶级状况研究》（孙寿涛等，南开大学出版社 2017 年）、《新世纪以来西方新社会运动研究》（刘颖，人民出版社 2018 年）、《美国的社会主义运动与思潮》（雷虹艳，社会科学文献出版社 2018 年）、《激进视野中的希腊左翼与社会主义运动》（于海青，中国社会科学出版社 2018 年）、《国际金融危机背景下南欧共产党研究》（刘春元，中国社会科学出版社 2020 年）；其次是亚非拉地区社会主义研究，比如《古巴模式的"更新"与拉美左派的崛起》（徐世澄，中国社会科学出版社 2013 年）、《亚太与拉美社会主义研究》（冯颜利等，中国社会科学出版社 2013 年）、《拉丁美洲社会主义及左翼社会运动》（崔桂田等，山东人民出版社 2013 年）、《尼泊尔共产党（毛主义者）的历史、执政及其嬗变探究》（汪亭友，社会科学文献出版社 2015 年）、《越南革新与中越改革比较》（潘金娥等，社会科学文献出版社 2015 年）、《世界主要政党规章制度文献：越南、老挝、朝鲜、古巴》（许宝友主编，中央编译出版社 2016 年）、《拉美左翼和社会主义理论思潮研究》（徐世澄主编，中国社会科学出版社 2017 年）；再次是原苏东地区社会主义研究，比如《独联体国家共产党的理论与实践》（刘淑春等，中国社会科学出版社 2016 年）、《俄罗斯联邦共产党的社会主义思想研究》（李世辉，人民日报出版社 2016 年）、《传承与革新：白俄罗斯社会主义运动的历史、现状与前景》（康晏如，中国社会科学出版社 2020 年），以及 9 卷本《苏联史》（郑异凡主编，人民出版社 2013 年），其中目前已出版的 5 卷分别是：第 1 卷《俄国革命》（姚海）、第 3 卷《新经济政策的俄国》（郑异凡）、第 4 卷《斯大林模式的形成》（徐天新）、第 8 卷《勃列日涅夫的十八年》（叶书宗）、第 9 卷《戈尔巴乔夫改革时期》（左凤荣）。

另外，还有一部分研究是有关社会主义流派的，如《世界社会主义整体发展视阈中的国外社会主义流派》（吕薇洲等，中国社会科学出版社 2016 年）、《人的解放与自然的解放：生态社会主义研究》（陈永森等，学习出版社 2015 年）、《异化批判与革命理论：当代"第四国际"思潮论集》（吕佳翼，光明日报出版社 2016 年）、《西方市场社会主义流派研究：基于比较经济伦理视角》（牛文浩，九州出版社 2020 年）等。

根据"中国知网科研项目申报信息库"的检索结果，近八年来（2012—2020 年），直接以"世界社会主义""国际共产主义运动"为题的"国家项目"共有 6 项，比上一个十年（2001—2011 年）增加 1 项（见表 1、2）。根据中国知网的论文检索情况，2012 年以来，在北大核心和 CSSCI 期刊中，直接以"世界社会主义"和"国际共产主义"为题的文章共有 240 篇，其中 78 篇为会议综述或著作评介，162 篇为学术性论文，较上一个十年也有小幅增长。① 相比较而言，聚焦于世界社会主义或国际共产主义运动当中某一具体领域或具体议题的学术论文，在体量上就更大了。

表 1　相关课题立项情况（2012—2020 年）

序号	课题名称	课题来源	主持人	立项年份
1	人类命运共同体对世界社会主义运动话语范式的革新研究	教育部人文社科研究一般项目	大连理工大学 关巍	2019
2	世界社会主义格局变化与中国特色社会主义创新发展研究	教育部人文社科重点研究基地重大项目	山东大学 蒋锐	2018
3	世界社会主义发展的现状、主要问题与基本趋势研究	国家社科基金重点项目	中国人民大学 汪亭友	2018

---

① 2001—2011 年，北大核心和 CSSCI 期刊共发表直接以"世界社会主义"和"国际共产主义"为题的文章 219 篇，其中 79 篇为会议综述或著作评介，140 篇为学术性论文。

序号	课题名称	课题来源	主持人	立项年份
4	世界社会主义发展大视野大格局大趋势下的中国特色社会主义研究	国家社科基金重大项目	上海社会科学院 轩传树	2017
5	世界社会主义主要流派的历史演进研究	教育部哲学社科研究重大课题攻关项目	华中师范大学 聂运麟	2013
6	从发展的角度重新评价国际共产主义运动的历史意义	国家社科基金重点项目	南京大学 陈晓律	2012

表 2 相关课题立项情况（2001—2011 年）

序号	课题名称	课题来源	主持人	立项年份
1	世界社会主义运动视阈中的国外社会主义流派研究	国家社科基金一般项目	中国社会科学院 吕薇洲	2008
2	经济全球化与人类社会发展和世界社会主义价值研究	教育部人文社科研究一般项目	东北师范大学 张森林	2007
3	当代资本主义新变化对世界社会主义发展的影响	国家社科基金一般项目	中国浦东干部学院 刘昀献	2007
4	苏东剧变后的世界社会主义运动与两制关系	国家社科基金一般项目	华中师范大学 程又中	2001
5	江泽民"三个代表"重要思想与政治发展研究——以世界社会主义运动的历史经验和教训为例证	国家社科基金一般项目	北京大学 孔凡君	2001

（二）相关平台建设情况

党的十八大以来，世界社会主义、国际共产主义运动相关研究的学术平台建设持续健康推进，学术交往与信息交流更加频繁，"已隐然形成若干相互支持而又彼此竞争的松散学术联盟"。

一是相关专业学会和会议运行机制更加完善、稳定。不仅中国国际共运史学会和中国科学社会主义学会当代世界社会主义专业委员会等全国性学会基本上每年都能在不同地方举办年会，而且各省（自治区、直辖市）的相关学会也都能正常开展活动。除此以外，机制化的相关年度学术会议还有：世界社会主义论坛（中国社会科学院世界社会主义研究中心主办，2010—2020年已举办 11 届）、国际共产主义运动论坛（中国社会科学院马克思主义研究院主办，2013—2019 年已召开 7 次）、社会主义国际论坛（中国社会科学院马克思主义研究院、越南社会科学翰林院、老挝国家社会科学院联合主办，2013—2019 年已举办 7 届）等。

二是依托相关学会和研究机构的专业期刊阵容在扩大。除了既有的《当代世界与社会主义》（中央党史和文献研究院、中国国际共运史学会主办）、《科学社会主义》（中国科学社会主义学会主办）、《当代世界社会主义问题》（山东大学当代社会主义研究所主办）、《社会主义研究》（华中师范大学主办）等刊物以外，中国社会科学院信息情报研究院和社会科学文献出版社在2016 年又创办了公开刊物《世界社会主义研究》。近年来，这些期刊逐渐恢复或新设"世界社会主义与国际共运"相关栏目。除此之外，《马克思主义研究》《国外社会科学》《马克思主义与现实》《国外理论动态》《当代世界》等综合性全国核心期刊也在不定期地刊登世界社会主义与国际共运相关研究的学术成果。

三是一大批内刊、年鉴和皮书的相继问世成为新的亮点。近年来，世界社会主义和国际共产主义运动研究的几大重镇纷纷结合自身特色，相继推出内刊《世界社会主义研究动态》（北京）、《世界社会主义研究动态》（上海）、《国际共产主义运动年鉴研究通讯》（武汉）等；相关年鉴、研究报告和皮书《世界社会主义研究年鉴》（上海社会科学院，2013—2020 年共出版 8 卷）、《世界社会主义跟踪研究报告》（中国社会科学院，2005—2020 年共出版 16卷）、《社会主义年鉴》（山东大学，2014 年出版 1 卷）、《国际共产主义运动发展报告》（中国社会科学院，2019—2020 年已出版 2 卷）、《国际共产主义运动年鉴》（华中师范大学，2018—2019 年已出版 2 卷）、《国际共运史与社会主义研究辑刊》（聊城大学，2011—2020 年共出版 10 卷）、《国际共运研究专辑》（中国社会科学院，2013—2014 年共出版 3 卷）等。与此同时，得益于网络的发展，一些研究机构和个人还相继推出了用以推介相关学术资讯的微信公众号，比较有影响力的有"中国科学社会主义学会"（中国科学社会主义学会主办）、"万寿论坛"（中共中央对外联络部世界政党研究所主办）、"世界社会主义研究"（中国社会科学院世界社会主义研究中心主办）、"共运通讯 +"（中国社会科学院马克思主义研究院国际共运研究部主办）、"*World Communist Parties*"（华中师范大学国外马克思主义政党研究中心主办）、"国际红色通讯 2nd"（个人公众号）、"国际共产主义评论"（个人公众号）、"国际共运之声"（个人公众号）等。

二、承继共运史研究风格，围绕国际共运史上的重大事件进行回望与总结

国际共运史学科的一大传统旨趣就是，通过研究国际共运史上的重要人物、重要组织、重大事件等，总结经验教训，探究社会主义革命与建设规律、共产党执政规律和人类社会发展规律，从而为推动中国社会主义建设提供理论支撑或借鉴启示。最近几年，国内学界重点围绕重大历史事件周年纪念，尤其是围绕马克思诞辰 200 周年、恩格斯诞辰 200 周年和《共产党宣言》发表 170 周年，列宁诞辰 150 周年、俄国十月革命爆发 100 周年和共产国际成立 100 周年，新中国成立 70 周年和中国改革开放 40 周年等，举办了一系列学术研讨会，发表了以学术论文为主的一系列研究成果。

学界之所以重点围绕这些重大事件的周年纪念进行研究，一方面是因为这是对国际共运研究传统的延续，另一方面更重要的是因为这些事件曾在不同历史背景下解决了相应的"时代之问"，推动了世界社会主义、国际共产

主义运动从无到有、从弱到强、从幼稚到成熟的一系列飞跃。具体来说，马克思、恩格斯所共同创立的科学社会主义在资本主义尚处于上升阶段和全球扩张的条件下，解决了为什么资本主义必然灭亡、社会主义必然胜利的问题，使社会主义理论实现了由空想到科学的飞跃，社会主义从一种局限于狭小圈子的思想运动发展成为世界性的社会运动，世界社会主义运动进入"社会主义 1.0"阶段；列宁主义指导下的十月革命和共产国际，在以战争与革命为主题的时代解决了落后国家如何建立社会主义的问题，使社会主义制度实现了从理论到实践、从一国到多国的飞跃，世界社会主义运动进入"社会主义 2.0"阶段；新中国的成立，特别是由改革开放所开创的中国特色社会主义则是在世界由战争与革命为主题向和平与发展为主题、由工业社会向信息社会过渡的时代，解决了经济文化相对落后的国家如何建设、巩固和发展社会主义的问题，从而使社会主义发展模式实现了从传统到现代的飞跃，世界社会主义进入"社会主义 3.0"阶段。①

（一）马克思、恩格斯创立科学社会主义及其所领导的革命实践推动世界社会主义实现第一次飞跃

2018 年 5 月 4 日，习近平总书记在纪念马克思诞辰 200 周年大会上的讲话中明确指出，由马克思和恩格斯共同创立的马克思主义是科学的理论、人民的理论、实践的理论、不断发展的开放的理论。正是在马克思主义指导下，国际工人组织才得以相继创立和发展，"马克思主义政党在世界范围内如雨后春笋般建立和发展起来，人民第一次成为自己命运的主人，成为实现自身解放和全人类解放的根本政治力量"②。2020 年 11 月 21 日，中央党校（国家行政学院）与中国马克思主义研究基金会共同召开了以纪念恩格斯诞辰 200 周年为主题的学术研讨会，时任中央党校（国家行政学院）副校（院）

---

① 轩传树：《新时代中国特色社会主义之于世界社会主义的新贡献》，《国外社会科学》2018 年第 1 期。

② 《十九大以来重要文献选编（上）》，中央文献出版社 2019 年版，第 420—435 页。

长何毅亭在会议发言中指出，由马克思、恩格斯共同创立的马克思主义是人类社会最伟大的科学理论，它彰显着彻底的革命性，是推翻旧世界、建立新世界的革命理论，它科学分析了资本主义社会的内在矛盾，深刻揭示了社会主义取代资本主义的历史必然性，为人类社会发展进步指明了正确前进方向，从而使社会主义从天堂来到人间。①

第一，马克思、恩格斯领导创建了共产主义者同盟，开启国际共产主义运动波澜壮阔的历史进程。关于世界上第一个国际性的无产阶级政党组织——共产主义者同盟（以下简称"同盟"），学者们充分肯定了马克思和恩格斯在创建同盟的过程中所进行的理论和实践准备。一方面，强调他们同乌托邦社会主义等各种错误思潮进行坚决斗争，创立、发展并不断完善了科学社会主义理论，为建党进行充分的思想准备②；另一方面，强调他们密切关注工人运动发展状况，同共产主义组织保持密切联系，建立国际性的共产主义者联络组织，为建党进行充分的组织准备。在建党的艰苦过程中，马克思与恩格斯携手同心，密切配合，共同作出了不可磨灭的巨大贡献。与此同时，也充分肯定同盟的建立所具有的重要历史意义。首先，同盟是第一个以共产主义为目标的国际性政党组织，它在成立之初，就将实现无产阶级和全人类的解放，乃至最终实现共产主义作为自己的奋斗目标。其次，同盟是马克思主义理论与国际工人运动相结合的产物，它第一次把马克思主义理论确立为工人政党的指导思想。最后，同盟是国际共产主义运动的起点，其党纲《共产党宣言》的发表，标志着马克思主义的诞生。总之，学者们比较一致地认为，尽管同盟存在的时间并不长，但是其在国际共产主义运动史上的影响却极为深远，它是培养工人阶级革命家、影响和教育群众的学校，是第一国际的先驱。③

---

① 何毅亭：《纪念伟大的思想家恩格斯诞辰 200 周年》，《学习时报》2020 年 11 月 25 日。

② 蒲国良：《社会主义思想从乌托邦到科学的发展——纪念共产主义者同盟成立 170 周年》，《理论与改革》2017 年第 3 期。

③ 金民卿：《恩格斯在创建史上首个共产党过程中的特殊贡献》，《党政研究》2020 年第 3 期；陈静：《国际共产主义运动的历史起点及现实昭示——纪念共产主义者同盟成立 170 周年》，《学习与探索》2017 年第 7 期。

第二，马克思恩格斯领导创建了第一国际，推动国际共产主义运动迈向前进。关于马克思、恩格斯共同创建的国际工人协会（史称"第一国际"），有学者将其同另外两个"国际"进行比较，从四个方面指出其对世界社会主义运动的历史贡献：（1）第一国际把欧美各国工人队伍组织、团结在共同目标的旗帜下，第一次实现了国际范围内的工人联合，从而使无产阶级反对资产阶级的斗争真正具有了国际的性质；（2）第一国际坚持将原则的坚定性与策略的灵活性相统一，正确处理了科学社会主义与其他各种非科学的社会主义之间的关系，捍卫、推广并发展了科学社会主义；（3）第一国际在团结各国工人阶级进行反对国际资本主义的主体斗争的同时，积极支援民族解放运动，实现了工人运动和民族解放斗争的有机结合；（4）第一国际作为群众性国际组织，确立了平等协商、独立自主的活动原则，始终尊重各国无产阶级独立自主，始终发挥联络与合作的作用，从而促进科学社会主义与工人运动实践相结合，进一步推动工人运动由自发向自觉的转变。与此同时，第一国际还培养了一批无产阶级革命家，为各民族国家无产阶级独立政党的建立奠定了基础。①

第三，恩格斯晚年在理论和实践上继续推进世界社会主义运动。马克思逝世后，恩格斯在其最后 12 年的生命历程中，依旧呕心沥血、奋斗不止，为国际共产主义运动的理论和实践作出无可替代的卓越贡献。有学者强调恩格斯晚年在理论方面的贡献：一是提出"历史合力论"，丰富和完善历史唯物主义；二是反对教条主义，推动科学社会主义理论与各国实际相结合；三是译介经典著作，推动科学社会主义理论的大众化，在欧美国家广泛播撒革命的火种。② 还有学者强调恩格斯晚年在实践方面为世界社会主义运动所作出的重要贡献：第一，指导各国社会主义政党的建立和成长，推动欧美工人运动从低潮走向高涨。在这一过程中，恩格斯指导欧美各国工人阶级政党制

---

① 林建华：《第一国际、第二国际、第三国际的历史贡献新论》，《中国浦东干部学院学报》2017 年第 4 期。

② 王力、王淑娟：《恩格斯晚年对世界社会主义运动的贡献》，《科学社会主义》2020 年第 5 期。

定科学的党纲，促使其采取正确的政治原则和行动策略；协助工人阶级政党正确开展党内斗争，确立对待马克思主义的科学态度；教育工人阶级政党树立正确的党际关系原则，加强各党间在平等基础之上的联系与合作。第二，指导第二国际的建立及其日常活动，把无产阶级的国际团结推进到新的历史阶段。在恩格斯的指导和帮助下，第二国际于 1889 年成立，从而使一度中断的工人阶级国际合作得以恢复，促成各社会主义政党和工人组织实现科学社会主义基础之上的国际团结。① 因此，无论是从理论上还是实践上都可以说，"把马克思和恩格斯两个人的名字作为现代社会主义奠基人的名字并列在一起是很公正的"②。

（二）列宁主义指导下的十月革命和共产国际推动世界社会主义实现第二次飞跃

列宁作为杰出的理论家与革命家，在 19 世纪末 20 世纪初，世界资本主义进入帝国主义阶段的新背景下，直面时代变化和实践需要，通过领导十月革命和建立共产国际推动着马克思主义理论和国际共产主义运动的进一步发展。③ 国内学界针对这一主题的关注点主要集中在以下三个方面：列宁是坚持和发展马克思主义的典范；十月革命使社会主义制度第一次由理想变为现实；对共产国际的看法要一分为二。

第一，列宁是坚持和发展马克思主义的典范。2020 年 8 月 21 日，中央党史和文献研究院会同中央党校（国家行政学院）、教育部、中国社会科学院在北京联合举办了"纪念列宁诞辰 150 周年理论研讨会"。中央党史和文

---

① 李爱华：《恩格斯晚年指导欧美工人阶级政党建设的经验和启示》，《科学社会主义》2020 年第 5 期；林怀艺、王越：《恩格斯晚年对国际共产主义运动的贡献》，《华侨大学学报（哲学社会科学版）》2020 年第 5 期；闫志民、吕增奎、鞠俊俊：《热话题与冷思考——恩格斯对马克思主义的伟大贡献》，《当代世界与社会主义》2020 年第 4 期。

② 《列宁专题文集（论马克思主义）》，人民出版社 2009 年版，第 80 页。

③ 孙来斌：《列宁对马克思主义的伟大历史贡献——纪念列宁诞辰 150 周年》，《思想理论教育导刊》2020 年第 5 期。

献研究院院长曲青山在会议发言中指出，列宁高度重视科学理论的指导作用，锲而不舍追求科学真理，是坚持和发展马克思主义的典范。列宁始终密切关注时代变化和实践要求，坚持把马克思主义精髓与俄国具体实际相结合，提出新的战略思想和理论观点，丰富和发展马克思主义，把马克思、恩格斯所创立的科学理论体系推进到列宁主义阶段，并以此领导俄国无产阶级革命和社会主义建设的实践。[①] 与此同时，也有学者强调列宁在推进国际共产主义运动中的巨大贡献。这个贡献一方面表现为，在列宁"帝国主义论""一国胜利论"指导下，俄国共产党正确分析帝国主义时代的基本特征和基本矛盾，成功领导了十月革命，探索了落后国家进入社会主义的依据与路径；另一方面体现在，十月革命后，在列宁的倡议和直接领导下成立了统一的世界共产党组织——共产国际（又称第三国际），以此作为世界革命的指挥中心，加强世界社会主义力量的联合，促使一国革命发展为世界革命，推动国际共产主义运动进入新的更高的阶段。[②] 正如习近平总书记所指出，列宁之于世界社会主义运动的伟大贡献，就在于"20世纪初，列宁把马克思主义基本原理同俄国具体实际相结合，创造性地提出社会主义可能在一国或数国首先取得胜利的理论，领导十月革命取得成功，建立了世界上第一个社会主义国家，使社会主义实现了从理论到实践的伟大飞跃"[③]。

第二，十月革命使社会主义制度第一次由理想变为现实。列宁曾在十月革命四周年之际指出："这个伟大的日子离开我们愈远，俄国无产阶级革命的意义就愈明显。"[④] 在十月革命100周年之际，国内有学者认为，其最大功绩就是把科学社会主义原则在俄国付诸实施，并按照科学社会主义基本原则

---

① 曲青山：《学习列宁的思想风范　坚持发展马克思主义——在纪念列宁诞辰150周年理论研讨会上的讲话》，《马克思主义与现实》2020年第5期。

② 黄宗良、项佐涛：《热话题与冷思考——关于列宁和列宁主义若干重要问题研究的对话》，《当代世界与社会主义》2020年第2期。

③ 中共中央宣传部编：《习近平总书记系列重要讲话读本（2016年版）》，学习出版社、人民出版社2016年版，第21页。

④ 《列宁选集》第4卷，人民出版社2012年版，第563页。

建立了社会主义制度，使社会主义第一次由理想变为现实。① 具体来说，其意义主要表现为三个方面：一是十月革命促进了马克思列宁主义的广泛传播。马克思列宁主义伴随着十月革命的胜利而得以真正跨出欧美并在全世界实现飞跃式的大发展，从而为各国革命指引正确方向，为世界社会主义运动的大发展奠定了强大的理论基础。二是十月革命的胜利为各国无产阶级革命运动和殖民地半殖民地解放斗争提供了巨大的鼓舞与支持。各国革命者纷纷效仿俄国建立新型革命政党，以马克思列宁主义为指导，实行民主集中制，坚持领导无产阶级革命斗争，以实现社会主义和共产主义作为最终奋斗目标；对殖民地半殖民地国家而言，它们学习借鉴十月革命的经验，走十月革命的道路，掀起空前的革命浪潮，极大打击了帝国主义殖民统治和各国反动政权。三是十月革命打破了资本主义一统天下的世界格局，开创了社会主义和资本主义两种政治制度长期并存的新时代。尽管其后发生了苏东剧变的挫折，但是这一发展态势并未终结，社会主义当前在总结经验教训的基础上获得了更好、更健康的发展。② 对于社会主义者而言，"庆祝伟大革命的纪念日，最好的办法是把注意力集中在还没有完成的革命任务上"③，而对于今天的我们而言，坚持和发展中国特色社会主义，就是对十月革命的最好纪念。④

第三，对共产国际的看法要一分为二。在共产国际成立 100 周年之际，国内有学者专门就其成立的背景与原因进行了探讨并认为，列宁之所以在十月革命胜利后亲自领导并主持成立共产国际，主要是为了同第二国际内部的右翼势力作斗争以及同协约国列强相对抗，从而夺取世界革命的领导权和维

---

① 周新城：《十月革命道路永葆青春——纪念十月革命 100 周年》，《中共石家庄市委党校学报》2017 年第 6 期。

② 李景治：《牢记十月革命的历史贡献——兼谈实事求是地评价十月革命》，《南京政治学院学报》2017 年第 1 期；陈之骅：《历史唯物主义视阈下的 1917 年俄国革命——纪念十月社会主义革命 100 周年》，《毛泽东邓小平理论研究》2017 年第 8 期。

③ 《列宁全集》第 42 卷，人民出版社 2017 年版，第 255 页。

④ 肖枫：《继承和发展"十月革命"开辟的道路——纪念俄国十月革命 100 周年》，《中共宁波市委党校学报》2017 年第 3 期。

护苏维埃俄国的安全。① 至于共产国际的历史地位，人们对其进行了一分为二的评价。一方面，充分肯定了共产国际曾率领各国无产阶级国际主义者所进行的艰苦卓绝斗争。具体来说，首先，共产国际指导、帮助了各国共产党的创建和发展；其次，共产国际卓有成效地传播了马克思列宁主义；最后，共产国际指导、支援了资本主义国家的工人运动和殖民地、半殖民地国家的民族解放斗争，促进了这些国家人民大众的觉醒。尤其需要指出的是，共产国际曾为中国共产党的创建进行了必要的理论和组织准备，从而推动中国共产党的诞生，并促使其发挥革命领导核心的作用。② 另一方面，也指出共产国际所存在的一系列弊病。比如，共产国际作为统一的"世界共产党"和国际共运"指挥中心"的定位，其高度集中的政党组织结构，其过度集中、缺乏民主的运转方式，以及对于各国共产党内部事务的干涉，都脱离了国际共产主义运动和各国革命发展的实际需要，曾给各国革命运动造成不利后果，并阻碍了国际共产主义运动的正常发展。③ 尽管共产国际早已不复存在，作为两极对抗主体力量之一的苏联东欧社会主义集团也早已消逝，但是在当今世界范围内，共产主义政党和共产主义运动仍然存在。我们在新的历史条件下依旧需要灵活运用共产国际的历史经验，实现共产国际精神的创造性转化，从而推动中国特色社会主义和世界社会主义走向繁荣与振兴。④ 对于作为当今世界社会主义中流砥柱的我们来说，今天纪念共产国际不是要重建"国际"，不是要像世界上一些左翼政党或左翼学者所不断呼吁的那样"中国当头"，更不是要将适用于党内组织原则的民主集中制推广到党际交往，而是要更为清醒地认识到当务之急是做好自己的事情，继续促改革、谋发展，以自身建设成就彰显社会主义制度的优越性，提升

---

① 张盛发：《列宁与共产国际的建立》，《国外理论动态》2020 年第 6 期。

② 林建华：《世界革命视域下共产国际的实践逻辑》，《中国社会科学》2014 年第 8 期；刘淑春、佟宪国：《共产国际与中国共产党关系评析》，《马克思主义研究》2019 年第 10 期。

③ 李景治：《实事求是评价共产国际历史地位和贡献》，《理论视野》2019 年第 6 期。

④ 刘新刚、程恩富：《共产国际的历史价值及其精神的时代价值——写在共产国际成立 100 周年之际》，《世界社会主义研究》2019 年第 12 期。

世界社会主义力量的信心和底气，同时在秉持"独立自主、完全平等、互相尊重、互不干涉内部事务"四项基本原则的基础上，加强与世界左翼政党的交流、对话、合作。①

（三）新中国的成立与中国特色社会主义的发展推动世界社会主义实现第三次飞跃

如果从世界社会主义发展史的角度来看待新中国 70 多年的历程，它不仅在中国历史上留下了光辉的篇章，而且在世界社会主义发展史和国际共产主义运动史上也具有重要的意义。具体而言，新中国 70 多年对世界社会主义运动的重要贡献在于，新中国的成立壮大了世界社会主义的力量，成为世界社会主义运动发展的强大动力；中国的改革开放引领并推动世界社会主义改革大潮；新时代中国特色社会主义助力世界社会主义走向复兴。

第一，新中国的成立壮大了世界社会主义的力量，成为世界社会主义运动发展的强大动力。中国共产党团结带领全国人民经过艰苦卓绝的斗争，取得了新民主主义革命的胜利，建立了民族独立、人民当家作主的社会主义新中国。新中国的成立，不仅开辟了中国历史发展的新纪元，也标志着世界社会主义运动进入新境界：社会主义在第二次世界大战后从一国走向多国，形成了人口和经济总量超过世界 1/3，领土超过全球 1/4 的社会主义阵营，充分展现出社会主义的巨大感召力和制度吸引力。此外，新生的社会主义新中国，面对严峻的国际形势，特别是帝国主义的封锁和遏制，一方面敢于斗争善于斗争，坚持独立自主，坚决捍卫民族尊严和国家独立；另一方面高扬国际主义旗帜，勇于维护世界和平，反对帝国主义、霸权主义和殖民主义，广泛团结第三世界国家和人民，极大加强了世界社会主义运动的力量、资源、潜力、韧性和底气。20 世纪 60 年代以来，中苏论战、社会主义阵营破裂，世界社会主义的重心更是由东欧逐渐转移至中国，进而开启世界社会主义的

---

① 轩传树、于明：《国外左翼对共产国际的纪念与反思》，《马克思主义研究》2020 年第 3 期。

"挺进阶段"。①

第二，中国的改革开放引领并推动世界社会主义改革大潮。一方面，中国的改革开放在 20 世纪 80 年代以来的世界社会主义改革浪潮中承担着极其重要的角色。首先，中国是世界社会主义改革浪潮的开创者，是中国共产党率先开启的改革开放冲破苏联模式"停滞"的束缚，破除教条的藩篱，开创了社会主义的新路，重新唤起社会主义的生机与活力。其次，中国是世界社会主义改革浪潮的引领者，是中国的社会主义改革之路，吸引着各现实社会主义国家纷纷加入改革行列，从而形成社会主义国家的"改革大合唱"，并在世界社会主义改革队伍中发挥着示范效应。最后，中国是世界社会主义改革浪潮的坚守者，是中国特色社会主义在世界社会主义改革出现困境的艰难关头，顶住国内外各种压力，坚持改革开放并取得举世瞩目的成就，从而给其他社会主义国家提供了坚守改革的信心和方向。②另一方面，中国的改革开放成功开辟了别具特色的社会主义现代化新路径。中国特色社会主义现代化道路及其所取得的伟大成就越来越被世界认同与肯定，不仅动摇了西方现代化模式所长期占据的主导地位和话语垄断权，颠覆了西方价值衡量标准的狭隘认知，而且也为世界社会主义发展的多样性和创新性提供了范例，给世界上那些既希望加快发展又希望保持自身独立性的国家和民族提供了全新选择，为解决人类问题贡献了中国智慧和中国方案。③

第三，新时代中国特色社会主义助力世界社会主义走向复兴。习近平

---

① 季正聚：《从世界社会主义发展史的角度看新中国七十年辉煌成就的伟大意义》，《中共党史研究》2019 年第 10 期；孙代尧、黄斐：《休戚相关：新中国 70 年与世界社会主义的发展》，《马克思主义与现实》2019 年第 4 期；杨承训：《世界社会主义重心三次变迁推进理论大发展——以全球视阈深化认识中华人民共和国成立 70 周年》，《毛泽东邓小平理论研究》2019 年第 1 期。

② 郭春生：《中国特色社会主义在战后世界社会主义改革中的地位和作用》，《理论与改革》2019 年第 1 期。

③ 李瑞琴：《新时代中国特色社会主义与世界社会主义的振兴》，《当代世界社会主义问题》2019 年第 3 期。

总书记曾明确指出，"中国特色社会主义进入新时代，在中华人民共和国发展史上、中华民族发展史上具有重大意义，在世界社会主义发展史上、人类社会发展史上也具有重大意义"①。对此，有学者认为，理解新时代中国特色社会主义的世界意义，可以从国际共产主义运动、世界社会主义运动、世界现代化进程与人类文明发展历程等四个宏观维度去把握，并由此可以得出结论：新时代中国特色社会主义已经成为国际共产主义运动的新亮点，正在形成世界社会主义的新模式，日渐呈现世界现代化道路的新探索，必将成为人类文明进步的新支点。② 单就新时代中国特色社会主义之于世界社会主义的"重大意义"而言，则主要表现在以下两个方面：其一，中国特色社会主义进入新时代，实现了世界社会主义运动从低潮向初步复苏的历史转变，使科学社会主义在 21 世纪的中国焕发出强大生机活力。新时代中国特色社会主义在世界社会主义处于低潮中高高举起了科学社会主义大旗，在新的历史条件下丰富发展了科学社会主义理论体系，使科学社会主义在新时代具有了可靠的制度载体。其二，新时代中国特色社会主义正在生成世界社会主义新方案，形成世界社会主义新思想，提出世界社会主义运动新战略，引领世界社会主义进入新阶段。新时代中国特色社会主义将在实现社会主义现代化强国目标、拓展发展中国家现代化道路的过程中，开辟社会主义和平发展新模式；将在坚持独立自主的和平外交政策、积极发展正常党际关系、与各国互利合作、构建人类命运共同体的进程中，为解决人类问题贡献社会主义智慧。总之，新时代中国特色社会主义将在持续彰显马克思主义的真理魅力与社会主义巨大优越性的同时，坚定世界社会主义的理想信念，拓展世界社会主义的生存空间，推动世界社会主义走向复兴。③

---

① 习近平：《决胜全面建成小康社会　夺取新时代中国特色社会主义伟大胜利——在中国共产党第十九次全国代表大会上的报告》，人民出版社 2017 年版，第 12 页。

② 蒲国良：《新时代中国特色社会主义的世界意义》，《理论与改革》2018 年第 2 期。

③ 刘洪刚：《新时代中国特色社会主义与 21 世纪世界社会主义发展》，《当代世界与社会主义》2019 年第 2 期；李景治：《新中国成立 70 年对世界社会主义的杰出贡献》，《学习论坛》2019 年第 9 期。

三、关注多样化的世界社会主义运动，将研究进一步推向深入与细化

当前，国内学界不仅将国际共产主义运动当作历史在研究，而且越来越将其作为一种现实存在来看待。针对"国际共产主义运动是否仍然存在"的疑问，中国人民大学高放教授曾给出肯定性的回答。第一，当今五个共产主义政党执政的社会主义国家各自建设本国的社会主义，这是当今国际共运的中流砥柱；第二，当今资本主义世界还有130多个共产党在各自总结历史经验，继续探索本国的社会主义道路；第三，当今各国共产党在各自独立探索中仍然保持着国际性的交流与联合。[①] 而这些党是干什么的呢？就是搞社会主义运动的。[②] 所以，国际共运依然是存在的，只不过当今国际共运没有集中统一的国际组织领导，不再由某一共产党充当指挥中心，而是各国党独立自主地探索各具本国特色的社会主义道路。在某种程度上，也许正是由于这些变化，学界才会有"国际共运"是否仍然存在的疑问。

就现实存在的国际共产主义运动而言，当前国内学界也越来越将其视为世界社会主义运动的一部分。有学者强调，在世界社会主义运动中，社会主义从来就不止一家，而是存在着各种各样的流派，共产主义运动只不过是社会主义运动的左翼，在世界社会主义运动中占据着相当重要的位置。[③] 也有学者认为，当代世界社会主义出现思想上多元化、组织上多党化、政治上多派化、模式上多样化的态势，其中势力最大、影响最广的是这样三种思潮、三类政党和三个派别，即坚持科学社会主义的共产党、信奉民主社会主义的社会党和推崇民族社会主义的民族主义政党。共产党、社会党、民族党是当代世界社会主义三大家。[④]21世纪以来尤其是党的十八大以来，国内学界越

---

① 高放：《当前要加强国际共运史研究》，《当代世界与社会主义》2015年第6期。

② 聂运麟：《世界社会主义运动发展的现状及面临的挑战》，《思想理论教育》2016年第11期。

③ 蒲国良主编：《世界社会主义运动概论》，中国人民大学出版社2006年版，第3页。

④ 高放：《马克思主义与社会主义新论》，黑龙江人民出版社2012年版，第343—344页。

来越承认世界社会主义运动的多样性，对于各种社会主义思潮、流派、政党，或按照政治光谱或按照地域、国别进行具体化研究，成果也非常丰硕多元，这一点在上述"研究成果"中均有具体呈现。这里，仅重点针对"世界社会主义三大家"及其国际联合相关的学术成果进行综述。

（一）以马克思主义为指导的共产党独立自主地探索本国社会主义道路

自《共产党宣言》发表 170 多年以来，以马克思主义为指导、以共产主义为奋斗目标的共产党始终是世界社会主义和国际共产主义运动的中坚力量，而自从新中国成立以来，我们又始终把共产党作为国际共运的核心研究对象。当今世界除了在社会主义国家执政的共产党以外，还有 130 多个处于非执政地位的共产党，尤其是西方发达国家的共产党，它们作为合法政党仍然在议会内外公开活动，它们也自然成为我们今天研究的关键对象。

1. 现实社会主义国家的共产党

党的十八大以来，国内学界对于除中国之外的现实社会主义国家共产党的研究，主要关注以下三个方面：

一是社会主义国家共产党对于各具特色的社会主义发展模式的探索。共产党是世界社会主义运动中的重要组织载体，现实社会主义国家的共产党作为执政力量和领导核心，更是世界社会主义运动最重要的参与者与引领者。总的来看，当前社会主义国家的执政共产党都在努力探索、巩固和发展各具特色的社会主义发展道路，其成就和经验将继续为非执政共产党提供精神动力与智力支持。[①]而这种探索的过程在理论上也可以说是马克思主义本土化的过程。包括原苏东九国等历史上的社会主义国家和越南、朝鲜、老挝、古巴等现存的社会主义国家，它们大多经历反帝反封建的民族民主革命而后走上社会主义发展道路，它们也大多是通过社会主义改造、社会主义建设和社会主义改革开放这三大历史时期的发展而逐步完成马克

---

① 　林怀艺：《世界共产党的当前态势及发展趋势》，《社会主义研究》2012 年第 4 期。

思主义本土化的探索进程。在系统总结马克思主义本土化指导思想、科学判断社会主义发展模式和发展阶段、积极探索社会主义发展动力、全面认识当今世界时代特征等方面形成了丰富的本土化理论成果，从而为建设具有本国特色的社会主义提供理论指导。马克思主义本土化的历史证明，社会主义国家应在坚持马克思主义和社会主义的基础上，坚持党的领导，加强党的建设，实行改革开放，探索各具本国特色的社会主义发展模式，不断提高人民的生活水平。[①]

　　二是社会主义国家共产党取得的最新成就和面临的最新问题。2008 年世界金融危机以来，相比资本主义国家遭受不同程度的重创，越、老、古、朝等社会主义国家则保持着较为积极的发展态势，展现出社会主义制度在抗击危机方面的优势。四国共产党在 2016 年相继召开代表大会，出台新政策、新方针，标志四国社会主义建设进入新阶段。其中，越共十二大使党中央选举规范化，老挝人革党十大首次提出以凯山·丰威汉思想为指导，朝鲜劳动党七大重塑党中央权威，古共七大首次提出更新社会经济发展模式。[②] 国内学者在肯定这些社会主义国家共产党在理论和实践上取得发展的同时，也不否认它们面临的现实问题和严峻挑战。一方面是共性的问题，如四国经济发展都面临巨大压力、执政党执政能力面临严峻挑战、中国改革经验"被模式化"、周边关系日趋紧张等；另一方面则是一些个性问题，如古巴"市场化"改革缓慢，越南开放政策缺乏稳健，朝鲜"先军政治"下的经济改革步履维艰，老挝脱贫压力依旧等。总之，四国探索新发展战略的改革进程仍将面临

---

① 李建国：《马克思主义本土化的国际启示》，《重庆邮电大学学报（社会科学版）》2015 年第 6 期。

② 潘金娥、周增亮：《越南理论家视阈中的马克思和马克思主义》，《毛泽东邓小平理论研究》2019 年第 3 期；方文、方素清：《老挝人民革命党十大以来社会主义发展的新态势》，《当代世界社会主义问题》2020 年第 2 期；刘璐：《朝鲜修宪：从"先军政治"到"先经政治"》，《世界知识》2019 年第 16 期；王承就：《古巴特色社会主义模式探析》，《马克思主义研究》2019 年第 2 期；杨建民：《劳尔·卡斯特罗主政以来古巴共产党的新变化》，《世界社会主义研究》2019 年第 9 期。

重重困难，不可能一蹴而就。①

三是我们应该如何看待社会主义国家的特色化发展。首先，我们需在现存社会主义国家的差异中把握其同一性。具体来说，要在历史比较中认清社会主义国家自身发展的多样性。对于各国特色，要从社会主义多样性的角度去理解，不可因之不同于传统社会主义模式而大加挞伐。其次，要在不同发展模式的比较中肯定社会主义制度的优越性。从当今世界各种发展模式的比较中可以看出，相较于资本主义发展模式，只有社会主义制度才能在不断解放和发展社会生产力的基础上，逐步消灭剥削，消除两极分化，最终达到共同富裕。最后，要从时代变化中重视世界社会主义的开放性。在当前全球化、信息化、网络化的时代背景下，社会主义必然是开放的。共产党应制定恰当的战略策略，坚持尊重差异、包容多样的原则，善加引导、调动和利用各种积极因素，扩大左翼统一战线，不断凝聚队伍并争取自身发展。②

2. 非社会主义国家的共产党

近年来，国内学界对于非社会主义国家共产党的研究，越来越集中于发达国家。其原因主要是人们认为，发达国家的共产党和左翼力量对世界社会主义运动发展的影响相对较大，研究发达国家共产党对研判世界社会主义发展现状和前景更具有现实意义。③就发达国家共产党的研究而言，学界主要关注以下三个方面：

一是发达国家共产党所进行的多方面调整及其效果。总的来看，发达国家共产党在经历苏联解体和东欧剧变的沉重打击后，在政治生活中的边缘化处境不断加剧，但是其仍旧保持着顽强的生命力。它们直面帝国主义的进攻，在对当今世界格局以及资本主义系统性危机进行分析和批判的基础上，

---

① 常欣欣、张丽琴：《金融危机后越南、老挝、古巴、朝鲜社会主义发展态势分析》，《中共福建省委党校学报》2014 年第 4 期。

② 柴尚金：《越、老、朝、古新动态及相关看法》，《当代世界社会主义问题》2016 年第 4 期。

③ 柴尚金：《机遇与挑战并存：当今世界社会主义发展前景》，《党政研究》2020 年第 3 期。

调整自身的理论政策和斗争方略，努力改变苏东剧变以来的被动局面。① 具体来说：（1）指导思想出现多样化倾向，不再以马列主义作为唯一遵循；（2）扩大群众基础，谋求从"先锋党"向"群众党"的转型；（3）运行机制更加强调党内民主，弱化甚至放弃民主集中制原则；（4）在实现社会主义的路径选择上，仍然主张议会斗争，但并未彻底放弃"革命"；（5）在国内谋求与其他左翼政党的联合或更大范围的社会联合，在国际上积极寻求各国共产党的国际团结。经过 20 多年的调整和革新，发达国家共产党目前已逐渐从维持生存的极端困难时期转向谋求新发展的阶段。②

二是发达国家共产党面临的困难与挑战。对此，有学者认为，尽管发达国家共产党近年来一直在不断进行调整，但是其活动空间仍然相当有限。首先是道路选择空间极为有限。共产党无论是作为"建设性反对派"参与议会选举，还是作为"抗议型政党"进行议会外斗争，都面临着两难的困境。其次是理论调整空间非常有限。面对欧美地区政治极化趋势，发达国家共产党在理论上无所适从，甚至是出现思想危机。最后是党外合作空间十分有限。共产党在国内面临工人阶级不同群体之间的竞争，在国际上面对着不同国家工人阶级利益之间的冲突。③ 尤其是最近几年在西方极端政党与民粹主义融合聚变从而加速政党政治碎片化和资本主义国家政治极化的背景下，发达国家共产党除了继续遭受右翼的排斥打压外，更是受到来自民粹主义的挑战。④

三是发达国家共产党边缘弱小的原因与未来发展前景。有学者专门研究了北欧共产党的发展情况，认为发达国家共产党在经过辉煌、衰落、重组的艰难历程后，目前整体上处于小党羸弱的状态。究其原因：一是理论政策日

---

① 轩传树：《发达国家共产党的活动空间及其局限》，《当代世界与社会主义》2019 年第 3 期。

② 李淑清：《21 世纪初期发达资本主义国家共产党的现状、问题与前景》，《国外社会科学》2016 年第 3 期。

③ 轩传树：《发达国家共产党的活动空间及其局限》，《当代世界与社会主义》2019 年第 3 期。

④ 柴尚金：《机遇与挑战并存：当今世界社会主义发展前景》，《党政研究》2020 年第 3 期。

益社会民主化，难以在思想上凝聚党内共识，独立性进一步减弱；二是政治主张未能适应社会形势变化，国内外政策尤其是针对移民政策等社会现实问题缺乏切实可行的解决方案；三是苏东剧变所遗留的历史包袱，仍阻碍着这些共产党重塑政治形象。为了摆脱发展困境，这些共产党未来仍需在理论和实践上不断做出调整。① 总之，发达国家共产党目前依然大多是处于边缘地位的合法小党，党员人数少、社会影响力弱的现状一时难以得到根本性改变，其面临的现实困境同样难以迅速解决。尤其是在当前"资强社弱"的国际大背景下，期望处于资本主义核心地带、面临重重困境的发达国家共产党在短期内取得突破性进展是不现实的。②

（二）信奉民主社会主义（社会民主主义）的社会民主党在调整中谋发展

近年来，民主社会主义及其在冷战后的变种社会民主主义一直是世界社会主义研究的热点，其热度仅次于科学社会主义及其指导下的共产党。尤其是当代欧洲的社会民主党、社会党和工党，及其国际组织和核心价值的变化越来越成为当前新的关注点。总的来看，学界对社会民主党的研究主要有以下三个关注点。

一是关注欧洲社会民主党理论政策的调整与困境。社会民主党作为主流政党而活跃在欧洲政治舞台上已经有一个多世纪的历史，但是它们在进入欧洲主流政党行列并融入既有民主体制的过程中，尤其是在苏东剧变、冷战结束以来，其自身的思想意识、政治策略和组织战略也在不断进行着调整，并因此而带来一系列问题。在意识形态方面，社会民主党为了适应外界环境变化而呈现出的开放性，与本身思想特质之间的矛盾导致了社会民主主义政治特色的逐渐模糊；在政治战略方面，社会民主党为了追求政治影响力，或者

---

① 元晓晓、朱可辛：《北欧共产党的发展困境及其原因探析》，《社会主义研究》2020 年第 5 期。
② 李淑清：《21 世纪初期发达资本主义国家共产党的现状、问题与前景》，《国外社会科学》2016 年第 3 期。

说为了寻求选举成绩最大化，而采取的跨阶级乃至超阶级的发展策略，与传统阶级政治特色之间的矛盾导致了社会民主党的身份特征危机；在组织战略方面，社会民主党为了适应政治战略需要而采取的由"群众型政党"向"全方位政党"的组织变革使其丧失传统的组织优势，并导致了组织发展方向不明确、缺乏必要的凝聚力、党的领导力削弱等一系列问题。这些问题的汇聚呈现出欧洲社会民主党当下所面临的实际困境。① 就连一些长期执政并主导形成了独具特色的"北欧模式"的社会民主党，也同样面临一系列挑战：一是核心政策主张陷入两难境地，吸引力下降，政治基本盘遭受巨大冲击；二是党员数量持续下降；三是传统组织架构遭受冲击；四是支持者群体老龄化严重。尽管它们为了适应新形势、应对新挑战，而努力修正政策方针、调整组织结构、创新工作方式，但是收效甚微。尤其是它们有关"促进经济稳定增长并维持较高社会福利"的政策主张，在目前经济形势下将继续遭遇极大挑战。②

二是关注社会党国际的分裂。随着欧洲社会民主党的发展遭遇困境，以欧洲社会民主党为基本盘、传播民主社会主义和社会民主主义的重要国际组织——社会党国际也在其成立半个多世纪之后，遭遇了前所未有的挫折甚至分裂。以德国社会民主党为首的西欧老牌社会党对社会党国际及其领导人进行猛烈抨击，并最终在 2013 年另立社会党和进步力量的新国际组织——进步联盟。有学者对这一分裂的原因和影响进行分析并指出，社会党国际之所以发生分裂，与其吸纳过多富有争议的成员、内部改革派争夺主导权的失利、欧洲社会党（PES）的发展、西欧传统社会党地位遭到削弱，从而希望另立平台以应对右翼保守势力的挑战等因素密切相关。进步联盟的成立，意味着世界社会民主主义运动出现两大平行的国际组织，而世界社会民主主义

---

① 林德山：《世纪的沉浮：欧洲社会民主党思想政治演变的逻辑与问题》，《当代世界与社会主义》2020 年第 6 期。

② 赵宏涛：《北欧社会民主党理论政策调整、面临的挑战及改革举措》，《当代世界》2019 年第 5 期。

运动的分裂已经严重削弱了社会党国际的影响力，欧洲地区社会民主主义力量也因此处于下降通道。在未来较长一段时间内，社会民主主义与保守主义右翼势力相比都或将处于劣势，社会党国际与进步联盟之间也暂无统一的可能性。①

三是关注社会民主主义核心价值的变化。社会党国际的分裂，在理论上应该是源自各成员党对其核心价值"民主"的认识分歧，尤其是西欧的老牌社会民主党对于社会党国际部分成员党的"非民主"性、社会党国际日常运作的"非民主"性、社会党国际所提出替代模式的"非民主"性的不满和批判。从社会党国际分裂而来的"进步联盟"自 2013 年 5 月成立大会到 2017 年 3 月第一次柏林代表大会，其间共召开 5 次会议和 2 次研讨会，经过三个阶段完成对于"社会民主"的价值重塑。具体而言：一是以"民主"反对资本主义，放弃自由民主，重塑社会民主；二是建构"民主社会"，用民主战胜资本主义，其本质在于将良好的治理能力作为消除不平等的根本途径；三是倡导"进步"，以此来统一社会民主与民主社会的根本价值，其目标是要实现民主基础上的经济、社会和生态进步。"进步联盟"和社会党国际的分裂也体现出"社会民主主义从危机走向新生"，从而为社会民主主义的未来发展提供新的可能。具体来说，"进步联盟"以"进步主义"为主导，试图重塑自身的左翼身份，重构核心价值，重建现实路径。②

（三）推崇民族社会主义的拉美社会主义一度成为一道风景线

在 21 世纪，拉美社会主义一度成为民族社会主义的中坚力量，尤其是推崇民族社会主义的拉美"21 世纪社会主义"备受关注，一度成为国内研究热点。

一是关注拉美"21 世纪社会主义"的特色、影响与局限。在进入 21 世

---

① 向文华：《社会党国际的内部分裂及其原因与评价》，《当代世界与社会主义》2017 年第 1 期。
② 来庆立：《社会民主主义发展的新趋势——以"进步联盟"和社会党国际分裂为视角》，《当代世界社会主义问题》2017 年第 4 期。

纪后，拉美地区的社会主义理论和实践开启了新的探索，其中最受关注和最具代表性的就是委内瑞拉、玻利维亚、厄瓜多尔等国左翼执政党所提出的各具特色的"21世纪社会主义"新主张。拉美"21世纪社会主义"是杂糅了地区历史传统与现实元素，正处于发展变化中的新政治运动。它与科学社会主义有所区别，具有浓厚的民众主义和民族主义色彩。它虽不具备正统历史源流，未经历革命磨砺，缺乏严密理论体系和无产阶级政党组织，但其却扎根于拉美民族文化、发源自拉美现实需求，是实践和发展中的社会主义，是更加强调本土特色、替代色彩和地区合作的社会主义。拉美"21世纪社会主义"的发展，为经济全球化时代的发展中国家提供了抵御新殖民主义、超越资本主义桎梏、争取自主发展、探寻社会主义进路的经验与启示。不过，目前"21世纪社会主义"的理论探讨大都仅停留在个体层面，尚未形成完整的逻辑体系和鲜明的流派特征。其未来的艰巨任务在于如何真正实现对于资本主义的"替代"，而不仅是政治选举的成功。此外，在追求民族特色的过程中，也需处理好历史经验与科学理论、民族特色与社会主义根本要求、资本主义制度框架与社会主义发展目标之间的关系。因此，其前景并非坦途，不宜过于乐观。①

二是关注拉美地区不同社会主义流派的总体情况。社会主义的理论和实践在拉美绵延170多年，近年来勃兴的民主社会主义只是其众多社会主义流派中的一种。可以说，科学社会主义、社会民主主义、托派社会主义和各种民族社会主义流派在拉美都具有一定的活动空间。不过，拉美各派社会主义所面临的挑战及发展前景却有所不同。其中，科学社会主义仍将具有一定的社会政治影响，并面临新的发展困境。除古共以外的拉美共产党仍未提出解决本国政治、社会难题的有效方案，其斗争策略不能满足新形势的需要，政治影响力局限于特定群体和特定阶层，总体社会影响力相对不足；社会民主

---

① 贺钦：《试析拉美"21世纪社会主义"的历史源流及其本质》，《当代世界与社会主义》2015年第3期；陈湘源：《拉美"21世纪社会主义"的民族特色》，《当代世界》2017年第4期。

主义在拉美拥有深厚基础，其社会主流地位在不少国家相对稳固，其温和化、改良化和全民化倾向有助其赢得更大的成长空间；民族社会主义的实践探索具有较大的不确定性，其未来或将呈现"曲折中周期性发展"的基本探索路径；托派社会主义和激进左翼的社会主义存在严重缺陷，其理论主张与斗争策略落后于实际情况，难以获得突破性进展，难于摆脱边缘化地位。总的来看，当前拉美社会主义的理论和实践探索尽管面临各种难题，但是其社会基础依然坚实，其基本主张与拉美中下社会阶层实现社会公正的诉求高度一致，因此，从长远看仍具有进一步发展空间。①

三是关注拉美左右政治力量之间的博弈变动。近年来，拉美政党政治出现了一些新变化：左翼力量呈现复苏态势，左翼政党在多国执政参政，地区"左退右进"的趋势发生较大改观。其中，温和左翼成立了"普埃布拉集团"（Gropo de Puebla），寻求整合地区左翼力量；共产党等激进左翼力量较为活跃，曾多次召开会议、发表声明，反对美国干涉。面对新挑战，拉美左翼执政党不断调整政策，提升治理能力以应对政治、经济以及新冠肺炎疫情等各类挑战，左翼在野党也通过议会斗争和地方选举不断扩大影响。不过由于世界经济衰退以及新冠肺炎疫情蔓延等情况，2020 年拉美社会经济形势恶化，贫困率和失业率不断上升，在外界压力下，拉美左翼整体发展并不理想。加之意识形态分歧和左翼政党内部矛盾，由左翼所主导的一体化机制也面临严重困难，难以形成有效合力来对抗美国干涉以及本地区右翼势力的挤压。②

（四）世界社会主义运动的主体力量日益强化团结合作

社会主义从来就不是一种狭隘的地域性运动，尤其是共产主义政党从来就有国际主义的传统。21 世纪以来，特别是全球金融危机以来，在国际金融垄断资本和极右势力的共同进攻面前，包括各国共产党在内的各种社会主

---

① 袁东振：《拉美社会主义发展的历史、特点与趋势》，《国外理论动态》2018 年第 3 期。

② 徐世澄：《拉美政党政治新变化与左翼政党的政策调整》，《当代世界》2020 年第 11 期。

义力量在更加独立自主探索适合本国国情和时代特征的社会主义道路的同时，也都在通过双边、多边关系加强彼此之间的联系与合作，逐渐形成一种多层次、宽领域、网络化的新型联合形式。① 相应地，近年来，国内学界的相关研究也主要是从三个方面展开：一是双边互动；二是区域性合作；三是全球性联合。

首先是国际双边互动。这种关系突出地表现在两个方面：一是现实社会主义国家之间加强联系与合作；二是各国共产党在重大事件和问题上相互支持和声援。现在，发展党与党之间的双边关系，已经成为各国共产党进行国际联系、交流经验和相互支持的主要形式。② 这种形式的联系与合作，已经结出硕果，发挥成效。比如，国外共产党和工人党越来越对中国共产党领导的社会主义事业表现出广泛关注和多方位的肯定与支持，在一定程度上维护了中国特色社会主义、中国共产党和中国的国际形象；中国、老挝两个社会主义国家率先共同建设"中老经济走廊"，建立"中老命运共同体"，推动两国经济联动发展，促进区域政治和平稳定；古巴、委内瑞拉两个左翼政党执政国家强化双边关系，相互支持，优势互补，共同发展：委内瑞拉以优惠价格向古巴提供原油，古巴则向委内瑞拉提供教育卫生援助。③

其次是区域性合作。这种合作主要表现为政治光谱相近的政党间的地区性联合。在欧洲，有 2004 年由来自欧盟成员国的 15 个共产党和其他左翼政党成立的欧洲左翼党（EL），现在这个组织已经发展到 25 个成员党的规模，主要是在欧洲议会选举前一年召开会议进行集体协商、统一选举策略。还有欧洲联合左翼／北欧绿色左翼联盟党团（GUE/NGL），这是包括共产党在内的欧洲左

---

① 轩传树、冷树青：《试析 21 世纪世界社会主义发展的新态势》，《当代世界》2018 年第 11 期。

② 聂运麟：《论当代世界社会主义运动的重大变化及其转型》，《马克思主义研究》2010 年第 12 期。

③ 余维海、黄冰琼：《近年来国外共产党和工人党论中国特色社会主义》，《当代世界与社会主义》2016 年第 3 期；方文：《中老经济走廊建设论析》，《太平洋学报》2019 年第 3 期；曹廷：《古巴医疗外交的特点、动因与意义——兼论新冠肺炎疫情给古巴医疗外交带来的契机》，《拉丁美洲研究》2020 年第 3 期。

翼政党在欧洲议会内的联合，党团代表主要来自欧洲左翼党在欧洲议会中的议员，他们以党团的集体力量在议会内采取共同行动。① 除了这两种围绕欧洲议会选举和议会内活动而结成的联合以外，还有由来自欧盟以及欧盟之外的 27 个欧洲国家的 29 个共产党和工人党在 2013 年所成立的欧洲共产党和工人党"倡议"（ICWP）。该"倡议"不是为了协调欧洲议会选举政策，而是旨在反对欧洲一体化、反对欧盟的"帝国主义政策"，并致力于"加强欧洲共产党和工人党的团结与协作"。② 针对该"倡议"的性质、作用与不足，国内有学者认为，它既不是一个联合的政党组织，也不像欧盟党派那样组成"欧洲政党"，而是由立场和观点相近的欧洲工人政党所组建的一种泛欧合作和反对欧盟的新型联合平台。该平台的产生和发展是东欧剧变、苏联解体后国际共产主义运动区域联合的一种积极探索，在协调欧洲共产党和工人党的集体行动方面起到了积极的促进作用。但是它过于坚决的反欧立场，在客观上并不利于欧洲共产党的内部团结和外部联合，其实力和影响力目前仍较为微弱，尚待进一步整合提高。③

在拉美，有 2004 年由古巴和委内瑞拉两国领导人所提议组建的美洲玻利瓦尔联盟（ALBA），后来，玻利维亚、厄瓜多尔、多米尼克、尼加拉瓜等左翼政党执政的国家也纷纷加入。该联盟主要是为了应对新自由主义的进攻，尤其是针对美国提出的美洲自由贸易区而成立的。其成员国之间强化战略联盟与合作，共同对抗以美国为首的帝国主义势力的集体围攻，从而成为拉美左翼力量联合的重要组织。④ 此外还有 1990 年由古巴革命领袖菲德

---

① 张莉、徐家林、单超：《欧洲联合左翼联盟 / 北欧绿色左翼的政治主张及其凝聚力》，《当代世界与社会主义》2015 年第 5 期。

② 王喜满：《欧洲共产党区域联合的新动向之欧洲共产党和工人党"倡议"》，《国际共产主义运动年鉴研究通讯》（内部资料）2016 年第 3 期。

③ 王喜满、张瑜：《欧洲共产党和工人党"倡议"评介》，《马克思主义研究》2016 年第 7 期；王喜满、王芳、华玉龙：《欧洲共产党区域联合的新动向：欧洲共产党和工人党"倡议"评析》，《当代世界社会主义问题》2016 年第 2 期。

④ 贺钦：《拉美替代一体化运动初探：以美洲玻利瓦尔联盟—人民贸易协定为例》，《拉丁美洲研究》2012 年第 3 期。

尔·卡斯特罗和巴西工人党领袖卢拉倡议召开的"圣保罗论坛"（São Paulo Forum），当时有来自13个国家的48个政党和组织参加。现在这一论坛不仅是拉美地区共产党、左翼政党的年度盛会，也已发展成为世界左派政治力量的大聚会。与会代表就各国工人运动形势以及反对殖民主义、帝国主义的斗争进行广泛讨论交流并发表声明，支持相关国家人民的反殖反帝斗争。①

在西亚北非地区，有2011年由黎巴嫩共产党组织成立的"阿拉伯左翼论坛"（The Arab Left Forum）每年集会。经过多年发展，目前已有28个成员政党，成为阿拉伯左翼政党之间的联系、交流、合作的重要平台和实践载体。有学者指出，该地区左翼政党之间的交流合作具有重大的象征意义和现实价值，体现出当代世界社会主义运动的新发展，有利于提升左翼政党的地区形象，促进中东左翼阵营的生存、团结与发展。当然，由于国情差异，同属左翼的政党间在有关政治伊斯兰问题、对周边国家的看法、参政问题、民族纷争等具体议题上的见解也存在着分歧，这些因素都阻碍着当前该地区左翼政党之间的交流合作。② 也有学者指出，受阿拉伯地区复杂的历史和现实情况的影响，左翼力量目前较为分散，且普遍陷入"夹缝中求生存"的状态，这在很大程度上制约着该论坛的发展。因此，论坛要继续实现良好的运行，依然任重而道远。③

最后是全球性联合。这种联合既有同质政党间的国际会议，也有更为宽泛的泛左翼论坛。前者，主要是1998年由希腊共产党发起的年度性"共产党和工人党国际会议"（IMCWP）。20多年来，该国际会议的影响力日益增强，不仅走出欧洲，先后在世界各大洲轮流召开，而且社会主义国家执政党在其

---

① 崔桂田等：《拉丁美洲社会主义及左翼社会运动》，山东人民出版社2013年版，第360—365页。

② 易小明：《当前中东左翼政党的地区性交流与合作：主要特征及其评价》，《当代世界社会主义问题》2020年第2期。

③ 余维海、胡延睿：《阿拉伯左翼政党联合新趋向——"阿拉伯左翼论坛"发展概况及评析》，《社会主义研究》2016年第5期。

中的参与度和参与规格也越来越高。① 有学者就"会议"的性质、功能和不足进行分析并指出，"会议"的构成要素与运行机制目前已趋于成熟和稳定，作为一种非组织化、非中心化的共产主义多边交流平台，它遵循广泛性、多样性、平等性、民主性等原则，坚持社会主义与国际主义价值追求，发挥着信息互通、理论交流、决策共商、团结联动等重要功能。事实表明，该"会议"符合东欧剧变、苏联解体之后世界社会主义运动发展的内在需要，其存在促进了当今世界共产党和工人党的多边交流与合作。但是，目前"会议"也面临着一系列挑战和内部问题，比如不少政党缺乏承办或参与会议的能力；会议仍具有明显的年会特征，后续联合行动和决议落实缺乏有效机制保障；会议受希腊共产党的主导，具有一定程度的宗派主义等，这些欠缺都在一定程度上阻碍着上述功能的有效发挥。② 就拿该"会议"的最近一次年会来看，即 2019 年 10 月 18—20 日在土耳其伊兹密尔所举行的会议，围绕"共产国际成立 100 周年"这一主题，就共产国际的历史地位、历史贡献及其当代启示意义展开讨论。尽管与会各党在坚持无产阶级国际主义理想信念、争取和平与社会主义、推进世界社会主义运动深入发展等诸多方面都表达了共同意愿，但其最终并未就新时期世界社会主义运动国际组织的结构、功能与运行机制达成一致。③

后者，作为更为宽泛的全球性泛左翼合作形式，目前主要有三大论坛。一是 2001 年由巴西劳工党所发起的反对新自由主义全球化的"世界社会论坛"（World Social Forum）。这是一个由与富人俱乐部"世界经济论坛"分庭抗礼的世界左翼力量所汇集而成的会议，其不仅致力于维护世界和平、反对

---

① 王喜满、冀宝光：《苏东剧变后中国共产党与"共产党和工人党国际会议"关系的演进》，《理论视野》2020 年第 3 期。

② 余维海、陈姣：《论当代"共产党和工人党国际会议"的运行特征、功能与挑战》，《社会主义研究》2020 年第 2 期；王喜满、闫学峰、梁子璇：《共产党和工人党国际会议综述》，《当代世界社会主义问题》2020 年第 1 期。

③ 罗理章、岳梅：《第 21 次共产党和工人党国际会议述评》，《当代世界社会主义问题》2020年第 1 期。

霸权主义、消除贫困、保护弱势阶层权益等共同目标，而且一度提出"另一个世界是可能的"口号。[①] 二是 2004 年从"社会主义学者大会"分裂而来的"全球左翼论坛"（Global Left Forum）。它致力于批判资本主义生产方式，揭露资本主义内部危机，商讨左翼力量的抵抗策略，探索资本主义社会的替代方案，尤其是要组织、培育和塑造全球尤其是全美范围内的抵抗力量。[②] 三是 2004 年由中国社会科学院世界社会主义研究中心倡议发起的"世界社会主义论坛"（World socialist Forum）。其现已成为全球马克思主义者和左翼人士交流对话的重要平台，世界社会主义政党和组织加强联系的坚实纽带，以及我国对外宣介中国特色社会主义的有效窗口。[③] 这些年度性的论坛，吸引着来自世界各地的社会主义政党、非政府组织和左翼学者代表与会，一同分析形势、交流情报、提出任务、协商对策等。

　　显然，经过近 20 年的发展，世界范围内的各社会主义主体力量正在通过双边、多边互动，加强彼此之间的联系、交流与合作，努力构建一种基于国内、国际、区域性乃至全球性等多层次，通过会议、论坛等多平台，涉及反霸、维和、促发展等多议题的纵横交错的"新的社会主义主体力量联盟"[④]。

四、从总体上把握当今世界社会主义的发展态势

　　党的十八大以来，国内学界对世界社会主义和国际共产主义运动的考察

---

① 崔桂田等：《拉丁美洲社会主义及左翼社会运动》，山东人民出版社 2013 年版，第 366—369 页。

② 张新宁、郭治方：《马克思主义经济学研究在美国》，河南人民出版社 2016 年版，第 61—78 页。

③ 吕薇洲、秦振燕：《世界社会主义论坛彰显中国特色社会主义的影响力和引领力》，《世界社会主义研究》2017 年第 1 期。

④ 姜辉：《正确把握 21 世纪社会主义发展的新特征和新问题》，《世界社会主义研究动态》（内部资料）2016 年第 112 期。

越来越在历史性研究和具体化研究的基础上，重视总体性的分析与把握。总的来说，就是用世界眼光，在两个主义竞争博弈的大背景下来考察世界社会主义运动的新变化；用历史视野，从马克思主义的唯物史观和世界历史观出发来审视世界社会主义运动所呈现的新特征；进而在新的发展态势基础上，对世界社会主义的未来趋势与前景进行研判，其最终着眼点当然还是在于进一步明确中国特色社会主义在世界社会主义未来发展中所应有的地位与历史使命。

（一）当今世界社会主义已经发生重大变化

综观党的十八大以来国内相关研究成果，尤其是学术论文，主要是基于两个方面的视角来分析当今世界社会主义的变化及其所呈现的基本特征：一是世界社会主义与世界资本主义之间相对关系的改变；二是世界社会主义和国际共产主义运动自身历史进程所呈现出的变化。而其中的"当今"所指，不外乎苏东剧变以来、新世纪以来和全球金融危机以来这三个时间段。

首先是世界社会主义相对于世界资本主义的发展变化。无论是过去还是现在，社会主义的发展进程都是同资本主义矛盾的发展变化联系在一起的。通过与资本主义的发展变化相比照，有学者认为，当今西方国家已然进入矛盾多发期和衰退期，而各国共产党的生存发展环境则趋于稳定，世界社会主义迎来了发展窗口期。尤其是中国特色社会主义显示出生机活力，对各国共产党和左翼力量将产生深刻影响，日益成为世界社会主义发展振兴的中流砥柱和引领旗帜。[①] 还有学者通过对比 20 世纪以来三次资本主义危机（分别发生于 1929 年、1973 年、2008 年）之后世界资本主义与世界社会主义发展状况与竞争态势的变化而得出结论，认为最近一次资本主义危机明显造成美国等发达资本主义国家政治经济实力的相对下降，其主导世界的能力日益力不从心；"狂飙突进"的资本主义在全球发展的进攻势头出现逆转，东欧剧变、

---

① 柴尚金：《机遇与挑战并存：当今世界社会主义发展前景》，《党政研究》2020 年第 3 期。

苏联解体之后所形成的资本主义"历史终结"的神话趋于破灭；以中国为代表的世界社会主义和以美欧国家为代表的世界资本主义之间的力量对比和关系格局发生了重大变化。①

总之，资本主义核心地带爆发全球金融危机和中国特色社会主义的快速崛起这两大历史事件，悄然改变了既有的世界经济政治力量对比，并使其发生了有利于社会主义和发展中国家的变化，或者说至少在一定程度上形成了有利于社会主义的世界氛围。② 这一方面表现为资本主义在竞争中明显处于守势，另一方面则表现在以中国为代表的世界社会主义力量的明显上升。一个不同于冷战前两极对立、冷战后"历史终结"的世界社会主义运动新格局正在形成。但是"资强社弱"的总体格局并未因某一国际事件的发生而产生根本改变，世界左翼力量仍旧遭受反共右翼的排斥和民粹主义的挤压，机遇与挑战并存。③

所以，基于这个视角的研究，我们需要更全面、更辩证地分析，既要看到当今时代同马克思所处时代之间巨大而深刻的变化，同时又要坚信我们依然处于马克思主义所指明的历史时代，从而深刻认识两条道路、两种制度斗争的长期性、复杂性、尖锐性，以及世界社会主义和国际共产主义运动存在和发展的合目的性与合规律性。④

其次是世界社会主义和国际共产主义运动发展历程所呈现的变化。无论是世界社会主义运动，还是包含其中的国际共产主义运动都是一种客观存在的历史进程，在不同历史阶段具有不同内容、呈现不同变化。21 世纪以来，世界社会主义运动的变化主要表现在三个方面。

一是运动重心发生了新的转移。所谓重心，就是中流砥柱、理论阵地、

---

① 姜辉：《21 世纪的世界社会主义：新格局、新特征、新趋势》，《世界社会主义研究》2016
年第 1 期。

② 轩传树、冷树青：《试析 21 世纪世界社会主义发展的新态势》，《当代世界》2018 年第 11 期。

③ 柴尚金：《机遇与挑战并存：当今世界社会主义发展前景》，《党政研究》2020 年第 3 期。

④ 林建华：《世界社会主义共产主义运动的历史进程与未来走势》，《马克思主义研究》2019
年第 9 期。

实践样板、辐射圆心、潮流导向。这样的重心，在世界社会主义运动 170 多年的历史中曾经历三次变迁：从西欧到东欧（苏联），再到东亚，现在重心稳扎在中国。新中国 70 多年，尤其是改革开放 40 多年以来所产生的中国特色社会主义理论体系和社会主义现代化建设伟大成就，使中国成为当代最坚强的马克思主义阵地和世界社会主义坚如磐石的重心。[①] 二是运动形式实现了新的转型。当然，这里的世界社会主义运动主要是指非社会主义国家的、由共产党领导的社会主义运动。对于这样的当代世界社会主义运动，有学者认为，无论是在目标设定、策略选择、力量配置、组织形态、工作方式、国际合作上，还是在对马克思主义、当代资本主义、革命发展阶段、社会主义运动同其他社会运动之间关系的认识上，都发生了重大而深刻的变化。这些重大变化，已经使运动实现了新的转型：即从过去"一个中心、一条道路、一种模式"的世界社会主义运动，转变为由各国共产党独立自主领导、走符合本国国情发展道路、建设各具本国特色社会主义的世界社会主义运动。这种转型已经使世界社会主义运动，从处在资本主义体制之外的运动，转变为寓于资本主义体制之中的运动；从通过无产阶级革命推翻资本主义的运动，转变为主要以和平民主方式对资本主义实行革命性变革的运动；从先进社会阶层参加的为多数人谋利益的运动，转变为多数人参加的为多数人谋利益的运动。以上变化也体现出世界社会主义运动多样性、渐进性和大众性的发展趋向。[②] 三是运动态势呈现出新的发展。如果将世界社会主义运动视为包括共产党、社会党、民族主义政党等各类左翼政党在内的旨在规避、超越或消除资本主义社会弊端的多元社会运动的话，那么，概括起来可以说，进入 21 世纪以来，东欧剧变、苏联解体所引起的震荡、彷徨和混乱已经基本结束，世界社会主义运动开始出现复苏。世界左翼力量在对 20 世纪世界社会主义运动以及资本主义发展模式进行双

---

① 杨承训：《世界社会主义重心三次变迁推进理论大发展——以全球视阈深化认识中华人民共和国成立 70 周年》，《毛泽东邓小平理论研究》2019 年第 1 期。

② 聂运麟：《世界社会主义运动在低潮中奋进》，《求是》2013 年第 21 期。

重反思的基础上，从本国实际出发，重新探索社会主义发展道路，积极寻求解决社会现实问题的新途径。具体来说，拉美左翼在积极推行"另一个世界"、"替代资本主义"的新尝试；发达国家日益活跃的新社会运动以及原苏东地区方兴未艾的左翼运动，正不断对资本主义提出新挑战；中国特色社会主义一枝独秀，蓬勃发展，向世人展示了社会主义发展的强大生命力与广阔前景。①

也就是说，基于这个视角，我们需要历史地分析，无论是运动重心向中国的转移、资本主义世界共产党的转型还是整个世界左翼力量的发展，都表明世界社会主义和国际共产主义运动在自身发展的历史进程中，其样式、样貌、样态不是千篇一律的，更不是一成不变的，而是在实践中创新、在创新中发展，进而展现社会主义胜利的必然性和过程的曲折性。②

（二）当今世界社会主义呈现新的阶段性特征

社会主义经历了从空想到科学、从理论到实践、从一国到多国的历程，21 世纪以来又发生了那么多变化，"那么现在是个什么状况呢？很值得深入研究"③。近年来，国内学者也的确按照习近平总书记的要求，就当今世界社会主义所处阶段及其特征进行了深入研究，尤其是在"当今世界社会主义到底是处于低潮还是高潮"的问题上展开了热烈的讨论甚至是争论。

首先，当今世界社会主义究竟处于什么发展阶段，又具有怎样的特征？按照一般逻辑，既然当今世界社会主义已经发生一系列变化、转型和创新，那么就不能用传统社会主义的观点、原共产国际的原则和战略来认识和理

---

① 王怀超：《当代世界社会主义运动发展的新特点、新趋势》，《中共宁波市委党校学报》2018 年第 2 期。

② 林建华：《世界社会主义共产主义运动的历史进程与未来走势》，《马克思主义研究》2019 年第 9 期。

③ 中共中央党史和文献研究院、中央"不忘初心、牢记使命"主题教育领导小组办公室编：《习近平关于"不忘初心、牢记使命"论述摘编》，党建读物出版社、中央文献出版社 2019 年版，第 298 页。

解，而应该以历史的视野、发展的眼光来对其展开考察与分析。具体而言，我们应该从以下几个方面来把握现阶段的特点：（1）全球化成为世界社会主义的大舞台；（2）多样性和多元化成为世界社会主义运动的新常态；（3）正确处理人与自然的关系成为世界社会主义的重要议题；（4）实现现代化成为世界社会主义的历史使命；（5）中国特色社会主义成为世界社会主义运动的主要推动力量。①

据此可以说，世界社会主义运动已经进入"第三个历史阶段"，即以中国 1978 年改革开放为标志，由此进入多样化、无中心、独立自主、全面创新、建设人类命运共同体的发展新阶段。② 也有学者将这个阶段称为"社会主义的第三次浪潮"，或"社会主义 3.0"。③ 显然，这一阶段的社会主义是由中国特色社会主义所推动，这种社会主义不是马恩等经典作家所设想的社会主义，也不是苏联模式那样的片面强调结构性特征的社会主义，而是在世界多极化、经济全球化、社会信息化、文化多样化加速发展的大背景下，既利用资本主义又在合作竞争中超越资本主义，在体现社会主义价值原则、本质功能的同时又赋予现实社会主义制度以包容性、成长性的新社会主义。④

当前世界社会主义发展的主要特征则可以概括为"四期并呈"：一是世界范围内反对和变革资本主义运动的集中开展期；二是各具特色的社会主义民族化趋势与加强协调联合的国际化趋势的并存发展期；三是中国特色社会主义成为世界社会主义的旗帜且引领示范作用的上升期；四是处于新一轮衰退期的世界资本主义与处于新一轮上升期的世界社会主义之间的竞争与博弈

---

① 王怀超：《当代世界社会主义运动发展的新特点、新趋势》，《中共宁波市委党校学报》2018年第 2 期。

② 奚广庆：《关于国际共产主义运动进入第三阶段的思考》，《当代世界社会主义问题》2019年第 1 期。

③ 张文红：《德国左翼党认为中国是"社会主义 3.0"最重要的诞生地》，《红旗文稿》2016 年第 16 期。

④ 轩传树、冷树青：《试析 21 世纪世界社会主义发展的新态势》，《当代世界》2018 年第 11 期。

更趋激烈。①

其次，当今世界社会主义到底是处于低潮还是高潮，判断的依据又是什么？这是中央关注的问题，也是学界持续讨论的焦点。近年来，国内学界在坚持理论与实践、历史与现实、局部与整体相结合的研究基础上，大致得出一个共识性判断，即当今世界社会主义既不是低潮也不是高潮，而是处于一种从前者向后者的过渡时期。不过各位学者对于这一共识性判断的表达却有两种不同叙事方式，这其间折射出不同的判断依据，在一定程度上也影响到甚至决定了各自对于世界社会主义未来前景的不同研判和预测。

一种叙事方式是先抑后扬，即承认当今世界社会主义总体上仍然处于东欧剧变、苏联解体之后的低潮期，但是也要看到已经出现的有利于社会主义的诸多变化。一方面是基于世界社会主义自身变化，认为 21 世纪初世界社会主义已经走出东欧剧变、苏联解体后的低谷，在经历严峻挫折考验后重新奋起，在捍卫阵地的基础上砥砺前行，在顺应时代发展中变革创新，在资本主义新危机中迎来机遇，从而开始进入"逐渐走出低潮、在发展变革中谋求振兴"的时期。②换言之，21 世纪世界社会主义呈现出新态势，无论是社会主义世界氛围的形成，还是社会主义领导力量主动变革、主体力量回归重组及其联合方式寻求重构，都说明当今世界社会主义已不再是 19 世纪科学社会主义诞生时像"幽灵"一样仅在欧洲游荡，不再是 20 世纪上半叶战争与革命时期那般高歌猛进，也不再是 20 世纪末苏联解体、东欧剧变后的一度低潮和一味防守，而是开始进入谋求振兴、恢复荣光并孕育新高潮到来的重要历史时期。③另一方面是基于两制力量对比，尤其是 2008 年全球金融危机以来两种社会制度的竞争和世界力量格局的变迁情况，认为世界资本主义开始进入其发展长周期中的新一轮规模较大的衰退期，而世界社会主义虽然

---

① 姜辉：《21 世纪的世界社会主义：新格局、新特征、新趋势》，《世界社会主义研究》2016 年第 1 期。

② 姜辉：《21 世纪世界社会主义在变革发展中走向振兴》，《中国党政干部论坛》2020 年第 9 期。

③ 轩传树、冷树青：《试析 21 世纪世界社会主义发展的新态势》，《当代世界》2018 年第 11 期。

总体上仍然处于东欧剧变、苏联解体之后的低潮期，但以中国特色社会主义的巨大成就为主要依托和标志，开始进入世界社会主义发展长周期中的上升期。① 或者说，世界社会主义从低潮转变为逐渐上升的发展长周期，而资本主义则开始了由盛而衰的过程。② 尤其是中国特色社会主义进入新时代，意味着科学社会主义在 21 世纪的中国焕发出强大生机活力，这是世界社会主义运动走向复兴的第一步。它表明世界历史的曲面运动正在转而向上，世界社会主义运动正在走出低潮。③

另一种叙事方式是先扬后抑，即肯定当今世界社会主义所出现的新变化、所取得的新成果，但是强调高潮仍未到来。一方面，从资本主义国家共产党的发展情况来看，经过东欧剧变、苏联解体后 20 多年的艰苦努力，它们不仅顶住了反共反社会主义浪潮的高压，基本实现了思想、政治和组织上的统一，而且还在争取民主和社会主义的斗争中取得了新的进展，从而使世界社会主义运动走出低谷，形成世界各国共产党人在低潮中奋进的生动局面。④ 但是世界社会主义运动仍然处于低潮。即使是在资本主义经济危机的背景下，发达资本主义国家共产党在政治生活中被"边缘化"的处境也没有得到根本改变，在战略全局上仍然处于困境之中。另一方面，从整个世界社会主义运动来看，如果有人认为社会主义运动已然复兴，甚至发展到高潮期，也是不符合实际的。毕竟在最近的 20 多年来，资本主义世界并没有出现"统治阶级不能照旧统治下去"的危机形势，更没有出现大规模工农群众运动和大范围革命运动的迹象；反动势力对进步力量的摧残和高压到处可见，群众的政治热情仍比较淡漠；资本主义世界共产党员总人数只有过去的

---

① 姜辉：《21 世纪的世界社会主义：新格局、新特征、新趋势》，《世界社会主义研究》2016年第 1 期。

② 潘金娥：《走向科学社会主义更加光明的未来——近年来国际共产主义运动学科与世界社会主义研究重大问题讨论综述》，《人民论坛·学术前沿》2019 年第 16 期。

③ 马拥军：《新时代世界社会主义运动的生机与活力》，《人民论坛·学术前沿》2019 年第17 期。

④ 聂运麟：《世界社会主义运动在低潮中奋进》，《求是》2013 年第 21 期。

三分之一，且大多数共产党在政治生活中被边缘化。而 2008 年国际金融危机爆发以来，资本主义国家的工人运动虽有一定程度的复苏，但却并未取得大幅进展，这也从一个侧面充分表明当前世界社会主义运动处于低潮是无可争辩的事实。①

所以，从总体上看，当今世界"资强社弱"的格局并未因某一国际事件或危机的发生而得到根本改变。社会主义力量的"弱小"具体表现在：社会主义国家在世界资本主义的包围之中求生存、谋发展，执政共产党仍长期面临保持政权、改革开放和西方和平演变的严峻挑战与威胁；以美国为首的西方发达国家仍把持世界话语权和国际规则制定权，社会主义力量的国际话语权贫乏、国际活动空间受限。②而世界社会主义要在 21 世纪真正走向振兴，则至少需要具备以下几个主要特征和前提：社会主义赢得比资本主义更广泛的制度优势；中国以雄辩的力量和地位成为世界社会主义发展振兴当之无愧的中流砥柱和引领旗帜；两大社会制度在长期竞争中的力量对比将发生历史性转折；社会主义国家数量与社会主义理念实现程度得到进一步提升与完善。③

（三）21 世纪实现世界社会主义伟大复兴需要怎样的前提条件

正如上文所言，对当今世界社会主义的新变化、阶段性特征以及处于低潮还是高潮的不同判断，会在一定程度上影响到甚至决定了对世界社会主义未来前景的研判和预测，从而对世界社会主义伟大复兴的前提条件作出不同解读和分析。总的来看，主要有以下两种分析视角。

一是着眼于世界社会主义运动的总体。有学者认为，既然当今世界社会主义已经开始进入逐渐走出低潮、在发展变革中谋求振兴的时期，那么在

① 聂运麟：《世界社会主义运动发展的现状及面临的挑战》，《思想理论教育》2016 年第 11 期。
② 柴尚金：《机遇与挑战并存：当今世界社会主义发展前景》，《党政研究》2020 年第 3 期。
③ 姜辉：《21 世纪的世界社会主义：新格局、新特征、新趋势》，《世界社会主义研究》2016 年第 1 期。

21世纪切实推进世界社会主义发展与振兴，就必须坚持世界社会主义的民族性与国际性、地域性与世界性、阶级性与群众性、经济社会发展与生态文明建设的有机统一。[①] 这是世界社会主义自身发展的内在要求，也是我们研究世界社会主义振兴前景的方法论要求。还有学者认为，要在21世纪实现世界社会主义的伟大复兴，就不能把希望寄托在资本主义和其他主义的衰败上，而应当寄希望于社会主义自身的发展和壮大。我们需要为此创造一系列先决条件，概言之，就是要进行三个方面的创新。一是通过社会主义实践创新壮大社会主义的整体实力；二是通过社会主义制度创新展示社会主义制度的优越性；三是通过马克思主义理论创新续写科学社会主义的新篇章。[②] 而这三方面的创新都对中国和中国共产党提出了迫切而独特的要求。

二是着眼于世界社会主义运动的重心。既然世界社会主义和国际共产主义运动的重心已经迁移到中国，中国特色社会主义已经成为世界社会主义的中流砥柱，并深刻改变了当今世界社会主义与资本主义力量对比关系严重失衡的局面，使人们看到了21世纪世界社会主义振兴的希望，那么在一定意义上，中国特色社会主义的发展前景即代表着世界社会主义的未来走势。因此，中国就更加需要抓住历史机遇，运用大国智慧，敢于进一步承担起相应的历史责任，作出更大的历史贡献。[③] 那么，中国和中国共产党在世界社会主义的未来发展中应该发挥怎样的作用以及怎样发挥作用呢？

一种观点认为，世界社会主义运动的复兴在实践上主要取决于中国特色社会主义建设的成败，也就是说，中国首先要把自己的事情办好。只要我们坚定社会主义、共产主义必胜的信念，同时又脚踏实地实行符合社会主义初级阶段的政策，集中精力做好眼下的工作，就一定能够推动中国特色社会主义事业从一个胜利走向另一个胜利，促进世界社会主义运动由低潮走向新的

---

① 姜辉：《21世纪的世界社会主义：新格局、新特征、新趋势》，《世界社会主义研究》2016年第1期。

② 秦宣：《21世纪社会主义复兴的先决条件》，《科学社会主义》2016年第4期。

③ 姜辉：《21世纪世界社会主义在变革发展中走向振兴》，《中国党政干部论坛》2020年第9期。

高潮。① 有学者进一步指出，新时代中国特色社会主义唯有坚持科学社会主义原则，顺应世界历史发展趋势，加快推进国家治理现代化进程，建设比资本主义更具优越性的社会主义政治文明；加快推进生态化发展，建设比资本主义更高水平的社会主义生态文明；坚决遏制两极分化和地区发展差距，建设比资本主义更加公平正义的社会主义和谐社会，才能更好引领世界社会主义运动实现真正复兴。② 也就是说，中国共产党人目前的伟大使命就是在习近平新时代中国特色社会主义思想的指引下，抓住历史机遇，防范各种风险，实现中国梦，从而将世界社会主义运动的"重心"建设得更加坚强有力，为全人类的解放作出更大贡献，创造让世界刮目相看的更大奇迹。③ 可以预见，21 世纪中叶中国特色社会主义现代化强国的建成，必将推动科学社会主义呈现更大生机，必将促使社会主义制度优势得以充分彰显，必将推动国际共产主义运动实现全面复兴。④

另一种观点则是强调国际无产阶级的有效联合之于世界社会主义未来振兴的重要意义。也就是说，中国共产党应担负起共产主义和国际主义使命，协调科学社会主义、民主社会主义和民族社会主义之间的关系，联合一切可以联合的力量，建立反对世界资本主义的统一战线。⑤ 为此，有必要成立一个新的共产国际，以实现全世界劳动阶级左翼政党的联合。⑥ 不过，也有学

---

① 朱佳木：《研究当代中国史离不开对世界社会主义史的研究》，《世界社会主义研究》2019年第 6 期。

② 曹绿：《后疫情时代世界社会主义运动的发展现状、本质特性及其现实指向》，《科学社会主义》2020 年第 5 期。

③ 杨承训：《世界社会主义重心三次变迁推进理论大发展——以全球视阈深化认识中华人民共和国成立 70 周年》，《毛泽东邓小平理论研究》2019 年第 1 期。

④ 吕薇洲：《习近平新时代中国特色社会主义思想开辟国际共产主义运动新境界》，《当代世界》2018 年第 3 期。

⑤ 马拥军：《新时代世界社会主义运动的生机与活力》，《人民论坛·学术前沿》2019 年第 17 期。

⑥ 程恩富：《世界社会主义的未来取决于国际无产阶级有效联合行动》，《国外社会科学》2012 年第 5 期。

者表示反对，认为尽管国际性团结与合作是世界社会主义运动发展的重要前提，但其并非决定性条件，世界社会主义运动的发展更多还是有赖于各国革命条件的成熟。在今日世界社会主义运动逐渐呈现多样性、渐进性、大众性的发展趋势下，构建"同质化"理论和"单一革命战略"是不切实际的主张，更没有理由再去重建共产国际。① 相反，我们应从目前世界社会主义运动的实际情况出发，从思想理论上抛弃传统"国际共运"的陈旧观念，不再简单机械地沿用"国际主义"和"全世界无产者联合起来"之类的传统观念去思考问题。当今世界社会主义运动的突出特点是"独立自主"和"民族特色"。世界社会主义的未来发展，不再取决于"国际联合"，而是主要依靠"成功实证"，即通过社会主义的成功实践来证明社会主义之于资本主义的优越性。中国目前尽管是世界社会主义的中心，但"此中心非彼中心"，中国应支持世界社会主义的"多样性"发展，决不扛旗、决不当头，也决不谋求向世界推广自己的发展模式。②

五、结语：问题与展望

（一）当前研究存在的主要问题

总的来看，在 21 世纪，尤其是党的十八大以来的近十年中，我国在世界社会主义与国际共产主义运动研究方面，不仅取得了丰硕的研究成果，也形成了相对稳定的学术平台；不仅在研究方法上有传承，而且在研究对象上有拓展；不仅在各种思潮、流派、政党等具体研究上有深化，而且在对当代世界社会主义的整体性研究上也有很大进步。可以说，世界社会主义与国际

---

① 聂运麟：《当代共产党和工人党国际团结合作的几个问题》，《当代世界与社会主义》2015年第 1 期。

② 肖枫：《"国际联合"还是"成功实证"？——论世界社会主义运动的前景》，《当代世界社会主义问题》2013 年第 3 期。

共产主义运动研究"基本上恢复常态，进入常轨"，"总体向好，但仍然存在一些不容忽视的问题。这些问题有的是痼疾，有的是新症，有的属于学科自身的问题，有的则来自学科之外的困扰"①。概括起来，主要包括学科归属、研究范式和功能定位等三方面问题。

首先，在学科归属上，仍然存在着政治学、马克思主义还是历史学之争。

国际共运的学科归属问题一直存在，尽管早在1997年国家学科专业调整中，国务院学位办已经将国际共产主义运动史与科学社会主义合并为"科学社会主义与国际共产主义运动"一个二级学科，划归政治学一级学科，但是这个问题仍然在不同场合不时地被提出，从而成为讨论的焦点。

在党的十八大以前，2012年6月30日，北京市国际共运史学会在北京大学国际关系学院召开了以"国际共运史研究：概念、方法、范畴与问题"为主题的学术研讨会，就学科归属问题进行了比较集中的讨论。会上，有学者认为，国际共产主义运动是无产阶级在马克思主义指导下所进行的以实现共产主义为最终目标的社会运动，其研究对象是无产阶级解放运动的历史与现状，研究目标是揭示运动规律。从这个角度讲，它理应属于政治学范畴。这种看法，在2018年12月福建师范大学举行的"国外共产党发展新动态"研讨会上，得到了中国社会科学院刘淑春研究员的支持。她认为："'科学社会主义与国际共产主义运动'这个学科名称，没有把国际共产主义运动史与当代国际共产主义运动割裂开来，在这个框架下，当代国际共产主义运动、国外共产党研究还是有学科依托的。如果再作'国际共产主义运动史和世界社会主义'的划分，当代国际共产主义运动或国外共产党研究的学科归属就尴尬了。"②

但是也有学者强调，以马克思主义作为指导思想的国际共产主义运动应

---

① 蒲国良：《国际共产主义运动史学发展70年》，《当代世界与社会主义》2020年第5期。
② 转引自潘金娥：《走向科学社会主义更加光明的未来——近年来国际共产主义运动学科与世界社会主义研究重大问题讨论综述》，《人民论坛·学术前沿》2019年第16期。

属于马克思主义理论学科。尤其是从完善马克思主义学科体系的迫切需要来看更是如此。并且，马克思主义是关于无产阶级和人类彻底解放的学说，国际共产主义运动是无产阶级和人类彻底解放事业的展开。从理论与实践层面研究国际共产主义运动的历史经验，科学把握运动的发展规律和前景，正确认识社会主义的必然性、长期性和曲折性，坚定共产主义崇高理想，增强中国特色社会主义道路、理论、制度和文化自信，正是马克思主义学科建设的核心要义。①

还有一种主张，就是将国际共运划归历史学，作为世界历史的一部分。也就是把国际共产主义运动史与世界社会主义区别开来，把国际共产主义运动史作为一门历史科学来对待，而社会主义现状学的领域则划归世界社会主义，两者可以合称为"国际共产主义运动史和世界社会主义学科"。显然，这种观点的潜台词就是，传统意义上的国际共产主义运动已不复存在，而是代之以多态纷呈的社会主义思潮、流派、运动和制度。②

国内学者迄今之所以仍然对世界社会主义和国际共产主义运动的学科归属问题存在争议，其根本原因在于运动产生、发展的社会条件变了，运动主体的具体样态及其相互关系尤其是中国特色社会主义在其中的地位与影响等也变了。但是不管什么原因，这种学科归属的不确定性，一方面导致院系统属五花八门，有的将其归属于政治学或国际关系学院，有的将其划归马克思主义学院，有的甚至将其归属于公共管理学院。但是，无论归属如何，其受重视程度大都差强人意。另一方面导致多学科介入，使一些原本属于本学科的研究话题被世界历史、国际关系、马克思主义政治经济学、马克思主义哲学以及党史等学科所分割。学科范围看似更加宏阔，但实际上无论在哪个学科，该领域的研究力量都属于小众。其结果就导致学术研究碎片化，研究队伍分散、不稳定甚至严重青黄不接。

---

① 梅荣政：《大力加强国际共产主义运动史研究》，《历史评论》2020 年第 4 期。
② 王学东、邓岩：《"国际共产主义运动史"与"世界社会主义"的关系——访王学东教授》，《社会主义研究》2018 年第 6 期。

其次，在研究范式上，仍然存在着基本概念以及研究对象、范围、方法之辩。

对世界社会主义和国际共产主义运动的学科归属所存在的不同看法，自然会反映到对其概念内涵、研究对象、研究范围、研究重点等方面的具体界定和选择上，从而形成不同的研究范式。总体看来，目前主要存在三种做法。

一是从历史和现实两个角度出发，将世界社会主义与国际共产主义运动视为可以互相包含甚至混同的概念。基于历史的角度，世界社会主义是指自近代空想社会主义以来、经由马克思、恩格斯的科学社会主义到现代世界各国独立探索社会主义道路的整个过程；而国际共产主义运动则是指"在马克思主义指导下，在无产阶级政党领导下，反对资本主义和一切剥削制度，进行无产阶级革命和社会主义建设的伟大实践"①，甚至专指由俄国布尔什维克党所开创、由第三国际所正式确立的共产主义运动。因此，前者以各种社会主义流派和运动的各自发展及其相互关系作为自己的研究对象，其研究范围囊括 1516 年《乌托邦》发表至今的全部历史；而后者则主要关注共产党人以"现实社会主义"为目标的运动的历史进程及其基本经验和基本规律，其研究范围涵括自 1847 年共产主义者同盟建立，或是从 1919 年共产国际诞生到东欧剧变、苏联解体的一段历史。显然，两者之间，是前者包括后者，后者只是前者的重要组成部分。过去很长一段时间的国际共运研究也都是以后者为研究对象，把复杂、曲折的世界社会主义发展简化为一种单线的"以我划线""惟我独革"的发展过程，而把所有不符合这一教条的流派、运动和制度皆视为违连和背叛。但是，这种研究在后来实际上越来越难以为继。为了使学科建设与现实发展同步，也就有了从现实发展的角度，逐步拓展国际共运研究领域和范围的尝试。具体而言，改革开放以来，学科研究重点逐渐从历史转向当代，并开始将西欧的民主社会主义、亚非拉的民族社会主义

---

① 本书编写组：《国际共产主义运动史》，人民出版社、高等教育出版社 2012 年版，第 1—2 页。

以及其他一些社会主义流派统统纳入国际共运的研究范围，从而创造出一个"大共运"的概念。苏东剧变以后，随着传统意义上的国际共产主义运动退出历史舞台，国内更是将关注重点转向当代世界社会主义，并试图以此来"替代"国际共运研究。于是，业已扩大的研究范围与传统狭窄的"国际共运"概念之间便产生了无法弥合的矛盾，要么无视现有研究内容与既有概念的名实不副，要么干脆忽略两个概念之间的区别而将其混同。①

二是强调世界社会主义与国际共产主义运动以及国际共产主义运动史之间的区别。面对国内在世界社会主义与国际共运之间关系上所出现的"大共运""替代论"，原中央编译局王学东研究员明确表示反对。他认为，二者有不同的研究对象和研究范围，不可等同视之，更不可相互替代。从学科建设的角度看，应把社会主义历史学的领域留给国际共产主义运动史，而将社会主义现状学的领域划给世界社会主义。当代世界社会主义研究可以将各种社会主义流派及其运动视为自己的研究范围，而国际共运史研究则应专注于对传统领域的考察，强化其历史学科的属性。其实，"国际共产主义运动"并不等同于"国际共产主义运动史"。即使今天传统意义上的国际共产主义运动已然消逝，但是国际共产主义运动史却仍然存在并将永远存在，就像明朝、清朝没有了，明史、清史仍然存在一样。如果这样看问题，就不需要用世界社会主义来替代国际共运史，而应当用当代世界社会主义来"延续"或"补充"国际共运史。②

三是主张把世界社会主义与国际共产主义运动统一为一个新的概念。有学者认为，尽管"社会主义""共产主义"这两个概念的使用语境不同、内涵有所差异，共产党人所从事的共产主义运动与其他工人政党和派别所从事的社会主义运动也有着原则性区别，但是它们在规避、超越或消弭资本主义社会的弊端、痛苦和代价等方面却具有很大程度的共通性甚至共同性。因

---

① 黄蕊：《当前国际共运史研究的现状与发展》，《当代世界与社会主义》2012 年第 5 期。
② 王学东、邓岩：《"国际共产主义运动史"与"世界社会主义"的关系——访王学东教授》，《社会主义研究》2018 年第 6 期。

此，两者可以统合为一个整体性的概念，即"世界社会主义共产主义运动"，用以指代工人阶级和其他劳动者探索不同方式和路径，以社会主义、共产主义代替资本主义，从而实现全体劳动者的解放并最终实现全人类解放的社会运动。从这一概念出发，进一步开展整体性研究，似乎有助于人们对世界社会主义共产主义运动基本态势和主要特点做出准确判断。①

对世界社会主义与国际共产主义运动概念的不同界定，带来研究对象、研究范围、研究重点乃至研究方法的模糊与不确定，也就很难形成一个科学且相对稳定的学科体系、学术体系和话语体系。结果是，强调历史学范式的国际共运史研究，往往因缺少对当代世界社会主义和当代资本主义新变化、新特征的关注而难以回应当今时代问题；强调现状动态分析的当代世界社会主义研究往往缺少历史纵深而很难揭示规律、把握趋势。大家各说各话，不仅学科之间，即使是学科内部也很难交流对话，很难将研究推向深入。

最后，在功能定位上，仍然存在着如何统一学术性与政治性的问题。

对于世界社会主义与国际共产主义运动学科归属问题的争论，在一定程度上也同样影响到对于学科功能定位的认识：重政治性还是重学术性。反之亦然，对该学科的功能定位也会影响其学科归属的划分。

中国特色哲学社会科学的特征之一就是政治性与学术性的统一，只不过国际共运学科的政治性更强一些，研究什么、怎样研究以及为什么而研究，都很容易受到国内外政治环境变化的影响。从这个学科的发展历程来看，它自诞生起便服务于当时的政治需要。② 新中国成立之初，在高校所开设的公共政治理论课"马列主义基础理论"成为国际共运学科的发端，当时主要讲授马列经典著作和《联共（布）党史简明教程》，目的是学习苏联经验。20世纪60年代，中苏关系交恶，该学科又主要服务于路线斗争，为国际上的

---

① 林建华：《世界社会主义共产主义运动的历史进程与未来走势》，《马克思主义研究》2019年第9期。

② 张光明：《国际共运学科四十年回顾》，《福建师范大学学报（哲学社会科学版）》2019年第3期。

对苏论战提供历史材料和理论依据。进入改革开放新时期，国际共运史学科迅速得到恢复发展，并在某种程度上充当起思想解放的排头兵。国际共运史学进入了一个空前的大发展、大繁荣时期，相关专家也通过自己的专业研究积极参与并推动我国政治与经济体制的改革。20世纪90年代以来，由于受国际大环境变化和国内政策调整的影响，国际共运史学进入了一个持续近20年的转型期。学科从一度冷落到重新整合，学者从被迫转行到多学科交融，研究范围从传统的共运史到更为宽泛的世界社会主义。进入21世纪第二个十年以来，国际共运史学的发展基本上恢复了常态，进入了常轨。[①]

正是由于离政治太近，国际共运学科长期以来一直存在两种比较极端也比较普遍的倾向：一是用现实解读历史，以"我者"比附"他者"，从而导致学科内容遭到严重扭曲，研究方法和手段实用主义化。[②]二是用历史来确证现实，通过对历史事件、历史人物及其思想观念的重新解读，为当下政策、路线提供理论证明和合法性支撑。在不同时间段，面对不同的政治环境和现实需要，选择不同的研究对象、制造不同研究热点；在不同时间段，对待同一件事、同一个人、同一种思想观点的研究出现明显不同甚至完全相反的评判。如此一来，自然没有什么学术性可言，自然难以形成相对科学且稳定的知识体系、学科体系和话语体系，自然容易导致学术研究与政治宣传相混淆而成为中国哲学社会科学鄙视链的最底端。

所以，近年来有学者发出这样的呼吁：国际共运研究不能"随风起舞"，而应以自身独特学术功能促进社会发展。具体来说，首先，作为学术的国际共运研究要保持自我，将研究对象视为一种客观的存在。国际共运研究应成为现实政治的"医生"，而非一味辩护和诠释，更不能成为现实政治的注脚。唯其如此，国际共运研究才能促进现实政治的发展。其次，国际共运研究要保持自我，最重要的是把国际共运放到比较政治学中去研究，把国际共运的

---

① 蒲国良：《国际共产主义运动史学发展70年》，《当代世界与社会主义》2020年第5期。

② 蒲国良：《国际共产主义运动史学发展70年》，《当代世界与社会主义》2020年第5期。

理论也即马克思主义的政治思想放到整个人类政治思想中去研究，把国际共运的实践放到整个社会运动中去研究。[1] 也就是说，从历史经验和理论上来看，国际共产主义运动作为一门学科只有保持自身独立性，才能真正服务于社会发展。

但是，就现实而言，国际共运这个学科从来就是与现实政治密切联系的。历史上是，现在也仍然是。就当前情况来看，世界社会主义和国际共产主义运动之所以越来越为人们所关注，学科本身也有了新的发展，其中一个重要原因就是中国特色社会主义的成功与影响。而当前党和国家之所以要加强这个学科研究，其根本目的，就是要总结世界社会主义和国际共产主义运动的经验教训，为更好地推进中国特色社会主义现代化建设提供历史镜鉴；就是要分析当今世界社会主义运动的发展态势，为更好地把握中国特色社会主义在其中应有的历史方位和主体性作用提供政治智慧。

当代中国的过去、现在和未来，都是世界社会主义的重要组成部分，我们研究当代中国离不开对世界社会主义和国际共产主义运动历史和现状的考察。[2] 然而现实情况是，对世界社会主义运动和国际共产主义运动的总体性、综合性、总结性研究迄今仍然薄弱，[3] 学科研究以及理论供给还难以满足现实需要。因此，如何处理好本学科研究的政治性与学术性之间的关系，既保持其间应有的张力，又促进两者的有机统一，仍然是一个议而未决、有待我们继续追问的问题。

（二）未来研究有待努力的主要方向

综观学界当前在世界社会主义和国际共产主义运动研究方面所取得的成果和面临的问题，我们必须承认我们的研究对象，即包括中国在内的当今世

---

① 孔寒冰：《国际共运研究的困境与出路》，《探索与争鸣》2013 年第 3 期。

② 朱佳木：《研究当代中国史离不开对世界社会主义史的研究》，《世界社会主义研究》2019 年第 6 期。

③ 黄蕊：《当前国际共运史研究的现状与发展》，《当代世界与社会主义》2012 年第 5 期。

界社会主义已经发生了变化；我们必须承认我们的研究氛围，即作为中流砥柱的中国在当今世界社会主义运动中所应承担的使命担当也发生了变化，这不仅为本学科研究的进一步深化提出了要求，也提供了空间。概言之，未来无论是基于社会发展需求还是为了推动本学科作出应有贡献，我们都需要在以下三个相互关联的方向上进一步深化：一是深化对当今世界所处时代问题的研究；二是深化对 21 世纪世界社会主义运动总体态势及其发展规律的研究；三是深化对中国特色社会主义与世界社会主义之间关系的研究。

一是更加重视对当今世界所处时代问题的研究。

对世界所处时代的判断是推进社会主义运动的出发点。换言之，搞清楚世界怎么样，然后才能搞清楚世界社会主义怎么样，进而制定正确的战略策略，推动社会主义运动不断前进。从社会主义发展史来看，马克思、恩格斯立足自由竞争资本主义时代，列宁立足帝国主义时代，毛泽东立足帝国主义战争与社会主义革命时代，邓小平立足和平与发展时代主题，推进了理论发展，也推动了社会主义运动实践，相继实现了社会主义从空想到科学、从理论到现实、从一国到多国、从传统到现代的伟大飞跃。

今天，我们到底处于什么时代？习近平总书记在 2017 年 9 月 29 日十八届中央政治局第四十三次集体学习时指出，尽管我们所处的时代同马克思所处的时代相比发生了巨大而深刻的变化，但从世界社会主义 500 年的大视野来看，我们依然处在马克思主义所指明的历史时代，这是我们对马克思主义保持坚定信心、对社会主义保持必胜信念的科学根据。[①] 如何理解和把握这里的"变"与"不变"，就成为我们分析判断当今世界所处时代的核心问题，而判断当今世界所处时代则成为当前世界社会主义研究首当其冲的重大理论问题。

对此，我们只有按照马克思主义经典作家所指明的那样，立足当前"历史时代主要的经济生产方式和交换方式以及必然由此产生的社会结构"[②]，对当

---

① 《习近平谈治国理政》第二卷，外文出版社 2017 年版，第 66 页。

② 《马克思恩格斯选集》第 1 卷，人民出版社 2012 年版，第 385 页。

今时代问题进行深入研究。首先，从占主导地位的生产关系和阶级关系出发，深入阐明当今世界依然处在马克思、恩格斯所指明的大的历史时代，即资本主义向社会主义、共产主义过渡的时代；深入阐明当今世界同时也处于列宁所说的金融帝国主义这一特定的小的历史时代，即金融资本占统治地位的、资本主义的最高也是最后阶段。[①] 其次，从处在时代中心的阶级力量关系及其斗争形式的变化出发，深入阐明"战争与革命""和平与发展"都是资本帝国主义（或曰金融帝国主义）这一相同历史时代之不同时期的时代主题、时代问题；[②] 深入阐明当今世界正经历百年未有之大变局，尽管和平与发展仍然是时代主题但世界进入动荡变革期的时代特征。最后，才能把大时代、小时代、小时代中的"和平与发展"时代主题，以及这一时代主题下所呈现的时代特征贯通起来，对其中的"变"与"不变"做出全面系统且具体的科学判断。

二是更加重视对 21 世纪世界社会主义总体态势及其发展规律的研究。

在 21 世纪怎样认识与判断当代世界社会主义运动的发展态势、发展阶段、高潮还是低潮，同样是当前世界社会主义研究需要关注的重大问题。对这一问题的判断在一定程度上体现了我们对当今世界所处时代认识的深化，也会直接影响到我们对社会主义的信念和信心，影响到我们国家的战略选择和政策走向。对这一问题的研究，我们还需要多方努力。

首先，要提高对于社会主义多样性的认识。社会主义从来就不是只有一种，当代世界社会主义更是出现思想上多元化、组织上多党化、政治上多派化、模式上多样化的态势。对当代世界社会主义的研究当然就不能局限于一种思潮、一种政党、一种模式或几个主要国家、主要政党之上。我们判断世界社会主义处于"低潮"或"高潮"的标准，不仅在于共产党执政的社会主义国家数量的多少，还要在质的标准上看反映社会主义本质的理念价值的广

[①] 李慎明：《科学判定当今世界所处的时代方位》，《红旗文稿》2019 年第 1 期。

[②] 李慎明：《对时代和时代主题的辨析》，《红旗文稿》2015 年第 22 期。

泛实现程度、社会主义制度优越性的充分展现程度。① 如果只研究共产党这一派，或者只研究现实社会主义国家，都是难以对当今世界社会主义发展态势做出全面准确判断的。

其次，要加强对于社会主义历时性的追索。社会主义也不是今天才有的，而是与资本主义相伴而生的，从空想到科学、从理论到现实、从一种模式到多种模式的"自然历史过程"。也就是说，我们分析世界社会主义发展阶段及其特征，不能无视资本主义的发展变化，也不能以一时一事来论社会主义的兴衰。比如，30 年前，苏东剧变使世界社会主义运动遭受重大挫折，但是社会主义运动并没有因此而一蹶不振；当前，资本主义世界深陷危机之中，呈现衰落之势，这无疑为世界社会主义的振兴带来重要历史机遇，但这并不意味着更不等同于世界社会主义的现实复兴。如果仅以一时一事来看，是看不到世界社会主义高潮低潮相间的曲折性，也看不到社会主义取代资本主义的必然性的。

最后，要深化对于社会主义全球性的考察。社会主义、共产主义从来也不是地域性的，而是全球性的事业，它以生产力与世界交往的普遍发展为前提，只有作为世界历史性的存在才有可能实现。② 所以，今天我们既不能孤立地研究现实社会主义国家和原苏东地区的转型国家，也不能孤立地研究亚非拉地区的社会主义实践和欧美地区的社会主义运动，而应该以全球视野，将这些地域性的社会主义置于新科技革命和经济全球化的背景之下进行整体研究。

三是更加重视对新时代中国特色社会主义与世界社会主义之间关系的研究。

同样，正确认识和处理中国特色社会主义尤其是进入新时代之后的中国特色社会主义与世界社会主义的关系，也已是当前国内理论界热议的重大课

---

① 姜辉：《21 世纪的世界社会主义：新格局、新特征、新趋势》，《世界社会主义研究》2016年第 1 期。

② 《马克思恩格斯选集》第 1 卷，人民出版社 2012 年版，第 166—167 页。

题。在这个问题上，一方面，我们要承认，中国已经成为世界社会主义最大、最稳固的阵地和根据地，中国特色社会主义已成为世界社会主义的旗帜和风向标，成为 21 世纪世界社会主义新的生长点，中华民族伟大复兴的进程同时就是世界社会主义振兴的过程，二者不可分割；另一方面，我们也需注意，中国奉行独立自主的外交政策和党际交往原则，绝不像苏联那样搞大党大国主义，中国不扛旗、不当头，不向他国输出自己的社会制度和发展道路。①

如何既尊重各党独立自主，"不当头"、不搞"大家庭"，同时又为人类社会和世界社会主义作出更大贡献，发挥旗帜引领作用？尤其是在 21 世纪的某个时间点，当世界最大的社会主义国家中国在经济上赶超世界上最发达的资本主义国家美国，两大社会制度力量对比发生重要转折时，中国又该如何发挥旗帜引领作用？②我们对世界社会主义发展态势的判断会直接影响到我们对社会主义的信念和信心，影响到我们国家的战略、策略选择，作为当今世界最大的社会主义国家和最大的执政党，我们的战略策略选择也同样将深刻地影响着 21 世纪世界社会主义的格局与走势。

为此，我们不仅要从现实力量格局出发研究中国在当今世界社会主义中的正确方位，更要基于历史经验教训总结和现实总体趋势分析，进一步研究中国特色社会主义引领世界社会主义发展的战略、策略、途径和方式。这应是我们世界社会主义研究的根本落脚点。

（作者：轩传树　于明）

---

① 姜辉：《21 世纪的世界社会主义：新格局、新特征、新趋势》，《世界社会主义研究》2016年第 1 期。

② 梅荣政：《大力加强国际共产主义运动史研究》，《历史评论》2020 年第 4 期。

分报告 10：当代世界资本主义新变化研究

东欧剧变后，当代世界资本主义进入"后冷战"时代，美国成为唯一的超级霸权国，由其主导和推动的全球化深刻影响了世界政治经济格局的变迁。然而，2008 年美国金融危机的爆发以及紧随而至的西方经济危机的蔓延，使得一度充满浓厚乐观气息的资本主义狂欢戛然而止，学界开始对当代资本主义，尤其是其新变化展开新的反思性研究。

一、总体概览

大概而言，金融危机爆发以来十多年间（2009—2020 年），学界尤其是中国学界关于当代世界资本主义新变化的研究主要具有以下特点：

第一，对当代世界资本主义新变化的反思性研究增多。改革开放以来，中国积极融入当代资本主义主导的世界体系，积极学习发达资本主义国家和地区的先进技术和管理经验。尤其在东欧剧变之后"世界资本主义"志得意满、"世界社会主义"情绪低落的整体形势下，我国学界对当代世界资本主义的研究更多的是为了虚心学习借鉴其先进的经验和做法，因此时常难免带有欣赏和揄扬的态度。不少学者一方面从经典理论出发对其进行批判，另一方面又很难从经验现实层面认为其具有深层的问题与弊端，更不用说认为其具有"腐朽性""没落性"了。然而 2008 年美国金融危机的爆发，使得当代世界资本主义体系内在的深刻矛盾暴露出来，那种对当代资本主义一味采取欣赏揄扬正面态度的论调越来越少了，而带有反思性、批判性的研究开始增多。

第二，对当代世界资本主义新变化的研究主题相对集中。归纳一下，我国学界对当代世界资本主义的研究主题主要集中在以下几个方面：一是对金融危机根源的深入剖析和反思。特别在美国金融危机爆发之后几年内，这方面的研究显著增多。二是对当代资本主义作为垄断金融资本主义的阶段性特征的研究。关于当代世界资本主义的阶段性特征，学界还是存在一定争议的，不过主要观点还是认为当代资本主义处于垄断金融资本主义阶段，当然与此同时也出现了一些新特征。三是对当代资本主义进入新阶段后其他一些新特征的论述。比如，对当代资本主义数字化的研究近几年逐渐增多，"数字资本主义"引起了越来越多的注意。四是对当代资本主义面临的问题、矛盾和困境进行全面研究。当代资本主义面临的困境是全方位的，包括经济、社会、政治、文化等各个方面，因此可称为"总体困境"。五是对当代资本主义历史走向的研判。尤其在新冠疫情大流行加速世界百年未有之大变局演化的背景下，这种研判具有重要意义。

第三，对当代世界资本主义新变化的研究呈现多学科化趋向。对当代世界资本主义的研究，虽然一直是科学社会主义学界以及更广泛的马克思主义理论界的传统研究内容，但越来越呈现出多科学化的趋向，这主要有两个方面的表现。一方面是传统的科学社会主义和马克思主义学界，广泛采用其他学科的研究方法和视角，对当代资本主义进行更具综合性的研究；另一方面是其他学科的学者，也从不同角度、使用不同方法，对当代资本主义的各方面进行专门深入研究。当代资本主义本身包罗非常丰富的内容，科学社会主义和马克思主义理论本身也是具有综合性的学科，因此在当代世界资本主义研究领域，打破学科限制，加强各学科之间的交流与综合，是很自然也很适宜的，并且有助于更为全面完整地把握当代世界资本主义新变化的内容与特点。

以下我们依次从"金融危机与当代资本主义的金融化""当代资本主义的新阶段新特征""当代资本主义的总体困境""当代资本主义的历史走向"四个方面对有关当代世界资本主义新变化的研究进行综述。

二、金融危机与当代资本主义的金融化

2008 年 9 月 15 日，以雷曼兄弟公司破产为标志，美国爆发华尔街金融海啸并引发全球金融危机。如何透过表象深刻认识这场金融危机的本质？这场金融危机的深层根源何在？这些问题即刻摆上前台，迫切需要解答。

在西方资本主义世界，这场国际金融危机的突然爆发，除了个别经济学家曾有所预见外，包括当政者和经济界高级人士在内的绝大多数人是缺乏思想准备的，他们甚至声称经济衰退或经济危机已成为历史，经济周期也已不复存在，因为他们已经找到了预防经济衰退和熨平经济周期波动的政策手段。汝信就此提出，在危机发生后，他们对造成危机的根本原因没有正确的本质性认识，仅仅找到一些表层的原因，比如金融家的贪婪、过度的投机行为、银行监管制度的缺失和公众消费信心不足等，甚至有人荒谬地把危机归咎于美国人的消费方式加上中国的货币汇率。他们否认经济危机和资本主义制度的内在联系，把危机产生的原因归结为政策和行为的偶然失误以及某些外部因素的冲击。[①] 汝信认为，这次危机充分证明资本主义的本质并没有改变，它揭穿了一些人宣扬的"人民资本主义""福利资本主义"的鬼话。资本主义的目的只是追求利润的最大化，从来没有把人民的福利作为目的来追求。[②]

李慎明主编的《国际金融危机与当代资本主义：低潮中的世界社会主义思潮与理论》[③] 一书，致力于用马克思主义观点揭示危机爆发的根本原因源于资本主义制度本身，即源于生产社会化和生产资料资本主义私人占有这一基本矛盾。具体来讲，就是资本对利润的追求和竞争的压力使资本主义生产具有无限扩大的趋势，而社会财富分配中严重的两极分化则使劳动人民有支

---

① 汝信：《剖析国际金融危机 认识当代资本主义》，《马克思主义研究》2010 年第 10 期。

② 汝信：《从国际金融危机看当代资本主义本质》，《红旗文稿》2009 年第 10 期。

③ 李慎明主编：《国际金融危机与当代资本主义：低潮中的世界社会主义思潮与理论》，社会科学文献出版社 2010 年版。

付能力的需求相对缩小，这就导致资本主义经济危机的不可避免。

徐崇温也强调，由美国次贷危机引发的国际金融危机，仍是一种资本主义周期性生产过剩危机。[①] 所谓次贷危机，是指没有购房能力而且信用程度又很低的人，在通过贷款买房以后无力偿付抵押贷款，而金融机构又把这种贷款通过一种称作"住宅抵押贷款支持证券"的金融衍生品拿到金融市场上去交易，把住宅抵押贷款证券化，由此形成了难以控制的金融交易，一旦某个环节上出了问题就会引起连锁反应，造成金融链条断裂而酿成金融危机。这种金融问题之所以会酿成"次贷危机"，是因为在现代西方社会中，以股票、债券和各种金融衍生品为主要载体的虚拟资本获得了极大发展，它一方面与实体经济严重脱节，另一方面它所造成的需求假象又诱导着实体经济盲目发展，而社会有支付能力的需求却远远跟不上实体经济的发展速度，于是，当社会信用链条在某个环节发生断裂，就爆发作为经济危机的先导的货币危机。徐崇温指出，从表面上看，美国次贷危机的表现并不是建造出来的房屋卖不掉，而是通过贷款买到住房的穷人无力现实地支付贷款，但这却使实体经济领域中已经存在的生产过剩危机暴露了出来，冲击当代资本主义经济。由此，问题便指向了当代资本主义的虚拟化或金融化。

有论者通过具体数字反映了美国经济急剧走向金融化。比如，有论者指出，美国 GDP 占世界经济总量的比例正逐年下降，20 世纪中叶占一半，20 世纪末降为 30% 左右，金融危机爆发前后只有 20% 多，但其金融资产却占世界总量的 40%，表明它主要靠金融支持它在国际经济中的地位。2007年美国贸易逆差为 8538 亿美元，在国际收支中经常性账户收支盈余为负 7386.4 亿美元，资本账户收支盈余（即非金融性资本交易）为负 23.2 亿美元，金融账户收支盈余为 6798.4 亿美元。这表明它的金融性收入大抵可弥补贸易逆差的 80% 以上。而在其 GDP 中，实体经济创造的份额在下降，1950 年为 61.78%，到 2007 年为 33.99%，下降了 27.79 个百分点，其中同期的制

---

① 徐崇温：《国际金融危机与当代资本主义》，《理论视野》2010 年第 5 期。

造业由27%下降为11.7%，下降了15.3%；而同期的虚拟经济创造的GDP则由11.37%上升为20.67%，占1/5（其虚假的面额要大十几倍）。[①] 总之，在20世纪中叶之后特别是20世纪80年代以来，美国已成为国际超级金融垄断资本主义，即把金融与工业的结合蜕变为脱离并统治实体经济的虚拟经济，而与高科技结合，进一步引发由经济泡沫酿成泡沫经济。这是一个利用金融—虚拟资本和泡沫经济操纵市场、控制世界大发其财、最终泡沫破灭的过程。这也正是美国资本主义高度社会化与高度私有化的矛盾从深处酿成国际金融危机与经济衰退的过程。

当代资本主义的金融化转型，意味着整个资本主义经济体系的结构性的重大转变。因此，学界对当代资本主义金融化的特征和后果多有论述。比如，有论者认为，20世纪80年代以来，资本主义经济体系日益呈现出新自由主义化、全球化和金融化的趋势，其中金融化是关键，新自由主义和全球化都是金融资本的霸权势力在世界范围内的重新兴起，即金融化在国际和国内的经济秩序中的具体表现。因此，当代资本主义的金融化转型被认为是此次危机最为直接和重要的根源。这使以美国为代表的当代资本主义体系在许多方面区别于20世纪50—70年代的福利资本主义体系。具体表现包括：金融部门和非金融部门之间的关系发生了显著的变化，金融及其相关行业在国民经济体系中的地位有了突破性的显著提升，当代资本主义积累和扩张更加依赖于金融及其相关行业所产生的利润；金融及其相关市场的活跃程度和规模较之前一个时期也有了显著的提高，而与之相关的盈利水平也一次性地被提高到前所未有的水平；非金融部门较之以前更深入地卷入纯粹的金融交易和活动，以前所未有的热情将其资源配置到金融方面，并得到较之以前更丰厚的金融回报；在公司战略层面，非金融部门也越来越受到金融因素的影响，将更多的资源用于满足金融资本的分配和其他要求；资本家阶级作为整

---

① 杨承训：《论当代资本主义矛盾的阶段性特征——国际金融危机的深层根源及其启示》，《毛泽东思想邓小平理论研究》2009年第1期。

体在阶级权力结构中取得了更大的优势，并将这种优势转化为在国民收入分配中的收入份额止跌回升；伴随着收入分配结构的逆转，居民消费水平的维持也转而依赖借贷消费模式。①

还有论者把当代资本主义经济呈现出的特征或趋势归结为以下六个方面，即经济加速金融化、虚拟资本衍生化、实体经济空壳化、日常消费借贷化、国家走向债务化、人民群众贫困化。② 程恩富等则指出，当代垄断资本主义经济金融化的基本特征有：金融部门成为调节和控制市场经济的核心；发达国家操控国际金融、输出知识产权，与发展中国家形成特殊的"二元经济结构"；金融危机成为资本主义危机的主要形态；金融资本可以利用高科技手段发动掠夺财富的金融战争；少数金融寡头和金融家族及其组织控制本国乃至世界经济命脉。经济金融化导致资本主义国家贫富差距不断扩大、经济泡沫化严重、国际局势动荡不已等，它表明当今资本主义垄断性、寄生性或腐朽性更大。③

作为资本积累的重要方式，金融化实质上是资本主义的周期性现象，在不同的历史条件下，金融化呈现为不同的形态与特征。那么，当代资本主义金融化的独特性何在呢？有论者指出，与历史上的金融化相比，当代资本主义金融化的一个显著特征是日常生活金融化，即不但是国家经济结构与企业经营活动的金融化，而且是资本主义社会总体结构的金融化。④ 在当代资本主义经济金融化的时代背景下，金融垄断资本日益增长的物质权力冲破常规的经济与金融边界，向过去很少存在资本套利增殖计算的日常生活领域全面渗透，组织与支配着家庭消费、生活资源、娱乐休闲、人际交往、教育养老、医疗保健、心理习惯等维系个体生存和发展的各种活动，导致金融市场、金融技术、金融知识、金融行为、金融话语、金融观念、金融动机、金

---

① 赵峰：《当代资本主义经济是否发生了金融化转型》，《经济学家》2010 年第 6 期；姬旭辉：《当代资本主义的金融化趋势及对中国的启示》，《科学社会主义》2019 年第 1 期。

② 朱炳元：《当代金融垄断资本主义的新特点》，《毛泽东邓小平理论研究》2015 年第 4 期。

③ 程恩富、谢长安：《当代垄断资本主义经济金融化的本质、特征、影响及中国对策——纪念列宁〈帝国主义是资本主义的最高阶段〉100 周年》，《社会科学辑刊》2016 年第 6 期。

④ 欧阳彬：《当代资本主义日常生活金融化批判》，《马克思主义研究》2018 年第 5 期。

融思维成为人们在日常消费、日常交往、日常观念中的一种无意识的、自在的、持续性的存在方式或惯习系统，从而构成金融垄断资本实现价值增殖乃至当代资本主义体系再生产的重要环节。日常生活金融化加强了当代资本主义金融垄断资本对普通民众的金融掠夺，展现了资本主义国家债务化、寡头化的趋势，加剧了资本主义社会阶级结构的分化与对立，刺激了资本主义文化心理的投机化、食利化，深化了资本主义生活方式的原子化、碎片化与不确定性，加剧了资本主义生态问题的日常化。因此，日常生活金融化并不能解决资本积累困境，反而以新的方式激化了资本主义基本矛盾。

可以说，美国爆发金融危机的直接原因就是美国虚拟经济的过度扩张和美国金融资本的贪婪。正如有论者所指出的，资本融通与资本积累是社会资本扩张的方式，它导致了经济的虚拟化，产生了庞大的金融资本，追逐利润的金融资本与内在不稳定的金融市场的结合使金融危机的爆发成为必然。①实际上，许多西方学者也从多种角度分析了金融危机的实质。比如，齐泽克从精神分析的视角出发认为，在资本的金融投机活动中，主体既是欲望的主体，也是虚空的主体。主体欲望的形成关联于金融市场投机的能指逻辑游戏，它形成了主体贪婪的欲望；虚空主体在金融危机时显现为歇斯底里型的主体，具体表现为危机来临时的恐慌和恐惧，以及为摆脱金融危机而不择手段地填充虚空欲望的歇斯底里冲动。这种冲动进而转化为凯恩斯主义的扩张性货币政策，它无异于饮鸩止渴，并不能挽救资本主义的垂死命运。齐泽克提出，人们应该注意福利捐赠式的金融资本主义的新动向，它对消除资本主义社会的贫富分化、延缓资本主义的灭亡具有一定的积极意义。②

总之，金融危机的爆发，根源仍是当代资本主义制度的基本矛盾，直接原因则是当代资本主义的虚拟化金融化。当代资本主义的虚拟化金融化深刻反映了当代资本主义内在固有的基本矛盾没有变，不过与此同时，它也标志

---

① 李翀：《论当代资本主义金融危机的本质》，《马克思主义与现实》2019 年第 3 期。
② 孔明安：《贪婪与恐惧：当代资本主义金融危机的新阐释》，《国外理论动态》2019 年第 6 期。

着当代资本主义进入了新阶段。因此学界进一步探讨的就是，如何更为综合全面地认识当代资本主义的新阶段新特征。

三、当代资本主义的新阶段新特征

一般认为，世界资本主义的发展随着二战的结束进入了国家垄断资本主义时期。问题在于，20 世纪 80 年代以来，资本主义出现了许多新现象新问题，这是否意味着当代资本主义的发展走进了一个新的时期？对此，国内外研究者提出了各种见解。西方学者的观点五花八门，如"后资本主义说""晚期资本主义说""超资本主义说""新资本主义说""股东资本主义说""后帝国主义说""金融资本主义说""网络资本主义说""涡轮资本主义说"等。国内学界的观点相对集中，主要是"社会资本主义说""国际垄断资本主义说""国家垄断资本主义说"等。这些不同的观点无疑拓展了认识当代资本主义的视野。

庞仁芝认为，资本主义在二战后虽然发生了一系列新变化，但总起来说，并没有改变国家垄断资本主义这一基本定位。尤其是发达资本主义国家应对金融危机的措施，充分表明当代资本主义仍然是国家垄断资本主义。[①] 现行全球货币金融体系存在的内在矛盾，造成了全球流动性膨胀、国际资本流动和各国虚拟经济发展间的复杂机制，改变了金融机构的风险结构，加剧了金融市场不稳定性。在缺乏国际金融监管和有效的政策协调机制的情况

---

① 庞仁芝：《当代资本主义发展阶段的再认识》，《中国特色社会主义研究》2010 年第 2 期。文中引用日本京都大学一位教授的话："在我们不得不面对全球化带来的混沌局面时，到什么地方寻找调整的力量呢？不言而喻，不能到联合国那样的国际机构或是八国集团等处寻求解决问题的办法。要最终解决问题，我们只有寻求让'国家'再次走到前台。也就是说，我们只能通过'再国家化'的方式澄清全球化造成的'混沌'，让'国家'出面承担解决问题的重担"；"当今世界的现状表明，必须对导致世界秩序混乱的投机资金进行切实有效的监控，才能对盲目流动的人、财、物进行有效监控的，只能是各国的国家主权。因此可以说：所谓后全球化时代将是重新突出国家作用的时代"。还引用一位美国学者的话："我们未来的政治经济学很可能不会让斯密或他现在的弟子感到满意：政府对'市场'的干预程度将比人们欢迎的要高。有人猜测，对于我们的新型资本主义，熊彼特和凯恩斯会感觉较为熟悉。"

下，不可能仅仅通过本国经济和金融机制来化解国际货币、金融风险，进而达到维护国内金融安全的目的。所以，仅就维持国内金融稳定和化解经济危机来说，资本主义国家的干预和调节是不可或缺的。只不过，国家垄断资本主义在经历了两个发展阶段（"福利资本主义"和"新自由主义"）后，正在经历第三个发展阶段，也是一个新的调整阶段。美国等西方国家实施大规模经济刺激计划，加强对金融体系的监管，改革国际金融体系等一系列的举措，意味着国家干预经济的职能正在加强。

的确，以美国金融危机的爆发为标志，当代资本主义在全球进入了一个理论和政策再调整的时期。再调整最突出的特征就是资本主义世界同心协力地加大政府干预力度。有论者指出，尽管当代资本主义经济已经脱离以产品与服务生产为核心的实体经济迈入金融化，但给予金融体系以信心的"最后贷款人"职责仍然是国家承担的首要责任。20 世纪 70 年代实体经济的滞胀，催生了肇始于 20 世纪 80 年代的"新金融资本主义"，这种依赖资产泡沫拉动需求的"金融凯恩斯主义"。① 从 20 世纪 80 年代开始，美元的国际储备货币地位使美国金融垄断资本得以扮演"世界有效需求催化剂"的角色，美国也因此成为全球资产市场泡沫的第一推动者。

当然，也有论者提出，从 20 世纪 70 年代开始，当代资本主义发展已进入一个新的阶段——由国家垄断向国际金融资本垄断转变。② 理由如下：信息技术和网络技术的发明与广泛应用，既大幅提高了社会生产力，同时又为

---

① 陈弘：《当前金融危机与当代资本主义停滞趋势》，《国外理论动态》2009 年第 7 期。该文是对美刊《每月评论》2008 年 12 月号发表的约翰·贝拉米·福斯特和弗雷德·马格多夫题为《金融内爆与停滞趋势》一文的编写。该文认为，新自由主义经济学坚持主张当前金融危机和大萧条一样源于货币因素，这完全没有认识到这场危机的本质。这场危机的根本原因是，从 1960 年代末战后繁荣结束以来，实体经济中的生产和投资一直处于停滞趋势，资本主义就通过使经济金融化的方式来弥补停滞趋势的后果，这使金融泡沫恶性膨胀并和实体经济的表现越来越脱离。

② 何秉孟：《当代资本主义的新发展：由国家垄断向国际金融资本垄断过渡》，《红旗文稿》2010 年第 3 期。

国际金融垄断资本的全球扩张，以及金融与资本市场的虚拟化和病态膨胀提供了技术支撑；新自由主义则成为国际金融垄断资本向全球扩张及其制度安排的理论依据；当代国际金融货币体系为美英国际金融垄断资本全球扩张提供了最重要的杠杆或平台。这三者的媾和，成为拉动以美国为代表的发达资本主义由国家垄断向国际金融资本垄断过渡的"三驾马车"。进入 20 世纪 80 年代后，美国、英国等国的国际金融垄断资本及其控制的跨国公司获得空前扩张，到 20 世纪末，全球跨国母公司已多达 6 万余家，它们控制的海外分支机构有 50 多万家。这些跨国公司控制着世界生产的 40%，国际贸易的 50%—60%，国际技术贸易的 70%，对外直接投资的 90% 以上。由此可见，以跨国公司为代表的国际垄断资本，尤其是国际金融垄断资本已经成为经济全球化的深厚基础，超级国际金融垄断资本集团已经具备足够的实力把全世界作为其运作的舞台。

对此，同样有论者表示反对。比如有论者认为，虽然 20 世纪 80 年代以来，当代资本主义进入国际垄断资本主义发展阶段这一观点具有广泛影响，并有日益成为主流观点的明显趋向，然而 2008 年国际金融危机之后，面对世界经济的持续低迷和深度调整以及全球治理出现的巨大风险与挑战，以少数发达国家为策源地的保护主义、孤立主义、保守主义和民粹主义在全球蔓延，一股逆全球化思潮汹汹而来，以发达国家为主导的经济全球化日渐式微和终结。① 在这一背景下，以经济全球化迅猛发展为主要论据的国际垄断资本主义的观点，就面临现实的挑战和理论的追问。以发达国家为主导的经济全球化，不可能建立公正合理和包容发展的国际经济新秩序，不可能实现垄断资本的国际化发展，当代资本主义仍处于国家垄断资本主义阶段。而且，以发达国家为主导的以邻为壑的经济全球化日渐式微和终结，国家干预主义加强，国家垄断资本发展，直接推动了国家垄断资本主义的进一步发展和

---

① 刘儒、王换：《逆全球化背景下当代资本主义发展阶段再思考》，《山东社会科学》2019 年第 1 期。

深化。

可见，虽然当代资本主义的金融化虚拟化已成共识，当代资本主义发展进入新阶段也能得到公认，但对于新阶段的内涵和意义，学界仍有不同看法。换言之，虽然金融资本主义在全球化时代已成为一股主导性的力量，但当代金融资本主义是仍处于国家金融垄断资本主义的范围，还是已经突进到了国际金融垄断资本主义的境地，这一问题值得深入探讨。事实或许并非那么非此即彼。虽然资本没有祖国，但资本家有祖国，国家与资本以及政府与市场之间的关系则随时势处于变动之中。

因此，我们在对当代资本主义的新阶段新特征进行总体性理解的同时，也要看到其中内在的复杂性。实际上，同样是资本主义国家，不同的国家也会表现出不同的资本主义发展模式，因此对于不同的资本主义国家，应该进行更具体的研究，不能一概而论。二战以来，主要发达资本主义国家的发展呈现出明显的多样化趋势，然而在冷战结束以前，由于人们的研究更多地集中在对资本主义和社会主义两种经济制度的比较上，所以人们很少关注对资本主义多样性问题的研究。随着冷战的结束，市场经济成为世界范围内资源配置的基础方式，许多转型国家都面临着选择何种市场经济模式的问题，于是，关于市场经济究竟是一种模式还是多种模式，如果是多种模式，究竟孰优孰劣等问题，日益成为理论界关注的焦点。

刘凤义等认为，市场经济模式实质上是生产关系的具体实现形式，资本主义国家经济模式的差异性反映的不是根本经济制度的不同，而是各国资本主义生产关系具体实现形式的不同。资本、劳动力以及作为"总资本家"代表的政府等要素的不同组合，形成了各具特色的市场经济模式。① 具体说来，发达资本主义国家市场经济模式中大概有四种类型，即以美国为代表的自由资本主义模式、以日本为代表的法人垄断资本主义模式、以德国为代表的社会市场经济模式和以瑞典为代表的福利资本主义模式。其中，美国模式

---

① 刘凤义、沈文玮：《当代资本主义多样性的政治经济学分析》，《教学与研究》2009 年第 2 期。

的合理内核在于其充分发挥市场竞争的优势解决资源配置的动力问题；日本模式的合理内核在于，它通过一种特殊的社会结构，把市场经济纳入政府、企业、劳动者共同协作的竞争模式之中；德国模式和瑞典模式的差别甚为细微，二者共同的合理内核在于，不仅重视阶级合作，而且突出强调了劳动者的权利和社会地位，进而最大限度地发挥了市场经济的社会功能。经济全球化并没有消除发达国家之间的矛盾，而是使矛盾有了新形式，要在新的矛盾中竞争与合作，各种模式之间不可能相互复制，而是在保持自己优势的同时，相互借鉴、扬长避短。因此，模式变化的总体趋势是在坚持自身合理内核的基础上，追求经济绩效和社会绩效的兼容。

孟鑫对西方左翼学者的研究也表明，资本主义经历了几百年的发展历程，不同国家的经济发展方式表现出较大的差异性和多样性，随着资本主义的不断发展，这种差异性和多样性日益明显，以至他们普遍认为，当前资本主义国家有不同的发展模式。[①]一些西方左翼学者甚至认为，不同模式的资本主义之间差异很大，出现了资本主义"超越"资本主义、资本主义"反对"资本主义的现象和趋势，而且各种模式的发展充满了不确定性和诸多风险，甚至形成了"赌场资本主义"模式。西方左翼学者对资本主义经济模式和市场机制的分析，反映了资本主义国家干预和调节经济的努力并没有达到其理想的目标，即使不同国家力图采用适合自己国家的经济发展模式以缓和危机和矛盾，但是当前资本主义发展中凸显的现实问题，说明这些模式仍然存在较大改善空间。实质上，无论哪种模式都是国家垄断资本主义的现实表现，都无法彻底根除资本主义的弊端。

关于当代资本主义进入新阶段后的新特征的研究，上文在论及当代资本主义的金融化时已有所介绍。放在更为宏大的资本主义发展史视野中来看，且随着对金融危机的反思愈加深入，无疑会看得愈加清晰。张宇认为，20

---

① 孟鑫：《对西方左翼研究当代资本主义经济模式问题成果的分析》，《毛泽东邓小平理论研究》2013年第10期。

世纪 70 年代滞胀危机后，资本主义发生了重要而深刻的变化，成为信息化、全球化、金融化和新自由主义化的垄断资本主义。① 除了经济全球化、政策新自由主义化和资本金融化外，这里还首先强调了生产信息化。20 世纪 70 年代以来，世界范围内发生了以信息技术为核心的新科技革命，带来生产方式的深刻变革，生产过程逐渐向半自动化和自动化发展，出现了弹性化、精细化、智能化、数字化等新的趋势，服务业取代工业成为国民经济的主要部门。

郑永年则指出，在成为当今经济的绝对核心之后，当代金融资本主义明显呈现出三大趋势：一是金融资本挟持了政府，甚至整个经济。美国政府动用大量纳税人的钱来拯救金融业，但活过来的金融业根本没有意向来挽救实体经济。除了威胁政府，金融资本实际上也早已开始操控政府决策。二是当代金融业不产生就业。在全球化时代，资本的特性就是哪里回报高就流向哪里。因此，被救活了的金融业并没有意图来扩大国内的投资，拯救实体经济，而是流向回报率更高的发展中国家。另外，当代金融业不是为实体经济服务，而是用货币炒作货币，因此它使用了大量的高科技，只要老板和少量的技术操控人员，不需要传统金融业所雇用的大量雇员。因此，华尔街在不断制造着富翁的同时也在解雇大量的员工。三是当代金融业迫使世界上所有一切"货币化"，不管有形的还是无形的，物质的还是非物质的。这也是金融资本的本质决定的。只有当一切货币化时，它们才可能成为"流动性"的一部分，才可以进行金融交易。金融资本要求各国政府放松对资本的管制，要求开放资本账户，要求用货币量化财产价值，等等，这一切都不难理解。②

与对当代金融垄断资本主义新特征的研究相伴的，是对金融危机和当代资本主义金融化的后果及其困境的研究，这是我们接着要讨论的内容。

---

① 张宇：《怎样认识当代资本主义新特征》，《人民日报》2013 年 11 月 10 日。
② 郑永年：《当代金融资本主义的主要特征》，《湖北日报》2011 年 11 月 1 日。

四、当代资本主义的总体困境

美国金融危机和西方经济危机对当代资本主义秩序构成了巨大的冲击，使其首先在经济方面，然后连锁性地在政治、社会、文化、生态等其他各个方面，也显示出危机，在某种程度上可以称为一种系统性危机，而其实质自然是当代资本主义内在的制度困境。除了对当代资本主义金融化趋向和特征的集中研究外，很多学者都聚焦到对当代资本主义所面临困境的剖析。

金融危机刚爆发后不久，美国著名左翼学者威廉·K.塔布在美刊《每月评论》2009 年 1 月号刊登了题为《当代世界资本主义体系面临四大危机》的文章，认为有四大危机对战后建立的世界资本主义体系构成巨大挑战，将导致世界政治经济版图激剧重组。① 第一个危机是金融体系的动荡，这已严重影响了美国经济，并在世界产生了广泛的影响。这种危机正加深着人们对英美主流经济体系的不信任。第二个危机是美国领导的帝国主义的危机，由于奉行优先以战争改变他国的制度，并且国际金融和贸易制度越来越受到有效的抵制，致使帝国主义已不被信任。由于新自由主义难以估量的危害，并且它还继续为害，因此，它在意识形态上已处于守势。第三个危机是，在原先的资本主义体系的边缘地区，出现了新的权力中心，新中心释放出的力量，为那些希望与美国断绝关系的国家施展策略提供了空间。第四个危机关乎资源的利用、生活必需品的不公平分配以及难以持续的增长模式。

徐崇温提出，国际金融危机对于当代资本主义的冲击，不限于经济方面，它还涉及思想政治和其他方面：一是宣告了新自由主义的危机；二是重创了盎格罗—撒克逊模式；三是结束了全球化即美国化的时代；四是动摇了美国单极霸权地位；五是证伪了"历史终结论"。② 汝信更为谨慎地指出，这次危机粉碎了有些人认为资本主义永远不朽的神话，这是一件好事。不过这

---

① ［美］威廉·K.塔布:《当代世界资本主义体系面临四大危机》，唐科译，《国外理论动态》2009 年第 6 期。

② 徐崇温:《国际金融危机与当代资本主义》，《理论视野》2010 年第 5 期。

次危机是不是标志着整个资本主义制度没落的开始，是值得深入研究的问题。从世界历史的角度看，一种社会制度的衰亡和退出历史舞台，往往是一个漫长和曲折的过程。资本主义制度作为历史上存在的一个重要的社会形态，当然不会轻易退出历史舞台，特别是像美国这样的超级大国经过这样的危机不会一下子倒下去，这是可以肯定的。不过可以断言的是，虽然资本主义社会经过自身调整会得到一定程度的复苏，但资本主义在第二次世界大战后短暂的繁荣发展，特别是前些年妄图独霸世界的势头应该说已经结束了，或者说现代资本主义发展的黄金时期已经过去了。①

有论者引用美国诺贝尔经济学奖获得者斯蒂格利茨在《自由市场的坠落》一书中的观点，认为美国金融与经济危机爆发的原因在于当代美国式资本主义失衡加剧。② 这种困境具体表现为，市场作用和国家干预、个人主义和集体主义、人与自然、手段和目的之间的失衡达到了新的程度。危机表明，至少美国这个特殊"版本"的资本主义系统存在根本缺陷，包括市场原教旨主义在当代的泛滥、个人主义在现实社会的极度增长、发展方式的不可持续和环境生态危机的加剧、手段异化为目的。

张宇更直接地提出，这次持续发酵的国际金融危机并非一般的周期性危机，而是系统的制度性危机。③ 具体表现为相互交织和集中爆发的各种弊端：经济持续低迷，贫富两极分化加剧，金融资本的寄生性和掠夺性日益加深，环境和生态危机不断恶化，财政赤字无节制膨胀，垄断资本对民主政治和社

---

① 汝信：《从国际金融危机看当代资本主义本质》，《红旗文稿》2009 年第 10 期。

② 刘兴波，赵明义：《当代美国资本主义的失衡：表象、根源及影响——对斯蒂格利茨《自由市场的坠落》中社会失衡问题的分析》，《学术探索》2011 年第 10 期。

③ 张宇：《怎样认识当代资本主义新特征》，《人民日报》2013 年 11 月 10 日。关于当代资本主义的系统性危机，还可参看王文章：《当代资本主义的系统性危机：认识与应对》和王今朝：《当代资本主义危机的系统性和根本性》，二文均载《学术前沿》2016 年第 20 期；童晋：《国外左翼学者关于当代资本主义危机的五种评判》，《红旗文稿》2017 年第 19 期；童文将国外左翼学者对资本主义危机的评判归结为五个方面，即生产方式危机、民主危机、价值观危机、生态危机和体系危机。周淼：《国外左翼学者如何看待当代资本主义的危机与困境》，《红旗文稿》2018 年第 10 期。

会舆论的操控加强，霸权主义和军事干涉盛行。虽然金融危机和经济危机也是资本主义制度自我调整和创新的动力，但是随着资本主义制度越发展，其自我调整的空间就越窄、潜力就越小。从技术上看，信息化导致资本对劳动的强烈排斥，资本主义发展日益表现出产业空洞化和无就业式增长的特点；从所有制上看，资本的虚拟化意味着生产资料私有制的历史合理性正在丧失，这是作为私人财产的资本在资本主义生产方式范围内的扬弃；从资本形态上看，金融资本是资本运动最高级、最纯粹的形态，资本的运动摆脱了物质形态的束缚而同生产过程日益脱节；从空间上看，资本的全球化把资本主义生产方式扩展到全世界，在空间发展上逼近极限。因而，面对这次国际金融危机，无论新自由主义，还是国家干预主义，都显得力不从心。实行新自由主义，难以解决资本主义经济所固有的失业、经济危机和贫富分化等严重问题；实行国家干预主义，会损害私有制神圣不可侵犯的原则，损害资本主义经济的活力。实行紧缩性的财政货币政策，会加剧经济衰退、恶化失业问题；实行刺激性的财政货币政策，会加剧债务危机、扩大资产泡沫，而对于解决生产过剩和失业问题也无大裨益。面对这样的两难困境，发达国家往往凭借强大的金融、政治和军事实力，甚至不惜发动战争，打垮竞争对手，维护本国利益，对外转嫁危机。事实一再证明，资本主义国家用来解决危机的种种手段，只能使危机以更大的规模重新出现。市场失灵与政府失效交织、自由主义危机与国家干预危机并发，是资本主义基本矛盾发展不可避免的后果，也是资本主义走向衰落的历史征兆。①

还有论者认为，当代西方资本主义面临的发展困境，主要体现在金融资本膨胀引发的公共债务危机和大规模失业，资本 / 收入比结构性上升与贫富

---

① 关于当代资本主义的两难困境，还可参看胡连生：《论当代资本主义的两难困局》，《海派经济学》2009 年卷第 26 辑。胡文提出，当代资本主义面临的两难实际上折射出的是资本主义"无可奈何花落去"的无奈境地。第一，当代资本主义的两难困局是资本主义难以"自救"的预示；第二，当代资本主义的两难困局是社会主义必然性的预示；第三，当代资本主义在两难困局中显露出不可逆转的历史过渡性质。对资本主义福利国家的困境的论述，可参看张严：《资本主义福利国家的当代困境与内在悖论》，《国外理论动态》2019 年第 1 期。

两极分化，扭曲的自由民主体制削弱了公共理性，金钱与民主联姻助长了政治腐败及其娱乐化，种族歧视和压迫的不断恶化增加了社会骚乱的风险，社会发展面临治安混乱和道德靡费的双重挑战。[①] 面对危机，西方资本主义逐渐形成了自我调适的新体系，极力扭转资本主义制度陷入僵化的趋势。尽管如此，这种小修小补、阶段性的自我调适很难酝酿出更高的生产关系，因为从本质上看，资本私人占有的社会制度以及由逐利催生的权贵资本主义顽疾没有发生根本性转变。

吕薇洲等也认为，肇始于美国的金融危机，不仅迅速席卷了全球范围的资本主义国家，而且逐渐波及西方国家实体经济乃至政治、社会和意识形态等诸多方面，并最终演变为一场全面的资本主义制度性危机，使资本主义的合法性受到了半个世纪以来最为严峻的挑战。[②] 危机不仅对发达资本主义的发展模式形成了巨大冲击，而且还动摇了广大民众对资本主义自由民主制度的信心，影响了资本主义的意识形态和价值观念在全球扩张的进程，激化了资本主义国家的社会矛盾并引发了社会动荡。近年来西方之所以频发工人罢工和社会动荡，一方面是因危机本身使普通民众的生活陷入困境，但更重要的是资产阶级政府采取了一系列维护垄断资本利益尤其是金融垄断资本利益的救市举措，将危机的后果转嫁给普通民众，从而激化了资本主义的社会矛盾。

"占领华尔街"运动就是金融—经济危机向社会领域传导而引发的抗议活动。有论者指出，此次示威活动的矛头直指华尔街的金融巨头，运动的宣言——我们共同的特点是占总人口 99% 的普罗大众，对于仅占总数 1% 的人的贪婪和腐败，我们再也无法忍受——集中表达了示威者对金融公司的贪

---

① 徐浩然：《当代西方资本主义面临的困境及其自我调适》，《当代世界与社会主义》2017 年第 3 期。另可参看何自力：《西方经济停滞常态化是当代资本主义经济的典型特征》，《红旗文稿》2018 年第 4 期；单超、刘小兰：《当代资本主义困境浅析》，《唯实》2020 年第 1 期。

② 吕薇洲、邢文增：《从金融危机看当代资本主义的矛盾与困境》，《郑州大学学报（哲学社会科学版）》2013 年第 7 期。

娄、社会不平等以及金钱政治的抗议。虽然"占领华尔街"运动参与者构成复杂，动机多样，但无论是从国内还是从国际上看，"占领华尔街"运动都有其发生的必然性。这场运动从资本积累、政治合法性、资本主义文明和地缘文化三个层面折射出资本主义的矛盾与危机。[①]

实际上，2008 年以来资本主义国家一次又一次的社会运动扩散的态势，就是当代资本主义结构性、系统性危机的表现之一。正如有论者所指出的，如果说国际社会在声势浩大的反全球化运动中告别了 20 世纪、走进了 21 世纪，那么 21 世纪的第二个 10 年则是在打破了"南—北""落后—发达"界限的抗议运动浪潮中拉开了序幕。[②] 从 2008 年底和 2009 年初冰岛的抗议行动到 2011 年初开始并席卷了西亚北非的"阿拉伯之春"，从 2011 年 3 月和 5 月分别发生在葡萄牙与西班牙的抗议以及由此引发的希腊抗议行动到 2011 年 9 月肇始于美国的"占领运动"，从 2013 年发生在土耳其和巴西、2014 年发生在波斯尼亚的抗议到 2016 年 3 月从巴黎扩散到法国其他 70 多个城市乃至邻国和加拿大的"黑夜站立"运动以及 2018 年 12 月从法国蔓延至比利时、德国、荷兰、加拿大等国家的"黄马甲运动"，这一幕幕运动再一次呈现了当代资本主义国家民众性集体行动的轰轰烈烈的扩散态势。

姜辉更为全面深入地研究了当代资本主义的阶级矛盾问题，认为经济全球化不仅改变着全世界的生产进程，也重构着全世界的阶级结构。[③] 简言之，一个跨国的全球资本家阶级正在形成之中，并在资本家阶级集团中越来越占据主导和控制地位，具有不断增强的优越性，其经济、政治及意识形态代理人也逐渐在全球层面发展起来。同时，如果说全球资本家阶级正逐渐地由"自在阶级"向"自为阶级"转变，那么相对而言，全球工人阶级的这一转变过程则缓慢得多、复杂得多。其一，经济全球化条件下资本"强势"与

---

① 刘海霞：《当代资本主义的深刻矛盾与危机》，《红旗文稿》2012 年第 11 期。

② 丁晔：《当代资本主义国家社会运动扩散问题研究的新动向》，《国外理论动态》2019 年第 9 期。

③ 姜辉：《论当代资本主义的阶级问题》，《中国社会科学》2011 年第 4 期。

劳动"弱势"的力量对比不均衡更加突出，各国工人越来越失去政府、工会的保护，对全球资本进攻无法形成有效的抵制和抗争力量；其二，各国工人之间的矛盾和冲突增多，面对全球资本的联合，处于分散状态，为了各自的利益相互竞争排斥，难以形成统一力量，比如发达国家与发展中国家的工人的矛盾就非常突出；其三，在国际资本统治的全球化时期，虽然跨国资本的剥削更加直接和严酷，贫富差距和各种不平等现象更加严重，全球范围内劳资对立和冲突更加明显，但各国工人阶级尚未充分认识到自己的阶级地位和阶级利益，特别是没有形成作为全球工人阶级的意识，缺失对抗全球资本统治的主体性和自觉性，仍然处于"自在阶级"状态；其四，缺少有力的工会组织和工人阶级政党的领导。在姜辉看来，这些因素制约着全球工人阶级的形成，但这个阶级的产生和发展以及全球范围内的阶级冲突，是全球资本主义时代不以人的意志为转移的客观事实，是资本主义基本矛盾及各种矛盾全球扩张的必然结果。

辛向阳着重分析了当代资本主义的政治制度危机。[1] 他指出，资本主义的基本矛盾反映在政治上，就是政治的社会化与政权的资本性之间的矛盾。它有两大表现：政治活动的社会化与人民群众没有条件实质参与政治活动的矛盾，少数垄断企业深度干预和左右国家政治与国家的社会管理职能之间的矛盾。这一基本政治矛盾和它的两大表现形式，决定了当代资本主义政治制度的危机是深重的。其政治制度的危机主要表现在以下几个方面：一是民主政治正在演变成利益集团政治，并扼制了其政治制度的活力；二是民主制度的野蛮化和军事化，变得更加傲慢和具有危险性；三是金融资本的无限贪婪侵蚀着民主的制度基础，效忠金融资本的政治体制正在形成；四是西方民主政治在国际范围内遭遇危机，而新的更加先进的政治制度正在社会主义的中国发展起来。

有论者进一步提出，进入 21 世纪，尤其是 2008 年国际金融危机以来，

---

① 辛向阳：《当代资本主义政治制度的危机分析》，《国外社会科学》2012 年第 5 期。

治理危机开始降临西方国家。① 当前西方出现的各种问题与乱象，都是国家治理陷入困境的表现。西方国家治理的实质是以资本为中心的治理，这是由生产关系的资本主义性质所决定的。当代西方处于垄断资本主义阶段，垄断资本拥有巨大的经济和政治权力，且已将触角伸向世界各地，进而对国家治理产生深刻影响。西方国家治理危机的产生机理主要有以下几个方面：一是少数寡头弱化国家治理主体。主要通过："俘获"政府，使政策和制度偏向特定群体；恶化政党竞争，使相互对抗成为常态；打压工会、分化劳动者，使公众对政治的态度越来越随意化。二是跨国垄断资本侵蚀国家主权。一国拥有独立和完整的主权，社会具有一定的生机活力，这既是国家治理顺利开展的重要前提，也是国家治理要达到的基本目标。而在垄断资本主义阶段，西方社会由少数寡头主宰，国家主权受到跨国垄断资本严重侵蚀，国家治理的目标自然被虚化。三是信息革命动摇民主制度根基。主要表现为：信息传播格局和人的联系与交流方式发生改变，西方民主制度赖以存在的协商和共识基础受到重要影响；垄断资本家利用信息和技术优势改变公众的政治倾向，西方民主政治演变成了一种操控政治。从西方资本主义国家治理危机的产生机理看，短期内这种危机很难消除，换言之，西方变幻的政局及其在全球产生的负面效应仍将持续相当长的一段时间。

以 2016 年特朗普当选美国总统为标志，极端保守主义的崛起集中反映了当代资本主义的民主危机和治理困境，因此引起学界的重点关注。在特朗普被共和党提名为总统候选人并未当选总统时，就有论者指出，特朗普虽然毫无从政经验，但却在共和党初选中获得较高的支持率，他的竞选纲领引起共和党高层的担忧，60 名共和党籍资深官员发表联名信反对党内提名特朗普为总统候选人，但特朗普最终仍获得提名。他在接受记者采访时以资本家的眼光反思了美国等资本主义国家的现状，阐述了自己的竞选主张，虽然某些言辞有哗众取宠之嫌，但是特朗普对资本主义经济、政治、社会、国际关

---

① 谢长安：《当代西方资本主义国家治理危机论析》，《贵州社会科学》2020 年第 7 期。

系的口无遮拦的抨击，反映出美国等资本主义国家面临的经济复苏乏力、政治分裂严重、社会不公平加剧、国际环境动荡不安等问题，表明内忧外困的资本主义世界已经悄然发生重大变化。①

在特朗普当选为美国总统后，有论者进一步指出，特朗普的上台，标志着冷战结束后不断右翼化的美国政治已经进入一个极端状态。② 特朗普在竞选中所传达的理念，并非这个政治圈外人的个人主张，而是整个共和党极右翼保守主义政治势力及其背后的军工、石油、金融财团，为应对政治经济新形势而进行的长期精心设计。没有共和党极右翼保守势力及其背后财团的鼎力支持，特朗普不可能当选总统。总之，极右翼保守主义的特朗普政府的上台，预示着美国资本主义的寒冬已经到来。美国资本主义体系在这个过程中是走向灭亡，还是走向另一个春天，将取决于全世界社会主义力量的发展。如果没有美国国内及国际上强有力的社会主义运动的阻击，美国或将进入一个长期由右翼势力主导的历史时期。

美国加利福尼亚大学圣巴巴拉分校社会学系威廉·I. 罗宾逊教授在《科学与社会》(*Science & Society*) 2019 年第 83 卷第 2 期撰文，径直把这股极端保守主义称为新法西斯主义。③ 文章指出，以美国的特朗普主义为突出代表，世界各地新法西斯主义的、独裁的和右翼民粹主义的政党和运动日益增

---

① 张新宁：《特朗普现象：内忧外困的资本主义世界悄然发生重大变化》，《思想理论教育导刊》2016 年第 10 期。

② 马钟成：《特朗普时代、右翼保守主义与美国资本主义的寒冬》，《红旗文稿》2017 年第 10 期。也有论者提出"民主内卷化"概念，从民主制度危机的视角论述特朗普当选。参看刘广莉、邓曦泽：《资本主义、全球化与民主内卷化——以特朗普当选为中心》，《文史哲》2017 年第 4 期。该文指出，"民粹主义＋民主制度"很容易产生利用民粹的政治领袖，特朗普当选就是这样的案例。那些利用民粹的政治领袖，不但不会努力消除冲突，反而会扩大和制造冲突。而这种冲突必然导致大众与精英的对立，从而导致社会共识的流失，于是，民主变得更加低效，其边际收益递减。这时，社会治理无法指望大的制度变革，而只能寄托于对民主细节的修补，使民主与法治更加精致，这就是民主的内卷化。

③ 威廉·I. 罗宾逊：《全球资本主义危机与 21 世纪法西斯主义：超越特朗普的炒作》，赵庆杰译，《国外理论动态》2019 年第 11 期。

加的影响引发了一场关于法西斯主义是否再次抬头的争论。全球资本主义面临着深层次危机，既涉及结构层面，即积累过剩的危机，又涉及政治层面，即合法性或霸权的危机，这场危机几乎正在成为资本主义统治的普遍危机。美国的特朗普主义、英国的脱欧以及整个欧洲和世界各地的新法西斯主义独裁政党和运动日益增加的影响，都代表着极右翼对全球资本主义危机的反应。20 世纪和 21 世纪的法西斯主义方案之间既存在相似之处，也存在重要差异。前者涉及反动政治权力与国家资本的融合，后者涉及跨国资本与反动的、压制性的政治权力的融合，其中的权力体现了跨国资本的独裁。文章强调，对全球警察国家和 21 世纪法西斯主义的反击要取得成功，需要建立反法西斯统一战线。但是，任何建立广泛的反法西斯联盟的战略都必须重视对全球资本主义及其危机进行清晰而敏锐的分析，由大众和工人阶级力量来领导反击。这与自由派和改革派政治精英的问题有关，精英改良主义的失败和跨国精英不愿挑战全球资本的掠夺和贪婪，这些为极右翼的危机反应开辟了道路。反击全球警察国家和 21 世纪法西斯主义的阵营中，必须包括由大众和工人阶级力量领导的广泛的反法西斯联盟。①

国际著名左翼学者萨米尔·阿明颇有预见性，他在特朗普当选美国总统之前就强调过，法西斯主义在政治舞台上的复辟与当代资本主义的危机密切相关，不过法西斯主义并非某种反对议会制选举民主之不确定性的专制

---

① 西方左翼学者关于特朗普时代资本主义危机与社会主义未来，以及左翼反抗的历史、现状与未来等问题进行的探讨，可参看金梦：《当代资本主义的危机与西方左翼的反抗——从 2017 年纽约左翼论坛看西方左翼思想发展新动态》，《马克思主义研究》2017 年第 10 期。该文指出："左翼学者一致强烈抨击资本主义制度，提出了替代这一制度以实现人类解放的实践方案。但由于左翼人士的成分混杂和思想多元，他们对现阶段的反抗策略及未来可替代性方案的规划意见各异，很难形成统一的指挥中心和行动力量。而且，他们提出的实践方案大多缺乏可操作性，并较为片面和局部，从宏观视角对左翼行动进行统一的、长远的规划不多。这也反映了左翼发展的现实。当前全球左翼力量仍处在分散、混乱的状态下，没能形成强大的统一战线，以共同对抗资本主义。因而，形成强有力的指挥中心，联合各种左翼力量，壮大左翼组织，推进左翼运动实践，使左翼在全球政治舞台上占据重要地位，是当前国外左翼需要努力的方向。"

警察政体，而是对资本主义社会在特定情况下面临挑战的一种特殊的政治回应。① 他分析了法西斯主义的基本特征和表现形式，认为法西斯主义已在西方、东方和南方复辟，而且这种复辟是与普遍化的、金融化的、全球化的垄断资本主义的系统性危机的扩散联系在一起的。他特别提醒，四面楚歌的新自由主义的资本主义体系与法西斯主义运动的暗中勾结需要引起最大的警惕。

五、当代资本主义的历史走向

2008 年金融危机以及连锁性的经济危机，已成为世界资本主义发展进程中的一个分水岭，标志着当代资本主义进入了一个新阶段，深刻影响了当代资本主义的历史走向以及世界政经格局的未来走势。因此，国内外对于当代资本主义的研究和探讨，必然会落脚到对于当代资本主义历史走向的趋势研判上。

早在 2009 年 1 月 15 日，那时金融危机的剧烈影响还在持续中，著名学者、《大国的兴衰》一书作者保罗·肯尼迪就在"美国世界论坛网"发表《美国的实力正在衰退》一文。该文指出，"目前的数据显示，中国和印度经济仍在持续增长（增速不如以往，但仍保持增势），美国经济却毫无疑问地一路下滑。当这一令人担忧、也许旷日持久的全球经济危机尘埃落定时，占全球生产总值的份额就不会维持在 2005 年时的水平了。山姆大叔也许会下降一两个等级"，"与其他大国相比，美国在人口、人均土地面积、原材料、高校和科研机构、劳动力流动性等方面都存在巨大优势。近 10 年来，华盛顿在政治上的不负责任、华尔街内外的贪婪成性以及海外军事过度扩张，都使得这些优势黯然失色"，"全球结构体系的重心逐渐从西方向亚洲倾斜的趋势似乎难以逆转"。

---

① ［埃］萨米尔·阿明：《法西斯主义在当代资本主义的复辟》，《国外理论动态》2015 年第 5 期。

而在此前三日，2009 年 1 月 12 日，美国前国务卿基辛格在美国《国际先驱论坛报》上发表《世界新秩序的机遇》一文。该文强调，"从某种程度上说，金融崩溃给美国的地位带来了一次重大打击"，现在"美国及其潜在的伙伴拥有一个千载难逢的机遇，将危机时刻转变成充满希望的构想"，"将出现什么样的经济秩序，在很大程度上取决于中国和美国在未来几年如何与对方打交道"。①

随着时间的推移，人们愈加清楚地看到，世界格局将要重塑，世界经济和政治新秩序将要出现，一些具有全球性的基本问题将被重新讨论。而就当代资本主义本身而言，其既有的发展方式或发展模式也会被重审。阿玛蒂亚·森在《重读亚当·斯密：我们不需要新资本主义》一文中说："我认为，今天的经济困局并不需要某种'新资本主义'，而是需要我们以开放性思维来理解有关市场经济能力范围及其局限性的旧观念。我们首先需要清醒地认识到不同体制是如何运作的，同时还要了解各种组织——从市场到国家机构——如何能够齐心协力，创造出一个更加美好的经济世界。"②

遭遇危机的资本主义各国政府，围绕如何改进发展模式、怎样纠正制度弊端、如何走出各种困局等问题，进行了深入反思和全面调整，其调整和变革路径从危机爆发之初的金融和经济领域开始，进而拓展到政治、社会等领域。危机以来资本主义国家各种监管措施、改革方案以及治理方式的酝酿、出台和实施，使危机中的资本主义在经济、政治和社会阶级结构等诸多方面都发生了重大变化。吕薇洲指出，无论是西方左翼还是西方主流，大都认识到资本主义存在严重的模式缺陷和制度弊端，并认为资本主义追求利润最大化的资本积累模式已陷入僵局，资本主义体系不适应当今世界，需要进行改革和转型，资本主义的合法性受到了半个多世纪以来最为严峻的挑战，几乎每个发达资本主义国家政府的支持率都在下滑，民众对现存政治结构的信任

---

① 转引自徐崇温：《国际金融危机与当代资本主义》，《理论视野》2010 年第 5 期。
② 转引自徐崇温：《国际金融危机与当代资本主义》，《理论视野》2010 年第 5 期。

正在消逝。因而，一方面，资本主义仍具备较强实力，通过改革调整还有一定的发展空间；另一方面，资本主义危机不可克服，其必然灭亡的命运不可改变。①

就前一方面而言，吕薇洲认为，虽然受到国际金融危机的严重冲击，资本主义国家经济发展低迷数年，但是发达资本主义国家的整体优势仍然存在，美欧日三方的 GDP 仍占全球经济总产出的 60% 以上。美国依然坐着全球第一的交椅，尤其是在资源创新、技术创新、金融创新以及产业创新上，与其他经济体拉开巨大差距。危机中的当代资本主义采取了一系列变革和调整，不仅发达国家采取了一些有针对性的经济变革、调整和转型，以摆脱复合型危机，新兴国家和发展中国家也根据国际国内经济形势的变化，加速推进改革调整和转型的步伐，促其实体经济从旧增长模式向新增长模式转变。

就后一方面而言，吕薇洲认为，这场资本主义危机，是资本主义基本经济规律作用的结果，是资本主义系统性、制度性的危机。尽管危机中的资本主义各国政府对其经济社会发展进行了调整和改革，但改革举措多为暂时性的政策举措。包括危机之初实行的国有化政策，危机过程中被许多国家采取的量化宽松政策等，都先后被各国放弃和终止。而危机导致的问题和困境，并没有也不可能得到彻底解决。资本主义各国仍会在相当一个时期内继续处于"亚健康"状态，其对发达经济体乃至整个世界经济的负面影响还会持续显现。危机中资本主义的制度困境和发展变革，充分暴露出了资本主义制度的不稳定性、不可持续性、寄生性以及腐朽性，表明其"最终瓦解是不可避免的"，必将被社会主义所替代。

除了需要辩证看待后金融危机时期当代资本主义的历史走向之外，当代资本主义的数字化趋势也为众多论者所重视。实际上，当代资本主义的金融化也与新科技的发展带来的广泛金融工具创新密切相关。

---

① 吕薇洲：《金融危机背景下当代资本主义的调整、变革与影响》，《马克思主义理论学科研究》2016 年第 4 期。

有论者指出，以新通信技术和数字化网络引领的经济社会变革对西方发达国家的影响最为显著，它使当代资本主义形态发生了阶段性的新变化。在众多关于资本主义新形态或新阶段的论述中，比较主流并且得到多方面认可的观点，既有以数字化发展为重心的"数字资本主义"，也有以技术创新为重点的"技术资本主义"，还有以非物质劳动为出发点的"认知资本主义"，甚至有人认为资本主义经过了危机的阵痛转型期已经进入了"资本主义4.0"阶段。这些因素成为驱动资本主义变革的动力并不仅仅因为它们是新生事物，而是因为它们在劳动力结构、产业结构中占据了优势地位或者说是主导地位，从而资本主义在发展的过程中发生了从一个阶段到另一阶段的变革。[①]

对于当代资本主义的这种变革和走向，也有论者指出，虽然数据和网络正在改变资本的内涵与资本循环的方式，但并没有改变资本获取剩余价值的本质。人类在自己种群生存信号传输系统基础上，逐渐形成了以数据和数据传输互联网为基础的信号传输系统。而资本主义自产生以来，就通过资本的力量建构和控制人类的生存信号传输系统，巩固资本对世界经济和政治的垄断。资本主义发展到今天，正在从工业资本主义向数字和信息资本主义转化，转化的技术基础是机器智能化。从表面上看，数字化的机器对人的肢体劳动能力和传统意义上的脑力劳动能力需求越来越少，对资本的需求越来越大，看似对人的劳动剥削程度在不断降低。其实一点也没有降低，只是资本由原来集中在工业生产过程，逐渐扩展到城市环境和社会环境，再扩展到科技服务和创新。过去的剥削通过工业产品的买卖而实现，现在的剥削通过人的生存信息传递而实现，也就是对每一个人的数字生产进行全方位剥削，把人的全部生存活动纳入资本的扩张范围之内，只要你生存，资本就会通过数字化技术强制你的生存活动为其获得剩余价值服务。这也是资本主义国家争夺世界数字霸权的原因所在。可见，资本主导下的智能化的机器，无论构造

[①] 赵海月、韩冰：《当代资本主义新形态的经济动因与我国产业结构转型升级的内在逻辑》，《山东社会科学》2017年第4期。

出什么样的资本主义，都改变不了资本追求剩余价值的本质，改变不了工人的劳动在强制状态下进行，以确保劳动创造的价值不归自己所有，改变不了马克思所说的"工人生产得越多，他能够消费得越少，他创造的价值越多，他自己越没有价值、越低贱"。①

因此，对于当代资本主义的数字化趋向，同样需要辩证看待。随着数字经济高速发展，数据已经成为最核心的生产要素。甚至有论者提出，当代资本主义正加速迈进"数据垄断资本主义"新阶段。借助日新月异的现代数字技术，人类生产生活经验不断被数据化和价值化，数据成为资本竞相掠夺的目标资源。但同时，智能算法等数字机器的出场，并没有终结资本对劳动的控制和剥削。相反，平台经济催生的数字劳动，成为数据垄断资本主义价值创造的新源泉。从资本积累看，掌握数字平台的科技巨头竞相"数字圈地"，数据驱动的平台竞争日趋白热化，促使资本集中呈现引人瞩目的新变化；而源自数据垄断的算法权力极端集中，正对当代资本主义经济社会秩序产生重大冲击。②

2020 年新冠肺炎疫情在全球的大流行，对于当代资本主义的历史走向

---

① 韩永进：《论当代资本主义的数字逻辑》，《国外社会科学》2020 年第 4 期。

② 黄再胜：《数据的资本化与当代资本主义价值运动新特点》，《马克思主义研究》2020 年第 6 期。关于西方学者对数字资本主义的批判，可参看张一兵：《心灵无产阶级化及其解放途径——斯蒂格勒对当代数字化资本主义的批判》，《探索与争鸣》2018 年第 1 期。贝尔纳·斯蒂格勒是法国著名技术哲学家，在他看来，当象征符码经由大众传媒所控制成为工业技术操控的对象后，人的一切关注则被掏空，人的感性生活已经成为虚假的景观产品机械投放地。这是一种彻底的本体论意义上的象征贫困。正是这种象征贫困所导致的知识整体短路的系统性愚昧，也就造成了斯蒂格勒所指认的整个资本主义社会存在中的心灵无产阶级化。张一兵认为，斯蒂格勒对当代资本主义的批判最可贵的方面，就是通过贡献型数字经济积极地努力探求新的解放的可能性。另可参看蒋南平、余声启：《人工智能与当代资本主义的经济社会矛盾——基于大卫·哈维的理论视角》，《马克思主义与现实》2019 年第 6 期。哈维认为，以人工智能为代表的高新技术只是解决资本社会的外在力量，是提高资本盈利的工具，而该文作者对哈维的观点进行了批判性解读，认为哈维忽视了人工智能促进经济大增长、新的技术分工形成、社会分工更加专门化高级化的现实，忽视了人工智能促进现有资本系统不断突破进而促进资本社会消亡的重要作用。

也将产生重大而深远的影响。可以说，当代资本主义还没有从金融危机造成的冲击中回过神来，又遭受了一场极为严酷的考验，其深层次的内在危机再次被引爆。如何透过疫情来认识当代资本主义经受的危机考验，就不仅关乎其当下发展，更关乎其未来走向。

有日本学者指出，西方国家把世界各国应对疫情策略的不同概括为"独裁专制"和民主的制度性差异，这是极其荒谬的理论。中日两国应对疫情策略的差异性，体现出社会主义制度的优越性。此次疫情暴发之后，世界主流经济学界中出现了"资本主义……至少是暂时的……不得不给有准备的社会主义让路"的舆论。面对此次疫情危机，我们需要思考的问题不是现行的疫情防控政策，而是社会制度本身。疫情之下，日本工人阶级借助于网络居家工作的方式得到广泛推广，工人阶级也从始终被监督的方式转变为自我管理，这也是"后资本主义时代"需要思考的重要问题。现在，整个世界都在讨论着疫情之后世界结构将发生彻底变化。马克思主义经济学家关于"超越资本主义、进入社会主义社会"的呼声也越来越高。①

有美国学者指出，美国政府应对新冠肺炎疫情不力，不仅没有促进国内和国际团结，还以种族为借口寻找替罪羊。美国政府指责中国不仅是为了转移公众愤怒的焦点，而且也是为了抹黑任何将中国应对危机作为正面榜样的努力。美国医疗体系把医疗保健当作一种商品，资本主义逐利原则与人类需求之间的冲突尤为突出。新冠肺炎疫情使资本主义制度的劣势被前所未有地关注，世界上最强大的资本主义国家无力应对人类的迫切需求，正如纽约工人所说"资本主义就是病毒"。社会主义方法使得预防型医疗成为可能，社会主义性质的医疗措施能够建立一种应对紧急需求的基础设施，这一点在中国表现得尤为突出。为人民服务、对人民负责，这就是社会主义。即使在资本主义框架内，社会主义方法的优越性也早已显现

---

① ［日］大西广：《新冠肺炎疫情危机暴露资本主义制度的根本弱点》，朱旭旭译，《世界社会主义研究》2020 年第 5 期。

出来。①

有欧洲学者指出，新冠肺炎疫情对世界而言是一场大考，中国已经取得了这场考试的阶段性胜利，大多数资本主义国家的应对却迟缓无力。这是因为服从金钱至上逻辑的资本主义医疗体系濒临崩溃，以利润和个人主义为基础的资本主义价值观妨碍了有效的社会动员。疫情暴露了资本主义一体化的危机，凸显了中国强大的治理能力以及社会主义制度相对资本主义制度的优越性。虽然资本主义正在采取各种措施抗击疫情，但疫情引发的经济和政治危机依然为世界局势带来诸多不确定性。对此，中国提出的构建人类命运共同体理念是防止进一步毁灭、阻止发生世界大战以使所有民族都能够按照自己的方式发展的现实方案。②

实际上，新冠肺炎疫情广泛引起了国外左翼对当代资本主义的深入反思，国内学界对此也多有引介。③左翼学者普遍认为，资本主义生产方式引发新冠肺炎疫情的蔓延，资本的逻辑决定了资本主义国家捍卫利润优先于拯救人民的生命。在欧美等资本主义国家应对新冠肺炎疫情过程中，资本主义制度暴露出反社会性和寄生性，无法有效应对新冠肺炎疫情及其引发的系列危机。疫情危机本质上是资本主义的内部危机，不能用疫情危机掩盖资本主义的内部矛盾，世界面临着向左或向右的转型抉择。在这次疫情中，整个社会革命性重建的必要性被凸显出来，构建一个更平等、更符合自然条件的再生产系统可能关乎人类生存。因此，左翼学者在对资本主义进行批判性反

---

① ［美］维克多·沃里斯：《新冠肺炎疫情蔓延显现资本主义制度的劣势》，禤明亮译，《世界社会主义研究》2020 年第 5 期。

② ［匈］蒂尔默·久洛：《新冠肺炎疫情与资本主义》，于海青、祁建朋译，《世界社会主义研究》2020 年第 5 期。

③ 参看［美］约翰·贝拉米·福斯特、因坦·苏万迪：《新冠肺炎疫情与灾难资本主义：商品链与经济危机》，《马克思主义与现实》2020 年第 5 期；王元：《新冠肺炎疫情背景下国外左翼对资本主义和社会主义的比较认识》，《马克思主义研究》2020 年第 7 期；雷晓欢：《新冠肺炎疫情下国外左翼对资本主义的批判》，《世界社会主义》2020 年第 7 期；韩欲立、陈学明：《新冠疫情背景下国外左翼学者对资本主义和社会主义的双重反思》，《武汉大学学报（哲学社会科学版）》2020 年第 9 期。

思的同时，也对社会主义进行了反思。他们排除了资本主义在疫情应对中的所谓平等的幻象和绿色资本主义的伪命题，并再次激活了共产主义话语及想象。通过比较各国在疫情中的表现，他们进一步认识到社会主义制度的优越性，并且将社会主义运动与其他政治运动结合起来，对反华种族主义、极右翼与可能出现的法西斯主义进行了批判，成为抵抗政治倒退的重要力量。在他们看来，作为现实社会主义的中国为一场世界性的转变树立了人类命运共同体的高度政治自觉。西方国家迫切需要社会主义，而这种革命性的转变需要借助工人阶级的力量，世界社会主义运动未来将面临机遇与挑战并存的局面。

国内有学者透过资本主义国家抗疫不力加深了对新自由主义痼弊的认识，认为新自由主义导致的抗疫不力、政治腐败、经济金融脆弱和意识形态极化暴露出资本主义社会内部矛盾尖锐、亟须变革而无计可施的窘境。新自由主义的兴起与扩张，本质上是垄断资本与政治国家结成同盟，不断解除资本增殖束缚的过程，是资本主义从旧的系统性危机走向新的系统性危机的过程。新冠肺炎疫情期间的大规模干预，不是终结新自由主义，而是在挽救新自由主义和尾大不掉的金融寡头。新自由主义与资本主义的未来，取决于垄断资本与无产阶级和政治上层建筑之间的博弈。在新自由主义系统性危机中酝酿的极端意识形态，很有可能成为比新冠病毒更具杀伤力的"病毒"。[1] 这体现出了一种忧虑意识。

六、问题与前瞻

自从 2008 年美国金融危机爆发以来，世界政治经济格局一直在发生深刻而微妙的变化，新冠肺炎疫情的全球大流行加剧了这一世界百年未有之大

---

[1]　朱安东、孙洁民：《新冠病毒、新自由主义与资本主义的未来》，《马克思主义与现实》2020年第 4 期。

变局的演化，"世界将向何处去"这一古老而现代的问题再一次浮出水面。

在一次越洋访谈中，李陀提出一些重要论断。① 首先，疫情危机的来临，以及 2008 年金融危机后世界的演变，使得当代世界的总问题发生了改变，20 世纪以来形成的知识 / 理论框架已经无法使人们准确地认识和把握 21 世纪的问题；其次，认识当代资本主义，必须重新认识社会主义，因为现存的资本主义制度，无论哪种形式，都是在社会主义的不断挑战中走到今天的，社会主义是认识当代资本主义不可或缺的参照物；最后，当代中国的社会主义实践，已经成为世界范围思考人类问题不可回避的一个重大现象，而中国社会主义最明显的特征就是其复杂性，这就为当代中国和世界的知识界提出了一项重要的任务——研究中国革命与改革的复杂性，丰富和深化当代马克思主义。

这些富有启发的论断值得深思。反过来看 2008 年以来学界关于当代资本主义新变化的研究，不难发现问题所在，同时也显现了未来的一些重点研究方向。

第一，既有关于当代资本主义及其新变化的研究，所基于的知识体系和话语体系还是稍显陈旧。在研究 21 世纪资本主义新变化时，不应该再固守和沿用 20 世纪乃至 19 世纪关于资本主义的思维框架，应该从 21 世纪资本主义新变化的现实出发进行新的理论创造和话语创造。

第二，对当代世界资本主义的研究与对当代世界社会主义的研究通常是分开进行的，这不利于从总体上把握当代世界资本主义与当代世界社会主义的内在关系。应该把二者紧密结合起来一起研究，在马克思主义世界历史理论框架下予以通盘把握。

第三，当代资本主义金融化和数字化对人类日常生活的深刻影响，尤其是其文化和伦理后果，已经受到一些关注，但与此问题的重要性相比，目前的研究显然还不够。应该进一步加强从日常生活角度来研究当代资本主义新

---

① 李陀：《21 世纪之惑——疫情危机与当代资本主义问答》，《文化纵横》2020 年第 8 期。

变化，为马克思主义"异化"理论赋予21世纪新内涵，进而探求人类在21世纪寻求"自由"及"自由联合"的可能性。

第四，在对当代资本主义面临的困境及其根源进行研究时，往往流于一般性地指出问题，而缺少更具针对性地提出解决问题的方案。或者说，我们要更深入地去思考，当代资本主义有无改进可能？如何改进？或可进行更多的比较研究，包括对不同类型的资本主义制度进行比较，对资本主义制度与比较成功的新型社会主义制度探索（比如中国特色社会主义制度）进行比较，以此来探索人类未来构建更好社会制度的可能性。

当然，面对当代世界资本主义发展的新态势，就我们而言，最重要的无疑还是保持战略定力，坚定不移做好自己的事情，全面建设社会主义现代化国家，同时以当代资本主义为鉴，不断完善和发展中国特色社会主义，使中国道路和中国方案为人类社会的总体进步作出新的更大贡献。

（作者：刘晨光）

分报告 11：社会主义发展史及经典文献研究

党的十八大以来，中国特色社会主义进入新时代，科学社会主义在 21 世纪焕发出强大生机活力，在世界社会主义发展史和人类社会发展史上具有重要意义。在新时代中国特色社会主义蓬勃发展的同时，世界社会主义也接逢社会主义发展史上代表性人物、历史性事件、一系列经典著作的重要历史纪年。2016 年是世界社会主义产生暨《乌托邦》发表 500 周年；2017 年既是十月革命胜利和社会主义制度创立 100 周年，也是《资本论》发表 150 周年；2018 年既逢马克思诞辰 200 周年，也逢《共产党宣言》发表 170 周年；2020 年既是恩格斯诞辰 200 周年，列宁诞辰 150 周年，也是《社会主义从空想到科学的发展》发表 140 周年。纪念历史和研究历史正是为了指引现实、照亮未来，立足现实和尊重现实正是为了更好地推动历史发展。在五百年社会主义发展史和 21 世纪世界社会主义尤其新时代中国特色社会主义的交相辉映、相互砥砺中，中国科学社会主义理论界聚焦社会主义发展史重要人物、重大事件和经典著作，结合历史纪年兴起了一轮又一轮的研究热潮，也呈现了更加丰富和多样的研究成果。

国内学界从 21 世纪世界社会主义复兴和发展的时代课题和主要问题出发，在观照、思考新时代中国特色社会主义的历史方位、理论创新和实践发展的同时，聚焦世界社会主义的历史渊源和发展阶段、一般规律和具体实现、历史逻辑、理论逻辑和实践逻辑的统一等问题，推动了社会主义发展史研究的持续深入。其中，世界社会主义五百年发展史的历史梳理和系统回顾取得了颇为亮眼的研究成果，包括《世界社会主义五百年》（党员干部读本）、《社会主义五百年》（于幼军、黎元江）、"世界社会主义五百年历史人物传略"等著作，关于世界社会主义五百年历史进程、发展阶段的一系列重要研究文章等,对世界社会主义的思想渊源、历史底蕴、理论创新和实践发展等进行了深入研究。与此同时,世界社会主义的历史发展是自然历史过程和人民群众的创造活动的有机统一,在历史本身和人民群众之间,历史先驱、革命导师和经典作家在世界社会主义发展史上的革命性、划时代意义,也是社会主义发展史研究的重要内容。空想社会主义、科学社会主义、社会主义从理论到现实、社会主义从一国到多国、社会主义革命、建设和改革等不同发展阶段也都得到了全面的整理和研究。此外,世界社会主义的发展离不开科学理论的指引,经典著作的传播、发展和与时俱进的研究也是社会主义发展史研究和科学社会主义理论研究的重要内容。在经典著作的研究中,国内学界不仅围绕马克思恩格斯的科学社会主义经典著作,尤其对标志着科学社会主义创立的《共产党宣言》、科学社会主义的系统阐述和代表作《社会主义从空想到科学的发展》等,展开了丰富的、深入的研究,既有关于科学社会主义基本原理、理论逻辑的深刻透视,也有关于认识和实践社会主义的方法论的深切洞察,对空想社会主义阶段的经典著作等也进行了较为广泛的研究。

在科学社会主义研究中,社会主义发展史研究和社会主义经典文献研究具有本源性、基础性和历史性意义,社会主义发展史积淀了 21 世纪世界社会主义复兴和发展的深厚历史底蕴,社会主义经典文献奠定了当代世界社会主义、新时代中国特色社会主义的理论根基。从社会主义发展史和社会主义经典文献中"史—论—著"相结合、相对照,才能更加科学、更加明晰地从历史经验、基本原理中研究、揭示世界社会主义的未来趋势和世纪发展。

一、背景、方向和主题

党的十八大以来,习近平总书记在关于社会主义发展史和社会主义经典文献的一系列重要论述中,主要从历史、理论与现实三个维度的系统整体中推动了社会主义发展史的认识深化和理论发展,在一定意义上形成了

"中国版的科学社会主义史论"①。习近平总书记的重要论述既从研究背景和时代课题上推动了理论界研究社会主义发展史和经典文献的持续开展，也从研究主题、研究对象、研究方法上指明了方向。同时，习近平总书记的重要论述内在蕴含着丰富的思想理论价值，这些论述在科学社会主义发展史、世界社会主义发展史上的重要意义也必然成为社会主义发展史和经典文献研究的应有之义。

（一）世界社会主义历史进程和马克思主义指明的历史时代

2013 年 1 月 5 日，习近平总书记在新进中央委员会的委员、候补委员学习贯彻党的十八大精神研讨班上发表重要讲话，明确指出："从提出社会主义思想到现在，差不多五百年的时间"②，并系统概括了世界社会主义历史进程中的六个时间段③：第一个时间段"空想社会主义产生和发展"，第二个时间段"马克思、恩格斯创立科学社会主义理论体系"，第三个时间段"列宁领导十月革命胜利并实践社会主义"，第四个时间段"苏联模式逐步形成"，第五个时间段"新中国成立后我们党对社会主义的探索和实践"，第六个时间段"我们党作出进行改革开放的历史性决策、开创和发展中国特色社会主义"。习近平总书记对世界社会主义历史进程的系统回顾和梳理，充分展现了中国特色社会主义的思想渊源和历史底蕴，为我们充分认识中国特色社会主义的历史必然性和科学真理性提供了更加广阔、深邃的历史视野。以习近平总书记关于世界社会主义历史进程的重要论述为指导，国内宣传界、理论界和传播界兴起了研究和阐释世界社会主义五百年的一系列文章、著作和出版物。其中，《世界社会主义五百年》（党员干部读本）和《正道沧桑——世界社会主义五百年》（电视政论片）在社会主义发展史的教育普及活动中

---

① 严书翰：《中国版的科学社会主义史论——关于习近平社会主义发展史论述的学习笔记》，《毛泽东研究》2015 年第 1 期。

② 高放：《世界社会主义五百年纵横谈》，《社会科学研究》2013 年第 6 期。

③ 郭强：《社会主义发展史上的六个时间段》，《学习时报》2020 年 11 月 2 日。

发挥了重要作用。在理论上,《社会主义通史》[①]、《世界社会主义史丛书》[②] 和《世界社会主义五百年历史人物传略》[③] 分别从重大历史史实和重要历史人物的角度彰显了社会主义发展史研究的深入发展和最新成果。就研究主题拓展和研究深化来看,学界主要聚焦在三大主题:一是关于世界社会主义是思想、理论、运动和制度相统一的历史进程[④];二是对世界社会主义历史进程的历史逻辑、理论逻辑及其统一性的深入思考;[⑤] 三是世界社会主义历史进程的飞跃性发展和 21 世纪世界社会主义的广阔前景[⑥]。

2017 年 9 月 29 日,习近平总书记主持第十八届中央政治局第四十三次集体学习"当代世界马克思主义思潮及其影响"并发表重要讲话,深刻强调:"尽管我们所处的时代同马克思所处的时代相比发生了巨大而深刻的变化,但从世界社会主义 500 年的大视野来看,我们依然处在马克思主义所指明的历史时代。"[⑦] 习近平总书记关于"马克思主义所指明的历史时代"的重要论述,既接续和承继了世界社会主义五百年发展进程和历史阶段的思想主题,更深化和突出了马克思主义发展史、科学社会主义发展史和科学社会主义理论的研究主题。以习近平总书记关于"马克思主义所指明的历史时代"的重要论述为指导,相关研究进展和研究成果充分体现在课题报告、学术文章和专家访谈等方面。学界在阐释"马克思主义所指明的历史时代"时,主要的代表性观点包括:一是认为仍处在"从资本主义向社会主义过渡的时代"[⑧],二是认为"同时也处于列宁所说的金融帝国主义这

---

① 王伟光主编:《社会主义通史》(八卷本),人民出版社 2011 年版。

② 高放主编:《世界社会主义史丛书》(四卷本),北京师范大学出版社 2018 年版。

③ 高放主编:《世界社会主义五百年历史人物传略》,中国工人出版社 2014 年版。

④ 高放:《世界社会主义风云激荡 500 年》,《党政研究》2016 年第 6 期。

⑤ 顾海良、季正矩、彭萍萍:《热话题与冷思考——关于社会主义五百年回顾与反思的对话》,《当代世界与社会主义》2013 年第 3 期。

⑥ 秦刚、郭强:《社会主义从"传统到现代"的新发展》,《科学社会主义》2018 年第 1 期。

⑦ 《深刻认识马克思主义时代意义和现实意义,继续推进马克思主义中国化时代化大众化》,《人民日报》2017 年 9 月 30 日。

⑧ 姜辉:《我们依然处在马克思主义所指明的历史时代》,《马克思主义研究》2019 年第 1 期。

一特定的小的历史时代"①，三是认为解决 21 世纪所面临的问题必须重新提出和直面马克思提出的问题，"问题是时代的声音，就此而言，我们仍然生活在马克思所指明的历史时代"②。

（二）科学社会主义基本原则、理论逻辑和基本原理

随着世界社会主义五百年历史进程向马克思、恩格斯创立科学社会主义理论体系以来的科学社会主义发展史的聚焦，习近平总书记在社会主义发展史、社会主义理论和经典文献相结合的基础上，进一步提出科学社会主义研究中具有重要理论意义的核心主题和时代命题，突出体现在从科学社会主义基本原则到科学社会主义理论逻辑的思想发展，进而到科学社会主义和马克思主义基本原理的系统概括。

党的十八大报告强调："中国特色社会主义，既坚持了科学社会主义基本原则，又根据时代条件赋予其鲜明的中国特色，以全新的视野深化了对共产党执政规律、社会主义建设规律、人类社会发展规律的认识。"③ 习近平总书记在梳理世界社会主义五百年历史进程中，针对马克思、恩格斯创立科学社会主义理论体系的阶段，系统概括了科学社会主义的基本原则：一是在生产资料公有制基础上组织生产，满足全体社会成员的需要是社会主义生产的根本目的；二是对社会生产进行有计划的指导和调节，实行等量劳动领取等量报酬的按劳分配原则；三是合乎自然规律地改造和利用自然；四是无产阶级革命是无产阶级进行斗争的最高形式，必须由无产阶级政党领导、以建立无产阶级专政的国家为目的；五是通过无产阶级专政和社会主义高度发展最终向消灭阶级、消灭剥削、实现人的自由而全面发展的共产主义社会的过渡；等等。习近平总书记关于科学社会主义基本原则的概括和系统论述，"既是具有重大现实意义的实践命题，也是具有深刻理论意涵

---

① 李慎明：《科学判定当今世界所处的时代方位》，《红旗文稿》2019 年第 1 期。
② 武晓超：《我们仍然生活在马克思指明的时代》，《博览群书》2018 年第 7 期。
③ 《十八大以来重要文献选编》（上），中央文献出版社 2014 年版，第 10 页。

的理论命题"①，国内学界从辨析基本概念、追溯理论渊源、结合社会主义发展历史经验、立足中国特色社会主义，以及拓展学理性研究等方面展开研究并取得了丰富的研究成果，为继续深入研究和形成共识奠定了重要基础。同时，社会主义在不断发展中，习近平总书记的重要论述"在当前的运动中同时代表运动的未来"，为创新21世纪的科学社会主义提供了重要的方法论启示②。

在学习贯彻党的十八大精神研讨班上，习近平总书记提出了科学社会主义的理论逻辑与中国社会历史发展逻辑辩证统一的新命题。他指出："中国特色社会主义是科学社会主义理论逻辑与和中国社会发展历史逻辑的辩证统一，是根植于中国大地、反映中国人民意愿、适应中国和时代发展进步要求的科学社会主义。"③习近平总书记关于科学社会主义理论逻辑和社会发展历史逻辑的重要论述，深化了对世界社会主义历史、科学社会主义原理、社会主义实践相统一的认识，提出了世界社会主义发展和科学社会主义理论研究的新命题，在社会主义发展史中具有重要的理论创新意义。学界在系统全面地研究社会主义发展史和科学社会主义基本理论时，主要关注了如下主题：一是总结世界社会主义发展尤其20世纪社会主义兴衰成败的历史经验，深刻反思了教条式对待科学社会主义的历史教训，深刻阐明了继承和发展科学社会主义的重要方法论启示④。二是从理论逻辑、历史逻辑的辩证统一中，进一步研究和阐发了世界社会主义的理论逻辑、历史逻辑、实践逻辑的相互联系和有机整体。三是从科学社会主义基本原则、理论逻辑的学理性出发，提出区别和辨析马克思主义、历史唯物主义、科学社会主义以及中国特色社

---

① 武晓超：《科学社会主义基本原则论析》，《理论探讨》2020年第2期。

② 武晓超：《近年来国内学界科学社会主义基本原则研究述评》，《社会主义研究》2020年第1期。

③ 《毫不动摇坚持和发展中国特色社会主义，在实践中不断有所发现有所创造有所前进》，《人民日报》2013年1月6日。

④ 鲁广鹏、李拓：《20世纪世界社会主义的经验教训——专访闫志民教授》，《科学社会主义》2019年第3期。

会主义四个不同的层次和内容。

2018 年，在纪念马克思诞辰 200 周年大会上，习近平总书记系统概括了马克思的伟大人格、历史功绩、崇高精神和光辉思想。他强调"《共产党宣言》是全部社会主义文献中传播最广和最具有国际性的著作"，"一百七十年过去了，人类社会发生了翻天覆地的变化，但马克思主义所阐述的一般原理整个来说仍然是完全正确的"，指出"科学社会主义基本原则不能丢，丢了就不是社会主义。同时，科学社会主义也绝不是一成不变的教条"。同时，还在"更有定力、更有自信、更有智慧地坚持和发展新时代中国特色社会主义"的意义上，全面概括了马克思主义关于人类社会发展规律、坚守人民立场、生产力和生产关系、人民民主、文化建设、社会建设、人与自然关系、世界历史、马克思主义政党建设等思想。① 习近平总书记的重要论述，是马克思主义研究、社会主义研究中最新的指导思想和经典文献，对于 21 世纪世界社会主义发展、当代中国马克思主义发展具有重要理论价值和思想意义。"史—论—著"相结合的方式，也为 21 世纪马克思主义研究、社会主义研究提供了重要方法论启示。

（三）党史、新中国史、改革开放史和社会主义发展史

党的十九大以来，习近平总书记在纪念改革开放 40 周年、新中国成立70 年之际发表重要讲话，回顾中国社会主义发展的历史进程和实践经验，深刻总结了中国特色社会主义伟大实践在世界社会主义发展史、人类社会发展史上的重要意义。他强调："当代中国的伟大社会变革，不是简单延续我国历史文化的母版，不是简单套用马克思主义经典作家设想的模板，不是其他国家社会主义实践的再版，也不是国外现代化发展的翻版。社会主义并没有定于一尊、一成不变的套路，只有把科学社会主义基本原则同本国具体实际、历史文化传统、时代要求紧密结合起来，在实践中不断探索总结，才能

---

① 《十九大以来重要文献选编》（上），中央文献出版社 2019 年版，第 433、434、428—432 页。

把蓝图变为美好现实。"① 以此为指导，中共中央提出巩固和深化"不忘初心、牢记使命"主题教育成果，在全社会广泛开展党史、新中国史、改革开放史和社会主义发展史宣传教育。

学界围绕习近平总书记关于"四史"的重要论述和"四史"宣传教育主题开展研究，提出：一是社会主义发展史是"四史"宣传教育的重要内容。要从社会主义源远流长的历史中、博大精深的理论中、波澜壮阔的实践中，涵养情操、汲取经验、把握规律，增强中国特色社会主义"四个自信"②。二是学习社会主义发展史可以更加深刻把握历史三大规律，也能够为学习党史、新中国史和改革开放史提供更宏阔的历史视野和理论指导③。三是新时代学习"四史"的核心要义是掌握马克思主义、中国化马克思主义的理论精髓、汲取历史进程中积淀的精神力量，继承中国革命、建设和改革的优良传统，推进中国特色社会主义伟大事业④。在具体研究中，学界还从社会主义发展史的历史高度和理论深度上，深化了新中国史、改革开放史的实践经验、历史地位、重大意义的研究⑤。

二、世界社会主义的历史进程研究

习近平总书记关于世界社会主义五百年的六个时间段的概括，以宏大的历史视野和清晰的发展脉络，科学总结和展示了世界社会主义发展的曲折

---

① 《十九大以来重要文献选编》（上），中央文献出版社 2019 年版，第 434 页。
② 陶文昭：《社会主义发展史是增强"四个自信"的重要基础》，《中国党政干部论坛》2020 年第 8 期。
③ 王炳林、刘奎：《关于学习党史、新中国史、改革开放史和社会主义发展史的思考》，《思想理论教育导刊》2020 年第 8 期。
④ 王树荫：《新时代学习党史、新中国史、改革开放史和社会主义发展史的若干思考》，《思想理论教育》2020 年第 5 期。
⑤ 季正聚：《从世界社会主义发展史的角度看新中国七十年成就的重大意义》，《中共党史研究》2019 年第 10 期；陈金龙、吴晓璇：《以大历史观认识和把握改革开放史纲》，《思想理论教育》2020 年第 7 期。

进程和历史成就，系统阐明了中国特色社会主义的历史渊源和历史底蕴，增强了中国特色社会主义的道路自信、理论自信、制度自信和文化自信。国内学界围绕世界社会主义五百年的研究主题，主要在社会主义五百年的历史主题、历史阶段和历史飞跃方面，深化和完善社会主义发展史研究。

（一）历史主题

学者们从世界社会主义五百年历史的系统整体出发，深入研究和系统概括世界社会主义的历史主题。高放认为，社会主义是旨在减免资本主义剥削压迫、争取劳动人民福利权益、实现劳动人民当家作主的社会思潮、社会运动、社会制度和社会形态。社会主义是资本主义的继承物、对立物、取代物和创新物，即是说社会主义要继承资本主义文明的成果，又要克服资本主义的矛盾，更要取代资本主义，开创比资本主义更新更好更高的文明社会，使劳动人民得到自由解放和全面发展，享有幸福美满的生活。社会主义的核心内容理应是在生产社会化高度发达的基础上以生产资料社会所有制取代生产资料的资本主义私有制①。在梳理世界社会主义五百年历史进程的同时，高放还概括了社会主义发展的内在规律：第一，世界社会主义是严格遵循、紧密跟随社会生产力的提高而发展，而社会生产力主要是依靠科学技术的进步而提高。第二，世界社会主义的自然历史进程，决不是坐待社会生产力大发展之后，社会主义从天而降，天然赐予，而是要依靠"全世界无产者，联合起来！"开展多种形式的斗争去努力争取。第三，世界社会主义的实现有赖社会主义政党的正确领导。第四，世界社会主义兴起以来，众多先哲、先贤在 19 世纪都是预计社会主义将首先在西欧资本主义最发达的英、法、德、美诸国几乎同时取胜，然而到 20 世纪实现社会主义的主客观条件发生了很大变化。第五，世界社会主义必须由发达国家与发展中国家的工人阶级、

---

① 高放：《世界社会主义风云激荡 500 年——正确把握四大历史进程　处理好四个主义间的关系》，《党政研究》2016 年第 6 期。

人民大众与社会主义政党通力合作,并肩战斗,才能壮大实力,夺取更大成就。①

蒲国良主要从"社会主义是试图用社会调节和社会控制的办法克服资本主义制度性弊病以实现社会公正从而达到社会进步和人类解放的一种思想和运动"的主题上,概括了社会主义五百年的历史启示:世界社会主义五百年,是社会主义运动艰辛开拓的五百年,是风雨苍黄、沧海桑田的五百年,是栉风沐雨、砥砺前行的五百年。在思想理论上,从乌托邦到中国梦,是一个社会主义理念不断现代化、本土化、民族化的过程,一个理想主义方案逐步完善、现实主义精神日益增强的过程,一个理想信念不断融入现实生活的过程,一个从以批判他者为中心到以构建自我为中心的探索过程。②

林建华将世界社会主义和共产主义运动结合起来考察认为:"世界社会主义共产主义运动是工人阶级和其他劳动者探索不同方式和路径,以社会主义、共产主义代替资本主义,从而实现全体劳动者的解放并最终实现人类自身解放的社会运动。世界社会主义共产主义运动是一种客观存在的历史进程,在不同的阶段具有不同的内容、呈现不同的特点。其中,以马克思主义为指导、由共产党领导的共产主义运动是世界社会主义共产主义运动的主体,中国共产党人的理论与实践是世界社会主义共产主义运动的重要内容和伟大创举。中国特色社会主义、习近平新时代中国特色社会主义思想是中国共产主义运动同时也是世界社会主义共产主义运动实践和理论创新的最重大成果。"③

(二)历史阶段

习近平总书记关于社会主义五百年的六个时间段的概括,积极引导和促进了世界社会主义发展史的历史阶段研究。以习近平总书记的重要论述为

---

① 高放:《世界社会主义五百年历史的观察与思考》,《观察与思考》2016 年第 9 期。

② 蒲国良:《世界社会主义五百年回眸》,《科学社会主义》2016 年第 2 期。

③ 林建华:《世界社会主义共产主义运动的历史进程与未来走势》,《马克思主义研究》2019年第 9 期。

指导，学界在研究中进一步细化、深化了对社会主义的历史阶段的划分。

顾海良等认为，世界社会主义六个时间段的划分"既考虑时间的连续性，又顾及空间的并存性"，"时间上有错落、空间上有交叉"。他在进一步细化空想社会主义的"三阶段""四阶段"的同时，也提出对科学社会主义的发展阶段进一步细化研究。在他看来，科学社会主义的发展历经三个"60年"：第一阶段是19世纪40年代后半期到19世纪90年代中期，这是科学社会主义基本原理形成和发展的阶段，主题是资本主义必然被社会主义所取代。第二阶段是19世纪末到20世纪50年代中期，这是科学社会主义基本原理运用于实际，科学社会主义理论预言转变为社会革命、建设实践的阶段，主题转换为社会主义如何取代资本主义。第三阶段是20世纪50年代中期以来，这一阶段是科学社会主义基本原理广泛地运用于实际，科学社会主义由革命实践为主转变为建设实践、改革实践迅速发展的阶段，主题逐渐转换为社会主义如何在与资本主义的并存中发展自身并最终取代资本主义。①

童建萍进一步细化了二战后世界社会主义的历史阶段：第一阶段是1945年到1964年的凯歌行进阶段。战后的苏东阵营和亚洲主要社会主义国家都在这个时期建立，尽管出现一些问题，但主要的发展曲线是上扬。第二阶段是1964到1991年的改革和大动荡时期。社会主义经历了危机，出现分化，发展曲线总体往下。第三阶段是1991年至今各国独立探索社会主义发展的时期。②

（三）历史飞跃

世界社会主义历史进程的系统梳理和历史阶段的细致划分，在"变与不变"的辩证统一中揭示了世界社会主义既遵循人类历史发展的普遍规律，又推动人类社会发展的历史趋势，尤其体现在研究中历史飞跃的视角。关于世

---

① 顾海良、季正矩、彭萍萍：《热话题与冷思考——关于社会主义五百年回顾与反思的对话》，《当代世界与社会主义》2013年第3期。
② 童建萍：《关于战后世界社会主义发展的若干思考》，《观察与思考》2016年第1期。

界社会主义发展进程中的历史飞跃，学者们在以往研究的基础上提出了新观点、新判断。高放概括为："世界社会主义五百年是包括社会主义思想的飞跃、社会主义运动的转变、社会主义制度的演进和社会主义革新的拓展这样四个波澜壮阔的历程。这四个历史进程既是依次递进，又是后者涵盖前者。"[1] 秦刚、郭强在社会主义"从空想到科学""从理论到现实""从一国到多国"三次历史性飞跃的基础上，进一步提出第四次即"从传统到现代"的飞跃性发展，"这次新的飞跃性发展起始于中国特色社会主义的创立，实现于中国特色社会主义进入新时代"[2]。刘海涛认为，社会主义的历史性飞跃和时代主题的转变本质相连。自 20 世纪 70 年代末以来，时代主题已由"战争与革命"转变为"和平与发展"，社会主义事实上已经发生从"苏联模式"到"本国特色"的"第四次历史性飞跃"[3]。孙力也着眼于"苏联模式"到"中国特色社会主义"的历史发展看待世界社会主义的第四次历史性飞跃，他认为"苏联模式"开创了一个模式化的社会主义时代，中国特色社会主义则开辟了从模式化到特色化的崭新历史进程，从理论上完成了从一般历史哲学的马克思主义到中国化马克思主义的飞跃，实践上开始了民族国家意义上社会主义进程，从根本上走出了模式化的社会主义时代而进入特色化的社会主义时代。[4]

三、世界社会主义发展的历史经验研究

（一）社会主义从理想到现实、从理论到实践

十月革命的历史地位。十月革命开辟了人类历史的新纪元，在人类社会

---

[1]　高放：《为什么在五百年历史中只选定 25 人——谈〈世界社会主义五百年历史人物传略〉》，《北京日报》2014 年 12 月 15 日。

[2]　秦刚、郭强：《社会主义从"传统到现代"的新发展——从社会主义发展进程看中国特色社会主义新时代》，《科学社会主义》2018 年第 1 期。

[3]　刘海涛：《21 世纪世界社会主义事业前景展望》，《人民论坛·学术前沿》2019 年第 16 期。

[4]　孙力：《民族特色的社会主义时代进程》，《思想理论教育》2012 年第 4 期。

发展史、社会主义发展史和俄国（苏联）社会发展史上具有划时代的历史意义。学界既立足世界社会主义从 19 世纪进到 20 世纪的时代课题和伟大飞跃，也充分考察 20 世纪世界社会主义发展的得失成败，站在十月革命百年回首的历史高度，阐发了对十月革命历史地位的系统评价。刘奇葆指出：十月革命建立人民当家作主的国家制度，人民民主真正成为现实。从此以后，社会主义作为一种崭新的社会形态和社会制度登上历史舞台，引领着人类社会的发展方向。十月革命的胜利，有力推动了殖民地半殖民地国家的民族解放运动，加速了世界范围内帝国主义殖民体系的整体瓦解，深刻改变了国际力量对比和世界格局。① 黄宗良也赞同十月革命开启了人类历史的新纪元，还强调"十月革命在人类历史上的意义，从根本上说，探索了一条经济文化不发达国家实现现代化的非资本主义道路"。② 董德兵、朱豪媛在世界社会主义五百年的视域下概括十月革命的历史意义：十月革命建立了人类历史上第一个以公有制为基础的无产阶级专政的国家，开创了世界历史新时代；十月革命极大地鼓舞了世界无产阶级的革命斗志，开辟了世界无产阶级革命新纪元。十月革命验证并丰富发展了马克思主义，改变了现代社会发展进程③。严书翰认为十月革命胜利开辟了两个"历史发展新纪元"：一是开辟人类历史的新纪元。十月革命堪称人类历史上最为深刻的社会革命，开始了从资本主义向社会主义及其更高历史阶段的过渡，开辟了帝国主义和无产阶级革命时代，是世界近代史的终结和现代史的开端。二是社会主义历史发展的新纪元。列宁领导十月革命取得胜利，既解答了"经济文化比较落后的俄国能否先于发达国家进行以实现社会主义为目标的革命"问题，也解答了"经济文化比较落后的俄国革命胜利后能否建立起无产阶级政权和社会主义制度"的问题，实际上解决了经济文化比较落后国家能否先于发达国家走上社会主义

---

① 刘奇葆：《十月革命与中国特色社会主义》，《党史文汇》2017 年第 11 期。

② 黄宗良：《十月革命的胜利使社会主义从理论变成现实》，《中国党政干部论坛》2020 年第 9 期。

③ 董德兵、朱豪媛：《十月革命的伟大意义和历史启迪》，《党建研究》2017 年第 10 期。

道路的历史性课题。① 高放教授曾经将十月革命胜利的重大历史意义概括为"四个历史发展新纪元",十月革命百年之际作出"四重世界历史意义"的新概括:开创了不发达国家首先实现社会主义的新局面,开创了不发达国家实现社会主义现代化的新模式,为各国劳动人民开创了如何依据本国国情探索社会主义的新道路,为各国社会主义政党开创了如何把马克思主义、科学社会主义时代化、本土化和大众化的新范例。② 袁银传、田亚则从科学真理性和道义正当性两个维度解析十月革命的历史意义:"十月革命的胜利,从实践上验证了马克思、恩格斯'两个必然'思想的科学性和真理性,开辟了人类历史的新纪元;打破了资本主义'一统天下'的局面,颠覆了资本发展逻辑和'单向度性',彰显了人类文明发展道路的多样性;有效遏制了帝国主义的侵略和战争,加速了帝国主义殖民体系的瓦解和崩溃,推动了人类和平事业的发展;深刻改变了世界历史的发展进程和前进方向,推动了人类文明的发展和进步。"③ 此外,学者还从社会主义建设百年史④、全球化历史进程⑤的角度看对十月革命的历史地位展开新的研究。

十月革命的历史规律。在以往研究中关于十月革命的历史必然性、革命性质等基础上,近年来学者们更多地从科学社会主义基本原理、人类社会发展的历史规律、十月革命的内在逻辑等方面深化研究。周新城强调:"十月革命道路就是实现科学社会主义基本原则的道路,其本质就是科学社会主义。只要承认马克思恩格斯提出的科学社会主义基本原则是科学的、正确的,就必然认为十月革命道路是正确的。"⑥ 梁树发更全面、系统地从四个方面论述了十月革命的合理性和历史规律:"革命的发生固然需要一定的物质

---

① 严书翰:《开辟人类历史和社会主义历史发展的新纪元》,《党建研究》2018 年第 3 期。

② 高放:《第一次社会主义革命俄国十月革命一国首胜》,《延安干部学院学报》2015 年第 6 期。

③ 袁银传、田亚:《论十月革命的世界历史意义》,《思想理论教育》2017 年第 9 期。

④ 俞良早:《100 年社会主义建设史的"五个环节"和习近平的重要论述》,《理论与改革》2019 年第 4 期。

⑤ 朱可辛:《十月革命与全球化进程》,《党政研究》2017 年第 4 期。

⑥ 周新城:《能说"十月革命道路是行不通的"吗?》,《延安大学学报》2017 年第 6 期。

技术基础，但它不是决定革命发生的唯一条件，不能因为俄国经济落后于发达国家就否认十月革命的合理性；革命是一个总体过程，不排除各国革命发生在形式或顺序上有其特殊性，政治革命先于产业革命和社会革命并不违背革命发生和发展的规律；两种社会形态在同一技术基础上的重叠是一种合规律性现象，重叠不能成为否定后一（新）社会形态产生的根据；十月革命是俄国的，也是世界的，是世界历史发展的结果。"① 关于十月革命的内在逻辑，贾淑品、沈文娟概括为理论和实践的"双重逻辑"：十月革命的发生既符合革命发生的理论逻辑，是生产力与生产关系矛盾发展导致的必然结果，又符合在内忧外患特殊的历史条件下，俄国革命发生的实践逻辑。十月革命，是历史发展的客观规律性与主体选择性共同作用的结果。② 余金成概括为两大实践逻辑：一是革命逻辑，即当人民"毫无出路"时，布尔什维克党应该选择社会主义道路以帮助人民摆脱困境；二是建设逻辑，即"在工农政权和苏维埃制度基础上赶上别国人民"。③ 王力概括为革命逻辑、理论逻辑和世界逻辑的三重逻辑④。于沛进一步上升到历史辩证法的高度，认为十月革命是近代世界历史矛盾运动的规律性结果。这场革命体现的历史的必然性和偶然性、历史的统一性和多样性，生动揭示了人类历史进步趋势不可逆转的伟大真理。十月革命在经济文化相对落后的俄国取得胜利，实现了社会主义理论、社会主义运动，和社会主义的社会制度的统一，在实践中丰富和发展了科学社会主义理论，推动了世界社会主义运动的蓬勃发展。十月革命的胜利，是列宁主义的胜利，是历史辩证法的胜利。⑤

十月革命的评价原则。学界普遍认同百年之后评价十月革命必须秉持实事求是的精神，在既坚持又发展的统一中不断探索和完善评价原则。李

① 梁树发：《论十月革命发生的合理性》，《马克思主义研究》2020 年第 6 期。

② 贾淑品、沈文娟：《十月革命的双重逻辑与苏联解体》，《前沿》2018 年第 2 期。

③ 余金成：《十月革命两大实践逻辑及其当代意义》，《社会主义研究》2017 年第 3 期。

④ 王力：《十月革命发生的三重逻辑》，《福州大学学报（哲学社会科学版）》2018 年第 5 期。

⑤ 于沛：《十月革命和世界历史进程》，《史学理论研究》2017 年第 3 期。

景治认为，既不要脱离实际地拔高它的历史地位、夸大它的历史作用、神化它的历史经验；也不要人为地贬低它的历史地位、否定它的历史作用、丑化它的历史经验。我们既要坚决继承和发展经过十月革命检验了的马克思列宁主义基本理论，坚持十月革命的理想信念和英勇奋斗、开拓创新的精神；又要注意防止僵化马克思列宁主义、简单照搬十月革命的一些具体做法。① 肖枫认为，必须全面把握好两个方面：一是要坚决反对攻击和污蔑十月革命的种种错误言行，继续坚持十月革命开辟的社会主义时代和道路；二是决不能因循守旧、思想僵化，必须根据新的历史条件、时代特征和基本国情，丰富和发展十月革命的道路和经验。两个方面缺一不可。② 柴尚金认为，与时俱进地研究十月革命，要根据今天社会主义多样性和差异性特点来把握十月革命的当代意义，在资本主义与社会主义两种制度的对立统一中认识俄国十月革命的历史价值。③ 严书翰强调，要防止两种倾向，坚持两条根本原则：一种倾向是因为当今时代主题发生了根本变化，因为苏联由于从改革走向改向导致国亡政息，而不敢理直气壮地总结、分析和宣传十月革命胜利的经验及其世界历史意义。另一种倾向是为了宣传十月革命胜利的经验和世界历史意义，而忌讳讲中国革命具体道路与十月革命具体道路的不同，忌讳讲十月革命后逐步形成的苏联模式的严重弊端，忌讳讲中国特色社会主义道路是对苏联模式的超越。我们要坚持两条根本原则：一是坚持不忘初心，不能忘记十月革命给我们送来了马列主义，不能忘记中国革命是走十月革命总道路才取得成功，不能忘记十月革命启示我们要把马列主义基本原理同经济文化比较落后国家的实际相结合，率先走上社会主义道路。二是保持政治定力，应该坚信由马克思、恩格斯揭示的并为十月革命胜利所证明的社会主义必然最终代替资本主义的规律并没有过时，坚信作为十月革命继续的中国革命的胜利，奠定、推动并最终形成了中国

---

① 李景治：《牢记十月革命的历史贡献》，《南京政治学院学报》2017 年第 1 期。
② 肖枫：《论中国对"十月革命道路"的总体态度和基调》，《科学社会主义》2017 年第 3 期。
③ 柴尚金：《如何评估俄国十月革命的当代意义》，《中国矿业大学学报》2017 年第 5 期。

特色社会主义，它的进一步发展一定会对当今人类社会作出更大的贡献。①
刘军在考察海外十月革命评价的纷争中，提出正确评价十月革命的基本
原则：普遍性和特殊性相统一的原则、历史尺度和道德尺度相统一的原则、
历史和现实相统一的原则。②蒲国良提出，在建设中国特色社会主义的大背
景下重构中国特色的十月革命话语体系，必须注意：第一，新的话语体系
应当是中国话语，不要被俄国话语绑架。第二，新的话语体系应当是社会
主义话语，不要被其他话语所挟持。第三，新的话语体系应当是建设性话
语，不要被革命史观所困扰。第四，新的话语体系应当是创新性话语，不
要被传统教条所束缚。③

（二）社会主义从革命到建设、从一国到多国

苏联模式的界定和评价。学界研究集中争鸣在"苏联模式""斯大林模式"
的概念辨析和弊端评价两个方面。

概念辨析。"苏联模式"和"斯大林模式"在国内外研究中广泛使用，
然而对两个概念的外延和内涵的界定存在很大差异和分歧，势必影响历史研
究的认同和深化。对于"苏联模式"和"斯大林模式"之间的关系，近年研
究中仍然体现为不同观点的争鸣。吴恩远从外延和内涵上比较了两个概念的
异同：就外延即时间来看，"苏联模式"应当包含从苏联建立（甚至包括十
月革命后建立的俄罗斯联邦时期）到苏联解体这段时间，"斯大林模式"仅
仅包含从斯大林执政开始直到 1953 年斯大林逝世这段时期。就内涵即政治
体制和经济体制来看，"斯大林模式"本质上与"苏联模式"是一致的，虽
有区别，但相同大于区别。④肖枫认为，"苏联模式即斯大林模式"，但坚决
反对将其与苏联社会主义制度和实践"同一化""同质化"，鲜明主张"苏联

---

① 严书翰：《全面认识中国革命要走俄国人的路》，《理论探索》2017 年第 5 期。

② 刘军：《正确评价十月革命的基本原则》，《决策与信息》2017 年第 10 期。

③ 蒲国良：《重构中国特色十月革命话语体系》，《探索与争鸣》2017 年第 9 期。

④ 吴恩远：《"斯大林模式"与"苏联模式"的界定和评价》，《长江师范学院学报》2020 年第 1 期。

模式"就是列宁逝世后斯大林在社会主义建设中形成的"高度集中的政治经济体制";通俗的说法,也就是斯大林"搞社会主义的那种搞法"。如果从结构上看,苏联模式是苏联在社会主义"基本制度"确立以后,所选择的搞社会主义的一种"具体体制"①。周新城、梅荣政提出了不同的观点认为,苏联社会主义模式或"斯大林模式",是苏联人民在以斯大林为首的苏联共产党的领导下,在实现社会主义工业化和农业集体化过程中,把科学社会主义基本原则同苏联具体国情相结合,形成的一整套社会主义的制度。斯大林和苏联社会主义模式,不管是取得的成就还是所犯的错误,都是共产党人在探索社会主义建设道路过程中出现的,都是国际共产主义运动中的宝贵财富。②孔寒冰、陈参强调用"苏联模式而不是斯大林模式",并认为"苏联模式"的实质是落后国家能不能和怎样进行社会主义建设的问题。从根本上说,苏联模式失败是对什么是社会主义和怎样建设社会主义的探索不成功,而不仅仅是斯大林个人的失误。③

弊端评价。黄宗良将苏联模式的弊端概括为"八重八轻"和"三个垄断"。"八重八轻"是对苏联模式的发展观念和发展道路的概括,即重政治轻经济、重工轻农、重重工轻轻工、重计划轻市场、重速度轻效益、重军工轻民用、重积累轻消费、重国家利益轻个人利益。"三个垄断"是借用俄罗斯共产党主席久加诺夫的概括:政治权力垄断,整个国家的权力垄断到一党手里,而党内民主和监督的缺失又导致党内权力集中到领袖个人手中;经济垄断通过指令性的计划经济来垄断整个的国民经济;意识形态垄断,垄断了思想,搞禁锢主义。④李景治认为在世界新科技革命、经济全球化、民主化浪潮下,"苏联模式"的弊端越来越明显:第一,苏联传统的经济制度和管理模式难以持续解放生产力;第二,苏联传统的政治体制和社会治理体系难以持续调动人

① 肖枫:《不要把"苏联模式"当作"筐"》,《科学社会主义》2014年第2期。
② 周新城、梅荣政:《关于苏联模式研究的两个问题》,《思想理论教育》2013年第8期。
③ 孔寒冰、陈参:《苏联模式的实质和时空性反思》,《当代世界与社会主义》2016年第1期。
④ 黄宗良:《从苏联模式到中国道路》,北京大学出版社2014年版,第394—395页。

们的政治积极性；第三，社会主义国家长期闭关锁国，影响了经济发展和社会建设。① 陆南泉从政治和所有制两个视角概括"苏联模式"的特点：政治体制上最主要的、基本的特点是高度集权；经济体制上最大特点归结为管理权限的高度集中化，管理方法的高度行政化。不论从政治还是从经济上看，斯大林模式与马克思主义经典作家的设想相距甚远，它不可能到达科学社会主义的彼岸。②

苏联模式与中国特色社会主义。学界的研究主要依托历史和理论两个视角展开：历史的视角是在中国对苏联模式的认识和态度不断发展的曲折历程中，评价中国特色社会主义对苏联模式的扬弃和超越，理论的视角是在社会主义建设的各个领域、维度和方面上直接比较苏联模式和中国特色社会主义的本质差异。

在历史的视角下，徐元宫梳理了中国共产党两代领导集体对苏联模式的认识发展过程认为，以毛泽东同志为核心的党的第一代中央领导集体对苏联模式的认识未能成功突破苏联模式的束缚，以邓小平同志为核心的党的第二代中央领导集体对苏联斯大林社会主义模式的弊端和缺陷及其危害具有切身体会和深刻认识，领导中国特色社会主义在五个方面真正突破了苏联模式：第一，突破苏联斯大林社会主义模式的封闭性，实行全方位的对外开放政策；第二，突破"以阶级斗争为纲"，实行以经济建设为中心；第三，突破苏联僵化模式的束缚，把改革作为促进社会主义发展的动力；第四，突破国际共产主义运动"中心论"，开展彼此平等、互相尊重的党际交往；第五，突破计划经济和市场经济的制度属性，实行社会主义市场经济。③ 郭春生在历史的梳理中主要突出了 1978 年思想解放运动的重大历史意义，并将中国特色社会主义的深化改革概括为以社会本位、以社会为中

---

① 李景治：《世界社会主义运动由高潮转入低潮的几点思考》，《当代世界与社会主义》2016 年第 1 期。

② 陆南泉：《十月革命后形成的苏联模式剖析》，《探索与争鸣》2017 年第 7 期。

③ 徐元宫：《试论中共对苏联模式的认识和突破》，《毛泽东邓小平理论研究》2014 年第 2 期。

心的社会主义改革。[①]

在理论的视角下，高继文将苏联模式社会主义和中国特色社会主义作为现实社会主义发展进程中的两个阶段、两种形态进行横向对比，概括了三个方面：(1) 在建设社会主义的指导思想和理论基础上，苏联模式社会主义以马克思恩格斯所论述的共产主义第一阶段的社会主义思想为指导，脱离了国情，违背了社会发展规律；中国特色社会主义坚持和发展马克思主义，以社会主义初级阶段理论为总依据，符合中国实际和时代特征，揭示了落后国家建设社会主义的规律。(2) 在社会主义发展道路和战略上，苏联具有明显的备战色彩，主要以国家独立、安全和对外扩张为目标，没有实现经济社会全面发展，更没有做到国强民富；中国对内以人为本，以经济建设为中心，大力改善民生，以建设富强民主文明和谐的社会主义现代化国家为目标，对外奉行和平外交政策，走上了科学发展之路。(3) 在社会主义基本制度和体制模式上，苏联模式社会主义没有处理好坚持基本制度与改革具体体制的关系，长期不改革，最后的结果是从根本上放弃了社会主义制度；中国在坚持社会主义基本制度前提下，深刻改革体制机制上的弊端，初步建立起充满生气活力、利于发展的体制模式。[②] 徐崇温从时代主题"战争与革命"转换到"和平与发展"的条件下社会主义现代化道路的比较中，认为中国特色社会主义在七个方面超越了苏联模式：中国道路的和平发展，超越了苏联模式与资本主义美国的军备竞赛；中国道路的改革开放，超越了苏联模式的僵化与封闭；中国道路的建设对资本主义具有优越性的社会主义论，超越了苏联模式的低标准社会主义；中国道路的社会主义初级阶段论，超越了苏联模式的超越发展阶段；中国道路的社会主义市场经济论，超越了苏联模式的指令性计划经济；中国道路的统筹兼顾，超越了苏联模式片面强调优先发展重工业导致的国民经济比例失调；中国

---

① 郭春生：《论中国特色社会主义对斯大林模式的突破与创新》，《廊坊师范学院学报（社会科学版）》2014 年第 5 期。

② 高继文：《现实社会主义的两种发展形态》，《山东师范大学学报（人文社会科学版）》2016 年第 2 期。

道路的依法治国论，超越了苏联模式的严重破坏社会主义法制。[①] 肖枫结合了历史和理论两个视角，认为中国已经全面扬弃并超越了斯大林模式：一是完整地提出了"社会主义本质"理论，彻底否定了"斯大林模式"脱离生产力发展水平而单凭生产关系来谈论社会主义的观念；二是明确了社会主义发展的长期曲折性，认识到中国将长期处于"社会主义初级阶段"，彻底纠正了急于求成、超越发展阶段的思想；三是明确了计划和市场都是手段，不是社会主义与资本主义的本质区别，彻底否定了"计划经济体制"这一斯大林模式的核心和基础；四是在政治体制方面进行了一系列改革，形成了与斯大林政治体制不同的新体制。[②]

（三）社会主义革新不断拓展

第二次世界大战后世界社会主义改革浪潮。第二次世界大战后，社会主义由苏联一国发展为世界多国。这些国家在苏联的巨大影响下走上社会主义道路，也基本按照苏联模式进行了社会主义改造并开展社会主义建设。但是，苏联社会主义模式是战争与革命时代的社会主义，在和平与发展日益成为世界主题的时候，社会主义国家的改革提上了日程。学者们对第二次世界大战后世界社会主义改革浪潮的分析主要集中在改革浪潮的起点、不同阶段、新世纪发展等方面。黄宗良在概括社会主义改革 60 年时认为，"苏共二十大"打破了社会主义只有苏联一种模式的迷信，开启了范围广泛的社会主义体制改革的新篇章。[③] 胡振良同样认为：以苏共二十大为标志，体制改革和模式转换始终是贯穿其后 60 年社会主义历史的一条"红线"。[④] 郭春生在《二战后社会主义国家第一次改革浪潮辨析》中也曾将社会主义改革的起点酌定在 1956

---

① 徐崇温：《中国道路对苏联模式社会主义现代化的超越》，《中国浦东干部学院学报》2016 年第 2 期。

② 肖枫：《论中国特色社会主义与斯大林模式》，《科学社会主义》2015 年第 5 期。

③ 黄宗良、项佐涛、古明明：《热话题与冷思考——关于"社会主义改革 60 年：从苏联模式到中国道路"的对话》，《当代世界与社会主义》2016 年第 1 期。

④ 胡振良：《从历史过程审视"苏共二十大"及其意义》，《当代世界与社会主义》2016 年第 1 期。

年的苏共二十大，但在 2019 年将社会主义改革的起点提前到了 1949 年。① 郭春生认为，世界社会主义改革的第一波浪潮从 1949 年到 1968 年，其间出现了三个波峰，分别是：1956 年苏共二十大以及波兰和匈牙利的改革，60 年代初"列别尔曼计划"经济体制改革到柯西金的"新经济体制"，1968 年捷克斯洛伐克全面改革的"布拉格之春"以及柯西金"新经济体制"改革成绩卓著。世界社会主义改革第二波浪潮从 1978 年到 2010 年，出现了两个波峰一个低谷，分别是：1978 年中国共产党十一届三中全会做出了改革开放的伟大决策，1985—1986 年苏联、老挝、越南以及东欧社会主义国家汇入社会主义改革洪流。从 1989 年到 1991 年，苏联东欧国家的改革遇到巨大困难并最终失败使世界社会主义国家的改革跌入了谷底。② 潘金娥进一步深化了东欧剧变、苏联解体后社会主义国家改革的研究，在对比中国、越南、古巴、老挝、朝鲜等国在改革起点和改革认识、经济体制改革、政治系统变革等异同后，认为社会主义五国在坚持马克思主义的前提下，根据本国的实际情况进行了独立探索，并且在探索中总结出新的理论认识，创新和发展了马克思列宁主义，赋予了马克思主义新的生命力和世界社会主义新的前景。③

苏联改革的历史启示。国内对苏联历史和苏联改革的研究历经较长的发展过程，取得了丰富的研究成果，近年来的研究主要展现为系统性、历史性的回顾和总结，黄宗良教授的《从苏联模式到中国道路》是这一时期的重要著作，黄宗良、项佐涛、古明明认为苏联改革 35 年的历程中，历经赫鲁晓夫改革、勃列日涅夫变革到戈尔巴乔夫的政治改革演变为政治剧变最终国家解体"虽未成功，但有遗产"。④ 李永全将苏联改革的历史概括为："从冒进

---

① 郭春生：《试析二战后社会主义改革的两次浪潮》，《当代世界与社会主义》2016 年第 1 期。
② 郭春生：《中国特色社会主义在战后世界社会主义改革中的地位和作用》，《理论与改革》2019 年第 1 期。
③ 潘金娥：《当代社会主义的探索、创新与发展》，《马克思主义研究》2018 年第 3 期。
④ 黄宗良、项佐涛、古明明：《热话题与冷思考——关于"社会主义改革 60 年：从苏联模式到中国道路"的对话》，《当代世界与社会主义》2016 年第 1 期。

的赫鲁晓夫到保守的勃列日涅夫，再到过渡性的安德罗波夫，最终戈尔巴乔夫的激进改革从根本上改变了苏联的基本政治制度。"①陆南泉认为改革苏联模式、实现国家现代化必须集中解 6 个相互关联、相互影响的问题：政治民主化，成为法治国家；经济运行机制必须从高度集中的指令性计划经济体制转向市场经济体制，即经济市场化；转变落后的、不可持续发展的经济增长方式，经济的增长主要依赖于科技进步，即要成为创新型经济；改变经济发展模式与调整不合理的经济结构，形成现代化的经济体系；转变文化、观念与思想意识，即实现人的现代化；融入世界经济体系，成为开放型国家，处理好与发达国家的关系。②

东欧改革。与对苏联改革、中国改革开放的研究相比，国内东欧社会主义国家改革研究尚不深入，相关研究主要是点明了东欧国家改革的时代背景、历史必然性和发展的曲折性。郭春生认为，苏联模式在东欧国家确立的过程中已经显示出种种的社会不适症。在改革中，苏联的国家民族主义、大党主义、大国主义严重干扰了东欧国家的改革进程，将南斯拉夫开除出共产党情报局、压制波兰改革、出兵镇压匈牙利、捷克斯洛伐克改革等。③孔寒冰认为，东欧国家"完全照抄照搬苏联模式、接受苏联的领导与尊重本国国情、实现本民族利益相违背，探索一条适合自身特点的社会主义道路、寻求主权独立和与苏联的平等关系又受时代条件和国际环境的制约。这样一来，冲破苏联模式、摆脱苏联的控制和要求独立自主就成了这一时期东欧社会发展的一条主线"。④

---

① 李永全：《苏联改革历史回顾——从赫鲁晓夫到戈尔巴乔夫》，《当代世界与社会主义》2016年第 1 期。

② 陆南泉：《苏联时期体制改革与现代化关系的分析》，《中国浦东干部学院学报》2018 年第 5 期。

③ 郭春生：《二战后社会主义国家第一次改革浪潮辨析》，《当代世界与社会主义》2018 年第 2 期。

④ 孔寒冰：《大国阴影下的东欧社会转型历程》，《人民论坛·学术前沿》2014 年第 10 期。

四、当代世界社会主义的历史方位研究

（一）当代世界社会主义的新变化、新特点、新态势

国内学者从 21 世纪世界社会主义运动的回潮和 2008 年金融危机后资本主义经济低迷的对比中，探究和总结了世界社会主义的新变化。聂运麟认为，当前世界社会主义运动的目标、策略、阶级力量配置、国际合作与团结的形式以及与其他社会运动的关系等发生了深刻的全面的变化，各国共产党对当代资本主义、马克思主义的认识也发生了变化，与此相适应各国共产党的工作方式和工作方法等方面都发生了新变化。正是这些变化使得世界社会主义运动开始转型，各国社会主义力量都在致力于探索"建设具有本国特色的社会主义"。[1] 邓纯东认为，世界社会主义主要有三个方面的变化：一是社会主义国家共产党、左翼政党以金融危机为契机，对以往社会主义模式进行研究和反思，独立自主探索、实现和发展社会主义道路。二是资本主义国家共产党、左翼政党更加重视议会斗争的形式，通过和平方式争取自己的权利。三是世界社会主义运动的国际合作形式出现新变化，当代世界共产党积极发展多边、双边关系，进行密切交流。[2] 季正矩认为，世界社会主义亮点、亮色不断，局部有新发展和新突破。中国特色社会主义的示范效应在不断增长，拉美社会主义有了新发展，发达国家社会主义运动逐步兴起，左翼运动、国际联合的合作趋势得到加强。世界社会主义运动趋于多元化、多样化、自主性。[3]

与此同时，学者们还概括了 21 世纪世界社会主义运动的新特点。赵曜

---

[1] 聂运麟：《世界社会主义运动发展的现状及面临的挑战》，《思想理论教育》2016 年第 11 期。

[2] 参见王建国、刘苑东、杨林刚：《金融危机以来的世界社会主义——第三届国际共产主义运动论坛综述》，《社会主义研究》2015 年第 3 期。

[3] 王建国、刘苑冬、杨林刚：《金融危机以来的世界社会主义——第三届国际共产主义运动论坛综述》，《社会主义研究》2015 年第 3 期。

称之为 21 世纪社会主义的新理念，即探索性和开拓性、长期性和曲折性、世界性和民族性、一元性和多元性，规定性和开放性。① 王怀超认为，21 世纪世界社会主义发展的基本特点是：全球化成为世界社会主义发展的大舞台；多元性和多样性成为世界社会主义运动的常态；正确处理人与自然关系成为世界社会主义的重要议题；实现现代化成为 21 世纪世界社会主义的历史使命；中国特色社会主义成为世界社会主义运动的主要推动力。② 吴丽萍、王蔚概括的新特点是：世界社会主义国家改革亮点纷呈，呈现各自特色；世界社会主义流派纷呈，更加多元化和多样化；世界社会主义研究不断升温，影响正在持续扩大，世界社会主义制度不断完善，优越性不断凸显。③

对于 21 世纪世界社会主义的未来趋势和发展态势，学者们普遍持稳妥的积极性态度。赵曜认为，21 世纪世界社会主义从回升走向复兴，依次经过社会主义国家、发展中国家和发达资本主义国家，展现了大势所趋和历史必然。④ 王怀超认为，世界社会主义运动正处在转折期，拉美地区左翼运动的崛起、发达国家日益活跃的新社会运动、前苏东地区方兴未艾的左翼运动，尤其中国特色社会主义的蓬勃发展，已经预示着世界社会主义的复兴。⑤ 聂运麟认为，当前世界社会主义运动正在缓慢地和持续地向前发展，正处在为未来变革时代作和平准备的阶段。⑥ 在关于发展态势的研究中，学者们提出了"新常态"的研究理念和新概念。姜辉认为，世界社会主义发展的新常态是四个时期的相互叠加：一是世界范围内抗议和变革资本主义的运动集中爆发的历史时期；二是马克思主义的本土化、民族化趋势与加强协调联合的国际化趋势并存发展期；三是中国特色社会主义成为世界社会主义的旗帜且处于引导、示范作用上升期；四是处于新一轮衰退期的世界资本主义

① 赵曜：《21 世纪世界社会主义将走向何处》，《党建》2014 年第 1 期。
② 王怀超：《当代世界社会主义的现状及发展态势》，《科学社会主义》2018 年第 2 期。
③ 吴丽萍、王蔚：《21 世纪世界社会主义现状追踪分析》，《湖南师范大学学报》2016 年第 2 期。
④ 赵曜：《21 世纪世界社会主义将走向何处》，《党建》2014 年第 1 期。
⑤ 王怀超：《当代世界社会主义的发展态势》，《当代世界与社会主义》2014 年第 5 期。
⑥ 聂运麟：《论世界社会主义运动在当代发展的新趋向》，《马克思主义研究》2013 年第 12 期。

与处于新一轮上升期的世界社会主义之间的竞争和博弈更趋激烈。① 王建国等认为，多元化是世界社会主义运动的常态。实际上从社会主义诞生以来，就是多元的，只是多元化的程度有差异。多元化是一种状态，一种趋势，也是一件好事。胡振良认为要从技术经济形态进一步认识世界社会主义的发展，社会形态可以从多元多层次来把握，而社会经济形态从来都是社会形态的基础。②

（二）当代世界社会主义的新困难、新挑战

关于世界社会主义发展的新困难和新挑战，蒲国良概括为九个方面：资本主义的反向挑战、社会主义国家现实定位的挑战、历史遗产带来的挑战、全球化的挑战、民主化的挑战、网络化的挑战、制度化的挑战、本土化的挑战、世俗化的挑战。③ 姜辉从现实社会主义运动的考察出发，概括的新问题和新挑战是：其一，从世界资本主义与社会主义力量对比的总的态势看，"资强社弱"的态势还没有根本改变。其二，共产党等社会主义政党组织在各国政治舞台上仍然处于受排斥甚至边缘化的地位，其观点主张政策很难影响本国政府决策。其三，大部分西方社会主义政党和力量对社会运动的领导力和影响力还相对薄弱，难以有效引导不满于危机和反对资本统治的群众运动。其四，全球工人阶级处于"自在"状态，尚未明显形成全球性的工人阶级意识，工人阶级处于分散状态且彼此竞争冲突，这严重制约着世界社会主义运动的深入开展。④ 柴尚金认为，尽管21世纪以来西方资本主义国家陷入制度性困境而不能自拔，世界社会主义运动亮点纷呈，中国特色社会主义日渐成为世界社会主义中流砥柱。然而，从总体上看，当今世界"资强社弱"格局

---

① 姜辉：《21世纪世界社会主义在变革发展中走向振兴》，《中国党政干部论坛》2020年第9期。

② 王建国、刘苑东、杨林刚：《金融危机以来的世界社会主义——第三届国际共产主义运动论坛综述》，《社会主义研究》2015年第3期。

③ 蒲国良：《世界社会主义五百年回眸》，《科学社会主义》2016年第2期。

④ 姜辉：《当前世界社会主义正进入谋求振兴期》，《人民论坛》2016年第9期。

不会因发生某一国际事件或危机而产生根本性转变，社会主义取代资本主义仍将是一个长期的过程。就发达国家的共产党和左翼力量来说，挑战在于积极参加选举但吸引力不足，重视党的自身建设但积弊深重，扩大左翼联合战线但实现团结合作任重道远，争取中下层民众广泛支持但短期内很难摆脱民粹主义的消极影响。就其他社会主义力量来说，还难以摆脱在世界资本主义的包围中生存发展、缺失国际话语权等现实困难。①

五、关于国际共产主义运动史研究

东欧剧变、苏联解体后，国际共产主义运动遭受严重挫折，"世界社会主义"概念被频繁使用，研究界一度出现了以"世界社会主义"替代"国际共产主义"的趋势，国际共产主义运动史研究及其学科建设面临着边缘化甚至被取消的现实境遇。研究界在充分肯定国际共产主义运动史的历史存在和现实变化的同时，历史梳理国际共产主义运动史研究的发展阶段和重要成果，对国际共运史的研究内容和学科归属提出了新探讨、新观点、新佐证，对于正确认识世界社会主义与国际共产主义的相互关系具有重要意义。

（一）关于国际共产主义运动的历史和现状

学者们普遍认为，国际共产主义运动存在和发展的历史是不容否定的。王学东等认为："传统意义上的国际共产主义运动虽然没有了，但国际共产主义运动史却仍然存在并将永远存在。"② 关于国际共产主义运动的发展现状，学者们普遍着眼于新变化的研究视角。高放认为，当今国际共运没有统一集中的国际组织领导、没有国际共运的领导中心，但是当今国际共运依然是存在的。刘淑春认为，国际共产主义运动过去、现在都是存在的，只

---

① 柴尚金：《机遇与挑战并存：当今世界社会主义发展前景》，《党政研究》2020 年第 3 期。
② 王学东、邓岩：《"国际共产主义运动史"与"世界社会主义"的关系——访王学东教授》，《社会主义研究》2018 年第 6 期。

是因为时代的发展、国际政治力量格局的改变，它的表现形态与以往不同了。聂云麟将国际共产主义运动的转型概括为从"三个一"（一个国际中心领导、走唯一革命道路、建设统一社会主义模式）转变为"三个本"（由本国共产党独立自主领导，走符合本国国情的革命道路，建设具有本国特色社会主义）。①

（二）关于国际共产主义运动史研究的发展成果

蒲国良概括了国际共运史学 70 年的发展历程：20 世纪 50 年代初至 60 年代中期是国际共运史学形成和初步发展阶段；60 年代中期至 70 年代末是遭遇挫折和扭曲发展阶段；70 年代末至 80 年代末是拨乱反正之后的大发展大繁荣阶段；80 年代末至 21 世纪头十年是转型发展时期；21 世纪第二个十年以来，国际共运史学的发展基本上恢复常态，进入常轨。②

张光明回顾了改革开放四十年间国际共运学科发展的历史阶段和成果：第一阶段是 70 年代末到整个 80 年代，国际共运史研究创造了繁华开放的新局面，尤其在第二国际研究、第三国际研究、苏联问题研究等方面，研究进展是显著的、影响是深远的。第二阶段是 90 年代，国际共运史学科的研究范围扩大了，研究深度也有进步。第三阶段是 21 世纪第一个十年，出现了一批研究世界社会主义总体历史进程的著作，苏联历史研究继续向前，在西欧社会党、共产党、"第三条道路"、西方新社会运动、当代资本主义研究等方面、在亚非拉各种社会主义和左翼运动研究方面，都有较显著的进展。第四阶段是近十年来，研究的方向进一步多样化，研究成果更加深入和细致，视野也更加扩大，还出现了一些部头较大的著作和流传较广的高校教材。③

---

① 潘金娥：《走向科学社会主义更加光明的未来——近年来国际共产主义运动学科与世界社会主义研究重大问题讨论综述》，《学术前沿》2019 年第 8 期。

② 蒲国良：《国际共产主义运动史学发展 70 年》，《当代世界与社会主义》2020 年第 5 期。

③ 张光明：《国际共运学科四十年回顾》，《福建师范大学学报（哲学社会科学版）》2019 年第 3 期。

（三）关于国际共产主义运动史的研究内容和学科归属

在梳理历史发展和研究进展的基础上，国际共产主义运动史学界更加坚定了学科发展的信心，对研究内容和学科归属进行了更加广泛、深入的讨论。王学东等建议，"应当用当代世界社会主义来延续或补充国际共产主义运动史，两者合起来可以称作'国际共产主义运动史和世界社会主义学科'"①。潘金娥认为，"对国际共运的研究从历史扩展到现实，并结合理论与实践、社会主义与资本主义进行整体性研究"，建议"将科学社会主义与国际共产主义运动"升级为一个独立的一级学科。② 黄蕊概述了北京市国际共运史学会 2012 年学术年会的专家观点，总结提出搞清楚国际共运史同科学社会主义、马克思主义发展史、国际工人运动史、世界社会主义发展史的四重关系，对国际共产主义运动史的研究领域、研究范畴、研究问题等学科基本问题进行了新的探索和展望。③

六、科学社会主义经典文献研究

（一）《共产党宣言》与"两个必然"

研究者形成了较为普遍的共识，即《共产党宣言》标志着马克思主义、科学社会主义的创立，是系统阐明科学社会主义基本原则的第一篇经典著作。尤其是"资产阶级的灭亡和无产阶级的胜利是同样不可避免的"思想即"两个必然"思想，被公认是科学社会主义基本原则最核心、最经典的概括。

---

① 王学东、邓岩：《"国际共产主义运动史"与"世界社会主义"的关系——访王学东教授》，《社会主义研究》2018 年第 6 期。

② 潘金娥：《走向科学社会主义更加光明的未来——近年来国际共产主义运动学科与世界社会主义研究重大问题讨论综述》，《学术前沿》2019 年第 8 期。

③ 黄蕊：《当前国际共运史研究的发展和现状》，《当代世界与社会主义》2012 年第 5 期。

吴雄丞认为，《共产党宣言》是马克思主义理论宝库中的极品，是一部魅力永恒的经典名著。它标志着马克思主义的诞生，是共产党第一个周详的理论和实践的党纲。根据马克思主义的第一个纲领性文献《共产党宣言》的内容，他将科学社会主义基本原则归纳为六个方面：即社会历史发展不可逆转的总趋势——社会主义必然代替资本主义；共产党人的根本宗旨和历史使命——为绝大多数人谋利益；以及共产党人的主要经济纲领、共产党人的政治纲领、共产党人的思想文化纲领、共产主义革命的道路和目标。①

周新城始终坚持结合《共产党宣言》的历史纪年阐发科学社会主义的基本原则，在《共产党宣言》发表160周年、170周年之际，多次撰文认为，《共产党宣言》是第一次全面阐述科学社会主义基本原理的伟大著作，为世界社会主义指明了前进方向。马克思恩格斯创立的科学社会主义集中体现在《共产党宣言》里，我们只要认真读一下《共产党宣言》，就可以大体上把握科学社会主义基本原则。他认为，科学社会主义基本原则包括：一是马克思恩格斯提出的社会主义必然代替资本主义的结论。二是阶级斗争理论和阶级分析方法是马克思主义的基本原则，决不能放弃。三是无产阶级必须组织自己的政党，共产党应该是无产阶级政党，是科学社会主义基本原则。四是无产阶级要获得解放，成为社会的主人，首先要从资产阶级手里夺取政权，取得政治统治权。五是消灭私有制、建立公有制。②

秦刚认为，《共产党宣言》是科学社会主义的代表作和奠基作。《共产党宣言》第一次比较全面地阐述了科学社会主义的基本原理和基本原则，体现了马克思恩格斯在科学社会主义形成时期理论上的最高成就。尤其是它以党纲的形式出现，对社会主义运动的影响极大，是科学社会主义诞生

---

① 吴雄丞：《坚持科学社会主义基本原则走中国特色社会主义道路》，《科学社会主义》2008年第1期。

② 周新城：《必须坚持科学社会主义的基本原则》，《中共石家庄市委党校学报》2007年第10期；《必须毫不动摇地实行两个"最彻底的决裂"》，《中共石家庄市委党校学报》2008年第3期；《认清民主社会主义的本质，划清科学社会主义与民主社会主义的界限》，《毛泽东邓小平理论研究》2018年第9期。

的重要标志。秦刚从《共产党宣言》"实现人与社会的彻底解放"的主题、"什么是社会主义、怎样实现社会主义"的主线出发，总结了《共产党宣言》的基本思想、科学社会主义的基本原理，进而归纳出科学社会主义的六项基本原则。①

高放认为《共产党宣言》就是最早指明科学社会主义基本原则的马克思主义经典文献。②蒲国良认为，《共产党宣言》是国际共产主义运动史上第一个纲领性文献，也是世界社会主义运动史上一部极其重要的文献。马克思恩格斯的科学社会主义基本原则几乎都在这本著作中得到了或详尽或简略的阐明，至少也以萌芽的形式包括在其中。③

研究者在追溯《共产党宣言》的历史地位时，首要注重的是"两个必然"思想，并根据马克思在《政治经济学批判序言》中"两个决不会"的论述加以完整把握。其次，研究者还重点阐发了《共产党宣言》中的其他思想，包括阶级斗争理论和阶级斗争思想、批判空想社会主义等各种社会主义思潮的相关思想④、关于共产党人的党性原则等思想⑤，也将这些思想作为科学社会主义的基本原则。

（二）《社会主义从空想到科学的发展》与社会主义"置于现实的基础之上"

在追溯"两个必然"及"两个决不会"基本原理的同时，研究者也普遍关注到《共产党宣言》"序言"中的重要思想，尤其是1872年德文版序言："这些基本原理的实际运用，……随时随地都要以当时的历史条件为转移"⑥。研究者进而联系《社会主义从空想到科学的发展》中的经典表述："为了使社

---

① 秦刚：《从〈共产党宣言〉看社会主义在中国的发展》，《理论视野》2008年第8期。

② 高放：《〈共产党宣言〉的基本原则与中国特色社会主义》，《理论视野》2008年第7期

③ 蒲国良：《科学社会主义基本原则的首次系统阐发》，《社会科学研究》2018年第2期。

④ 严书翰：《科学社会主义基本原则与鲜明的中国特色》，《科学社会主义》2007年第6期。

⑤ 贾建芳、刘学军：《共产党人的宣言与中国特色社会主义》，《科学社会主义》2008年第1期。

⑥ 《马克思恩格斯选集》第1卷，人民出版社2012年版，第376页。

会主义变为科学，就必须首先把它置于现实的基础之上"①，进一步阐发现实性、实践性也是科学社会主义的基本原则。从文本依据上看，马克思、恩格斯使用科学社会主义概念正是从 19 世纪 70 年代末开始，科学社会主义区别于空想社会主义等社会主义思潮的严谨内涵，也正是在《社会主义从空想到科学的发展》中得到系统阐述。

贾建芳认为，把社会主义置于现实基础上，是马克思、恩格斯将空想社会主义转变为科学社会主义的根本经验，也是认识和实践社会主义的根本要求和根本方法。这是坚持社会主义的方法论原则。② 沈宝祥将《社会主义从空想到科学的发展》的基本思想概括为三个基本原则，即把社会主义当作科学来研究、把社会主义置于现实基础之上、社会主义是不断变化和改革的社会，作为实践社会主义的基本的指导原则，也是基本的方法。③

陈锡喜立足"科学社会主义与各种社会主义思潮特别是空想社会主义在世界观和方法论上的根本区别"，结合"科学社会主义"概念的源起和《社会主义从空想到科学的发展》关于社会主义思想史的概述，将"在批判旧世界中发现新世界"作为科学社会主义的最基本的原则。④ 严书翰也将科学社会主义对待空想社会主义等社会主义思潮的态度作为一项基本原则。他认为，在马克思、恩格斯所处时代，各种社会主义流派纷繁复杂而且影响甚大，这就有一个对待它们的基本态度即原则问题。马克思、恩格斯以"批判和超越的原则"，坚持用阶级和历史两条标准来剖析种种有代表性的社会主义流派。⑤

与《社会主义从空想到科学的发展》相关，研究者还阐述了在实践中对待其他社会主义流派、工人运动党派的原则，对待科学社会主义应坚持的

① 《马克思恩格斯选集》第 3 卷，人民出版社 2012 年版，第 789 页。
② 贾建芳：《什么是科学社会主义基本原则》，《学习时报》2008 年 1 月 28 日。
③ 沈宝祥：《什么是社会主义》，《马克思主义与现实》2008 年第 1 期。
④ 陈锡喜：《在批判旧世界中发现新世界》，《毛泽东邓小平理论研究》2008 年第 8 期。
⑤ 严书翰：《科学社会主义基本原则与鲜明的中国特色》，《科学社会主义》2007 年第 6 期。

"以历史的条件为转移"的原则、理论与实际相结合的方法论原则等。

（三）《哥达纲领批判》与社会主义的发展阶段

《哥达纲领批判》中关于"过渡时期"的思想，深刻关涉现实社会主义的发展阶段问题，因此也成为科学社会主义基本原则的研究重点之一。研究者在概括科学社会主义基本原则时，大多已将中国特色社会主义所处的社会主义初级阶段、社会主义作为共产主义的低级阶段等作为研究前提，进而阐发社会主义必须坚持"按劳分配"的基本原则。奚广庆认为，把《哥达纲领批判》中关于未来社会发展的预想确立为科学社会主义基本原则，恰恰和科学社会主义基本理论和基本方法相背行。《哥达纲领批判》关于实现共产主义要经过两个历史阶段的科学预想，是非常伟大的思想。但马克思并没有把《哥达纲领批判》中对未来社会设想的描写当作定义。我们应当用这个深刻思想，来科学地理解和对待《哥达纲领批判》的观点，不可以无视后来科学社会主义实践与理论的创新，把它理解为"科学社会主义理论蓝图"、社会主义的定义和最终完成。①

总体上看，党的十八大以来，无论是社会主义发展史的研究，还是科学社会主义经典著作的研究，都呈现出繁荣的态势，并出现了一大批研究成果。可以预见，随着社会主义实践的逐步深入，随着"四史"宣传教育在全党开展，这一论题会持续受到关注，未来将持续成为研究热点。

笔者看来，未来研究需要关注的重点问题包括：（1）关于社会主义发展史上的"飞跃"问题。大体上看，社会主义从空想到科学、从理论到实践、从一国到多国的飞跃是达成共识的，社会主义改革引起的飞跃如何认识和概括，还需进一步研究。（2）如何认识空想社会主义的"空想性"。科学社会主义出现之后这种空想性也没完全绝迹，在后来的理论和实践中也不时有所

---

① 奚广庆：《坚持科学社会主义基本原则》，《中国特色社会主义研究》2015 年第 3 期。

表现，还需从社会主义发展史的角度进一步研究。（3）如何认识"把社会主义置于现实基础之上"。"现实"究竟指的是什么，"置于现实之上"的意义是什么，尚需进一步研究。（4）关于 21 世纪社会主义的发展态势。中国特色社会主义进入新时代，世界面临百年未有之大变局，各社会主义国家进行改革开放或革新，前社会主义国家的共产党也正在重振旗鼓，拉丁美洲"21世纪社会主义"在体现出许多社会主义的性质，如何看待世界社会主义的发展现状和前景，需要做出持续跟踪关注。（5）中国特色社会主义在世界社会主义发展中的地位和意义，也需要进一步作出理论上的解释。

（作者：武晓超　李志勇）

分报告 12：科学社会主义理论研究若干重点问题前瞻

科学社会主义是关于社会主义产生及其发展规律的科学。科学社会主义理论研究已经取得了很大的成就。但是，随着社会主义制度在一些国家成为现实，随着社会主义建设事业的不断展开，社会主义建设实践的发展对科学社会主义的理论研究和理论创新都提出了新要求。这种要求主要体现在理论和实践两个层面。从理论层面上看，科学社会主义理论中一些重大问题仍然需要持续深入研究，包括社会主义的历史命运和发展前景、社会主义的发展阶段等涉及科学社会主义学科发展的基础性和关键性问题；从实践层面上看，在社会主义国家建设实践中出现的一些新挑战新问题需要从多个层面进行研究和探讨，只有对这些问题拓展认识、加深理解，才能推进社会主义发展进程，如社会主要矛盾表现形式问题、共同富裕问题、国家治理体系和治理能力现代化问题、社会阶层结构变化中出现的中等收入群体问题等，本文对这些问题的研究状况进行综述分析后，对其研究趋势做出展望，以期为后续相关研究奠定一些基础。

一、社会主义的历史命运和发展前景问题

在科学社会主义学科中，关于社会主义的历史命运和发展前景问题，一直是一个令人关注但却较少有学者能够有深入研究的问题。尤其是在科学社会主义理论与实践的发展历程中，随着世界社会主义实践进程在经济文化比较落后国家展开，社会主义发展既取得了令人瞩目的成就，也遭遇了严重挫折，怎样看待社会主义的历史命运和发展前景，是一个有待深入研究的领域。现将学术界的既有研究成果进行综述概括，为未来进一步研究做好基础

性准备。概括起来，大致有以下几种代表性的观点：

（一）社会主义替代资本主义的历史趋势不变

这种观点认为，马克思主义的诞生，推动社会主义实现了从空想到科学的变革，宣告了空想社会主义历史使命的终结，任何带有空想成分的社会主义都应该退出历史舞台；科学社会主义是资本主义生产方式发展演进的必然产物，只要资本主义社会的基本矛盾还存在，科学社会主义理论就不会终结、实践就会继续进行；现实社会主义的历史命运既不取决于理论逻辑是否严密，也不取决于历史问题的有效解决，关键在于能够科学有效地解决资本主义所解决不了的现实难题；社会主义代替资本主义的趋势体现在资本主义生产方式的变化之中，科学社会主义者要善于认清资本主义变革的社会主义方向，以更加自信的心态肩负自己的历史使命。[1]

另一种观点认为，社会主义与资本主义的对抗是全球化进程在 20 世纪的基本主题之一。列宁与斯大林所属的世界历史时代属于西方资本主义与东方社会主义对峙下的不平等的、分裂化的世界历史，在现实层面论证了资本主义与社会主义世界历史共存的可能性问题。而到了 21 世纪世界历史发展的一个显著特征是资本主义经济发展前途不明，社会主义国家尤其是中国显现了后发之势，成为世界上马克思主义和共产主义复兴的亮点。[2]

（二）中国特色社会主义道路成为改善社会主义历史命运的新途径

在中国开辟了中国特色社会主义道路，并取得了举世瞩目发展成就的基础上，一些学者开始探讨中国特色社会主义道路能否成为改善社会主义历史命运的新途径这一问题。

一种观点认为，改变人类命运是马克思主义和共产党人的一项重要使

---

[1] 华雷：《从"社会主义从空想到科学的发展"看当代社会主义的历史命》，《理论探讨》2017年第 5 期。

[2] 李健、李冉：《马克思"世界历史"若干问题再审视》，《湖北社会科学》2019 年第 4 期。

命。马克思立足历史唯物主义立场，依据自己对现代性的理解，提出了"人类解放"概念，促进以阶级斗争理论为基础的国际主义运动，主导了一个多世纪的世界社会主义进程。在这一进程的引导下，中国的民族独立和国家崛起就是对人类命运的一项重要贡献。但是，随着 20 世纪晚期和平与发展成为新的时代主题，中国及时作出新的时代判断，调整自己的战略思维和战略布局，走出中国特色社会主义的新道路，对改善人类命运又作出自己的新的贡献。在新的时代条件下"人类命运共同体"概念的提出不仅可以为中国和平崛起的伟大征程提供重要的理论支撑，而且实现了马克思主义人类命运观的新发展。①

另一种观点认为，由于社会主义实现形式具有多样性，在未实现共产主义社会之前，任何形式都是社会实验。每一次"实验"的成败，都一定程度上创造了有利于世界社会主义发展的新形势。比如，中国特色社会主义在 21 世纪取得的巨大成就，是世界社会主义运动总体低潮中的局部高潮，使世界上共产党和各种进步力量看到了 21 世纪世界社会主义振兴的希望。②

还有学者认为，中国特色社会主义进入新时代，要推进这个事业的继续发展，还需基于历史进程展望其 21 世纪的发展前景。从时代主题来看，社会主义的四次历史性飞跃和时代主题的转变本质相连。时代主题已由"战争与革命"转变为"和平与发展"，与之相应，中国共产党带领中国人民实现了社会主义从"苏联模式"到"中国特色"的发展。从无产阶级来看，无产阶级是社会主义实践的主体。时代主题的转变和资本主义的新发展使无产阶级的面貌发生变化，从而对 21 世纪社会主义的发展产生了深远的影响。从发展道路来看，21 世纪的"社会主义"将走不同的发展道路，以不同的模式存在，社会主义和资本主义将和平共处，求同存异，共同发展。从中国方案来看，21 世纪世界社会主义的前途和命运在很大程度上取决于中国特色

---

① 张学广、秦海力：《从"人类解放"到"人类命运共同体"》，《西北大学学报》2018 年第 5 期。
② 姜辉：《剧烈变化时代的世界社会主义：机遇与挑战》，《国外社会科学》2012 年第 5 期。

社会主义的发展水平，取决于中国共产党的地位。21 世纪的中国将继续坚持和巩固中国共产党的领导，坚定不移地走自己的道路。[1]

（三）资本主义的现实发展状况，有助于加深对社会主义历史使命的认识

当代资本主义的发展现实表明，资本主义的产生和发展的确是历史的进步，但资本主义的产生和发展却充满着矛盾，当代资本主义虽然出现了一系列的新变化，但是当代资本主义并没有消除其所固有的各种矛盾，特别是其基本矛盾反而在更大范围内和更高程度上积累起来。包括发达国家内部、发达国家与发展中国家、发达资本主义国家之间的矛盾都在不断走向深化。这种分析对于我们正确认识当代资本主义和社会主义的关系，以及社会主义的历史使命具有重要启示意义。

第一种观点认为，2008 年国际金融危机以来，西方国家纷纷爆发各种社会运动，表现出与以往社会运动不同的新特点，其实质是广大民众对由资本主义金融危机引起的各种社会问题、资本主义制度和资本主义主流意识形态的不满。当前西方新社会运动、社会危机促进了对资本主义的扬弃，一定程度上在实际生活中检验了资本主义的历史命运，又彰显了工人阶级与社会民众联合运动增强的趋势，为发展世界社会主义创造了有利条件。然而，较低水平的街头抗议、广场"占领"等社会运动形式必须与社会主义运动相结合，才能转变为彻底改造社会的实际力量。[2]

第二种观点认为，当今西方国家进入矛盾多发期和衰退期，贫困化和社会不公激化社会矛盾，西方政党博弈演变为"否决政治"，美国主宰的国际旧秩序正在发生深刻变化，各国共产党生存发展环境趋于稳定，世界社会主义发展迎来了发展窗口期。中国特色社会主义显示出生机活力，对各国共产

---

① 刘海涛：《21 世纪世界社会主义事业前景展望》，《人民论坛》2019 年第 16 期。

② 苑芳江：《当前西方社会运动与世界社会主义前景》，《国外社会科学》2017 年第 3 期。

党和左翼力量将产生深刻影响，日益成为世界社会主义发展振兴的中流砥柱和引领旗帜，但当今"资强社弱"格局不会因发生某一国际事件或危机而产生根本性转变，世界左翼力量仍遭到反共右翼的排斥和民粹主义的挤压，机遇与挑战并存。[①]

第三种观点认为，从历史经验来看，资本主义的自我调整将是一个持久的过程，与之相伴随的替代资本主义的社会主义运动也是一个大跨度的历史时代。资本主义从诞生至今已有五百多年的历史，作为一种社会形态，与中国封建社会长达两千多年的历史相比，它还是一个少年。通过自我调整，资本主义还有继续创造更高生产力的潜力，还是能够应对这次经济危机的，问题的关键是如何进行调整和恢复活力的时间长短。人类社会的进步是极其缓慢的，翻天覆地的社会变革是相对的、暂时的。一次危机、一次动荡，不可能撼动资本主义制度。由债务危机引致的社会冲突和社会动荡，会慢慢唤醒劳动大众的阶级意识和革命意愿。在此背景下，工人阶级统一认识，实现劳动大众的广泛联合，共同反抗压迫和剥削。从这层意义上来说，金融危机或许成为西方社会主义运动复兴的一个契机。[②]

（四）研究趋势展望

关于社会主义的历史命运和发展前景问题是科学社会主义学科的基本问题，也是关乎学科前途和未来的问题。因为科学社会主义就是研究社会主义的产生及其发展的规律的一门学科。马克思、恩格斯对社会主义的产生进行了必然性论证，对社会主义的实现进行了现实性论证，在列宁之后社会主义进入建设阶段，在现实社会主义发展进入国别化阶段后，曾经凯歌行进，也曾是历经挫折。东欧剧变、苏联解体后现实社会主义在中国特色社会主义带动下，开始从低谷中缓慢回升；而资本主义世界在西方发达国家不断改良的

---

① 柴尚金：《机遇与挑战并存：当今世界社会主义发展前景》，《党政研究》2020 年第 3 期。

② 刘向阳：《试论西方社会主义运动的发展前景》，《人民论坛》2014 年第 35 期。

促进下，仍处于当今世界国家发展的第一阵营，人们在现实中还很难看到社会主义替代资本主义的有效路径和现实可行性。在这样的现实背景下，有关社会主义的前途命运如何？社会主义的发展前景如何？社会主义与资本主义的关系如何？等问题的研究，是夯实学科基础，展现学科价值的重要研究，也是事关中国特色社会主义发展前景的关键问题，为此，科学社会主义学科应加大对这些问题的研究力度。

二、社会主义发展阶段问题

全面建设社会主义现代化国家、基本实现社会主义现代化，既是社会主义初级阶段我国发展的要求，也是我国社会主义从初级阶段向更高阶段迈进的要求。社会主义发展阶段理论是关于社会主义发展历程和阶段的学理研究。马克思和列宁的相关认识成为社会主义发展阶段理论的核心内容。社会主义初级阶段理论是中国共产党在马克思的社会发展阶段理论基础上，结合中国国情，对当代中国国情的深入分析和集中概括，是对中国社会主义建设和发展的依据进行系统阐述和深入分析的理论。这一理论是对马克思社会发展阶段理论的深化和展开，是中国特色社会主义理论的重要组成部分。它的确立直接关系到我们党对中国的社会主义发展处于什么阶段的判断，同时对党和国家的路线方针政策的制定有决定性影响。

实际上，关于中国社会主义发展的具体阶段的确定是在争议和探索中走过来的。"党的十二大报告重申了'我国的社会主义社会现正处于初级发展阶段'的论断，并特别指明物质文明不发达是初级阶段的根本特征。但在党的十二大后，由于有人对我国社会主义还处于'初级阶段'的论断提出质疑，认为我国目前是处在'共产主义初级阶段'而非'社会主义初级阶段'，受此影响，此后几年里理论界关于'社会主义初级阶段'的讨论一度陷于沉寂。"[1]

---

① 曹普：《当代中国改革开放史》（上），人民出版社 2016 年版，第 359 页。

在党的十三大提出社会主义初级阶段理论之后直至党的十八大以前，学术界关于初级阶段问题的研究主要是关于初级阶段的内涵与外延、路线方针政策等方面的研究，其中关于如何划分社会主义初级阶段的具体阶段，是学术界研究重点问题。相关文章来看，学者们大体形成了如下几种观点：一是"二阶段论"，即以经济文化发展状况为划分标准，以 2020 年为时间节点，把社会主义初级阶段划分为前后两个阶段；二是"三阶段论"，即以新中国成立后具有标志性的重大历史事件作为划分标准，将社会主义初级阶段划分为改革开放前的起始阶段，改革开放后到 2020 年的改革阶段，2020 年之后到 21 世纪中叶的体制成熟稳定阶段；三是"四阶段论"，即以社会物质生活水平作为划分标准，将社会主义初级阶段划分为改革开放前的贫穷阶段，改革开放后的温饱阶段、小康阶段和富裕阶段；四是"五阶段论"，主要采用国际通用的经济社会发展指标，将社会主义初级阶段划分为上下两个半场，并细化为绝对贫困阶段、温饱阶段、小康水平阶段、全面建成小康社会阶段、共同富裕阶段。

党的十八大以后，学术界关于社会主义发展阶段问题的研究有了进一步的深入，主要是关于初级阶段与发展中国家关系研究、初级阶段的历史跨度研究，以及中国特色社会主义新时代与初级阶段的关系研究等。

（一）社会主义初级阶段是发展中国家建设社会主义的必经阶段

一种观点认为，马克思以人的主体性发展为线索，将人类历史划分为三大社会形态。三种社会形态的依次发展和更替代表着人主体个性发展的不同阶段，其中人的自由全面发展是社会形态演进的最终归宿。从世界历史发展的视野来看，社会主义初级阶段处于从"物的依赖性"社会向"人自由全面发展"社会的过渡阶段，它既带有"物的依赖性"色彩，又有社会主义的诸多特点。不同于一般"物的依赖性"社会，社会主义初级阶段是社会主义属性主导下的"物的依赖性"阶段。社会主义初级阶段落后的社会生产和交往，决定初级阶段不可能直接跨越"物的依赖性"阶段而直接实现社会主义、共产主义的转变。因此，社会主义初级阶段不仅指称中国特色社会主义所处的特殊历史方位，也表示一切发展中国家建设社会主义所必须经历的历史阶段。①

另一种观点认为，社会主义初级阶段是一个长达百年的历史发展阶段，这是由我国落后的国情决定的特有历史阶段，在这个"不发达"向"发达"不断前进的历史进程中，必然有一个从量变到质变的过程，要经历若干具体的发展阶段，不同时期会显现出不同的阶段性特征。②

有学者特别强调，"不发达"是社会主义初级阶段的核心依据和根本特征。社会主义初级阶段的"不发达"问题，不仅源于与世界其他国家的横向比较，而主要是针对社会主义初级阶段向社会主义更高阶段迈进，继而过渡到共产主义所需的生产力水平而言的；其不仅指生产力发展水平的高低程度，还涵盖发展的平衡性、充分性及人的发展等发展质量问题；其不仅指经济领域的发展状况，还包括政治建设、文化建设、社会建设、生态文明建设等方面的发展状况。今天中国特色社会主义进入了新时代，尽管国家发展取得巨大成就，但由于未彻底解决"不发达"问题，因而我国仍处于社会主义初级阶段。③

（二）初级阶段的历史跨度问题

深入理解党的十九大关于中国特色社会主义进入新时代和我国社会主要矛盾发生变化等重大政治判断和理论观点，必须深入思考社会主义初级阶段理论，特别是就"初级阶段究竟有多长"的问题作出原则性回答。

一种观点认为，社会主义初级阶段时间的长短，主要取决于它的历史使命，即它所承担的历史任务。由于"社会主义初级阶段"承担的历史任务发生了变化，从一个历史任务变成了两个历史任务，因而尽管中国特色社会主

---

① 周泉：《社会主义初级阶段的世界历史方位基于马克思"三大社会形态"理论的分析》，《中南民族大学学报（人文社会科学版）》2019 年第 3 期。

② 杨煌：《辩证认识社会主义初级阶段的变与不变》，《学习时报》2017 年 9 月 13 日。

③ 王志强、王跃：《重思社会主义初级阶段的"不发达"问题》，《社会主义研究》2018 年第 1 期。

义进程在加快，但初级阶段并没有缩短，反而要延长。为此，在社会主义初级阶段内部需要进行具体的历史分期，可以将初级阶段划分为准备期、探索期、展开期和延伸期，以更好地反映初级阶段内部的阶段性变化。"社会主义社会，就其正常行程而言，可以划分为初级阶段、中级阶段和高级阶段。其中，初级阶段是社会主义社会在其自身基础上初级的巩固和发展，本身是一个独立的历史时期，也必定是一个比较漫长的历史时期。所以，我们所说的'社会主义初级阶段'本身的终点究竟在哪里，还是有很大空间和余地的，现在也不易推测。"①

另一种观点认为，成为社会主义现代化强国之后，中国特色社会主义仍属社会主义初级阶段。那么当我们建设社会主义现代化强国，在社会经济发展上赶上当代发达国家水平之后（2050 年前后建设成为社会主义现代化强国），我们不再是发展中国家，但是否仍属于社会主义初级阶段？应当说，根据科学社会主义的理论，即使不再是发展中国家，但根据科学社会主义的理论逻辑及历史逻辑，我们即使在经济发展方面上赶上发达国家，也还是长期处于社会主义初级阶段。②

"社会主义初级阶段，是逐步缩小同世界先进水平的差距，在社会主义基础上实现中华民族伟大复兴历史进程。"社会主义初级阶段可以分为"两个半场"。"上半场"包括三个阶段，即 1978 年之前的贫困阶段、1979—1990 年的温饱阶段和 1991—2000 年的小康阶段。而从 2001 年开始，我国开始正式迈入下半场，即 2001—2020 前 20 年的全面建成小康阶段和 2021—2050 年后 30 年的共同富裕阶段，也就是两个一百年阶段。③

（三）中国特色社会主义新时代与社会主义初级阶段的关系问题

中国特色社会主义进入新时代，社会主义初级阶段理论仍然是一个必须

---

① 刘建军：《论我国社会主义初级阶段的历史跨度》，《中国特色社会主义研究》2019 年第 4 期。

② 刘伟：《应当充分认识社会主义初级阶段的历史长期性》，《政治经济学评论》2018 年第 6 期。

③ 胡鞍钢：《我国入社会主义初级阶段"下半场"》，《理论与当代》2017 年第 12 期。

深刻认识的关键问题。深入理解社会主义初级阶段理论，要弄清楚它的提出和形成、发展过程；要明确它的基本内容；要懂得它的重大意义；要对几个相关概念的同和异做出正确辨析。还要借鉴我国和世界社会主义运动中对这一问题探索中的历史经验和教训，主要防止和克服急于求成、超越阶段的"左"倾错误，也要警惕消极情绪、资产阶级自由化等的右倾错误，着力研究和解决新时代我国社会主要矛盾变化后带来的新情况新问题。①

"新时代"这个重大创新性判断，意涵深刻、意蕴深厚、意旨深邃，意味着社会主义在中国已有了新的历史定位和更为聚焦的战略定向，意味着中国共产党对中国社会主义发展阶段理论新的发展，意味着世界社会主义运动新的力量对比结构。之所以作出这样一个具有前瞻性的战略判断，主要依据有二：其一，中国经济基础和社会结构已发生历史性变迁。其二，社会主要矛盾的转化。社会主要矛盾既是推动社会变革的决定性力量，也是标识社会发展阶段的重要"指示器"。"中国特色社会主义进入新时代具有多维度、多层面、多方位的意义，其中一个重要的意义就是，深化和拓展了对社会主义发展阶段的认识。主要体现在：深化了对社会主义初级阶段发展"生命周期"的整体性认知。"②

社会主义初级阶段理论和"新时代"重大判断，是我们党在改革开放两个关键时间节点提出的重要原创性科学论断。社会主义初级阶段理论科学揭示我国基本国情，奠定了中国特色社会主义理论体系的立论基础。"新时代"这一重大判断反映我国发展新的历史方位，指明我国基本国情的新变化和面临的新课题，深化了社会主义初级阶段理论。新时代是社会主义初级阶段长期进程中由富起来到强起来的阶段，赋予了社会主义初级阶段新内涵和新特点。在新时代坚持社会主义初级阶段理论和党的基本路线，要以习近平新时代中国特色社会主义思想为指导，聚焦实现宏伟目标，紧扣解决社会主要矛

---

① 荣开明：《深入理解与把握社会主义初级阶段理论》，《观察与思考》2020 年第 7 期。
② 康晓强：《新中国成立以来中国共产党对社会主义发展阶段认识的演进》，《中共中央党校（国家行政学院）学报》2020 年第 1 期。

盾，满足人民对美好生活需要，在改革、发展和稳定上有新举措，推进国家现代化建设事业。①

（四）研究趋势展望

习近平总书记在省部级主要领导干部学习贯彻党的十九届五中全会精神专题研讨班开班式上发表的重要讲话中，特别强调，社会主义初级阶段不是一个静态、一成不变、停滞不前的阶段，也不是一个自发、被动、不用费多大气力自然而然就可以跨过的阶段，而是一个动态、积极有为、始终洋溢着蓬勃生机活力的过程，是一个阶梯式递进、不断发展进步、日益接近质的飞跃的量的积累和发展变化的过程。这就要求我们加强对社会主义发展阶段问题的研究。

"社会主义初级阶段"这一命题，准确揭示了现实社会主义的历史方位，丰富和发展了社会主义社会形态理论。中国共产党运用这一理论成功解决了马克思晚年提出的、列宁没有完全解决的经济文化落后的国家如何跨越资本主义制度"卡夫丁峡谷"这一社会主义发展史上的重大而现实的课题。这一理论准确地概括和反映了我国进入社会主义社会以后一个较长历史时期的基本国情和社会发展的状况与水平，是中国特色社会主义理论的重要基石和理论依据，是马克思主义中国化的一项基础性的理论创新。但是关于"社会主义发展阶段"这一命题的研究却应该继续深入，如何在新时代将科学社会主义置于新的现实基础之上，科学揭示中国现实社会主义所处的新的历史方位，只有通过深入研究社会主义的发展到底应该经历怎样的阶段这一重要问题，才能得以回答。例如，社会主义发展到底要经过哪些阶段？中国走过社会主义初级阶段后的发展阶段应该是什么样的阶段？这个阶段的名称概括，奋斗目标、发展战略如何制定等，都需要进一步研究。

---

① 高继文：《从新时代历史方位深化认识我国社会主义初级阶段》，《理论与改革》2020 年第 4 期。

三、社会主要矛盾表现形式问题

新中国建立以来，我们党对社会主要矛盾的认识是随着我国社会发展的不同历史阶段而不断变化的。1956年党的八大提出，我国社会主义改造基本完成，"我们国内的主要矛盾，已经是人民对于建立先进的工业国的要求同落后的农业国的现实之间的矛盾，已经是人民对于经济文化迅速发展的需要同当前经济文化不能满足人民需要的状况之间的矛盾"。1981年党的十一届六中全会充分肯定了党的八大时的提法并作了进一步精简和提炼："我国所要解决的主要矛盾，是人民日益增长的物质文化需要同落后的社会生产之间的矛盾"。改革开放40多年，我国经济社会发生了巨大变化，温饱问题得以解决，全面小康社会即将完成。党的十九大立足于我国发展的新时代，对我国社会主要矛盾的转化作出全新的判断，提出社会主要矛盾已经转化为人民对美好生活的愿望与不平衡不充分发展之间的矛盾。至此，学术界对我国社会主要矛盾转化的内涵、表现形式以及转化路径展开了广泛的研讨，取得了有价值的研究成果。

社会主要矛盾，是生产力与生产关系、经济基础与上层建筑的矛盾运动，在某一特定社会形态或发展阶段中的具体表现和实现形式，且在社会矛盾体系中，居于支配地位，决定这一社会的性质或发展阶段的发育程度，一般都会贯穿于这一社会形态或发展阶段的始终。[1] 关于社会主要矛盾的表现形式，学者们研究集中在以下方面。

（一）美好生活多样化的内涵

社会主要矛盾变化的一个表现就是人民对美好生活的需要呈现多样化的特征。美好生活需要首先还是物质的。[2] 这是人最基本的需求。当然，除了物

---

[1]　古世平：《清醒把握社会主要矛盾表现形态的变化》，《重庆理工大学学报》2015年第11期。

[2]　陶文昭：《科学把握社会主要矛盾转化》，《中国高校社会科学》2017年第3期。

质需求，人还有精神上的需求。社会主要矛盾变化后，人民对物质文化的需要变得更高、更好、更优，人民期盼有更好的教育、更稳定的工作、更满意的收入、更可靠的社会保障、更高水平的医疗卫生服务、更舒适的居住条件、更丰富的精神文化生活。[①] 美好生活需要是分层次的。第一，生存性需求是相对于发展性需求较低的层次的需求，包括吃、穿、住、行。所谓生存性需求解决的是物的层面的问题。[②] 第二，发展性需求，即在民主、法治、公平、正义、安全、环境等方面上的要求。[③] 发展性需求解决的是人的全面发展层面的问题。[④] 也就是说，以往人们追求的是物质需求的数量增长，现在，中国社会正在从生存型的社会向发展型社会转变，人们从物质生活需要逐步拓展到对精神文化、生态环境、社会和谐、安全保障、民主政治等多方面的需要。追求生活品质，提升需求质量，从劳有所得、学有所教、病有所医、老有所养、住有所居，向劳有多得、学有优教、病有良医、老有善养、住有宜居提升。[⑤]

（二）发展不平衡的表现形式

一是经济、文化、生态和社会发展之间的不平衡。经济发展领先于其他方面的发展。其一，社会发展长期滞后于经济发展。这表现在社会矛盾多发、社会活力不足；[⑥] 上学难、看病难、住房难等民生问题还未根本解决。其二，生态发展滞后于经济发展。这表现在生态环境保护意识淡薄、法制不

① 艾四林、康沛竹：《中国社会主要矛盾转化的理论与实践逻辑》，《当代世界与社会主义》2018 年第 1 期。

② 唐皇凤：《社会主要矛盾转化与新时代我国国家治理现代化的战略选择》，《新疆师范大学学报》2018 年第 4 期。

③ 卫兴华：《对新时代我国社会主要矛盾转化问题的解读》，《社会科学辑刊》2018 年第 2 期。

④ 唐皇凤：《社会主要矛盾转化与新时代我国国家治理现代化的战略选择》，《新疆师范大学学报》2018 年第 4 期。

⑤ 田天亮、田克勤：《从三重维度研判新时代社会主要矛盾的转化》，《思想政治教育研究》2019 年第 3 期。

⑥ 唐皇凤：《社会主要矛盾转化与新时代我国国家治理现代化的战略选择》，《新疆师范大学学报》2018 年第 4 期。

健全、生态投资不足。① 其三，文化发展滞后于经济发展。这表现在文化发展不平衡，文化产品供给不足，文化创新不够。②

二是区域之间发展的不平衡。第一，东西部之间的差距。东西部差距更多体现在东西部农村地区的差距扩大，而东西部城市地区的差距明显缩小；③ 东西部差距的原因主要是由于中西部地区基数较小、市场化水平和产业竞争力相对较低。④ 第二，南北之间的差距。南北差距逐渐拉大。原因是工业转型差距较大、人才培养引进有差距、南方拥有优势地理条件，农林牧渔产量优于北方。⑤ 南北地区在产业结构优化与新旧动能转换、国内外市场发展水平、要素承载能力等方面的差距也是南北差距拉大的原因。⑥ 创新差距也是一个非常重要的因素。⑦

三是城乡之间的不平衡。改革开放以来，城乡之间的差距逐步缩小。从城镇和农村居民的可支配收入衡量，城乡发展差距从 2008 年的最高值 3.33∶1 逐步下降到 2012 年的 3.10∶1，再到 2016 年的 2.72∶1，⑧ 一直降到 2018 年的 2.69，⑨ 农民居民城乡发展差距逐步缩小，这得益于国家精准扶贫战略和精准脱贫战略进行。但是，我国的城乡发展差距在不同地区间的分布

① 唐皇凤：《社会主要矛盾转化与新时代我国国家治理现代化的战略选择》，《新疆师范大学学报》2018 年第 4 期。

② 陈跃：《新时代我国社会主要矛盾的新变化》，《重庆社会科学》2017 年第 12 期。

③ 唐皇凤：《社会主要矛盾转化与新时代我国国家治理现代化的战略选择》，《新疆师范大学学报》2018 年第 4 期。

④ 唐皇凤：《社会主要矛盾转化与新时代我国国家治理现代化的战略选择》，《新疆师范大学学报》2018 年第 4 期。

⑤ 陈雨佳、袁子峰：《对中国南北经济差距的思考》，《现代商业》2019 年第 22 期。

⑥ 杜宇、吴传清：《中国南北经济差距扩大：现象、成因与对策》，《安徽大学学报（哲学社会科学版）》2020 年第 1 期。

⑦ 魏颖、耿德伟、陈天杰：《基于科技大数据的我国南北差距分析》，《中国经贸导刊》2019 年第 16 期。

⑧ 唐皇凤：《社会主要矛盾转化与新时代我国国家治理现代化的战略选择》，《新疆师范大学学报》2018 年第 4 期。

⑨ 宋丽婷：《新中国 70 年城乡差距的变化的三个阶段》，《山西师大学报（社会科学版）》2019 年第 11 期。

不够均衡，中西部地区相比于东部沿海地区，城乡差距明显更大。① 城乡之间的不平衡体现在收入分配差距较大；② 农村基础设施建设较为滞后，基本公共服务比较薄弱，住房、教育、医疗卫生等民生方面存在较大差距。③

（三）发展不充分的表现形式

第一，生产力发展不充分。社会主要矛盾的变化的内涵之一，是我国社会生产已经"不再落后"。④ 从社会生产力看，我国仍有传统落后的生产力。⑤ 我国仍处于社会主义初级阶段的原因在于生产力结构不平衡，高投入、高消费的增长方式还没有根本性改变，科技创新力不足。⑥ 从国际范围内看，当前我国发展整体水平与发展的人均值与发达国家相比还存在不小的位次落差。⑦ 第二，资源利用不充分。资源利用不充分成为制约经济发展的重要因素。因此，需要转变资源利用和消费观念，大幅度提升资源利用效率。⑧ 第三，发展质量和效益还不高。发展质量和效益不高，主要体现在人民对中高级产品和服务的需要与满足这些需要的供给不足的矛盾。⑨ 第四，创新能力不够强。社会创新能力不足，创新机制尚未形成，

---

① 高国力：《深入实施区域协调发展战略》，《经济日报》2017 年 10 月 3 日。

② 艾四林、康沛竹：《中国社会主要矛盾转化的理论与实践逻辑》，《当代世界与社会主义》2018 年第 1 期。

③ 张兴茂：《科学认识和正确处理新时代我国社会主要矛盾》，《武汉大学学报（哲学社会科学版）》2019 年第 1 期；冯大彪：《美好生活需要的理论意蕴、当代价值与实现路径》，《中共天津市委党校学报》2018 年第 6 期。

④ 田天亮、田克勤：《从三重维度研判新时代社会主要矛盾的转化》，《思想政治教育研究》2019 年第 3 期。

⑤ 卫兴华：《对新时代我国社会主要矛盾转化问题的解读》，《社会科学辑刊》2018 年第 2 期。

⑥ 陈跃：《新时代我国社会主要矛盾的新变化》，《重庆社会科学》2017 年第 12 期。

⑦ 田天亮、田克勤：《从三重维度研判新时代社会主要矛盾的转化》，《思想政治教育研究》2019 年第 3 期。

⑧ 黄建欢、杨晓光、成刚等：《生态效率视角下的资源诅咒：资源开发型和资源利用型区域的对比》，《中国管理科学》2015 年第 1 期。

⑨ 张兴茂：《科学认识和正确处理新时代我国社会主要矛盾》，《武汉大学学报（哲学社会科学版）》2019 年第 1 期。

创新成果不充分。① 第五，实体经济水平有待提高。党的十八大以来中国实体经济取得了巨大成就，已经发展成为一个世界性的实体经济大国且地位不断加强。但是，实体经济发展也存在严重的结构失衡问题，表现为制造业结构性供需失衡、服务业和工业发展的失衡、实体经济和虚拟经济的结构失衡。② 第六，生态环境保护任重道远。新时期，生态环境保护任重道远。尽管我国对生态环境保护投入了很大的人力物力，但是生态环境保护还有很长的路要走。③ 第七，物质文明、政治文明、精神文明、社会文明、生态文明还须全面提升。当前，物质文明、政治文明、精神文明、社会文明、生态文明仍然需要全面提升，协同发展。④

（四）研究趋势展望

第一，从研究内容上，需要加强对社会主要矛盾转化的整体性研究。以往研究内容多以解读和阐释十九大报告为主，对社会主要矛盾转化的理论研究不够，在学理上尚缺少对新时代我国社会主要矛盾转化的系统性阐述。

第二，从研究方法上，把文献研究法、实证研究法研究相结合，加强对社会主要矛盾多种表现形式的研究。从而对新时代我国社会主要矛盾形式的认识更为精准、更为科学、更为全面，对新时代社会矛盾的转化研究更有实效性。

第三，从研究视野来看，从注重经济发展和社会发展的角度分析我国社会矛盾的形式和转化，拓展到政治层面和文化层面研究。同时，拓展历史的视角和国际视野，对我国历史上社会主要矛盾转化和国际社会现代化发展转型进行比较研究，以增加对社会主要矛盾形式转化的规律性认识。

---

① 陈跃：《新时代我国社会主要矛盾的新变化》，《重庆社会科学》2017 年第 12 期。
② 黄群慧：《论新时期中国实体经济的发展》，《中国工业经济》2017 年第 9 期。
③ 杨启乐：《当代中国生态文明建设中政府生态环境治理研究》，华东师范大学博士学位论文，2014 年。
④ 王珺：《以高质量发展推进新时代经济建设》，《南方经济》2017 年第 10 期。

四、共同富裕问题

共同富裕是中国特色社会主义理论的重要内容，也是科学社会主义理论的重要组成部分。因此，关于共同富裕的研究自然也就成为理论界持续关注的重点问题，诸多学者提出了不少有价值的观点。

党的十八大以前，尤其是在 20 世纪 90 年代至 21 世纪初，理论界关于共同富裕的研究主要集中于以下几个方面：一是对党的主要领导人毛泽东、邓小平、江泽民、胡锦涛等对共同富裕的思想认识和观点阐述，尤其是在南方谈话中，邓小平在关于社会主义本质的论述中特别提到，社会主义本质是"共同富裕"之后，理论界的研究成果大都集中在对邓小平共同富裕思想的研究上。二是对共同富裕的内涵的分析探讨。学术界对这一问题的理解存在分歧，有学者认为共同富裕是关于人与人之间关系和收入分配的问题，属于生产关系范畴；有学者认为它是生产力和生产关系的统一；有学者认为共同富裕是物质文明、精神文明和政治文明协调发展的体现；有学者认为共同富裕是民富与国富的统一；等等。三是关于共同富裕实现途径与方式的研究。大致存在两种观点：一种是强调在促进生产力发展的基础上推进共同富裕的实现，另一种是通过推进社会阶层变化，主要提高社会中等收入者比重的方式。四是有关共同富裕的一些重要概念的研究，如"收入差距""贫富分化""两极分化"等。五是关于共同富裕的理论意义与实践定位的研究。

这些研究和探讨为党的十八大以后理论界对共同富裕问题进行深化研究打下了较好的基础。但是这些研究中存在着就邓小平的共同富裕理论研究共同富裕的情况。对共同富裕含义和概念的理解，也缺乏较强的系统性和整体性，对共同富裕特征的分析，内容较多相似，理论分析不够深入，对共同富裕实现路径的探讨，显得现实针对性有待加强。

党的十八大以来，以习近平同志为核心的党中央高度重视共同富裕问题，在我们党大力强调精准扶贫和全面建成小康社会的背景下，共同富裕再次成为理论界关注的焦点问题，尤其是在党的十九届五中全会推出的《中共中央关于制定国民经济和社会发展第十四个五年规划和二〇三五年远景目标的建议》中，强调推动"全体人民共同富裕取得更为明显的实质性进展"，在我们党把共同富裕的社会主义价值追求具体化为国家和民族发展的宏伟目标的背景下，将其作为2035年基本实现社会主义现代化的远景目标的标志之一，这更加推动了学术界对共同富裕问题的研究。概括起来，党的十八大以来学术界关于共同富裕的研究重点主要包括以下方面：

（一）进一步揭示共同富裕的内涵和特征

在学术界已经对共同富裕的内涵进行研究的基础上，诸多学者仍然致力于揭示其科学内涵。这一阶段的研究更为注重从价值标准、道德层面、多层次统一等方面进行研究。

一是作为社会主义价值标准的共同富裕。这种观点认为，对共同富裕这一社会主义发展目标的具体内涵和历史意义的认识，涉及理论和实践两个层面。从理论层面来理解，共同富裕是从历史发展规律得出的科学结论，是科学社会主义创始人关于社会主义社会的基本规定和发展目标。回顾和重温马克思关于未来社会的思想可以看出，共同富裕首先是作为"两极分化"的对立面而出现的。在对资本主义社会的分析中，马克思将资本积累作为资本主义生产方式的动因和结果，批判了资本主义条件下"两极分化"的历史性质。从实践层面来理解，共同富裕是社会主义实践的具体道路，是增强社会主义国家的国民凝聚力和巩固社会主义制度的必然选择。正如历史上任何一个新社会制度产生之初都面临旧社会遗留的残迹一样，社会主义制度在确立之初，同样需要选择与其制度内涵相一致的发展道路。①

二是作为道德理想的"共同富裕"。共同富裕是中国共产党在改革开放后确立的全面性社会道德理想，它是革命道德传统的新发展，体现了执政

---

① 程恩富、刘伟：《社会主义共同富裕的理论解读与实践剖析》，《马克思主义研究》2012年第6期。

党对全体国民的道德承诺和政治担当。然而，作为社会主义本质体现的共同富裕，主要是在精神信仰和道德理想上占据主导地位，因此，实现共同富裕的过程需要全社会各个阶层的参与，其间要充分尊重市场规律，要明确划分政府失灵区和市场失灵区，发挥共同富裕在现代中国社会的价值统领作用。①

三是共同富裕具有多层次统一的特点。一种观点认为，具有"三个统一"的内涵。这种观点主张社会主义共同富裕是社会财富"总量"和"个量"目标的统一，是社会发展过程性与阶段性的统一，是社会成员生活普遍富裕和收入适度差距的统一。当前，在社会财富生产和分配方面存在许多问题，制约了共同富裕目标的实现。推进共同富裕目标的实现，其基本指针是坚持与发展中国共产党的共同富裕观，根本保障是坚持公有制主体地位不动摇，核心价值理念是维护社会公平正义，现实选择是推动"先富带共富"战略进入新的阶段。② 另一种观点认为，具有"四个统一"的特点。共同富裕是社会主义"终极性价值"和"过程性价值"的有机统一。"共同富裕"是"物质利益价值"和强大的精神价值的有机统一。共同富裕是主导性价值和共同性价值的统一。共同富裕是价值追求和制度设计的有机统一。③

四是共同富裕是一个包含科学内涵的理论体系。这种观点强调共享发展的目的便是共同富裕。学界对其内涵的研究主要包含三重视阈，即发展生产力与优化生产关系的二维融合视阈，要素构成体现的特点集成视阈，理论观照现实的方法规范视阈。学界在对其实现路径的主张上存在四种获得广泛认同的理念，即以先带后，保持适度张力的理念、共建共享，实现包容增长的理念、重视公有，促进公私共进的理念、调节增效，加强分配改革的理念。④

① 段希：《论共同富裕及其道德内涵》，《广东社会科学》2016 年第 2 期。
② 于成文、王敏《共同富裕内涵及其实现路径新探》，《中国矿业大学学报（社会科学版）》2015 年第 3 期。
③ 侯惠勤：《实现共同富裕是社会主义的本质要求》，《长江日报》2018 年 6 月 11 日。
④ 朱希明：《论共同富裕理论的研究》，《公共管理》2016 年第 8 期。

（二）深入探讨共同富裕的实现路径

实现共同富裕是中国共产党肩负的神圣使命，也是中国人民在新时代的奋斗目标。但是，实现这一目标却是当今世界各国面临的现实难题，更是一项长期而复杂的系统工程。为此，我们要探索符合我国国情的可行路径，学术界对此进行了深入研究。

两条路径说：第一，坚持"国民共进"，做强做优做大公有制经济。中国特色社会主义的基础在于确立了公有制为主体、多种所有制共同发展的基本制度。只有社会主义公有制的巩固和发展，才能从根本上保证广大人民对生产资料的所有权，消除劳动力与生产资料相结合的制度障碍。第二，确立以民生建设为导向的发展模式，使政府的投入和政策向普惠型转变。民生事业进步本身就是社会富裕的直接体现，它可以使民众更多地在社会生产力发展中享受到发展的成果。同时，民生事业的建设可以通过社会福利覆盖面的广大，通过提供基本的社会保障，有效缓解经济发展过程中不同社会群体、地区和部门行业等之间收入分配差距的负面影响。[①]

四大举措说：关于这方面归纳起来，包括两种观点：一种建议是，应该从进一步解放和发展生产力是新时代共同富裕的根本保障；建立合理公平的收入制度是新时代共同富裕的制度依赖；落实切实有效的扶贫工作是新时代共同富裕的重要举措；构筑健全的社会保障体系是新时代共同富裕的民生底线，[②] 从这四个方面加强对实现共同富裕道路的实践探索。另一种建议是，应该从发挥制度优势，提升国家治理体系的整体效能；坚持人民主体地位，实现发展举措和发展目标的内在统一；确定公平优先，提升效率的发展路径；坚持全面深化改革，新常态有新作为，[③] 从这些领域加强对共同富裕的实

[①] 程恩富、刘伟：《社会主义共同富裕的理论解读与实践剖析》，《马克思主义研究》2012 年第 6 期。

[②] 左伟：《新时代共同富裕的实现障碍及其路径探索》，《理论月刊》2019 年第 5 期。

[③] 孟鑫：《新时代我国走向共同富裕的现实挑战和可行路径》，《东南学术》2020 年第 3 期。

现路径的研究。

新发展理念引领说：这种观点认为，实现共同富裕是我们面临的重大现实课题，发展是实现共同富裕的首要任务。目前我国社会主要矛盾已经转化为人民日益增长的美好生活需要和不平衡不充分的发展之间的矛盾。破解主要矛盾必须坚定不移贯彻"创新、协调、绿色、开放、共享"的新发展理念。新发展理念，剑指现实问题，解决了共同富裕实现路径中的动力源泉、平衡杠杆、美丽底色、外部条件、价值遵循，为中国的未来发展指明了着力点，为共同富裕目标的实现开辟了广阔的发展前景。①

（三）对习近平总书记关于共同富裕重要论述的研究

实现共同富裕是新时代的内涵之一，习近平总书记对共同富裕有许多重要论述。一些学者对这些论述进行了研究。

一种观点认为，习近平总书记根据中国共产党人的初心使命、新时代我国的发展现状、马克思主义基本原理和中国特色社会主义探索以及中国优秀传统文化、对共同富裕进程了深入阐发，包括共同富裕的定位与内涵、以共享发展理念为导航仪、以精准脱贫为地平线、以社会保障为兜底网、以城乡区域协调发展为平衡杆、以收入分配制度改革为调节器、以壮大公有制经济为压舱石、以党的领导为主心骨等，习近平总书记关于共同富裕的重要论述体现了政治引领性、人民中心性、问题导向性、发展渐进性、视野全球性的显著特征。这些关于共同富裕的重要观点丰富了中国化马克思主义共同富裕思想、提供了实现中国梦理论指南、贡献了全球治理的中国方案、彰显了社会主义制度优越性，这也是习近平共同富裕重要论述的价值意蕴。②

第二种观点认为，习近平总书记关于共同富裕重要论述是对我国不平衡不充分社会主要矛盾的回应，也是对党的共同富裕思想的继承与发展。当

---

① 耿百峰：《新发展理念视阈下共同富裕的实现路径前瞻》，《科学社会主义》2018 年第 1 期。

② 丁春福、王静：《关于习近平共同富裕重要论述的四维思考》，《理论界》2020 年第 8 期。

前，我国社会实践命题已经实现从强国富民到共同富裕的转变，这就决定了习近平总书记对邓小平同志共同富裕思想的继承与发展体系在：以强调发展的充分性、全体性、全面性推动共同富裕科学内涵的丰富；以强调市场在资源配置中的决定作用以及非公有制经济的作用推动共同富裕实现前提的发展；以共享发展为理念、以精准扶贫、乡村振兴为策略推动共同富裕实现路径的拓展。对比邓小平同志与习近平总书记的共同富裕思想认识，有助于深化对习近平总书记共同富裕思想的理解，强化对共同富裕实践的指导。[①]

第三种观点认为，习近平总书记创造性地发展和丰富了共同富裕思想。主要表现在：我国社会主要矛盾的转化是实现共同富裕的现实依据，新发展理念是共同富裕的指导方针，中华民族伟大复兴中国梦是实现共同富裕的目标，"四个全面"整体协调推进是实现共同富裕的战略布局，让人民生活更幸福是实现共同富裕的根本落脚点，精准扶贫落地见效是实现共同富裕的必经之路。[②]

（四）其他方面

一是对"美好生活"与"共同富裕"的辨析。中国特色社会主义进入新时代，如何满足人民的美好生活需要已经上升为中国共产党治国理政的重大课题。然而，由于"美好生活"与"共同富裕"似乎是一切社会主义的"共同性"，这就极易模糊科学社会主义与民主社会主义的区别。"美好生活"与"共同富裕"的新时代内涵，需要在科学社会主义的语境中加以澄清和确立。不同于民主社会主义的福利社会，中国的全面小康社会以科学社会主义基本原则和以公有制为主体的社会主义市场经济条件为基础，能够有效满足人民日益增长的美好生活需要，逐步实现共同富裕和每个人的自由发展。正是在

---

① 郭瑞萍、李丹丹：《习近平对邓小平共同富裕思想的继承与发展》，《中共云南省委党校学报》2020 年第 3 期。

② 王桂林、唐吕俊驰：《论习近平对共同富裕思想的新发展》，《重庆文理学院学报（社会科学版）》2019 年第 2 期。

全面超越民主社会主义的基础上，中国人民向往和追求的"美好生活"和"共同富裕"将获得不同于过去的新的历史内涵。①

二是对先富和共富的分析。共同富裕应实现先富和共富的有机结合。一部分人先富裕起来后，怎样防止两极分化，怎样在先富的基础上更好更快地实现共同富裕，这是必须利用各种手段、各种方案、各种方法加以解决的中心课题。共同富裕是中国特色社会主义实践的阶段性目标。中国特色社会主义实践，就是在中国共产党的领导下，立足基本国情，解放和发展生产力，促进人的全面发展，逐步实现全体人民共同富裕，建设富强民主文明和谐的社会主义现代化国家。实现中华民族伟大复兴的中国梦，这是共同富裕在新时期的一个阶段性目标，是习近平总书记在现阶段对什么是共同富裕的新解读。②

（五）研究趋势展望

在中国特色社会主义新时代，研究共同富裕理论，应该从新的社会发展基础出发，全面、系统、历史地分析共同富裕思想的科学内涵；从历史发展的轨迹出发，研究共同富裕思想从空想到科学、从理想到现实的发展脉络，进而揭示实现共同富裕目标对社会制度和社会生活的影响，揭示其对社会经济、政治、文化发展的引领和推动作用，揭示逐步实现共同富裕和社会协调发展的互动作用，力求使共同富裕理论在历史与现实、理论与实践相统一的基础上更加科学化、系统化，使共同富裕思想特有的强烈的理论品格和实践品格更加凸现，使共同富裕思想在科学社会主义理论特别是在习近平新时代中国特色社会主义思想中的地位和作用更加凸显。

党的十九大报告明确指出，我国新时代的社会主要社会矛盾已经转化为人民日益增长的美好生活需要和不平衡不充分的发展之间的矛盾，这一重大

---

① 沈斐：《"美好生活"与共同富裕的新时代内涵》，《毛泽东邓小平理论研究》2018 年第 1 期。

② 贺璇：《2017/2 论共同富裕思想的两大内核》，《求知》2017 年第 2 期。

判断指明了实现新时代共同富裕的时代坐标的重要着力点。新时代的共同富裕研究，要关注在富裕程度不高、低收入人口尚未彻底摆脱压力、社会保障体系质量有待提高的现实下，突破困境的有效途径；要关注如何通过实现共同富裕彰显社会主义本质特征；还要更关注公平与效率对推动全体人民共同富裕取得实质性进展的影响等问题。

五、国家治理体系和治理能力现代化问题

现代化是国际社会发展的必然趋势，从现代化发展的规律来看，包括物质层面的现代化、制度层面的现代化和思想观念的现代化。在整个现代化的体系中，制度的现代化是不可或缺的重要组成部分，在一定程度上决定着不同国家现代化道路的成败。纵观各发达国家的现代化之路，无论是欧美的先发国家还是第二次世界大战以后的新兴发达国家，都是据其时代背景和自身发展条件逐渐构建了与其经济基础相匹配的制度体系。党的十八届三中全会提出国家治理体系和治理能力现代化，作为中国继工业现代化、农业现代化、国防现代化、科学技术现代化之后的"第五个现代化"是社会政治经济现代化的必然要求，它本身也是国家制度现代化的重要表征。随着全面小康任务的完成，国家进入全面实现现代化的新阶段，国家治理现代化日益成为社会的热点议题。纵观国内学界对之的研究，主要集中于国家治理体系和治理能力现代化提出的背景、内容和意义，国家治理体系和治理能力现代化的阶段性目标、国家治理体系和治理能力现代化实现途径等。

（一）国家治理体系和治理能力现代化提出的背景、内容和意义

第一，现实背景。党和国家将国家治理体系和治理能力现代化作为全面深化改革的总目标主要是基于现实的背景。有学者认为，社会主要矛盾的变化构成国家治理体系和治理能力现代化的大背景。其一，社会主要矛盾转化决定了国家治理的根本任务与工作重点的重新聚焦。其二，更大限度地满足

更多人对美好生活的需要是新时代国家治理现代化的目标指向和根本归宿。其三，着力破除发展不平衡不充分、实现更加全面而均衡的发展是新时代国家治理现代化的首要聚焦点。其四，新时代社会主要矛盾的历史性转化对于强化政府的公共服务供给和实现基本公共服务均等化的职责提出了迫切需要，有望成为推动国家治理现代化转型的强大动力。① 也有学者认为，一系列诸如物质充裕与精神匮乏并存的治理问题的存在使得"建设什么样的国家，怎样治理国家"的问题具有根本性。②

第二，主要内容。2013 年，习近平总书记在党的十八届三中全会上首次提出"推进国家治理体系和治理能力现代化"这个重大命题。2019 年，党的十九届四中全会着眼于实现"两个一百年"奋斗目标和把新时代改革开放深入推向前进的根本要求，审议通过了《中共中央关于坚持和完善中国特色社会主义制度、推进国家治理体系和治理能力现代化若干重大问题的决定》。这是着重从制度建设和制度创新层面深入推进国家治理体系和治理能力现代化的重大政治纲领。关于国家制度与国家治理体系和治理能力现代化之间的关系，主要表现在两个方面。一方面，学者认为，国家制度在国家治理体系和治理能力中起着根本性、全局性、长远性的作用，是国家治理最重要的资源，是国家治理组织化的体现。③ 中国特色社会主义制度规定了国家治理现代化的根本方向。④ 另一方面，国家治理体系和治理能力现代化是两个层面的，两者相互依存，对国家制度的成长有积极作用。国家治理体系是建构现代化国家的制度体系，是国家建设的第一个历史行动；而完善国家治理体系、提升治理能力则是第二个历史行动，前者是根本性的，后者是决定

---

① 唐皇凤：《社会主要矛盾转化与新时代我国国家治理现代化的战略选择》，《新疆师范大学学报（哲学社会科学版）》2018 年第 4 期。

② 齐卫平：《国家治理现代化视域下的话语转换———从执政能力到治国理政能力》，《行政论坛》2017 年第 4 期。

③ 齐卫平：《体系与效能：中国特色社会主义制度的国家治理优势》，《行政论坛》2020 年第 1 期。

④ 唐皇凤：《国家治理体系和治理能力现代化的制度支撑》，《中共党史研究》2019 年第 12 期。

性的。①

第三，重要意义。国家治理体系和治理能力现代化的重大意义表现在宏、微观两个层面：就宏观方面而言，国家治理体系和治理能力现代化是能够持续推动拥有 14 亿人口大国进步和发展、确保拥有五千多年文明史的中华民族实现"两个一百年"奋斗目标进而实现伟大复兴的重大战略决策。就微观方面而言，国家治理体系和治理能力现代化是解决当代治理困境的战略决策。学者认为，国家治理体系和治理能力现代化是解决国家在满足市场主体、社会组织和居民的偏好与需求，最大限度地协调公民、社会群体和政府之间的利益矛盾和冲突，有效输出公共政策和提供公共服务以实现其基本功能，获得人们内心认同和政治支持等方面的不足的问题的战略决策。②

（二）国家治理体系和治理能力现代化的阶段性目标

学者认为，国家治理体系和治理能力现代化总目标下可分为三个阶段性目标。第一个阶段性目标是，到 2021 年国家治理"在各方面制度更加成熟更加定型上取得明显成效"。第二个阶段性目标是，到 2035 年"各方面制度更加完善，基本实现国家治理体系和治理能力现代化"。第三个阶段性目标是，到 2050 年"全面实现国家治理体系和治理能力现代化，使中国特色社会主义制度更加巩固、优越性充分展现"。③到 2035 年"各方面制度更加完善，基本实现国家治理体系和治理能力现代化"。具体是指党的领导制度、人民当家作主制度、中国特色社会主义法治体系、国家行政体制、社会主义基本经济制度、先进文化制度、覆盖城乡人口的民生保障制度、共建共治共享的社会治理制度、生态文明制度等更加完善有效，坚持和完善党对人民军队的绝对领导制度、"一国两制"制度、独立自主的和平外交政策、国家监督体

---

① 赵宇峰、林尚立：《国家制度与国家治理：中国的逻辑》，《中国行政管理》2015 年第 5 期。
② 唐皇凤：《有效推进我国国家治理现代化的战略路径》，《苏州大学学报》2016 年第 1 期。
③ 胡鞍钢：《国家治理现代化目标及内涵——从 2021 年到 2050 年》，《理论前沿》2019 年第 24 期。

系，强化对权力运行的制约和监督，等等。到 2050 年，我国将拥有高度的政治文明，依法治国和以德治国有机结合。在坚持党的领导、坚持我国根本政治制度的前提下，实现更高水平的社会主义政治文明。国家制度体系更加完备、更加成熟、更加定型，这包括实现人民民主、领导国家政权、建设法治国家以及党的自身建设等一整套制度体系；制度执行能够更加有效、更加透明、更加公平，在制度体系下不断提高执行能力，在执行过程中不断完善改进制度体系；党的领导等十三个显著优势更加凸显，形成强大合力，全面建成社会主义现代化强国。①

有学者指出，经过改革开放 40 多年的发展，我们国家已经拥有实现国家治理体系和治理能力现代化目标的现实条件。快速的经济发展为国家治理现代化奠定了强大的物质基础；市场化改革催生了国家治理的新力量，孕育了国家治理的新结构，国家治理现代化的基本格局逐渐稳固；新信息技术正在有效推进国家治理现代化和政治民主化进程；现代国家制度体系逐渐成熟和定型，国家治理的民主化和法治化程度不断提升。②

（三）国家治理体系和治理能力现代化实现途径

1.把制度体系优势转化为国家治理效能。有学者主张，实现国家治理体系和治理能力现代化，应该切实把制度体系优势转化为国家治理效能。具体而言，始终坚持党的领导的根本制度，为推进国家治理体系和治理能力现代化提供根本保证；回答好在制度体系构建和国家治理现代化建设中"坚持和巩固什么、完善和发展什么"这一重大政治问题；坚定制度自信，助推国家治理体系和治理能力现代化；把党的执政能力建设与国家治理能力建设贯通起来，提高领导干部坚持和完善中国特色社会主义制度、推进国家治理体系和治理能力现代化使命担当的素质和本领；注重制度体系建构，推动中国特

---

① 胡鞍钢：《国家治理现代化目标及内涵——从 2021 年到 2050 年》，《理论前沿》2019 年第 24 期。

② 唐皇凤：《有效推进我国国家治理现代化的战略路径》，《苏州大学学报》2016 年第 1 期。

色社会主义制度更加成熟、更加定型；坚持以人民为中心的新发展理念，在全面深化改革中推进制度建设整体推进和重点突破相结合地发展。①

2.实现党的领导、人民当家作主、依法治国有机统一。第一，加强党的全面领导是新时代国家治理现代化的根本保证。为此，要遵循国家治理现代化的基本规律和基本方向，把握党的全面领导与国家治理现代化的辩证统一关系。第二，坚持人民当家作主是新时代国家治理现代化的出发点和归宿。一是要确立以人民为中心的发展理念，并借助治理体系的完善在制度上保障人民当家作主，切实增进人民福祉。二是要发挥不同主体作用。在国家治理体系中，对政府、公众和社会组织等主体的地位、作用及其相互关系，需要作出制度性安排，以便充分发挥这些主体的作用。人民群众是治理体系中最重要的主体，在国家治理中应发挥当家作主的作用。第三，坚持依法治国是新时代国家治理现代化的基本方式。一方面，健全法律体系和法治体系。另一方面，要提高依法治国能力。②

3.从社会主要矛盾的转换出发制定国家治理体系和治理能力现代化的战略路径。社会主要矛盾的转化构成了国家治理体系和治理能力现代化的大背景。因此，社会主要矛盾的转化是确定国家治理现代化愿景目标、战略路径和行动议程的客观基础。由于国家制度是国家治理体系和治理能力现代化的制度资源或者组织资源。因此，在探索国家治理体系和治理能力现代化实现途径时，应该把制度体系优势转化为国家治理效能。第一，始终坚持发展为第一要务，大力提升发展的质量和效益。第二，及时推行"美好新政"，积极探寻国家治理现代化的战略突破口。第三，"以公共服务优化国家治理"。第四，大力促进区域和城乡协调发展。③

---

① 齐卫平：《体系与效能：中国特色社会主义制度的国家治理优势》，《行政论坛》2020年第1期。

② 虞崇胜：《坚持"三者有机统一"：新时代国家治理现代化的黄金法则》，《当代世界与社会主义》2018年第4期。

③ 唐皇凤：《社会主要矛盾转化与新时代我国国家治理现代化的战略选择》，《新疆师范大学学报（哲学社会科学版）》2018年第4期。

（四）研究趋势展望

一是在研究内容上，既要从顶层设计的政策分析出发，同时又要加强基础性理论研究，将政策性解读和理论研究有机结合起来，增强基础性理论研究与实践对策研究的上下融通，使国内本土化研究与国际引介性研究有机融合，使国家治理体系和治理能力现代化的研究更为系统更为科学。

二是在研究方法上，要在跨学科视阈下使宏观规范性研究和微观实证性研究予以有效结合。就已有文献来看，当前研究主要集中于政治学、管理学等学科视角，其他学科的介入较为"单薄"。而国家治理体系和治理能力现代化是一个涉及内容广泛的研究议题，因此客观上需要多学科的交叉融合研究，如社会学、经济学、法学、历史学、信息科学等。

三是在研究视野上，要促进国内本土化研究与国际引介性研究有效融合。现有研究更为关注国家治理体系和治理能力现代化的中国现实，缺乏将中国治理与西方治理的联系起来观照中国现实的研究。在未来研究中，要促进国际视野和中国特色的有机融合，打造立足国情、借鉴国际经验的具有中国特色的国家治理体系，提升国家治理体系和治理能力现代化研究的国际话语权和国际化水平。

六、中等收入群体问题

中等收入群体的概念最初是在党的十六大报告中提出的，2002年，党的十六大报告中首次提出"以共同富裕为目标，扩大中等收入者比重"。此后，党的十七大报告、十八大报告均再次强调要调整国民收入分配格局，注重社会公平，缩小收入分配差距，扩大中等收入群体，实现共同富裕。党的十九大报告中进一步明确提出，到2035年基本实现社会主义现代化时"人民生活更为宽裕，中等收入群体明显提高"。提高中等收入群体比例，成为新时代收入分配制度改革的一项重要目标。

（一）中等收入群体的划分标准以及未来发展趋势

当前对中等收入群体的划分标准并没有一个统一的认识。关于中等收入群体的划分标准，中国的研究大多借鉴了西方的中产阶级理论中的相关划分标准。一是以经济关系或财产关系为主进行界定；二是以经济地位、声望和权力等多维度的职业关系进行界定。[①] 中国的研究者在借鉴西方中产阶级已有研究的基础上，根据中国的实际情况，提出了划分中国中等收入群体的标准，即以收入水平作为划分中等收入群体的标准。当前中国中等收入群体的划分标准主要有三个，即绝对收入标准、相对收入标准、绝对与相对收入标准相结合的复合标准。

关于绝对收入标准。2018 年初，国家统计局研究人员基于世界银行成年人每天收入在 10—100 美元的标准，按美元与人民币 1 ∶ 7 官方汇率计算得出我国中等收入标准为年收入 2.5 万—25 万元人民币。[②]

关于相对收入标准。相对标准是针对特定国家（地区）特定阶段的收入分布状况，根据收入分布中位数的一定区间来确定中等收入群体的收入标准。有学者提出了 50％—125％ 中位数测量标准。[③] 也有的学者提出了 75％—200％ 中位数测量标准。[④]

关于绝对与相对收入标准相结合的复合标准。所谓绝对与相对收入标准相结合的复合标准有两种定义。一是下限用绝对标准而上限用相对标准。在同一定义中，中等收入者下限使用具体数额的绝对标准（比如国际贫困线）；而上限使用相对标准，如收入中位数的某一倍数或某个收入分位点对应的收入。二是用绝对与相对两个标准同时定义。比如，有的学者将同时满足以下

---

① 常远：《扩大中等收入群体的经济社会效应分析》，《河南社会科学》2018 年第 11 期。

② 王仁贵：《解码世界最大中等收入群体》，《瞭望》2018 年第 2 期。

③ 朱长存：《城镇中等收入群体测度与分解———基于非参数估计的收入分布方法》，《云南财经大学学报》2012 年第 2 期；曹景林、邰凌楠：《基于消费视角的我国中等收入群体人口分布及变动测度》，《广东财经大学学报》2015 年第 6 期。

④ 李培林：《中国跨越"双重中等收入陷阱"的路径选择》，《劳动经济研究》2017 年第 1 期。

两条标准者界定为中等收入群体：一是年收入介于 2 万—20 万元（2015 价格）的绝对标准，二是年收入介于收入中位数 70%—200% 之间的相对标准。①

很显然，运用不同的方法对中等收入群体的数量进行测算会得到不同的结果。当前，研究界对我国中等收入群体比重的现状评估，主要有以下几种观点。有学者② 计算得出，2016 年我国中等收入者规模已达 4 亿，占总人口的比重为 28.93%。还有学者通过核密度计算方法计算得出，2016 年我国中等收入者占总人口的 26.57%。③

我国中等收入者比重的未来趋势预测也会随着测算方法的不同而有所不同。有学者运用中位数 67%—200% 来计算我国中等收入者比重，将会得到这样的结论，如果增速为 6%，到 2020 年和 2035 年中等收入者比重将达到 33.02%、44.31%；如果增速下降至 3%，则中等收入者比重将止步不前，只能徘徊在 28.93%（2016 年的水平）。④

（二）关于中等收入群体的经济和社会意义研究

关于经济意义。第一，通过促进消费、扩大内需发挥经济增长效应。通过中等收入群体促进消费、扩大内需、发挥经济增长效应的研究当前有很多，但是中等收入群体为什么能够通过促进消费、扩大内需来推动经济增长，不同的学者却有不同的观点。有的学者提到了扩大中等收入群体能够通过扩大消费需求和投资需求，从而拉动经济增长。而这是因为可支配收入和边际消费需求递减的规律是影响内需的重要因素，中等收入群体的扩大可以增加居民的可支配收入以及提升居民的边际消费需求，从而扩大

---

① 王小鲁：《中等收入群体发展状况和影响因素》，第九届中挪社会政策论坛暨第 82 次中国改革国际论坛，2017 年 3 月 27—28 日。
② 杨修娜、卓贤：《中等收入者的界定标准与规模估算》，《社会探索》2019 年第 1 期。
③ 杨凤娟、李亚冰、刘君阳：《中等收入群体比重测度及其影响因素分解》，《统计与决策》2020 年第 20 期。
④ 杨修娜、卓贤：《中等收入者的界定标准与规模估算》，《社会探索》2019 年第 1 期。

内需。① 另外，有一些学者提出，中等收入群体的扩大能够提升有效需求，从而扩大内需，推动经济的增长。②

第二，通过市场经济体制发挥经济增长效应。中等收入群体如何通过经济体制发挥经济增长效应的研究有很多，不同的学者有不同的看法和观点。例如，有学者提出，中等收入群体所具有的遵纪守法、诚实守信、法治观念强等特质有助于建立公平公正的市场规则、合理高效的市场机制、规范健康的市场环境，不断地完善市场经济体制，进而有效推动经济的长期可持续增长。③

第三，通过产业结构调整和升级发挥经济增长效应。不少学者关注中等收入群体通过产业结构调整和升级发挥经济增长效应。有学者认为，中等收入群体可以为产业结构调整和升级提供丰富的高质量的人力资本，推动产业的转型，从而推动经济的发展。④

关于社会意义。第一，构建合理的收入分配结构。增加中等收入群体比重，形成橄榄型分配格局，能够构建合理的收入分配结构。相关研究发现⑤，中等收入群体比重与基尼系数呈负相关，通过提高中等收入群体比重可以构建合理的分配结构。第二，维护社会稳定。当前研究中等收入群体的社会经济意义方面的文献，大多都提到了中等收入群体的扩大能够维护社会稳定。⑥ 但是，关于中等收入群体通过什么机制维护社会稳定，不同的学者有不同的观点。有的学者提出，扩大中等收入群体可以从相对收入和绝对收入两个方面来提高居民的收入水平，从而提升居民的社会认同感，达到维

① 连国萍：《关于培育和扩大中等收入群体的思考》，《发展研究》2018 年第 11 期；常远：《扩大中等收入群体的经济社会效应分析》，《河南社会科学》2018 年第 11 期。
② 常远：《扩大中等收入群体的经济社会效应分析》，《河南社会科学》2018 年第 11 期。
③ 常远：《扩大中等收入群体的经济社会效应分析》，《河南社会科学》2018 年第 11 期。
④ 常远：《扩大中等收入群体的经济社会效应分析》，《河南社会科学》2018 年第 11 期。
⑤ 庄健、张永光：《基尼系数和中等收入群体比重的关联性分析》，《数量经济技术研究》2007 年第 4 期。
⑥ 连国萍：《关于培育和扩大中等收入群体的思考》，《发展研究》2018 年第 11 期。

护社会稳定的目的。①

（三）扩大中等收入群体的途径

第一，保持经济中高速增长是提高中等收入群体比重的必要条件。居民收入提高的根源在于经济的发展所创造出来的剩余。因此，许多研究者提出应该要保持经济中高速增长，以此来扩大中等收入群体。②

第二，要将政策着力点放在中等收入边缘群体。许多学者提出，提高中等收入群体需要将政策着力点放在中等收入边缘群体。这些边缘群体包括农民、农民工等。针对农民群体，深化农村土地制度改革，推进宅基地流转和置换方式创新，让农村居民能合理分享到土地升值收益。③针对农民工群体，有学者提出，应该要尽快落实以居住证为核心的常住人口制度，逐步消除与户籍挂钩的教育、医疗、就业等基本权利差异。④

第三，注重财富分配政策的重要性。很多学者都提到了要通过有效的分配政策来扩大中等收入群体。他们的基本思路是，要完善坚持按劳分配为主体、多种分配方式并存的制度，把按劳分配和按生产要素分配结合起来。但是不同的学者侧重点不一样。有的学者侧重于通过技术创新使技术进步偏向于劳动来构建合理的收入分配结构。⑤

（四）研究趋势展望

随着我国转变经济发展方式和我国发展进入新阶段，构建扩大内需和国内内循环为主体、国内国际双循环相互促进新发展格局。提高我国中等收入群体比重，无论对于实现共同富裕、扩大内需、转变经济发展方式，还是实

① 连国萍：《关于培育和扩大中等收入群体的思考》，《发展研究》2018 年第 11 期。
② 杨修娜、卓贤：《中等收入者的界定标准与规模估算》，《社会探索》2019 年第 1 期。
③ 杨修娜、卓贤：《中等收入者的界定标准与规模估算》，《社会探索》2019 年第 1 期。
④ 谭永生：《扩大我国中等收入群体规模的对策建议》，《经济研究参考》2018 年第 60 期。
⑤ 吴鹏、常远、穆怀中：《中国如何扩大中等收入群体———基于技术进步偏向性视角的考察》，《财贸研究》2018 年第 6 期。

现社会的和谐稳定都具有重要的战略意义。未来，中等收入群体的研究还需要紧贴国家经济社会发展新形势，在以下方面还有很大的研究空间。

一是对中等收入群体内涵和外延的界定。目前，学术界对中等收入标准和测量众说纷纭。在国家新发展阶段，需要确定适合中国国情的中等收入群体的测量标准。同时，中等收入群体的界定不仅是物质方面的，还有社会道德、文化价值和审美情趣等方面的内容。社会高质量的发展，人们追求高品质生活，需要对中等收入群体的内涵和外延进行深入的挖掘。

二是加强促进低收入群体向中等收入群体转化的现实路径研究。例如，收入分配在第一次分配提高国民的收入水平，落实居民收入水平提高与经济发展速度同步。在第二次分配加大对低收入者的支持力度；发挥第三次分配作用，发展慈善事业，改善收入和财富分配格局。在教育上，提高人的就业和创新创业能力，提高收入水平，阻断贫困的代际传递。完善社会保障体系，提高中等收入群体的消费能力，促进经济发展方式的转变。

三是扩大中等收入群体研究要关注农村居民群体。中国在农村消除绝对贫困之后，如何巩固脱贫攻坚成果，防止返贫。十四五规划时期，全面实施乡村振兴战略，继续推进以人为核心的新型城镇化，需要在制度上保障农民的利益和权力，实现农民群体的收入水平提高和生活改善，促进现代化的农民顺利跨入中等收入群体也是一个重要的研究视角。

关于科学社会主义理论研究的重点问题和前沿问题，限于篇幅，本文只能暂列以上几方面，实际上，仍有诸多问题值得进一步研究，如当代社会主义与资本主义的关系问题、人类命运共同体与马克思主义的自由人联合体的关系问题、中国特色社会主义对世界社会主义发展的影响问题、社会主义现代化问题等，期待学术界不断有新的研究成果推出，以丰富科学社会主义理论的研究，推进科学社会主义学科发展。

（作者：孟鑫、向春玲）

第三部分

调研报告

中国科学社会主义学科的历史、现状与定位

2021

中国科学社会主义学科的历史、现状与定位

——科学社会主义学科调研报告·2020

科学社会主义是我国哲学社会科学中一个学科。习近平总书记在党的十九大报告中指出，中国特色社会主义进入新时代，意味着科学社会主义在 21 世纪的中国焕发出强大生机活力。这使科学社会主义学科在新时代迎来了重大发展机遇，同时面临更高要求和更大挑战。当前我国科学社会主义的学科定位、学科建设、人才队伍建设等与当前繁荣哲学社会科学、提升文化软实力的任务是否相称？存在什么短板？如何补齐这些短板？凡此种种，都是新时代新阶段我国科学社会主义学界必须关注的重大问题。由是之故，2019 年 7 月—2020 年 11 月，由中共中央党校（国家行政学院）科学社会主义教研部牵头，依托中国科学社会主义学会，联合学会的各地分会组织，开展了大规模调研活动，形成此报告。

一、科学社会主义学科在中国的创立与发展

科学社会主义作为思想理论，在旧民主主义革命时期便已在中国开始传播，而作为一个独立的学科，其发展壮大主要是新中国成立之后的事情。1953 年，中央党校成立马列主义基础教研室（科学社会主义教研室前身），另有一些大专院校相继设立了马列主义教研机构，科学社会主义学科虽未独立形成，但相关研究工作已随之逐步展开。20 世纪 50 年代末至 60 年代初，中国人民大学开设了科学社会主义课程。

由于种种客观的历史局限性，具有中国特色的科学社会主义学科在改

革开放之前尚处于摸索阶段,学科建设没能取得实质性进展。1978 年以来,学术界在改革开放和社会主义现代化建设的实践中不断深化了对社会主义的认识,形成了一系列研究成果,科学社会主义学科开始建立并逐步发展壮大。

(一)20 世纪 70 年代:初创阶段

严格意义上讲,科学社会主义作为一门学科诞生于 1977 年。胡耀邦于 1977 年 3 月到中央党校担任副校长,当时他提出按马克思主义三大组成部分设立三个教研室、开设三门课,国内第一个科学社会主义教研室(科学社会主义教研部前身)应运而生。1978 年,党的十一届三中全会之后,科学社会主义的教学和研究从中央党校开始向全国推广,地方省级党校相继成立了科学社会主义教研室;许多高等院校,如中国人民大学、山东大学、华中师范大学等,都建立了科学社会主义系;有的院校和地方社会科学院成立了科学社会主义研究所(研究室)。围绕科学社会主义的理论研究、教材编写、资料收集和人才培养等工作,在全国范围内逐渐展开。

1979 年 3 月 30 日,邓小平在理论务虚会上明确指出:"政治学、法学、社会学以及世界政治的研究,我们过去多年忽视了,现在也需要赶快补课。"[①] 在这一指示推动下,科学社会主义专业在全国范围内相继设立。比较典型的就是中国人民大学,把原国际政治系改名为科学社会主义系;再如山东大学,也建立了科学社会主义系,还有其他许多大学陆续开设了科学社会主义相关课程。1980 年 6 月第一本《科学社会主义》教材(赵明义主编,山东人民出版社版)问世。建立专业性教研机构、设置科学社会主义专业,标志着科学社会主义学科在中国的建立。

随着科学社会主义专业的建立,相应的培养制度也开始不断完善。1979 年中国人民大学开始招收科学社会主义专业硕士生。1981 年教育部门开始

---

① 《邓小平文选》第二卷,人民出版社 1994 年版,第 180—181 页。

设立学位授予点，中央党校等单位获得科学社会主义博士学位授予权，中国人民大学等高校获科学社会主义硕士学位授予权。1978 年由四川社会科学院首先建立科学社会主义研究所，以后有十几个省市社科院和大学也相继建立科学社会主义研究所，从事科学社会主义教学和研究的专业人员迅速增加。

在科学社会主义学科创立之初，理论界对于这一学科的独立性有着充分的认识。每一个学科都有其相对独立性，也与其相关学科之间存在着一定的联系，科学社会主义学科既有其特殊的性质，也与马克思主义其他学科之间存在着内在的联系。赵明义认为，科学社会主义是马克思主义全部学说的核心，主要有三个方面的依据。① 第一，科学社会主义是直接指导无产阶级破坏旧世界，建设新世界，进行革命和建设的理论和策略。特别是它的核心内容即无产阶级革命和无产阶级专政的理论，是马克思主义学说的出发点、精髓或实质。第二，帝国主义和一切反动阶级、反动派攻击马列主义的主要矛头是指向科学社会主义，特别指向无产阶级革命和无产阶级专政。一切机会主义者、修正主义者背叛马列主义也是以背叛科学社会主义、背叛无产阶级革命和无产阶级专政为主要标志。第三，马列主义经典作家关于科学社会主义是马克思主义的"基础"的提法，从另一个角度论证了这门科学的核心地位。

《华中师范学院学报》1979 年第 1 期发表了科学社会主义研究室的一篇文章《科学社会主义研究对象及有关问题》，认为科学社会主义是马克思主义全部学说的核心，其中主要阐述三方面原因。第一，科学社会主义是马克思主义的主要问题、精髓和实质所在。马克思主义的主要问题，其精髓和实质，就是科学社会主义关于无产阶级革命和无产阶级专政的学说。而革命导师创作的哲学和政治经济学，正是从世界观和生产关系的发展变化中给科学社会主义、特别是给无产阶级革命、无产阶级专政理论做论证的。这一点可以从科学社会主义的产生过程中看得清楚。第二，科学社会主义是识别真假

---

① 赵明义：《试论科学社会主义的研究对象》，《文史哲》1978 年第 5 期。

马克思主义最锐利的武器。国际共产主义运动史上出现很多背叛马克思主义的学说，四人帮的一套谬论也是如此。第三，科学社会主义是无产阶级革命运动的旗帜。[①]

赵明义[②]、徐善广[③]认为，科学社会主义是马克思主义的三个组成部分之一，是指无产阶级解放运动的革命理论。它的研究对象和任务可以概括如下：科学社会主义是关于无产阶级解放运动的性质、条件和一般目的的学说，是社会主义社会和共产主义社会产生、发展及其规律的科学，是无产阶级阶级斗争的理论和策略，特别是无产阶级革命和无产阶级专政的理论和策略。科学社会主义就是关于无产阶级解放的条件的学说[④]。此后，这一时期的科学社会主义教材进一步对无产阶级斗争的性质、解放的条件和一般目的进行了解释。

综观当时理论界的讨论，人们普遍认为科学社会主义与马克思主义哲学、马克思主义政治经济学既有区别又有联系，科学社会主义在马克思主义整个体系中处于核心地位。在科学社会主义学科创立之初，多数学者都比较认同这个论断，只是文字表述方面有些差别。研究科学社会主义离不开马克思主义哲学、政治经济学，马克思主义哲学和政治经济学也不能代替科学社会主义，二者为科学社会主义研究提供科学的方法论指导。

（二）20世纪80年代：发展阶段

在科学社会主义专业和研究机构设立之后，为了加强科学社会主义专业队伍建设，推动学术交流和活动组织，中国科学社会主义学会在1983年10

[①] 科学社会主义研究室：《科学社会主义的研究对象和有关问题》，《华中师范学院学报》1979年第1期。

[②] 赵明义：《试论科学社会主义的研究对象》，《文史哲》1978年第5期。

[③] 徐善广：《对科学社会主义的对象、任务、体系及其在马克思主义学说中的地位的几点看法》，《武汉师范学院学报（哲学社会科学版）》1979年第1期。

[④] 文潮：《什么是科学社会主义——学习科学社会主义课程引言提纲》，《实事求是》1978年第3期。

月成立。今天的《科学社会主义》杂志（1986 年更名）前身就是最早由该学会创办的《中国科学社会主义通讯》季刊。全国性学术团体的成立，整合了科学社会主义的研究力量，极大地推动了科学社会主义学科的发展壮大。

20 世纪 80 年代，科学社会主义学科体系逐步形成并完善，产生了一批比较有代表性的成果：如华中师范学院高原主编、湖北人民出版社 1981 年 2 月出版的《科学社会主义》；九院校联合编写组编写、1982 年青海人民出版社出版的《科学社会主义》；中央党校范若愚和江流主编、中共中央党校出版社与江苏人民出版社 1983 年出版的《科学社会主义概论——中国社会主义基本问题》；等等。这一时期的教材，基本上都对科学社会主义创始人关于科学社会主义研究对象的规定进行了系统阐述。

随着中国特色社会主义事业的推进和世界社会主义运动的曲折发展，20 世纪 80 年代人们对科学社会主义研究对象的认识也在不断深化。当时出版的许多种科学社会主义教科书，与前一个时期不同的是，有相当部分都以"科学社会主义理论与实践"命名，因为教育部在此期间进行的学科和课程调整中，把"科学社会主义理论与实践"列为全国高校文科硕士研究生的公共必修政治课。其中，比较有特色的教材版本就是由高放等从 1988 年开始着手编写、1990 年由中国人民大学出版社出版的《科学社会主义理论与实践》。

在论述科学社会主义研究对象时，这一时期的教材都大量引用马克思、恩格斯的原著论述，旨在说明"科学社会主义是无产阶级解放斗争的性质、条件和一般目的的学说，也即研究无产阶级解放斗争的进程及其发展规律的科学"[①]。科学社会主义的研究对象，是科学社会主义的创始人在研究空想社会主义学说中，在同形形色色的冒牌社会主义学说作斗争中逐步形成、完善和概括出来的。1847 年，马克思、恩格斯在为共产主义者同盟制定纲领的

[①] 赵明义主编：《科学社会主义》，山东人民出版社 1980 年版，第 39 页；高原主编：《科学社会主义》，湖北人民出版社 1981 年版，第 2 页。

过程中，恩格斯在回答"什么是共产主义？"时明确指出："共产主义是关于无产阶级解放的条件的学说。"① 同年 10 月，他在《共产主义者和卡尔·海因岑》一文中又指出："在共产主义作为理论的时候，那么它就是无产阶级立场在这个斗争中的理论表现，是无产阶级解放的条件的理论概括。"② 紧接着，马克思、恩格斯在合著的《共产党宣言》中，具体阐述了无产阶级解放的种种条件，并且指出：共产党人在理论方面"了解实际社会运动的条件、进程和一般结果"③。正是这样，社会主义才由空想转变成了科学。

19 世纪 70 年代，恩格斯在《反杜林论》第三编"社会主义"中强调指出，科学社会主义既要论述无产阶级解放的条件，又要阐明无产阶级斗争的性质，以便教育各国无产阶级分清什么是社会主义，什么是资本主义、封建主义。他写道："完成这一解放世界的事业，是现代无产阶级的历史使命。深入考察这一事业的历史条件以及这一事业的性质本身，从而使负有使命完成这一事业的今天受压迫的阶级认识到自己的行动的条件和性质，这就是无产阶级运动的理论表现即科学社会主义的任务。"④ 1885 年，恩格斯又把原有的关于科学社会主义研究对象的提法，加上"一般目的"几个字；他指出："共产主义现在已经不再意味着凭空设想一种尽可能完善的社会理想，而是意味着深入理解无产阶级所进行的斗争的性质、条件以及由此产生的一般目的。"⑤ 至此，马克思、恩格斯在革命斗争的实践中，完成了对科学社会主义研究对象的明确规定。

值得注意的是，范若愚和江流主编的《科学社会主义概论——中国社会主义基本问题》，对科学社会主义的研究对象有了新的探索和发展。这本教材在提出"科学社会主义是关于无产阶级解放运动发展规律的科学"基础之

---

① 《马克思恩格斯选集》第 1 卷，人民出版社 2012 年版，第 295 页。
② 《马克思恩格斯全集》第 4 卷，人民出版社 1958 年版，第 312 页。
③ 《马克思恩格斯全集》第 19 卷，人民出版社 2006 年版，第 149 页。
④ 《马克思恩格斯选集》第 3 卷，人民出版社 2012 年版，第 817 页。
⑤ 《马克思恩格斯选集》第 4 卷，人民出版社 2012 年版，第 203 页。

上，专门列出一节强调"研究社会主义社会的发展规律是当代的重大课题"，首先，在马克思和恩格斯创立的科学社会主义理论中，关于未来共产主义社会的设想是一个重要的内容。他们认为，共产主义是比资本主义更高级的社会形态，是在资本主义从发展走向衰亡的条件下实现的。共产主义社会分为初级和高级两个发展阶段，初级阶段就是我们通常说的社会主义社会。要求我们必须加强对社会主义社会的研究。其次，科学社会主义要重视对社会主义建设历史规律的探索，提出社会主义基本制度的建立，只是社会主义社会发展过程的开始，对这个发展过程的研究十分重要。最后，也是最为可贵的是，提出"建设有中国特色的社会主义是总结我国历史经验得出的基本结论"，初步把中国特色社会主义纳入科学社会主义研究对象之中。①

科学社会主义所研究的不仅是社会主义社会，而且还有资本主义社会，它是以资本主义社会和社会主义社会这两个社会形态作为研究对象。高放主编的《科学社会主义理论与实践》教材指出，科学社会主义研究的是"改变资本主义世界、建设社会主义世界的一般规律"。资本主义社会是继封建主义社会之后，私人资本占统治地位的最后一个人剥削人的社会形态，是以私人资本为基础、由资本家阶级统治的社会形态。其基本特征是：经济上生产资料的资本家私有制和剥削工人的雇佣劳动制；政治上资产阶级掌握国家政权统治人民。资本主义最早从 14 世纪起孕育于西欧封建社会内部，到 16 世纪在西欧一些国家产生资本主义制度，它经历了简单协作、手工工场和机器工业三个时期。到 18 世纪末实现三大革命，即美国和法国的政治革命以及英国的产业革命之后，才由封建资本主义阶段进入自由资本主义阶段。这时资本主义开始发展成为囊括全球的世界性体系。19 世纪末自由资本主义又发展到垄断资本主义即帝国主义阶段。几百年来，资本主义从西欧北美逐步扩展到全球五大洲，资本主义取代封建主义是人类社会发展的巨大进步。资

---

① 范若愚、江流主编：《科学社会主义概论——中国社会主义基本问题》，中共中央党校出版社、江苏人民出版社 1983 年版，第 16—43 页。

本主义最大的成就是实现了现代化和全球化。史无前例的庞大的社会化大生产，增多了、加快了世界各国之间的联系，促进了全球化的趋势，极大地改变了世界的面貌。但是资本主义的发展也给人类带来新的灾难。生产资料资本主义私有制与生产社会化的矛盾、社会财富分配的贫富两极分化、对海外殖民地人民的掠夺与统治、周期性的经济危机、结构性的大量失业、欺骗性的政治民主、侵略性的军事扩张、腐蚀性的腐朽文化、破坏性的社会犯罪等资本主义固有的弊病无法根治，大量的社会问题亟待解决。于是有越来越多的有识之士群起力求改变资本主义社会，探索建立一种理想的、新型的社会，用以消除资本主义社会的基本矛盾和固有弊病，这样社会主义思潮社会主义派别、社会主义运动就应运而生了。

20 世纪 80 年代科学社会主义的研究视域是开阔的，尤其把资本主义社会的发展规律作为科学社会主义的研究对象明确了下来，说明社会主义思想和实践不是凭空产生的，而是有其深刻的历史背景。社会主义是资本主义的继承物、对立物、取代物和创新物，它是为继承资本主义各种积极成果、克服资本主义各种矛盾和弊病而创建的高于资本主义的新型社会制度和社会形态，是以社会化劳动为基础、由劳动人民掌握政权的社会形态。这样在现实实践中就有利于处理好与当代资本主义的关系。但高放等主编的《科学社会主义的理论与实践》也承认："关于科学社会主义的研究对象，文字上如何表述，目前我国理论界还有多种不同看法。但是，科学社会主义主要是研究资本主义旧世界如何发展到社会主义共产主义新世界，这一点各家大概是能够取得一致看法的。"[1] 就其实质而言，这把资本主义发展规律纳入科学社会主义的研究对象，是对科学社会主义研究对象的深化。

（三）20 世纪 90 年代：繁荣阶段

20 世纪 80 年代末 90 年代初，受国际大气候影响，改革开放和社会主

---

[1] 高放等主编：《科学社会主义的理论与实践》，中国人民大学出版社 1990 年版，第 8—10 页。

义现代化建设面临严峻挑战。在重大历史关头，邓小平发表了南方谈话；1992 年 10 月在党的十四大上，江泽民对建设有中国特色社会主义理论作了全面、准确、深刻的概括，比较系统地初步回答了中国这样的经济文化比较落后的国家如何建设社会主义、如何巩固和发展社会主义的一系列基本问题。南方谈话和党的十四大的召开，标志着我国社会主义现代化建设进入了新的历史发展阶段，科学社会主义理论研究由此进入繁荣发展的新阶段。理论界发表了大量的科学社会主义专业论文，研究质量达到了前所未有的水平，科学社会主义方面的学术专著相继问世。

在学科建设上，国际共产主义运动与科学社会主义以前是彼此独立的两个专业，1997 年国家学科专业目录调整后，这两个专业合并为科学社会主义与国际共产主义运动专业。以此专业合并为契机，科学社会主义的学科建设实现了较快发展，从事科学社会主义研究的人员规模也不断扩大了。此外，随着对外开放的加深以及国内外学术交流和互动，青年一代的学者已经不满足于既定的研究方法，他们开始探讨科学社会主义的基础理论，而且普遍对建设有中国特色社会主义理论产生了浓厚的兴趣。20 世纪 90 年代科学社会主义学科建设取得长足进步，理论研究工作随着社会主义实践的深入不断向纵深处延展。这既是中国特色社会主义现代化建设的客观需要，也是思想理论界主动作为的反映。

20 世纪 90 年代是科学社会主义学科的繁荣发展时期，学科体系趋于完善。思想理论界在建立学科体系时更加重视对中国特色社会主义理论的研究，而马克思主义经典作家的有关论述在体系中所占比重相对降低。在这一时期编写的有代表性科学社会主义教科书主要有：赵曜等主编《科学社会主义新论》，中共中央党校出版社 1996 年版；高放主编《科学社会主义的理论与实践》，中国人民大学出版社 1994 年版；秦刚、王军主编《科学社会主义基本理论》，中共中央党校出版社 1998 年版；童星主编《科学社会主义的理论与实践》，南京大学出版社 1997 年版。

这一时期科学社会主义的学科体系结构也可以大致分为两大类。第一类是分专题，全书有一个总论，下分为若干专题。第二类是从当前社会主义理论和实践的发展状况为出发点，全书有一个总论，下分若干章节。下面我们也举两个例子来说明这一时期的学科体系结构状况。赵曜等主编的《科学社会主义新论》，在总论下分十三个分论，构成一个比较完整的体系，其中有一些新提法如飞跃论、时代特征论、社会主义发展阶段论、社会主义本质论、发展战略论、改革论。具体讲首先是"总论"之后分别是历史趋势论、市场经济论、民主政治论、精神文明论、依靠力量论、"一国两制"论、对外关系论、政治保证论和社会主义历史命运论。

赵曜等主编的《科学社会主义新论》，对科学社会主义学科的理论体系有一个说明，总论部分指出："在一个多世纪的社会主义实践中，科学社会主义是紧紧围绕一个核心、两块基石、三个发展阶段而展开的，并形成完整的理论体系的。"核心有双重含义："一是科学社会主义是马克思主义的核心；二是社会主义代替资本主义的历史必然性是科学社会主义的核心。这个论断说明社会主义的历史必然性是马克思主义核心的核心。这个核心也可以称之为主题，整个科学社会主义都是围绕这个'核心'论证这个'主题'的。"唯物史观和剩余价值学说是科学社会主义的两大理论基石，"两大理论基石，科学提示并宣告：资本主义必然灭亡，社会主义必然胜利。这就把科学社会主义奠定在科学的基础之上"。三个阶段就是无产阶级解放道路的三个发展阶段，即"一是在资本主义条件下，通过革命斗争，无产阶级夺取政权，上升为统治阶级，争得民主；二是通过过渡时期和无产阶级专政，剥夺剥夺者，建立生产资料公有制，按劳分配的社会主义社会；三是在社会主义条件下，经过生产力的巨大发展和政治、文化的巨大进步，以求最终消灭阶级差别，使人类社会进入各尽所能、按需分配的共产主义社会。这三个发展阶段是无产阶级解放的康庄大道，是共产主义代替资本主义的必由之路"。"科学社会主义围绕一个核心、两块理论基石、三个发展阶段形成了完整的理论体系。这一体系的主要内容是如下一些基本理论。我们也可简称十大理论。"即，关于无产阶级历史使命的理论；关于社会主义革命的理论；关于从资本主义向社会主义过渡时期的理论；关于无产阶级专政的理论；关于社会主义社会发展阶段的理论；关于社会主义本质及其特征的理论；关于社会主义建设的理论；关于社会主义改革的理论；关于无产阶级政党的理论；关于国际主义和爱国主义相结合的理论。① 这是《科学社会主义新论》对学科体系的思考，但是可能由于本书的读者主要是党政领导干部和广大党员，所以本书编写时一方面体现了对学科体系的考虑，另一方面也没有完全按照十大理论来编排，而与中国实际结合比较紧密。

高放等主编的《科学社会主义的理论与实践》一书，作为全国高等学校硕士生教材在 1990 年出版，之后几经修订。该教材分章不多，但节和目比较多，时间跨度大，内容涉及面广，在导论下分为五章(以第三版为例)。"导论"讲研究对象和学习目的方法，之后是："社会主义从空想到科学的发展"、"从经典科学社会主义到苏联模式"、"当今社会主义国家对各具本国特色社会主义的新探索"、"全球化浪潮下资本主义世界主要社会主义政党的新变化与新探索"及"终论"讲"如何认识世界社会主义发展的历史"和总结"世界社会主义运动的基本经验"。高放等主编的《科学社会主义的理论与实践》没有明确说明学科体系是怎样安排的，但从其章节安排可以看出，该体系基本上是按照科学社会主义理论发展史和社会主义实践史，以时间为顺序来设计框架的。这代表了对科学社会主义学科体系的一种思考。

需要说明的是，这一时期专门研究科学社会主义学科体系的文章很难见到。《沈阳师范学院学报（社会科学版）》在 1996 年第 3 期上刊登了一篇刘晨晔的文章，文章题目是《"一般目的"在科学社会主义原理体系中的地位辩异——兼论科学社会主义原理体系的建构思路》。在该文章中作者对科学社会主义学科体系提出了自己的看法，文章说："无产阶级解放（即人的解放）斗争的目的问题是一个十分复杂的问题，这主要表现在，它是一个由一般目的、中介目的及实现条件和手段等要素构成的复杂的动态系统。一般目

---

① 赵曜等主编：《科学社会主义新论》，中共中央党校出版社 1996 年版，第 10—13 页。

的与中介目的是密不可分的整体系统，舍此无以谈一般目的；一般目的、中介目的与实现条件和手段也是密不可分的，前者规范和指导后者的选择和走向，后者确证前者的现实合理性和可行性，并丰富其内涵；中介目的还具有向实现条件和手段转化的绝对性，使目的系统诸要素与实现条件和手段系统诸要素之间的界限具有相对性。同时，马克思、恩格斯对科学社会主义研究对象的认识的不断丰富和深化的漫长过程，也反映了无产阶级解放斗争目的问题的复杂性通过上述对'一般目的'在科学社会主义原理体系中的定位，初步明晰了建构科学社会主义原理体系的一种新思路，即'目的—条件和手段系统论'。"① 但可惜的是，作者只是初步提出了学科体系建设的构想，而没有形成完整的体系大纲，更没有形成著作或编写出教材。

如果说 20 世纪 80 年代理论界有关科学社会主义研究主要着眼于学科的独立性，那么 90 年代则对学科综合性特征给予了更多关注。赵曜、张式谷、秦德芬认为科学社会主义是一门综合性的理论科学。科学社会主义不是历史科学，也不是时事政治，而是理论科学。② 但是，这门理论科学不是单一性的（如只研究社会生活的某个方面或侧面），而是综合性的，它既要从总体上又要从社会生活的各个方面——经济的、政治的、思想文化的各个方面及其相互关系，去研究社会主义社会的发展规律性。马克思、恩格斯在《共产党宣言》第二部分，恩格斯在《反杜林论》的社会主义编，就是把社会主义作为一个整体，从各个方面加以阐述的。推翻和改变资本主义，建设社会主义和共产主义，涉及经济、政治、文化、对外关系等诸方面，不是只涉及政治规律。那种把科学社会主义仅限于研究革命中的政治斗争规律和建设，是不全面的，既不符合科学社会主义奠基人的论述，又很容易和社会主义政治学相混淆。

---

① 刘晨晖：《"一般目的"在科学社会主义原理体系中的地位辩异——兼论科学社会主义原理体系的建构思路》，《沈阳师范学院学报》1996 年第 3 期。

② 赵曜、张式谷、秦德芬主编：《科学社会主义新论》，中共中央党校出版社 1996 年版，第 6 页。

赵曜、张式谷、秦德芬还对科学社会主义学科性质的特点作了进一步的论述。他们认为，科学社会主义是一门直接指导革命和建设的行动科学。恩格斯在谈到科学社会主义的特点时，说它是"活的行动理论"。列宁把科学社会主义称之为无产阶级解放斗争的伟大旗帜。赵曜、张式谷、秦德芬主编的教材认为，科学社会主义是一门永远充满生机和旺盛生命力的蓬勃发展的科学。科学社会主义是和无产阶级革命实践和社会主义、共产主义事业紧密联系在一起的，它在实践的基础上不断地研究新情况、解决新问题中获得丰富和发展。一个多世纪以来，随着无产阶级革命事业的发展，特别是社会主义制度在一些国家的建立，科学社会主义在体系、结构上不断变化，在内容上愈加充实和丰富了。现实的科学社会主义和历史上的科学社会主义，已不可同日而语。邓小平同志建设有中国特色的社会主义理论是科学社会主义在当代中国的新发展。

科学社会主义学科的命运与学科体系密切相连。从1978年以来的学科体系建设来看，在尝试时期学科体系更多的是以经典作家科学社会主义基本原理为专题进行设计的；在初步确立时期学科体系中增加了中国特色社会主义理论的基本内容和国外社会主义理论与实践的内容。综观这两个时期，科学社会主义研究者们在学科体系建设方面有共识，也存在着认识上的差异，学科建设是在求同存异过程中不断丰富和发展的。相信今后对科学社会主义学科体系的研究还将不断深入下去，学科体系将会得到进一步完善。

（四）21世纪以来：调整阶段

进入21世纪，随着改革开放和社会主义现代化事业的蓬勃发展，科学社会主义秉承实事求是的科学精神和与时俱进的创新意识，对这个阶段的社会主义重大实践问题进行了深入探讨和科学阐释，成果斐然，论述颇丰。这段时期理论界加强了从总体上综合研究和创新社会主义理论的力度，许多学者从社会主义的理论及其现实联系等方面展开了研究，对于进一步科学把握社会主义的发展规律，促进中国特色社会主义现代化的发展起到了促进作用。具体体现在从研究内容上看，无论是对党的政策、国家重大发展战略的研究，还是对社会主义建设理论和实践探索的经验及教训的总结，以及对执政党的建设规律的探索等方面的研究，在广度和深度上都有所拓展。

从学科视野上看，大多数学者力求结合时代特征和新的实际来描述社会主义发展的历史进程，及时总结和提升中国人民对于人类社会发展规律、社会主义建设规律、共产党执政规律的阶段性认识成果。在中国国家影响力上升的背景下，科学社会主义的国际化水平也大幅度提升，专家学者开始注重国际交流。2002年10月，"21世纪世界社会主义"国际学术研讨会在北京召开。这次会议由中国社会科学院世界社会主义研究中心、中共中央马列著作编译局、中共中央党校科学社会主义教研部等单位举办。来自美国、法国、希腊、俄罗斯、乌克兰、保加利亚、印度和日本等8个国家的专家学者以及全国各地的中国学者共100多人参加了会议。规模之大，为历届首次。中外学者围绕着21世纪科学社会主义实践的历史经验，东欧剧变、苏联解体的原因和教训，当代资本主义和社会主义的新变化，世纪世界社会主义面临的挑战和发展趋势，我国改革开放与中国特色社会主义的发展前景等关系世界社会主义前途命运的问题进行了认真、深入的讨论。

不过，由于人文社会科学领域的学科门类日趋多元化且区分较细，科学社会主义学科力量分流的局面比较突出，许多热门专业都从科学社会主义的传统学科建制中独立出来，20世纪90年代培养的科学社会主义专业人才在21世纪大多进入到经济学、政治学、社会学等领域从事具体研究。比如在中国人民大学国际关系学院，世界社会主义研究所的历史可以追溯到1950年成立的马列主义基础教研室。该研究所是全国最早成立的马列主义理论与实践的教学研究机构，也是1956年设立的马列主义基础专业和1958年成立的马列主义基础系的核心和基础。1960年政治系成立及1964年改建为国际政治系后，国际共产主义运动史教研室是当时全系人数最多、力量最强教学科研单位，在全国具有重要的学术地位和重大的学术影响。1978

年后又相继成立了科学社会主义教研室。2000年组建国际关系学院，在原国际政治系所属的科学社会主义教研室和国际共运教研室的基础上组建了世界社会主义研究所。经过几次分化重组后，中国人民大学目前科学社会主义的专门研究力量就相对减弱了。类似的情况在北京大学、华中师范大学等高校也是比较普遍的。

高等学校肩负着学习研究宣传马克思主义、培养中国社会主义事业合格建设者和可靠接班人的重大任务。在意识形态斗争日益严峻的情况下，高等院校近些年来开始加强马克思主义学科和思想政治教育建设。习近平总书记在2016年12月全国高校思想政治工作会议上明确指出："要把思想政治工作贯穿教育教学全过程，要坚持不懈传播马克思主义科学理论，抓好马克思主义理论教育，为学生一生成长奠定科学的思想基础。"党中央一直重视高校马克思主义理论教育和宣传工作，明确要求必须不断巩固马克思主义在高校意识形态领域的指导地位。根据不同形势和要求，下发了《关于进一步加强和改进新形势下高校宣传思想工作的意见》《普通高校思想政治理论课建设体系创新计划》《高等学校思想政治理论课建设标准》《关于进一步加强和改进高等学校思想政治理论课的意见》等系列重要文件。这些文件强调了高校马克思主义教育与研究的重要性，都提出重点建设一批马克思主义学院的计划。

科学社会主义目前隶属于政治学的二级学科，这与科学社会主义作为马克思主义重要组成部分的应有地位不相称。在马克思主义"学科群"繁荣发展的当下，科学社会主义学科并没有获得足够的支撑。目前科社学科发展乏力，后劲不足的问题十分突出：一方面科社研究的基本理论与当今社会关注的现实问题有一定距离，在贴近实际推动理论创新方面尚需努力；另一方面科社人才培养断档，科社学人缺乏身份认同和学科自信。另外，科社学科的区域发展存在不平衡，特别是在西部欠发达省份，教学科研经费少并且教学水平相对较低，人才也比较匮乏。

二、科学社会主义学科的现状与问题

习近平总书记在 2016 年全国哲学社会科学工作座谈会上发表重要讲话时明确指出："哲学社会科学是人们认识世界、改造世界的重要工具，是推动历史发展和社会进步的重要力量，其发展水平反映了一个民族的思维能力、精神品格、文明素质，体现了一个国家的综合国力和国际竞争力。坚持和发展中国特色社会主义，需要不断在实践和理论上进行探索、用发展着的理论指导发展着的实践。在这个过程中，哲学社会科学具有不可替代的重要地位，哲学社会科学工作者具有不可替代的重要作用。"[1] 作为重要的哲学社会科学学科，经过 40 多年的发展，科学社会主义学科建设已经取得较大进展，但存在的问题也很突出。我们通过实地考察与意向问卷调查相结合的方式展开调研，因受疫情影响，实地考察只在华东与华中地区进行；意向调查方面，得到了科社学会地方分会的大力支持，江西、辽宁、江苏等地方分会提供大量翔实的本地区科社学科发展情况相关素材。此外，在 2020 年 11 月 13 日召开的科学社会主义学会当代世界社会主义专业委员会 2020 年年会的常务理事会议上，与会的常务理事（其中绝大多数是科社专业资深专家，部分常务理事同时兼任科社学会地方分会的会长）也就科社学科建设问题进行了专门研讨，为本次调研提供了宝贵支持。

（一）专业和学位点建设基本情况

习近平总书记指出："不断推进学科体系、学术体系、话语体系建设和创新，努力构建一个全方位、全领域、全要素的哲学社会科学体系。"[2] 可以说，专业学科和学位点建设是学科发展的基本建设，是专业发展的命脉，是一项系统工程，涉及诸如院校梯队、人才队伍、科研体系及研究成果等一系

---

[1] 习近平：《在哲学社会科学工作座谈会上的讲话》，《人民日报》2016 年 5 月 19 日。

[2] 习近平：《在哲学社会科学工作座谈会上的讲话》，《人民日报》2016 年 5 月 19 日。

列重要问题。因此，本报告尤其重视调研目前科社专业的学位点建设情况，形成了十分详尽的调研结果。

1. 全国拥有马克思主义理论或科学社会主义与国际共产主义运动的科研院校

1977 年科社学科开始从中央党校向地方党校和高校扩展并逐渐发展，一些高校成立了社会科学部或马克思主义学院。1981 年科学社会主义学科设立了硕士学位授予点，中共中央党校、中国社会科学院、中国人民大学等一些教学和科研单位相继获准开始招收科学社会主义专业硕士研究生，开始有计划地培养科学社会主义研究的专门人才。1984 年前后，不少单位获得了科学社会主义专业博士学位的授予权，开始招收博士研究生。在 1999 年，国务院学位办制定的学科分类目录中，"科学社会主义与国际共产主义运动"被确定为政治学的二级学科。2003 年国内三所高校被评为"科学社会主义与国际共产主义运动"国家级重点学科，2005 年增至五所。2005 年，中国社科院成立马克思主义研究院，主要研究马克思主义基本理论和中国特色社会主义。从总体上看，全国党校系统是科社学科建设和理论研究的主要阵地，中共中央党校科学社会主义教研部是全国科学社会主义研究的牵头单位。

（1）党校和社科院系统

目前，我国一共有 34 个省级行政区加一个生产建设兵团，除去 2 个特别行政区（香港、澳门）和台湾省，其余 22 个省、5 个自治区、4 个直辖市共 31 个省（自治区、直辖市）设有省级党校和社会科学院，再加新疆生产建设兵团党校，共 32 个省级党校和 31 个省级社会科学院。此外，按照目前我国 293 个地级市（州）和 2862 个区县计算，还有市（州）、区（县）级党校 3155 个。在各级党校（区县级党校除外）和社科院中，绝大多数设有马克思主义教研部、政治学教研部或科社教研部。但问题是，很多地方党校原来的科社教研部门，纷纷改名为政治学教研部门，或并入党史党建等相关教研部门，这在一定程度上削弱了科学社会主义的科研基础。

（2）高校系统

根据教育部学位与研究生教育发展中心公布的第四轮马克思主义理论学科评估结果（2012 年）可知，全国共有 162 所高校开设马克思主义理论类专业。① 这 162 所高校是科学社会主义学科未来发展可依托的重要高校资源。具体来看，评级为 A+ 的有 4 所高校，分别是中国人民大学、清华大学、东北师范大学和武汉大学；评级为 A 的有 7 所高校，分别是北京大学、吉林大学、复旦大学、南京师范大学、山东大学、华中师范大学以及中山大学；评级为 A− 的有 12 所高校，分别是北京师范大学、首都师范大学、南开大学、华东师范大学、浙江大学、福建师范大学、江西师范大学、中南大学、华南师范大学、四川大学、西南大学以及西安交通大学；此外，余下 139 所高校的马克思主义理论学科的评级都在 B+ 级及以下。② 由此不难发现，目前我国各高校的马克思主义理论学科建设质量普遍都有待加强，未来发展的空间也比较大。因此，需要进一步完善高校马克思主义理论学科的建设工作，形成高质量的学科发展体系，才能助力科社学科的进一步发展。

另外，从学位点开设数量及发展现状来看，也能给我们以深刻的启发。从 1984 年第一批博士学位审核至今，全国高校开设科学社会主义与国际共产主义运动专业的硕士学位点共有 27 个，③ 而博士学位点仅有 7 个。④ 这两组数据与马克思主义哲学（博士学位点 29 个）和政治经济学学（博士学位点 35 个）相比，都较少。而且，科社硕士学位点近年变动较大，一些高校，

① 由于科学社会主义与国际共运专业在政治学一级学科下，而不在马克思主义理论一级学科下，因而它只能说明这 162 所高校有马克思主义理论相关专业，但无从统计到底有多少学校一定有科社专业。

② 评级在 B+ 级及以下的高校，参见教育部学位与研究生教育发展中心网站（2019—11—20）：http://www.cdgdc.edu.cn/xwyyjsjyxx/xkpgjg/。

③ 数据参见中国研究生招生考试网 2021 年硕士专业目录：https://yz.chsi.com.cn/zsml/zyfx_search.jsp。

④ 这 7 所大学分别是：北京大学、对外经济贸易大学、贵州师范大学、山东大学、武汉大学、云南大学和中国人民大学。数据参见中国研究生招生考试网 2021 年硕士专业目录：https://yz.chsi.com.cn/zsml/zyfx_search.jsp。

如华东师范大学，曾经开设有科社专业硕士点，但后来因专业萎缩，学位点也被取消了。不仅如此，开设科社专业硕士、博士点的科研院校从地理分布上看，基本局限在北上广、东北、华北和中部地区，无法成为在中西部后发地区开展科学社会主义学科调研与建设的依托对象。可以说，目前存在的学科学位点发展规模的不充分和发展区域的不平衡，是未来学科建设发展需要下大力气解决的难点问题。

2. 目前全国科学社会主义科研力量分布情况

对此，可以用国家社科基金"马列·科社"学科立项数目作为指标加以评估。通过对1994—2015年马列·科社学科立项总数在10项以上（包括10项）的研究机构进行统计，可以看出，共有36个机构立项数目超过10项，共立项674项，主要是高校、党校和社科院。具体来看，中央党校（国家行政学院）（84项）[①]、中国社会科学院（42项）、中国人民大学（32项）、华中师范大学（34项）、中共河南省委党校（31项）、山东大学（27项）、东北师范大学（24项）、武汉大学（22项）、湖北大学、南开大学、福建师范大学、郑州师范大学、郑州大学（18项）、复旦大学、中共云南省委党校、中共陕西省委党校（17项）、南京师范大学（16项）、中共黑龙江省委党校、苏州大学、湖南师范大学、中山大学（15项）、清华大学、吉林大学（14项）、北京大学、山东师范大学、湘潭大学、贵州师范大学（13项）、中共辽宁省委党校、中共福建省委党校、广西师范大学（12项）、南京大学（11项）、中共河北省委党校、河海大学、江西师范大学、新疆师范大学（10项）等知名高校和科研院所都是立项数达到10项及以上的机构。[②]

这一组数据表明，我国"马列·科社"学科立项研究机构的分布表现出

---

① 统计数据时，两机构未合并，其中中央党校74项，国家行政学院10项。数据参见连鑫、王文昌：《国家社科基金视角下我国马列·科社学科研究状况分析——基于1994—2015年国家社科基金立项数据的量化分析》，《经济师》2016年第10期。

② 连鑫、王文昌：《国家社科基金视角下我国马列·科社学科研究状况分析——基于1994—2015年国家社科基金立项数据的量化分析》，《经济师》2016年第10期。

明显的地域集中性，基本集中在北京、湖北两地。高校方面则体现出明显的专业性，主要是集中在全国各省份的综合性大学和师范类大学的马克思主义学院、政治学院，其中不少都是具有科社博士点的高校。

（二）各地区学科发展特点

习近平总书记指出："现在，我国哲学社会科学学科体系不断健全，研究队伍不断壮大，研究水平和创新能力不断提高，马克思主义理论研究和建设工程取得丰硕成果""为坚持和发展中国特色社会主义作出了重大贡献。"[①] 科学社会主义专业在 1990 年以前分为科学社会主义专业和国际共产主义运动专业两个学位点，如今总称为科学社会主义专业，它把马克思主义经典作家原著的研究同当今实际结合起来，以马克思主义基本理论为指导，研究当今社会主义运动出现的新情况和新问题。就全国范围看，各地区学科发展各具亮点，形成了独特的研究重点和方向。具体而言，情况如下：

1. 华东地区

（1）学科特色和亮点

该地区主要研究方向包括：科学社会主义经典著作和基本理论；中国特色社会主义理论与实践；全球化与中国特色社会主义；俄国、中国等东方国家社会发展的规律性；列宁的社会主义理论，特别是列宁关于苏俄政治发展的理论；列宁关于党的建设特别是列宁关于党内民主制度建设的理论。

该地区重点研究科学社会主义经典著作和基本理论、中国特色社会主义重大理论与实践，特别是研究经典作家关于东方社会发展的基本理论和东方社会发展的规律性。此研究方向处于国内学术研究前列的地位，在学术界形成较高的知名度和学术影响力。如上海市，其科社研究结合国家、上海市重大关切问题，理论成果有高度，学科有代表人物，代表人物有影响力。对科学社会主义基本理论、中国特色社会主义理论与实践、当代世界社会主义理

---

① 习近平：《在哲学社会科学工作座谈会上的讲话》，《人民日报》2016 年 5 月 19 日。

论与实践等方面的研究具有一定特色。

（2）专业在哲学社会科学界的地位及地方政府重视程度

在上海市，科社专业在哲学社会科学界的地位经历一个变化过程。苏联东欧剧变前，地位较高；东欧剧变、苏联解体后，由于国际大气候和国内小气候的影响，招生日渐萎缩；加之马克思主义理论学科设立和升格为一级学科后，科学社会主义学科的地位不如过去，政治学科中它不受重视，马克思主义理论学科有没有它的位置，造成一定程度的边缘化。此外，主管部门不够重视，也是科学社会主义学科发展后劲不足的一个重要原因。

在江苏省，科社专业在哲学社会科学界占有重要地位，是江苏省哲学社会科学界开展中国特色社会主义重大理论与实践问题研究的主力军之一。江苏省委省政府高度重视科社专业的发展，特别重视本专业在理论研究和意识形态领域的重要作用。在江苏省委省政府的关心支持下，省委党校科社专业被列为江苏省重点学科。

（3）代表性专家学者及其代表性成果

改革开放以来，科学社会主义学科在华东地区涌现了一批知名专家学者。如上海市有姜琦、张月明、周尚文、冯绍雷、杨烨、范军、解超、沈志华、郝宇青、卿文辉、陆钢、张丽君、蓝瑛、徐觉哉、朱坚劲、轩传树、王继停、朱文忠、吴海江、肖巍、马拥军、孙力、韦定广、卢继元、翟桂萍、李海平、邬沈青、倪稼民、袁秉达、官进胜、王耀东、时青昊、袁新华、丁长艳等。江苏省有陈兆德、汪锡奎、王庆五、周毅之、俞良早、王立新、徐民华、王金水、陈蔚、布成良、陶卫平、王进芬、孟宪平、俞敏、王燕、李小珊等。上述专家学者进行了大量扎实的、高质量的科研工作，形成了丰富的科研成果，其中最具代表性学术论文分别是：姜琦发表在《当代世界社会主义问题》1996 年第 2 期上的《东欧共产党社会民主党化的教训》；张月明发表在《当代国外社会主义问题》1984 年第 2 期的《匈牙利改革中的对苏关系》；沈志华发表在《苏联东欧问题》1986 年第 4 期的《关于苏联新经济政策的断限问题》以及在《俄罗斯研究》2019 年第 1 期的《斯大林是怎样掉入"修昔底德陷阱"的——战后苏美从合作走向对抗的路径和原因》；郝宇青发表在《国外社会科学》2020 年第 5 期的《新时代中国特色社会主义政治文化》以及《社会科学文摘》2018 年第 11 期的《从分化到整合：改革开放 40 年社会变迁的动力及其转换》；王耀东发表在《今日东欧中亚》1998年第 5 期的《民主社会主义与中欧私有化》；陈蔚发表在《当代世界与社会主义》2011 年第 3 期的《马克思主义政治意识形态制度保障力面临的挑战剖析》；韦定广发表在《社会科学》2010 年第 6 期的《创造与贡献：世界体系视域中的"中国道路"》；王庆五发表在《社会主义研究》1989 年第 2 期的《三次历史性超越与社会主义初级阶段的自身否定性》；陈兆德发表在《南京师大学报（社会科学版）》1994 年第 1 期的《试论建设中国特色社会主义理论的产生、形成和发展》；汪锡奎发表在《江苏社会科学》1992 年第 3 期的《论法制对社会主义民主的保障与推进功能》；俞良早发表在《湖北大学学报（哲学社会科学版）》1988 年第 6 期的《列宁"东方国家决定论"的产生、理论基础和历史地位探讨》；等等。此外，该地区最具代表性的学术著作分别有：姜琦、张月明合著的《悲剧悄悄来临》（华东师范大学出版社 2001 年版）；周尚文所著《社会主义 150 年》（上海人民出版社 1997 年版）；王庆五等著《马克思主义意识形态指导地位研究》（中国社会科学出版社 2012 年版）；轩传树所著《大转折：中国道路社会主义本质论》（上海社会科学院出版社 2014年版）；徐觉哉所著《社会主义流派史》（上海人民出版社 2007 年版）；郝宇青所著《苏联政治生活中的非制度化现象研究》（华东师范大学出版社 2008年版）；陈兆德主编《科学社会主义教程》（江苏人民出版社 1991 年版）、《科学社会主义著作选读及辅导》（中共中央党校出版社 1992 年版）；俞良早所著《马克思主义东方社会理论研究》（中共中央党校出版社 2006 年版）、《马克思主义东方学》（人民出版社 2011 年版）、《经典作家探索理想社会与实现中国梦》（人民出版社 2017 年版）；俞良早等著《东方社会主义行进中：共产党执政与党的建设》（中共中央党校出版社 2006 年版）；等等。

2. 华中地区

（1）学科特色和亮点

该地区不同高校各具特色。如武汉大学，科社专业所在的马克思主义学院，学科门类齐全，但发展不平衡，属于政治学二级学科，1981年设立科社硕士点，2004年设立博士点，硕士生超过100人，博士生40多人。现在马学科发展迎来了机遇期，党史和科社希望进行一体化建设；但同时学科发展也有不平衡性，科社还属于冷门学科，招生往往需要通过别的专业调剂。最近几年科社生源相当好，2020年招收4名硕士生，2名博士生，85%是毕业于211院校。又如华中师范大学，科社与国际共运专业，本来是两个学位点，后来合成了一个。在招生方面，科社专业略好于国际共运专业。再如中南财大，还没有马学科博士点，科社学科博士点近年也暂停了，真正聚焦科社研究的人员也很少。

（2）专业发展注重把握好三对关系

华中地区科社学科发展过程中着重注意处理好三对关系：其一，关注到学科属性和内涵、边界、质量等关系，不过分强调边界问题，不搞成某个学科的一亩三分地，每个学科都有自己的学科定位和学科规范；其二，处理好主义和问题的关系，更加注重问题研究，回答时代的重大理论问题和现实问题；其三，重视中国与外国、历史与未来、构建与批判等多重关系，使科社学科的发展具有更好的包容性和交叉性。

（3）代表性专家学者及其代表性成果

伴随改革开放的不断深化推进，科学社会主义学科在华中地区的发展也成果丰硕。其中，最具代表性的学者及学术成果主要是：俞思念发表在《科学社会主义》2020年第4期的《科学社会主义学科的"三大体系"建设刍议》以及在《科学社会主义》2015年第2期的《科学社会主义学科话语体系建设的任务》；王建国发表在《社会主义研究》2008年第2期的《中国特色社会主义理论体系研究新进展》；牟成文发表在《中国社会科学》2020年第3期的《人民意志：马克思法哲学的思想特质》；梅荣政发表在《中国人民大学学报》2005 年第 3 期的《"两个必然"和"两个决不会"的内在统一》以及在《当代世界社会主义问题》2005 年第 1 期的《新自由主义的谱系、流变及影响》;文道贵发表在《湖北行政学院学报》2010 年第 1 期的《论列宁关于民族和殖民地国家建立苏维埃政权的思想》;汤德森发表在《当代世界与社会主义》2008 年第 4 期的《重新认识列宁关于巩固无产阶级专政的理论》以及在《社会主义研究》2005 年第 4 期的《对斯大林模式社会主义的评析》;等等。此外,经过长期努力,华中地区的专家学者们形成了大量学术著作,最具代表性的主要有:俞思念所著《文化与宽容》(社会科学文献出版社 2009 年版)、《论党的群众路线》(华中师范大学出版社 2013 年版);聂运麟所著《国际共产主义运动年鉴》(华中师范大学出版社 2017 年版)、《变革与转型时期的社会主义研究》(社会科学文献出版社 2008 年版)、《当代资本主义国家共产党:低潮中的奋进、变革与转型》(社会科学文献出版社 2007 年版);梅荣政所著《马克思〈资本论〉中的科学抽象法研究》(武汉大学出版社 1988 年版)、《科学共产主义基础教程》(湖北人民出版社 1984 年版)、《党的最高纲领与最低纲领的统一论》(中国人民大学出版社 2004 年版);郎廷建所著《马克思主义生态观研究》(中国社会科学出版社 2020 年版);文道贵主编《鄂豫边区民运工作史》(中央文献出版社 2011 年版);等等。

3. 东北地区

(1)学科特色和亮点

该地区科社研究结合国家与辽宁省重大关切问题,对科学社会主义基本理论、中国特色社会主义理论与实践、当代世界社会主义理论与实践的研究具有一定特色。

(2)专业在哲学社会科学界的地位及地方政府重视程度

整体而言,科社专业在辽宁省哲学社会科学界的地位在东欧剧变、苏联解体前后也经历了一个从高到低的变化过程。但是辽宁省科社专业人才在积极投身理论和实践研究,结合自身专业特点打造理论宣讲培训阵地,提升服务地方影响力,在学习、研究、宣传党的理论、方针和政策作出了重要贡献。如组建政策咨询团队；精心安排和战略谋划筹建的为党和人民述学立论、建言献策的重要智囊团；立足于辽宁老工业基地全面振兴，有力支撑中国东北振兴研究院的智库建设；等等。为党中央、国务院、辽宁省各级政府提供前瞻性、针对性和储备性的政策与战略研究服务，并协同思想政治理论课明星教学团队、基础理论研究团队，共同推进马克思主义中国化、时代化、大众化。

（3）代表性专家学者及其代表性成果

改革开放以来，科学社会主义学科在东北地区涌现了一批知名专家学者，如曹普澄、宋萌荣、邓泉国、佟玉华、康瑞华、房广顺、田鹏颖、刘宁宁、刘晨晔、李英、马继东、任鹏、迟晓蕾、王喜满等。其中，最具代表性的学术论文分别是：宋萌荣发表在《当代世界与社会主义》2007 年第 4 期的《科学社会主义的核心价值与人的全面发展》；邓泉国发表在《社会主义研究》2000 年第 4 期的《五十年社会主义理论创新的历史轨迹及其启示》以及《社会主义研究》2002 年第 6 期的《回顾与评述：十年来社会主义本质理论的研究》；佟玉华发表在《当代世界与社会主义》2007 年第 5 期的《十月革命与社会主义基本问题》以及《苏联东欧问题》1990 年第 4 期的《苏联传统社会主义政治体制形成的原因》；王喜满发表在《马克思主义研究》2012 年第 4 期的《1999—2011 年世界共产党和工人党国际会议评析》以及《社会主义研究》2008 年第 3 期的《新陈代谢及其断裂理论——福斯特解读马克思生态学思想的最新视角》；等等。在学术著作方面，该地区也取得了一定的积极成果，比如：宋萌荣所著《开创人类新文明的伟大实验——20 世纪社会主义发展的历史经验》（人民出版社 2000 年版）；佟玉华所著《社会转型期政治发展与民主政治建设》（中国社会科学出版社 2009 年版）；刘晨晔所著《轨迹与思想：20 世纪欧美学者社会主义批判的批判研究》（中国人民大学出版社 2019 年版）；任鹏所著《新时代党的政策策略思想研究》（社会科学文献出版社 2019 年版）；等等。

4.中南地区

（1）学科特色和亮点

一是重视习近平新时代中国特色社会主义思想研究。以中国特色社会主义道路、理论、制度、文化研究为重点，深入研究习近平新时代中国特色社会主义思想，主持研究阐释党的十九大精神，获得国家社科重大专项招标项目"新时代中国共产党的历史使命研究"、国家社科基金重点项目"中国特色社会主义道路自信的内在逻辑研究"、"中国特色社会主义道德规范体系研究"，以及江西省重大专项委托项目"习近平精准脱贫战略思想在江西革命老区探索与实践"等。

二是依托地方红色资源优势，重视红色文化研究。主持国家社科基金项目"方志敏的理想信念研究"、"红色文化对培育社会主义核心价值观的作用及其实现机制研究"，国家发展改革委重点招标课题"推动红色基因传承创新发展，探索老区军民融合发展新模式"，中央苏区振兴重大研究项目"中央苏区范围、历史贡献与发展现状研究"，等等。围绕原中央苏区振兴提出的部分对策建议，为2012年出台的《国务院关于支持赣南等原中央苏区振兴发展的若干意见》文件所采用；8篇关于原中央苏区振兴的研究报告获省部级领导批示；主编江西省义务教育地方课程教材《红色文化》，发行70万册；主编中央苏区系列著作（8卷本），发行仪式在人民大会堂举行。

（2）专业在哲学社会科学界的地位及地方政府重视程度

江西省原有南昌大学、江西财经大学、江西师范大学三所学校招收科社专业硕士研究生。目前，南昌大学、江西财经大学已经取消政治学一级学科招生，科社专业也因此取消招收研究生。目前只有江西师范大学招收科社专业硕士研究生。

科社专业学者在智库方面积极努力，承担了党委政府委托的应用对策研究报课题，完成多项应用对策调研报告，获江西省委省政府领导肯定性批示10余次。主要有《加快推进昌九一体化发展战略的思考与对策》《环保装备制造业国内外发展现状及加快我省发展步伐的对策建议》《"十三五"时期我省文化产业发展的目标定位及推进策略》《打造全国儒释道文化旅游示范区，助推南昌成为旅游目的地和停留地》《补齐机制短板，推进我省文化产业高质量跨越式发展》等。

（3）代表性专家学者及其代表性成果

与上述地区相同，改革开放以来，中南地区的科学社会主义学科发展也取得了不错的成果。其中，最具代表性的论文分别是：匡萃坚发表在《马克思主义与现实》1983年第7期的《马克思的"革命"观》以及《马克思主义研究》1985年第4期的《关于马克思社会主义理论的科学性的历史考察》；祝黄河发表在《社会主义研究》1997年第2期的《社会与人全面发展研究论纲》；陈始发发表在《科学社会主义》2005年第10期的《现代化与全球化背景下的中国先进文化建设》；李明斌发表在《科学社会主义》2015年第5期的《论社会主义与资本主义关系的新变化》；等等。此外，在学术著作方面，最具代表性的主要有：祝黄河所著的《社会与人》（中国社会科学出版社2004年版）和《科学发展观与当代中国社会发展实践》（人民出版社2008年版）；李明斌所著《中苏大论战及其经验教训研究》（中国社会科学出版社2000年版）；胡伯项所著的《我国现代化进程中意识形态安全问题研究》（人民出版社2000年版）；李明斌所著的《中国共产党资本主义认识史论》（人民出版社2017年版），匡萃坚所著的《当代西方政治思潮》（社会科学文献出版社2005年版）；等等。

（三）各地区学科发展

习近平总书记指出："面对新形势新要求，我国哲学社会科学领域还存在一些亟待解决的问题。比如，哲学社会科学发展战略还不十分明确，学科体系、学术体系、话语体系建设水平总体不高，学术原创能力还不强；哲学社会科学训练培养教育体系不健全，学术评价体系不够科学，管理体制和运行机制还不完善；人才队伍总体素质亟待提高，学风方面问题还比较突出，等等。总的看，我国哲学社会科学还处于有数量缺质量、有专家缺大师的状况，作用没有充分发挥出来。"① 以此对照，科社学科在各地区的发展情况也面临类似困难和问题。

1. 华东地区

华东地区学科发展的困难和问题主要在于如下几个方面：

一是学科转型的困境。在政治学专业恢复以前，大多数研究人员从事科学社会主义和国际共运史的研究。政治学专业恢复之后，一部分研究人员转向政治学理论、国际政治或国际关系的研究。如上海市，由于在高校没有科学社会主义本科专业，造成从事科学社会主义研究的人员流失。东欧剧变、苏联解体后，世界社会主义运动处于低潮，这对科学社会主义的研究也是一次冲击，研究科学社会主义基本上成了小众专业，各单位给予的资源也是逐渐减少，学科建设步履维艰。虽然在高校设立了马克思主义学院之后，为科学社会主义研究创造了一定的条件，但是学科建设的侧重点并不在科学社会主义，因而进一步的发展仍然存在制约。

二是组织架构的问题。组织架构难以对学科建设形成有力支撑。如上海市，党校现有较多的科学社会主义专业毕业的博士，集中分布在马克思主义学院、科社教研部和哲学教研部，跨学科、跨部门整合研究团队的意识和能力不够，难以形成合力。在同一研究方向的若干维度上难以形成相互支持的局面。

三是学科根基不实的问题。虽然已形成一支有一定规模的学科团队，但这支队伍仍缺乏高水平学科建设的历练。虽然已有相当数量的研究成果，但这些成果支撑学科影响力的作用仍远远不够，仍处于粗放式的发展阶段。各类课题的获得量、经费的支持程度以及成果的数量比较大，但研究成果对学界和决策的影响则明显不足。虽然在干部教育和研究生培养中发挥了一定作用，但就学科的应有地位而言，差距仍然明显。

四是经费保障的问题。在华东地区，不论是上海市还是江苏省，学者普

---

① 习近平：《在哲学社会科学工作座谈会上的讲话》，《人民日报》2016年5月19日。

遍反映，与其他学科相比，科社学科的发展经费相对不足，办公资源仅能满足基本的需求，软硬件条件亟须进一步改善，学科发展缺少有力支撑。

五是队伍建设的问题。如上海市，科社学科人才相对短缺，特别是高层次人才引进和培育较为困难。研究人员职称、学历有一定断层，后继队伍不足，各单位人员用"散兵游勇"来形容并不为过，因此很难说有什么研究团队。江苏省科社学科在师资、人才培养、团队合作等方面都存在不同程度的不足，具体表现在科社专业的师资相对缺乏，尤其缺乏中青年学者；选择科社专业的学生相对偏少，人才培养缺少后劲；学科研究的体系化程度不够，团队合作不够充分。

2. 华中地区

华中地区学科发展的困难和问题主要在于如下几个方面：

一是科社学科的发展缺乏政策倾斜支持。学科点没有享受后备人才招生政策，与党史专业一道属于冷门学科。

二是科社学科发展的边缘化。一方面，科社在政治学一级学科下，这些年有逐步被政治学专业侵吞的风向；另一方面，科社学科发展出现萎缩、不景气。如科社专业内容在思政课体系中放在最后，但往往课程讲到这里的时候就被忽略掉。

三是科社学科发展与马学科研究领域交叉。不少学者认为，目前马学科的研究基本上已经覆盖了科社的研究范围。如何把学科发展之间的机制体制理顺，用科社理论阐释世界前沿问题，找到自己的生长点和发展空间，是值得进一步思考的问题。

四是科社一些研究出现了理论与实际的脱节。马列·科社学科在教育部的学科排序中位置靠前，但对现实问题往往关注不够。因而一些学者认为，科社的发展，不能故步自封，应当与社会治理问题、国家治理问题结合在一起，要起到智库的作用。

五是队伍建设不充分。华中地区一些高校科社博士招生都是个位数，后继乏人。应当通过建立马克思主义理论本科，把科社相关课程都纳入其中。

科社学科在政治学一级学科下的现状可能还会维持，因此要在这个前提下更好发展科社学科。

3. 东北地区

东北地区学科发展的困难和问题主要在于如下几个方面：

一是话语体系问题。目前科社学科定位归属于政治学学科，理论性专业性极强，中国特色鲜明，在构建中国政治话语体系中有重要价值和地位。但是马克思主义学科明显占据了科社学科的空间和资源，导致科社学科的建设发展以及社会认同度受到较大影响。

二是经费保障问题。对科社专业各级专门经费投入不足，依靠各自单位的经费运转。办公资源满足基本需求，软硬件条件需要进一步改善。尽管学科积淀深厚，但缺乏各级主管部门强有力的政策支持，学科未来的可持续发展将面临严峻挑战。

三是队伍建设问题。科社学科人才相对短缺，特别高层次人才引进和培育较为困难。研究人员职称、学历有一定断层，后继队伍建设还需进一步加强。学科方向和特色还需进一步凝练，以带动研究团队的发展建设。

4. 中南地区

中南地区学科发展的困难和问题主要在于如下几个方面：

一是学科设置问题。马克思主义理论一级学科设立后，对科社学科的影响比较大。马克思主义一级学科里面无科社方向，但科社属于马克思主义三个组成部分之一。江西师范大学马克思主义理论学院的政治学一级学科下的科社学科在发展过程中，重点研究方向在向中国特色社会主义方面转变，特别是21世纪马克思主义的研究。目前，是马克思主义学院和马克思主义理论学科的资源支持科社学科的发展。

二是队伍建设和交流问题。该地区纯粹从事科社专业研究的队伍在缩小，交叉学科研究的队伍在不断壮大。同一单位内部的团队研究比较容易形成，跨单位之间的学术交流有欠缺。

三是招生问题。科社学科的研究生招生比较困难，难以吸收到优秀的本科生报考。

（四）各地区对学科发展的规划与展望

习近平总书记指出："新形势下，我国哲学社会科学地位更加重要、任务更加繁重。面对社会思想观念和价值取向日趋活跃、主流和非主流同时并存、社会思潮纷纭激荡的新形势，如何巩固马克思主义在意识形态领域的指导地位，培育和践行社会主义核心价值观，巩固全党全国各族人民团结奋斗的共同思想基础，迫切需要哲学社会科学更好发挥作用。"[①] 以此为指导，各地区相关高校及科研院所都对科社学科的发展现状进行了全面且深刻的分析，在此基础上，进一步对学科的未来发展提出了颇具建设性的规划与展望，努力克服当前学科发展存在的种种难题，旨在推动学科建设迈上新台阶。

1. 华东地区

一是科社学科与其他学科特别是马克思主义学科存在学科内容重合、人员交叉等问题，不利于科社学科自身的发展，迫切需要厘清。如上海市社科院建议，明确将这个学科统一地划归马克思主义理论一级学科，作为一个独立的二级学科，隶属于马克思主义学院。这样，既符合人们对马克思主义三大组成部分的传统理解，也有利于科社与共运这个学科借助当前马克思主义理论学科大发展之东风，整合力量、培养新人、复兴学科。

二是以研究习近平新时代中国特色社会主义思想为重点，完善学科布局，推动科社学科的不断发展。

三是加强投入，重视科社学科基础理论的研究，特别是对科学社会主义的基本理论、基本范畴、学科体系、基本研究方法等问题的研究。

四是加强对社会主义前沿问题的跟踪研究，丰富和发展科学社会主义理论。如加强世界社会主义运动的研究，尤其是社会主义国家的国别史的研

---

① 习近平：《在哲学社会科学工作座谈会上的讲话》，《人民日报》2016 年 5 月 19 日。

究，探讨社会主义国家革命和建设的经验与教训，以为借鉴；加强世界社会主义思潮的研究。

五是加强人才队伍建设，着力培养一批中青年学者。要扩大招生规模，只有有了从事这方面研究人才，科学社会主义才能兴旺发达。要给予一定的政策倾斜，推动学科建设。

2. 华中地区

一是进一步推动基础理论研究创新。有学者提出，科社科学理论的创新，关键在于基础理论的创新。当前迫切需要充分认识科社基础理论创新的重要性，正确分析影响科社基础理论创新的主要问题，并结合新的实践推动科社基础理论的创新。

二是关注科社的传统基本理论问题。其一，要回答新时代"两个必然""两个绝不会"的问题；其二，要回答21世纪马克思主义如何开拓了马克思主义新境界；其三，要回答中国特色社会主义建设和伟大复兴如何实现等重大现实问题。

三是借助科社"三十人论坛"形成科社学派意识。前几年中央党校科社部组织了社会主义前沿问题三十人论坛，像这样的活动，在中央党校是可以继续举办的，可以利用这个平台，吸引全国一批一流学者，作为学科建设和其他方面建设的人才库。同时要结合全国的力量，让各省学会来承办，以期扩大科学社会主义的影响，在全国形成一定规模的话语权。应该对科学社会主义学科发展有信心，因为哲学社会科学无论哪个学科，都要站在科学社会主义原则的高度来思考问题。

3. 东北地区

一是加强基础理论问题研究。目前科社学科基础问题架构不够完善，包括学科基本概念尚不确定；学科定位不太清晰。因此，有必要加强学科基本理论框架的完善，包括科学社会主义的基本理论、基本范畴、学科体系，也包括基本方法、逻辑起点等。

建议加强对科学社会主义"原典"研究。有学者讲道，现在有的党校教师竟然把原典中的公有制、按劳分配、计划经济笼统地作为"科学社会主义的基本原则"。这种状况不是个例，因此对"原典"及其与现实关系的研究仍是有重要意义的工作。

建议加强国外社会主义以及民族独立解放运动的研究。如资本主义国家社会主义思潮研究、其他社会主义国家发展道路研究、东欧剧变、苏联解体以来原东欧社会主义国家发展及走向研究、民主社会主义思潮及相关国家社会制度研究、第二次世界大战以来民族解放运动国家发展道路及制度选择研究、国外社会主义（思潮、运动、制度）基本走向研究等。这些研究可以开阔视野，丰富科学社会主义研究的内容，并为中国特色社会主义理论与实践提供比较经验和借鉴。

二是加强对重点、难点、热点和前沿问题的深入研究。中国特色社会主义理论体系特别是习近平新时代中国特色社会主义思想的研究是科学社会主义研究的重中之重。中国特色社会主义理论体系与伟大实践既丰富了科学社会主义理论的内容，也不断提出新的重大问题，需要做出新的回答。

三是加强对社会主义前沿问题跟踪研究，有助于科学社会主义理论的丰富和发展。比如，建议加强对社会主义重大现实问题研究。如从"无产阶级解放的性质条件目的"的角度，加大加深对目前中国所遇到的国际环境（中美关系）、发展战略调整（内循环为主、双循环互促）、"颜色革命"的成因（前有乌克兰，现有白俄罗斯）影响及对策、社会主义国家建设与改革的不同选择（朝鲜、越南）、世界不同类型国家的制度选择及优势与劣势比较研究（结合新冠疫情防治、市场经济运行）等。重视对社会主义重大现实问题研究是防止"边缘化"的主要途径。

建议加强党员、干部尤其是领导干部科学社会主义素养的提高。现在党员、干部尤其是领导干部有多少人知道科学社会主义研究对象是什么？有多少人知道科学社会主义基本原理以及这些原理随着实践的发展产生了哪些新认识？有多少人知道国际共产主义运动的历史（简史即可）以及这一运动同科学社会主义创立及发展的关系？有多少人能说清楚中国特色社会主义与科学社会主义的内在逻辑、继承与发展、原理与特色、传承与走向？有多少人清楚科学社会主义、中国特色社会主义与民主社会主义的区别和联系，等等，这种素养的提高对在新时代坚持党的创新理论是不可或缺的。2020 年全党要进行党史学习教育，如何通过这个教育使广大党员和领导干部在科学社会主义素养的提高上有更大的收获？值得学术界深入思考。

四是提升人才培养质量。对于老一代如何继续发挥作用，有学者提议，可否在科社学会建立一个老同志专家库，以退休或者 70 岁以上的专家为主，以期解决科社专家队伍基础素质相对薄弱的状况。目前，科学社会主义研究队伍中尤其缺乏中青年学术带头人，必须采取切实措施，花大力气培养，这是提高科学社会主义教学科研水平的基础和根本，是学科建设的当务之急。长期以来，高校本科专业设置中极少有科学社会主义理论专业，科学社会主义学科本科环节的缺失已经成为制约科学社会主义学科研究生培养和高水平科学社会主义理论人才塑造的一个重要因素。在深化改革、加快构建中国特色哲学社会科学的新形势下，对科学社会主义理论教育的需要比以往更加迫切，对科学社会主义理论人才的渴求比以往更为强烈。另外，还要关注军队科社专家队伍的建设。军队政治理论课教学是军队院校教学的主干课程，多年来，有一支从事科社主要是以中国特色社会主义教学和研究为主的专家队伍，院校改革后，这支队伍并没有削弱。以往科社学会对这支队伍始终是很关心的，今天根据新的要求，可否在学会领导成员安排、活动组织方式、教学和研究交流等方面进行相应的创新，以更好发挥这支队伍的作用。

五是夯实促进学科发展的基础保障机制。要完善对促进学科发展的人、财、物的投入机制；加强教材体系建设，组织编写具有权威性的基本理论教材和原著导读，夯实学科发展支撑点。

4. 中南地区

一是建议由中国科社学会牵头，全国层面多召开学术研讨会，强化学术队伍的交流，发出科社学科更加响亮的声音。进一步活跃学会的学术氛围，可不定期举行相关学术会议，增强学会的凝聚力。如集中开会有困难，可考虑召开分区小型会议。建议中国科社学会能够加强对地方，尤其是中西部地方科社学会的指导和帮助，不断提升各地科社学会的研究水平，增强各地科社学会的交流，实现科社学科整体水平的提升。

二是建议进一步密切与马克思主义各学科的联系。要充分重视科社学科在马克思主义理论研究和建设中的地位，紧密联系新时代中国特色社会主义提出的新要求，不断拓宽科社学科的研究的新境界。目前马克思主义学科发展迅猛，通过加强与相关学科的联系可促进自身发展。加强学科的成果发布平台建设，推动更多报刊设置科学社会主义栏目。可以考虑以学会的名义发布研究项目，就重大理论和实践问题组织学会理事进行有针对性的调研。

三是建议培育稳定的科社专业研究人才队伍，以老带新、培育中青年骨干，不断提升研究的水平；要充分培育中青年科社研究人才队伍，发挥他们作为科社学科研究的生力军作用，不断提升中青年科社人才的研究水平；推动科社学科的硕士点和博士点建设的规模和数量。通过学科建设培养高素质人才，夯实人才队伍，扩大学科的社会影响力。

三、关于科学社会主义学科未来发展的初步建议

（一）关于科社理论的创新发展

中国特色社会主义进入新时代，这意味着科学社会主义在 21 世纪的中国焕发蓬勃生机活力。加强科学社会主义学科建设，推动 21 世纪科学社会主义大发展，需要拓展未来的理论生长空间。我们运用科学社会主义理论与方法指导中国特色社会主义伟大事业，需要立足新的现实推动科社理论的创新发展。

1. 大力弘扬科学社会主义的科学精神

在恩格斯的经典论述中，科学社会主义的科学色彩是十分鲜明的。在《社会主义从空想到科学的发展》1892 年英文版导言中，恩格斯说："不能把

思想同思维着的物质分开。物质是世界上发生的一切变化的基础。"因此，他把辩证法放到"同宇宙的总联系"中加以考察，尤其关注现代自然科学、达尔文进化论、康德—拉普拉斯的天体演化理论。辩证唯物主义的自然观是唯物史观的科学基础。

在社会主义研究的历史脉络中，类似的科学传统其实有着深厚的研究底蕴。例如傅立叶，他将自己的空想社会主义学说建立在牛顿的物理学之上，在《四种运动和普遍命运的理论》中他说："物质世界和精神世界在运动体系上具有统一性。"[1]"根据宇宙统一论，任何物质和谐原理都应该适用于社会或情欲的理论方面。"[2]"我想两个世界的这种类似之处，能够适用在普遍规律上，也能够推广适用在特殊规律上。因此，我想动物界、植物界、矿物界的引力和特性，也许能同人或星星的引力及特性那样协调起来，这正是我在作了必要的研究之后所深信不疑的事。这样，我就发现了一门新的精确科学：物质、有机体、动物、社会四种运动的类比，或'物质变化同人类及动物情欲的数学理论的类比'。"[3]傅立叶努力构建的"情欲谢利叶制度"，[4]主要是基于宇宙统一论（受引力支配）；而且，他还尝试用数学语言来描述情欲谢利叶制度，用试验的方法来检验情欲谢利叶制度，这是值得继承和发展的。

在物质意义上，科学社会主义是关于"人的科学"。马克思说："历史本身是自然史的一个现实部分，即自然界生成为人这一过程的一个现实部分。自然科学往后将包括关于人的科学，正像关于人的科学包括自然科学一样：这将是一门科学。"[5]为什么今天依然有成千上万的人在坚持马克思主义，因为马克思主义充分解释了他们所生活于其中的世界，并且给他们指明了前

---

[1] 《傅立叶选集》（第 1 卷），赵俊欣、吴模信、徐知勉等译，商务印书馆 2017 年版，第 15 页。

[2] 《傅立叶选集》（第 1 卷），赵俊欣、吴模信、徐知勉等译，商务印书馆 2017 年版，第 23 页。

[3] 《傅立叶选集》（第 1 卷），赵俊欣、吴模信、徐知勉等译，商务印书馆 2017 年版，第 15—16 页。

[4] 《傅立叶选集》（第 1 卷），赵俊欣、吴模信、徐知勉等译，商务印书馆 2017 年版，第 16 页。

[5] 《马克思恩格斯文集》第 1 卷，人民出版社 2009 年版，第 194 页。

进的道路，用列宁的话讲，就是告诉了人们"怎么办"。在马克思的视域内，"科学"本身也是一种方法、一种态度，马克思从事的社会科学研究主要是"对每个时代的个人的现实生活过程和活动的研究"。这种研究是具体的、现实的，不是抽象的、虚幻的，最主要地就是以人为中心，因为全部人类历史的第一个前提就是"有生命的个人的存在"。

今天科学社会主义理论要落地、要发挥对现有的科学指导，就不能离开对人的基础性理解。在《德意志意识形态》中，马克思说："在思辨终止的地方，在现实生活面前，正是描述人们实践活动和实际发展过程的真正的实证科学开始的地方。"① 人的现实生活，一般来说就是要吃饭、穿衣、睡觉……这是马克思主义观察人类社会的起点："社会结构和国家总是从一定的个人的生活过程中产生的。"所以，"经验的观察在任何情况下都应当根据经验来揭示社会结构和政治结构同生产的联系，而不应当带有任何神秘和思辨的色彩。"②

2. 加强唯物辩证法研究，推动科学社会主义方法论创新

科学社会主义基本原理从来不是僵化的，而是不断与时俱进地丰富发展。如果不深入探究科学社会主义辩证的思维方法和研究方式，那么我们对科学社会主义基本理论的认识可能就是只言片语的教条，实践证明这是极其危险的。

曾经有一段时间，在社会主义社会人们不敢谈论"个人"或"资本"的问题，因为马克思主义是批判资本主义的。与其说这是一种批判，倒不如说是一种基于辩证法的深刻反思。老子说："万物负阴而抱阳，冲气以为和。"如果没有劳动，那么，资本何以有效流通？如果没有工人，资本家何以施展经营管理的技能？正是在这个意义上，马克思、恩格斯提出："资本是集体的产物，它只有通过社会许多成员的共同活动，而且归根到底只有通过社会

---

① 《马克思恩格斯文集》第 1 卷，人民出版社 2009 年版，第 526 页。

② 《马克思恩格斯文集》第 1 卷，人民出版社 2009 年版，第 524 页。

全体成员的共同活动，才能运动起来。因此，资本不是一种个人力量，而是一种社会力量。"①

科学社会主义对待资本主义的态度本身就充满了辩证法精神，马克思、恩格斯在19世纪对资本主义的批判，主要坚持了"否定"与"肯定"的辩证统一。比如在《共产党宣言》中说得就很明白，马克思、恩格斯认为资本主义的现代性既是落后的又是进步的，既是野蛮的又是文明的。为了方便批判，那些反马克思主义者总是先将马克思主义扔进"绝对的大筐"，然后，要么说它的宿命论太偏激，要么说它的追求过于乌托邦。实际上，这些批判者的批判最后必将无功而返，因为不是马克思主义太偏激，而是他们太绝对。因为，科学社会主义向来主张运用科学的、辩证的方法诠释历史。在辩证法的指导下，科学社会主义向来都提倡全面、客观地认识世界。

从历史上看，中国共产党也正是活学活用了唯物辩证法，才推动社会主义实践不断进入新的发展阶段。中国的科学社会主义尤其善于运用矛盾论，从认清社会主义社会主要矛盾出发，制定具体历史阶段的路线方针和政策。新中国成立初期，我国社会发展进入新的历史阶段，党领导人民开展社会主义建设并取得重大成就。但是，由于我国社会主义制度还刚刚建立，还未完全巩固，社会主义建设面临的形势错综复杂，新矛盾、新问题层出不穷。如何引导人们认识社会主义社会中的矛盾，并且采取正确的方法处理各种矛盾就显得格外重要。

毛泽东指出，矛盾是普遍存在的，社会主义社会也充满着矛盾，正是这些矛盾推动社会主义社会不断向前发展，社会主义社会的基本矛盾仍然是生产关系和生产力之间的矛盾、上层建筑和经济基础之间的矛盾，但是它们与旧社会存在的基本矛盾具有根本不同的性质和情况，它们的特点是既相适应，又相矛盾。它们可以通过社会主义制度本身的自我调整和自我完善不断得到解决。今天，中国特色社会主义进入新时代，党的十九届五中全会立足

① 《马克思恩格斯文集》第2卷，人民出版社2009年版，第46页。

新发展解决的主要矛盾变化，提出了贯彻新发展理念，建构新发展格局，中国经济社会发展行稳致远。

3. 加强唯物史观研究，推动对三大规律问题的深入探索

恩格斯阐述科学社会主义基本原理时，大致有这样一种认识：生产方式、交换方式是社会制度的基础；生产什么、怎么生产以及怎么交换，是阶级划分和产品分配的决定性因素；当人们认识到社会制度不公平，说明生产方式和交换形式已经发生了变化；消除社会制度弊病的手段，要从生产的现成物质事实中发现。恩格斯的科学阐述主要的依据就是唯物史观。

唯物主义可以用来解释人的实践活动，同样也可以揭示人类社会变迁的基本规律，这就形成了"唯物史观"。人类创造了历史、社会和国家，首先因为我们是需要源源不断地从自然界获取物质的生物，以生产为中心的经济活动就是我们生活的根基。就像马克思说的：每当物质生产力发展到一定阶段，就会形成与之适合的生产关系。这些生产关系的总和构成社会的经济结构，然后，有法律的和政治的上层建筑竖立其上并有一定的社会意识形态与之相适应的现实基础。经济结构、社会结构和政治结构有着密切的联系，而且这是一种复杂的联系。对于社会变迁基本规律的把握不能像套用数学公式一样，不能遵循简单的"决定论"去推演社会发展的阶段和形态。

说到马克思主义的"唯物史观"，常常有人误以为——经济因素就是人类社会发展的"唯一"决定性因素？对此，恩格斯在《致约·布洛赫》的信中曾做出回应，他认为这种歪曲的看法把这个命题变成了"荒诞无稽的空话"。根据唯物史观，历史过程中的决定性因素归根到底是现实生活的生产和再生产，但马克思、恩格斯从来没说这是"唯一"的决定性因素，除此以外政治的、文化的、社会的等各种因素都会不同程度地对历史发展产生作用。正是因为经济、政治和社会诸多因素的复杂联系，社会主义建设是一项系统工程，不能"照葫芦画瓢"。马克思、恩格斯提出：如果一个社会有弊病，为了消除弊病就得发明一套新的更完善的社会制度，通过宣传、示范从外面强加于这个社会。但他们同时也提醒大家，这种新想出来的社会制度是一开始就注定要成为空想的，它越是制定得详尽周密，就越是要陷入纯粹的幻想。

科学社会主义基本原理主要建基于历史唯物主义之上，而对于这一原理的坚持和发展，具体要着眼于共产党执政规律、社会主义建设规律和人类社会发展规律，这三大规律也是我们深入把握社会主义运动的基本范式。对于三大规律的研究，是科学回答"什么是社会主义社会、怎样建设社会主义社会"这一基本问题的前提和基础。马克思、恩格斯根据当时所处的历史条件，以在发达资本主义基础上建立的社会主义为前提，设想了共产主义社会的第一阶段具有的基本特征。马克思、恩格斯的论断，对我们认识"什么是社会主义"具有重要的指导意义。列宁在总结社会主义实践经验的基础上，对于社会主义的基本特征有了进一步的认识。中国共产党人在探索社会主义建设道路的进程中，对"什么是社会主义、怎样建设社会主义"的问题作了深入的思考，形成了新的认识。

4. 立足 21 世纪前沿，积极推动跨学科交叉研究

根据恩格斯的分析，近代科学沿着洛克和培根的思路，将科学还原为物理、化学、生物、政治学、社会学。这种划分习惯是有问题的——把各种自然物和自然过程孤立起来，撇开宏大的总的联系去进行考察，因此，就不是从运动的状态，而是从静止的状态去考察。立足 21 世纪前沿领域，科学社会主义要建设成为跨学科交叉研究的典范，要能体现横贯人文社会科学和自然科学的历史传统。

习近平总书记在 2016 年哲学社会科学工作座谈会上发表重要讲话，指出，哲学社会科学是人们认识世界、改造世界的重要工具，是推动历史发展和社会进步的重要力量，其发展水平反映了一个民族的思维能力、精神品格、文明素质，体现了一个国家的综合国力和国际竞争力。一个国家的发展水平，既取决于自然科学发展水平，也取决于哲学社会科学发展水平。一个没有发达的自然科学的国家不可能走在世界前列，一个没有繁荣的哲学社会科学的国家也不可能走在世界前列。坚持和发展中国特色社会主义，需要不

断在实践和理论上进行探索，用发展着的理论指导发展着的实践。在这个过程中，哲学社会科学具有不可替代的重要地位，哲学社会科学工作者具有不可替代的重要作用。

科学社会主义是中国共产党治国理政的指导思想，一定要具有综合性、多维度的学科气质，治国理政既涉及经济社会事务，同时也涉及科学技术问题。马克思主义经典作家眼界广阔、知识丰富，马克思主义理论体系和知识体系博大精深，涉及自然界、人类社会、人类思维各个领域，涉及历史、经济、政治、文化、社会、生态、科技、军事、党建等各个方面。发展 21 世纪的科学社会主义理论更加需要宽广的视野，如果不下大气力、不下苦功夫，是难以掌握真谛、融会贯通的。习近平总书记强调，中国特色哲学社会科学应该涵盖历史、经济、政治、文化、社会、生态、军事、党建等各领域，囊括传统学科、新兴学科、前沿学科、交叉学科、冷门学科等诸多学科，不断推进学科体系、学术体系、话语体系建设和创新，努力构建一个全方位、全领域、全要素的哲学社会科学体系。科学社会主义要努力成为全要素哲学社会科学体系的前沿。

5.勇于回应现实，推动科学社会主义范式创新

当前和今后一个时期，我国发展仍然处于重要战略机遇期，但机遇和挑战都有新的发展变化。当今世界正经历百年未有之大变局，新一轮科技革命和产业变革深入发展，国际力量对比深刻调整，和平与发展仍然是时代主题，人类命运共同体理念深入人心，同时国际环境日趋复杂，不稳定性不确定性明显增加。

从发展态势上看，我国已转向高质量发展阶段，制度优势显著，治理效能提升，经济长期向好，物质基础雄厚，人力资源丰富，市场空间广阔，发展韧性强劲，社会大局稳定，继续发展具有多方面优势和条件。但也应清醒地看到，我国发展不平衡不充分问题仍然突出，重点领域关键环节改革任务仍然艰巨，创新能力不适应高质量发展要求，农业基础还不稳固，城乡区域发展和收入分配差距较大，生态环保任重道远，民生保障存在短板，社会治理还有弱项。

着眼"十四五"规划和2035远景目标、甚至更长远的战略规划，科学社会主义要在坚持马克思主义立场、观点和方法的基础上进行范式创新。例如，面对新一轮科技革命和产业变革，就需要深入考虑大数据技术、云计算和人工智能对整个社会化大生产体系的重塑，进而赋予"生产方式—交换方式"这一经典研究范式以时代的意义。在科学社会主义的语境下，社会化大生产更强调分工的合作维度及其发展趋势。近代以来，分工合作以及由分工合作而导致的人类知识总量的增长，是劳动生产率提高的根本源泉；与此同时，人类社会的财富也随着生产率的提高而增长。大数据技术的进步能让我们更加完整和精准地认识世界，一个大规模应用数据、组织生产和共享经济的时代正在开启。

再如国家治理体系现代化的分析范式，对于科学社会主义来说是必须要大力发展的。党的十九届四中全会将中国特色社会主义制度和国家治理体系的显著优势概括为"十三个坚持"，这是我们坚定中国特色社会主义道路自信、理论自信、制度自信、文化自信的基本依据。面向未来，要把我国制度优势更好转化为国家治理效能，为实现"两个一百年"奋斗目标、实现中华民族伟大复兴的中国梦提供有力保证。中国特色社会主义进入新时代，全面建设社会主义现代化国家的系统性、整体性、协同性越来越突显出来，社会主义现代化事业涉及经济、政治、文化、社会、生态文明等多个方面，必须统筹兼顾，坚持"十个指头弹琴"。面对复杂多变的治国理政新形势，中国特色社会主义制度这一科学制度体系还将不断提升系统完备性、扩展系统的组分层次，着力固根基、扬优势、补短板、强弱项。比如，实行最严格的生态环境保护制度、全面建立资源高效利用制度、健全生态保护和修复制度以及严明生态环境保护责任制度等。

6. 史论结合，深入推进社会主义发展史研究

从1516年英国思想家莫尔发表《乌托邦》算起，社会主义经过500多年跌宕起伏的演化发展呈现出今日的模态。社会主义最初只是一种"空想"，

当欧洲出现资本主义生产方式以后，"由社会占有全部生产资料，常常作为未来的理想隐隐约约地浮现在个别人物和整个派别的头脑中"。① 曾经反映在个别人物头脑中的"空想"，19 世纪经过马克思、恩格斯的改造变成了"科学"。将共产主义远大理想建基于唯物史观和剩余价值学说的坚实基础之上，社会主义实现了从空想到科学的伟大飞跃。

科学社会主义的诞生将社会主义运动推向一个新阶段，社会主义理论与工人运动相结合后开始落地、生根、发芽。1917 年列宁领导俄国人民取得十月社会主义革命的胜利，开创了落后国家率先走上社会主义道路的历史。后来斯大林领导苏联党和人民建立起社会主义制度，并逐步形成了"苏联模式"。完美的理想不等于美好的现实，20 世纪中叶社会主义建设经历了一番曲折探索，霸权政治、贪污腐化、经济落后和改革停滞滋扰着在许多国家执政的社会主义政党。20 世纪 80 年代末东欧剧变、苏联解体令世界震惊，社会主义运动遭遇严重挫折。但是，随着中国特色社会主义进入新时代，社会主义历史彰显出发展的力量，世界社会主义运动也正在经历一个新的发展阶段。

历史地看，社会主义运动是一个连绵不断的演化发展过程，从历史大尺度看有两种基本形态：一是实现从空想到科学发展后的理论形态；二是从理论变为现实后的制度形态。社会主义的根本目的表现在奋斗目标上，就是共产主义远大理想。共产主义理想是广大人民群众根本利益和美好向往的集中体现，是无产阶级解放和全人类解放的集中体现。这个远大理想之所以值得追求，就是因为它是人民解放、发展和幸福的真正归宿。也正因为如此，共产主义社会才被人们看作人类最美好的社会。坚持史论结合，深入推进社会主义发展史研究，一个最为重要的意义就是坚定广大党员干部的理想信念。今天我们强调理想信念教育制度化常态化，需要加强对历史的了解与洞察，要在历史事实中把握社会主义运动的方向。

---

① 《马克思恩格斯文集》第 9 卷，人民出版社 2009 年版，第 298 页。

当前，推进社会主义发展史研究要特别重视社会主义的历史必然性与历史条件性的统一，这是对社会主义的科学基础和合规律性本质的概括和总结。只有坚持历史必然性与历史条件性的统一，才能科学回答社会主义的未来走向和前途命运问题，解答"社会主义能否取得胜利、何时才能取得胜利"的根本问题。另外，通过社会主义历史研究，要能敏锐地洞察到社会主义运动的阶级基础演化。社会主义运动需要并具有自己的阶级基础，这是使社会主义运动蓬勃兴起和走向胜利的重要基础。社会主义最初是少数仁人志士的追求，但是依靠这少数人是不可能兴起宏大的社会主义运动的。马克思、恩格斯为社会主义找到了自己的依靠力量，这就是现代无产阶级，即不占有生产资料而靠出卖劳动力为生的工人阶级，从而实现了社会主义思潮与工人运动的结合，形成了轰轰烈烈的社会主义运动。而当前正在经历新一轮科技革命和产业革命，无产阶级政党在新的历史条件下要如何巩固自己的阶级基础并夯实执政的社会基础，是一个亟待科学回答的重大问题。

（二）关于科社学科的明确定位

学科发展定位关乎学科发展前景。科学社会主义本质上是马克思主义全部理论的核心，是理论转变为实际纲领的学科，具有先导性、行动性，既带有构建性同时带有批判性。然而，在我国现行学科体系下，科学社会主义是置于政治学一级学科之下的二级学科；并且，近 30 年来，科学社会主义学科不如过去受重视，在一定程度上限制了科学社会主义学科的发展和进步。为了更好地促进科学社会主义学科的未来发展，学术界众多一线专家学者都结合学科发展的实际情况对学科未来发展定位提出了具有建设性的意见建议。概括来看，目前学术界关于学科发展定位主要有三种建议：一种认为最好是独立成为一级学科；第二种提出将科学社会主义作为二级学科放在马克思主义理论一级学科之下，为科学社会主义发展创造新契机；第三种建议则是保持科学社会主义作为政治学的二级学科不变。

1. 将科社学科单列作为一级学科

部分专家学者希望将现行学科体系下的科学社会主义二级学科从政治学一级学科中抽出，独立单列为与政治学、马克思主义理论等学科并列的一级学科。主要原因体现在两个方面。

一方面，将科社学科单列，体现了贯彻落实习近平关于科学社会主义学科发展的新要求。党的十九大上，习近平总书记明确指出中国特色社会主义进入新时代，意味着科学社会主义在 21 世纪的中国焕发出强大生机活力。此外，习近平总书记也在多次重要讲话中提出要加强对科学社会主义基本理论与发展历史的学习与研究。这给科学社会主义学科发展擘画了广阔蓝图，提出了全新要求。为了实现新发展，就必须打破现行学科体系的对科学社会主义学科的束缚，改变其政治学一级学科下的边缘地位。因此，将科学社会主义学科独立单列为一级学科，是新时代科学社会主义专业地位提升的现实所趋。

另一方面，当前科学社会主义学科与马克思主义理论学科及政治学学科的研究领域重复交叉，将科社学科单列有利于学科定位的明确和研究的深入。在专家学者看来，科学社会主义虽然是马克思主义的政治学，但其理论知识有着广泛的社会需求，需要把体制机制理顺，使其成为一个独立的学科。因为如果将科学社会主义学科放在马克思主义理论一级学科之下，那么后者基本上已经完全覆盖了科学社会主义专业的研究范围，可能吞并科学社会主义学科的独立性；而如果将其放在政治学一级学科之下，又存在偏见与边缘化的趋势。所以，为了打破这种尴尬境地，独立单列为一级学科，既能提升科学社会主义学科的地位，又能很好保持科学社会主义专业的独立性。

当然，专家学者们也清楚地分析并指出，将科学社会主义学科独立单列为一级学科将面临一些长期存在的结构性、政策性问题带来的阻力，存在现实难度。

一是科学社会主义专业研究边界和研究对象的模糊性，与一级学科所需的明确研究边界和研究对象存在差距，在一定程度上阻碍学科单列为一级学科。因为将科学社会主义单列为一级学科，意味着需要将学科的研究边界进行扩大和对研究对象进一步明确。但一直以来，科学社会主义学科的特点之一就是研究边界范围与研究对象比较模糊，就给明确学科定位增添了难度。比如，科学社会主义基本原理中涉及生产方式、交换方式和社会制度这种复杂的关联性，但关于生产方式、交换方式，经济学要讲，政治经济学也讲，西方经济学也讲；关于社会制度，社会学、政治学各个领域都在探讨这些问题。如果不能梳理明确学科研究边界和研究对象，将很难实现学科的一级定位。

二是学科人才体系的相对薄弱使得学科独立单列定位缺乏坚实的基础支撑。因为将科学社会主义独立单列为一级学科，需要更多数量、更高质量的专业化人才队伍支撑才有可能实现。但长期的边缘化导致学科人才相对短缺，特别是高层次人才引进和培育较为困难，研究人员职称、学历有一定断层，成为制约学科进一步发展的相对短板。

三是将科学社会主义独立单列为一级学科，将会面临来自教育部国民教育体系的压力。教育部确定的国民教育学科体系经过长时间的运行，已经基本稳定。而将科学社会主义独立单列为一级学科，必然打破传统学科体系，可能导致整个学科体系的重组。牵一发而动全身，教育部因提高一个学科的定位，开展全面的重组调整工作，其难度和复杂程度可想而知。

2. 将科社学科置于马学科一级学科之下的二级学科

学术界也有部分专家学者提出将科学社会主义学科明确地统一划归马克思主义理论一级学科，作为马克思主义理论一级学科下独立的二级学科。在他们看来，这样的调整既符合人们对马克思主义三大组成部分的传统理解，也有利于科社与共运这个学科借助当前马克思主义理论学科大发展之东风，聚合新力量、实现新发展、更上一层楼。

一是厚实科学社会主义专业人才基础。从目前情况看，在政治学一级学科之下，科学社会主义专业研究人员缺乏、研究人员断层、后继队伍不足等问题突出。将科学社会主义专业置于马克思主义理论一级学科之下，能够很好改善这一现状。一方面，马克思主义理论一级学科是国家重点建设的热门学科，吸引力强，招生指标、专业人才指标相对较多。将科学社会主义专业置于马克思主义理论一级学科之下，能够吸引并培养更多的学科专业人才，特别是高层次人才，壮大科学社会主义专业人才队伍。另一方面，马克思主义基本理论是科学社会主义专业的基石和底色。将科学社会主义置于马克思主义理论一级学科下，更加突出马克思主义在科学社会主义专业教学科研中的根本指导地位，将带动课程设置、授课安排等相关教学体系的调整和完善，提升科学社会主义专业人才的质量素养。

二是拓展科学社会主义专业科研平台，提升科学社会主义学术科研水平。科研平台关乎研究成果的申报数量和质量。长期以来，科学社会主义学科课题申报都是在政治学一级学科之下，且处于边缘地位。因此，学者普遍存在课题项目少、申报流程烦琐、难度大等问题。将科学社会主义列为马克思主义理论一级学科之下的二级学科，能够获得更多的课题申报指标以及政策保障，进而激发广大科研工作者干事创业的热情，促进广大学者多开展研究、多出好成果，形成良好的科研氛围，推动科学社会主义学科理论研究质量和水平更上一层楼。此外，将科学社会主义学科置于马克思主义理论一级学科之下，也是对科学社会主义理论内核的复归，有助于科学社会主义理论科研摆脱长期存在的实用主义禁锢以及政治学西化严重的危险，回归科学社会主义理论本身，提升学术研究成果的质量水平。

三是加强马克思主义学科群的有机整合。马克思主义理论是科学社会主义专业的基石和底色。从开设之日起，科学社会主义专业就旨在立足于马克思主义经典作家原著精神，基于马克思主义基本理论观点，回答社会主义发展历史上的重大问题和现实情况下的时代课题，是一门具有重要理论价值和现实价值的马克思主义性质的社会科学专业。从传统意义上讲，马克思主义哲学、政治经济学、科学社会主义是构成马克思主义的三大组成部分。而目前，马克思主义哲学属于哲学二级学科，政治经济学属于经济学二级学科，科学社会主义属于政治学二级学科。因此，学者们认为，将科学社会主义学科转置于马克思主义理论一级学科之下，实则是对马克思主义理论学科体系的复归与完善，可谓是"正本清源"，既有助于马克思主义理论学科下各类相关专业打破思维束缚、互通有无，又有助于贯通马克思主义理论人才培养体系，使相关专业科研人才在畅通交流中取长补短，实现有机整合，整体上推动马克思主义理论学科实现新发展。

当然，将科学社会主义转置于马克思主义一级学科之下，仍然面临许多客观存在的阻碍和挑战。一是原有的马克思主义理论学科已经占据了科学社会主义学科的空间和资源，总体上存在一种发展的不平衡性。这种不平衡性将很大程度上惯性地影响科学社会主义学科的建设发展以及社会认同度，有可能仍然导致定位不准；二是科学社会主义学科与马克思主义理论学科间的研究方向和研究问题存在高度交叉重合，如何梳理清楚各自的研究边界，明确具体的研究问题，存在很大难度。因此，将科学社会主义转设为马克思主义理论下的二级学科，必须特别重视保留科学社会主义学科的学理性内核，进一步提升科学社会主义专业的现实解释力，重点加强科学社会主义专业优势挖掘和发挥，保持与其他马克思主义理论学科的清晰边界与自身特色。

3. 维持现状，即仍将科社学科置于政治学一级学科之下的二级学科

鉴于无论是单独列为一级学科，还是转设为马克思主义理论一级学科下的二级学科，都存在一定的现实操作难度。也有部分专家学者提出维持现状，即仍将科社学科置于政治学一级学科之下的二级学科，而更加关注具体理论的研究，扎实学科基础，用实际创新型学术成果来提升学科的话语权和影响力。具体而言，他们的理由如下：

一是学科体系建设与学科认证是一个历史问题，已经形成了相对稳定的规范性内容。科学社会主义专业作为一个学科提出来是在改革开放之后的事，现行学科体系明确把科学社会主义学科列为政治学二级学科，是我国国民教育承认和认可的，而且，教育部在定位了国民教育一级学科目录后就没有再提出更改，要存在困难将科学社会主义从原有体系中剥离，置入马克思主义理论学科之中，是存在困难的。因此，要把科学社会主义作为政治学的二级学科来考虑，不要考虑其学科定位问题，或者说，现在不宜讨论。

二是保持科学社会主义学科为政治学二级学科不变是基于现实发展状况的必要，也是脚踏实地提升学科建设质量的必须。由于长期处于政治学一级学科之下，受到人才短缺、科研项目少、经费不足等客观条件的制约，加之西方政治学理论观点的影响，科学社会主义基础理论研究成果薄弱，缺乏原创性发展，使其在整个哲学社会科学体系中的话语权不足，影响力薄弱。因此，打铁必需自身硬，强基础、固根本才是当务之急。广大专家学者应该坚持聚焦专业科研本身，加大力度开展学科基础性研究和前沿问题研究，扎实学科基础理论水平，多出成果，出新成果、好成果。通过学科基础研究水平的整体提高，用现实有力的理论成果提升科学社会主义在国民教育学科体系中的地位和作用。

三是需要辩证地看待科学社会主义目前的学科定位。尽管学科定位不明晰，但对具体科研工作的开展并非毫无益处。从现实情况而言，科学社会主义学科的确与马克思主义、政治学的学科界限不清晰。但这有助于科学社会主义学科理论工作者研究范围的延伸以及研究思路的拓展，使学术科研不局限于特定的研究范围，增强研究人员的综合科研实力。

当然，维持现状并不等于同马克思主义理论学科割裂联系，而是要进一步密切与马克思主义各学科的联系。目前马克思主义学科发展迅猛，通过加强与其相关学科的联系可促进科学社会主义学科自身的发展。

基于上述建议，我们不难看出，整个科学社会主义学术界对于学科未来发展定位问题尤为关切，既表达出大家对提升当前学科定位、增强学科影响力和话语权的迫切希望，也包含着大家对学科发展现状的冷静思考与深刻分析，提出了许多客观存在的具体问题和解决问题的初步思路，对科学社会主义学科未来发展具有重要的现实参考意义。

（作者：倪德刚　朱可辛　徐浩然　冉昊　门晓红）

后 记

本书是在中国科学社会主义学会会长黄浩涛的直接领导和指导下完成的。提纲论证和具体编写工作由中国科学社会主义学会分管日常工作的副会长、中共中央党校（国家行政学院）科学社会主义教研部主任曹普负责落实。全书写作分工如下：

主报告由曹普、何海根撰写。

分报告第一篇由梁波、张源、何海根撰写；第二篇由林梅、赵宏撰写；第三篇由秦刚、陈曙光撰写；第四篇由郭强、张源撰写；第五篇由倪德刚、郁雷撰写；第六篇由刘俊杰撰写；第七篇由王韶兴、任丹丹撰写；第八篇由李拓、康晓强撰写；第九篇由轩传树、于明撰写；第十篇由刘晨光撰写；第十一篇由武晓超、李志勇撰写；第十二篇由孟鑫、向春玲撰写。

调研报告由倪德刚、朱可辛、徐浩然、冉昊、门晓红撰写。

本书在前期论证和提纲确定阶段征求了中国科学社会主义学会多位副会长及相关专家学者的意见和建议，得到宝贵支持，在此表示衷心感谢。

本书是国内第一本关于科学社会主义理论和实践发展状况的综述式研究报告，由于多方面因素，疏漏不足之处在所难免，敬请专家学者批评指正。

中国科学社会主义学会

中共中央党校（国家行政学院）科学社会主义教研部

2021 年 4 月

责任编辑：曹　春　吴广庆

装帧设计：汪　莹

图书在版编目（CIP）数据

中国科学社会主义研究报告 .2021：蓝皮书／中共中央党校（国家行政学院）
　科学社会主义教研部 编写 . —北京：人民出版社，2021.8

ISBN 978－7－01－023627－8

I.①中… 　II.①中… 　III.①中国特色社会主义－白皮书－2021 　IV.① D61

中国版本图书馆 CIP 数据核字（2021）第 152041 号

中国科学社会主义研究报告（2021）

ZHONGGUO KEXUE SHEHUIZHUYI YANJIU BAOGAO 2021

（蓝皮书）

中共中央党校（国家行政学院）科学社会主义教研部　编写

曹　普　主编

人民出版社 出版发行

（100706　北京市东城区隆福寺街 99 号）

北京盛通印刷股份有限公司印刷　新华书店经销

2021 年 8 月第 1 版　2021 年 8 月北京第 1 次印刷

开本：710 毫米 ×1000 毫米 1/16　印张：30.75

字数：455 千字

ISBN 978－7－01－023627－8　定价：138.00 元

邮购地址 100706　北京市东城区隆福寺街 99 号

人民东方图书销售中心　电话（010）65250042　65289539